GUANLIXUE

管理学基础

JICHU

（第二版）

主　编　蔡茂生　黄秋文

副主编　刘向阳　伍　曙

广东高等教育出版社

Guangdong Higher Education Press

广州

图书在版编目（CIP）数据

管理学基础/蔡茂生，黄秋文主编. —广州：广东高等教育出版社，2011.12（2021.12 重印）
ISBN 978－7－5361－4230－5

Ⅰ. ①管… Ⅱ. ①蔡… ②黄… Ⅲ. ①管理学 Ⅳ. ①C93

中国版本图书馆 CIP 数据核字（2011）第 276302 号

广东高等教育出版社出版发行
地址：广州市天河区林和西横路
邮编：510500 电话：87551597
网址：http://www.gdgjs.com.cn
佛山市浩文彩色印刷有限公司印刷
787 毫米×1092 毫米 16 开本 23.5 印张 420 千字
2011 年 12 月第 2 版 2021 年 12 月第 12 次印刷
印数：41 001～44 000 册
定价：35.00 元

再版前言

《管理学基础》自初版以来，受到读者的好评，教师、学生都认为该书适合应用型本科经济和管理类专业使用。自2005年广东省教育考试院将该教材列为专升本考试的参考书后，一些高职高专院校的经管类专业也使用该教材，其他院校报考专升本的学生也购买该教材作复习考试参考书，致使该书多年来一直很畅销。但使我们感到不安的是，该教材第一版成书仓促，肯定存在不少问题和不足，早想修订加以完善，但无奈事务缠身，直到现在才修订再版，在此特向广大读者深表歉意。

本次再版除了继续保持原版简明、通俗的风格，既以不太长的篇幅给读者提供一个比较完整的理论框架，又有重点地介绍管理学的基本理论知识等特点外，还特别着重反映新的历史背景下的管理思想，并突出管理理论的应用方面。具体变化如下：

1. 内容结构体系有较大的调整。首先是不再设“篇”，将原来第六篇“21世纪的管理”所包括的管理与环境、社会责任与管理道德、组织文化等，分别插入适当的位置。这个改动，反映了我们认识的深化：几年前，这些被人们视为21世纪的最新理论，在今天，已经是普遍认同的成熟理论，理所当然回到它所属的位置。其次，个别章节的内容有调整，如“决策”原来是“计划篇”的一章，现在是“领导”章的一节主要内容。我们不否认“决策”属于管理的计划职能，但决策也是领导的重要职能。决策的过程跟计划过程本来是同一的，为什么讲了计划的过程还要讲决策的过程呢？因为两者讲的角度不一样：一是从客观的逻辑过程去讲；一是从行为过程去讲。细看“决策章”的内容不难发现，主要是从领导者的决策行为去讲的。西蒙曾把他的决策理论称为“行为决策”论，或叫“决策行为”论。因此，我们认为，把决策放在领导职能讲更符合该理论的性质。相类似，关于权力的来源构成及授权问题应属于领导问题，故也移到“领导”章。全书的末尾增加结束语“21世纪的管理：趋势与特点”，这既是给读者提供理解和运用书中所介绍的经典的和现代的管理理论的一把锁钥，同时也是对管理学理论发展的一种展望。

2. 在形式结构上有新的变化。每章前面增加“学习目的”，末尾增加“本章要点”，帮助读者把握每章的重点。后面增加了“实践练习”和“案例应用”，突出了实践体验和理论的应用。

3. 在管理学课程从校级精品课程到省级精品课程的建设过程中，我们形成了较强的教学团队。本次修订吸收了新的力量参加，扩大了作者阵容。

各位作者执笔分工如下：

蔡茂生教授撰写“导言”、第一章“管理与管理者”、第二章“管理思想的演进”和“结束语”；黄秋文教授撰写第八章“组织设计”；张锐教授撰写第三章“管理环境”、第四章“管理道德与社会责任”；曾建权教授撰写第九章“人力资源管理”；许洁虹副教授撰写第十一章“领导”；刘向阳副教授撰写第七章“战略性计划”；易建华副教授撰写第十四章“控制”；伍曙副教授撰写第十章“组织文化”；王国颖副教授撰写第十二章“激励”；胡劲副教授撰写第六章“目标与目标管理”；区苑华讲师撰写第五章“计划概述”；刘琰讲师撰写第十三章“沟通”。蔡茂生、黄秋文为主编，制定全书编写方案和编写提纲，负责审稿和统稿。刘向阳、伍曙为副主编，协助主编做了许多具体工作。

《管理学基础》第二版的修订，要特别感谢广州大学刘雪明教授和华南师范大学吴忠培教授，他们一直关心该书的修订并提出很好的意见；感谢广东高等教育出版社王亚芳编辑，她为本书能与读者见面付出辛勤的劳动。该教材参考和引用了其他教材和专著等的成果，在此一并表示谢意。此外还要感谢自《管理学基础》第一版出版以来，所有关心和厚爱该书的朋友和广大读者。

编　者

2011 年 11 月

目　　录

导 言

导言将讨论管理学的研究对象和学科性质。但在谈这两个问题之前，有一个问题必须首先解决，这就是：管理能不能从书本里学会？管理，究竟是要从书本中学呢还是从实践中学呢？有的人认为，管理主要是从实践中学，从实践中摸索，不断总结经验，也就慢慢地学会了。有的人则认为，管理主要是从书本中学，不掌握管理的理论和技术，很难搞好管理。这里涉及管理学界经常讨论的一个问题：管理，究竟是一门科学呢，还是一种艺术？

一、管理，是科学还是艺术

管理是一种艺术，人们对此大概不会有什么怀疑。因为，现实生活中，有大量的例证说明，一个富有管理经验、具有管理技巧、善于灵活应变的管理者，往往就是一个成功的管理者。而管理的经验和艺术都有赖于实践，正如其他艺术一样。

但，管理是否也是一门科学呢？对此人们的认识就不一致了。有的人不承认管理是一门科学，认为管理千变万化，很难按一定的科学原理进行。管理，确实没有一个普遍的、放之四海皆准的模式，管理学也不可能为管理者提供解决一切管理问题的答案。但是，管理者若没有一定的管理学知识，就全靠过去的经验或靠碰运气进行管理，其成功率可以想象。不懂医学的医生只能是巫医，不懂管理知识的管理者难免陷入盲目性。管理是有一定规律可循的，这些规律具有客观性。人们经过长期的探索和经验总结，形成了关于管理的一般规律的科学知识体系即管理学。管理学为我们提供了如何做好管理工作的指导性理论、原则、方法和技术，管理者一旦掌握了管理的科学理论、方法和技术，再加上深入实际，结合实践经验，就很可能找到切实可行的、解决具体管理问题的方法，收到较好的效果。可见，管理既是科学，又是艺术。

管理的科学性与艺术性是相辅相成的。正如管理学家孔茨所言，最富有成效的艺术总是以对它所依借的科学的理论为基础的。因此，“科学和艺术不是互相排斥的，而是相互补充的。"① 如果说，管理的科学理论是"知"，管理的艺术就是"行"，"知"是"行"的基础，对管理的科学性"知"得愈多，在管理实践中就"行"得愈有艺术性。管理作为一种实践，其本质不在于"知"，而在于"行"。对管理的科学认识是为了指导管理实践，以达到最好的管理效果。管理的实践不可能生搬硬套管理的理论，而是要创造性地、灵活地运用这些理论，就是说，管理的实践必须有艺术性。从这个意义上说，管理的科学性也离不开艺术性。

二、管理学的研究对象

管理学是研究管理活动的一般规律的科学。

人类的管理活动总是跟一定的社会组织相联系的。任何社会组织都需要管理，都存在着管理活动，因此，有多少类别的组织，就会有多少不同组织门类的管理，例如，企业管理、行政管理、学校管理、医院管理、军队管理、科研管理等。由于这些不同的社会组织的管理活动都有很大的差别，都有其管理的特殊问题，所以，形成了以解决这些不同组织管理的特殊问题的部门管理学，如：企业管理学、行政管理学、学校管理学、医院管理学、军队管理学、科研管理学等。这些社会组织还可以再作划分，相应地还有更专门的管理学，如：企业管理学可以再划分为：工业企业管理学、商业企业管理学、旅游酒店管理学等。若从管理的具体对象区分，还可以有不同业务领域的管理学，如：人力资源管理学、生产与运作管理学、技术管理学、质量管理学、财务管理学、物流管理学等。

这些不同的社会组织、不同的业务领域的管理都有其特殊性，即特殊规律，也有其共同性，即一般规律。揭示不同组织、不同业务领域管理特殊规律是各部门、各专门业务领域管理学的任务。管理学研究的是各种社会组织中管理的共性，即一般规律。也就是说，管理学所揭示的管理原理、原则和方法，对不同社会组织、不同业务领域的管理活动都具有普遍的指导意义。

三、管理学的特性

管理学作为一门学科，具有以下一些特性。

---

① [美] 哈罗德·孔茨，海因茨·韦里克. 管理学：第9版. 赫国华，金慰祖，葛唱权，等，译. 北京：经济科学出版社，1993：8.

1. 管理学是一门综合性学科

管理是非常复杂的社会活动，涉及经济、政治、文化等各个社会生活领域，还涉及一些自然因素。任何一门单独的学科知识，都不足以解决管理的全部问题。要搞好管理，必须运用多种学科的有关知识，如经济学、生产力经济学、数学、工艺学、心理学、行为科学、伦理学、哲学等的成果和系统科学、信息科学、控制科学、运筹学和现代信息技术等最新成就。管理活动的多样性、复杂性决定了管理学内容的综合性。管理学既不同于一般的人文科学，也不同于一般的自然科学和技术科学，它综合地运用了许多相关学科的知识，建立起自己的知识体系。管理学是多种学科交叉渗透而产生和发展起来的一门综合性学科。

2. 管理学是一门不精确的学科

管理学，是指导管理者从事管理工作的科学，但决不是一门精确的科学。就是说，管理学所提供的理论、原则和方法，在实际的应用中，不可能像数学等精确科学那样，在相同的条件下，必然得出同一种结果。管理是人类有意识、有目的的活动，管理的主体、管理的对象、管理的环境都不可能是完全相同的，影响管理效果的因素也是非常复杂且变化无常的。因此，即使在“相同”的条件下，运用相同的管理方法，不同的管理者的管理活动的效果却有很大的差别。管理学的不精确性并不降低管理理论的作用。管理理论揭示了管理过程中各种因素、环节之间的关系即管理活动的一般性规律，这就为管理实践提供了行动的指南。这些管理理论虽然不能精确地预见管理活动的结果，但，我们掌握了这些规律，就可以预见未来的发展趋势，注意避免某些后果的发生，努力创造条件，促成目标的实现。

3. 管理学是一门应用性学科

管理学的理论，是对以往管理实践经验的概括和总结，都是从管理实践中产生和发展起来的，都是面向管理的实践，为解决管理实践中的问题而提出来的。因此，管理学的理论知识对指导管理实践具有实用性。管理学还包括一些操作性很强的方法和技术，这些方法和技术可直接应用于管理实际工作中。当然，正像其他理论和方法一样，管理理论、管理方法或管理技术，在运用到管理实践时，都要与具体的情况相结合，而不能简单地照抄照搬。

第一章 管理与管理者

学习目的

学习本章，你应能够：

(1) 从管理与组织的关系中说明管理的必要性和重要性。

(2) 定义管理。

(3) 认识管理的性质。

(4) 描述和区分管理的四大职能。

(5) 描述管理者担当的角色。

(6) 区分管理者的三个层次及其应具备的管理技能。

学习管理学，有几个问题首先要弄清楚：为什么需要管理？管理是什么？谁是管理者？管理者做什么？

第一节 为什么需要管理

一、为什么需要组织

我们在讨论为什么需要管理之前，首先要弄清楚为什么需要组织，因为管理来源于组织，也存在于组织之中。假如没有组织，也就不存在管理的问题了。那么，什么是组织？

（一）组织的概念和特征

组织是为了实现共同的目标将人员进行系统设计并协同行动的集合体。该定义指出了组织有如下三个特征：

1. 有既定的目标

任何组织都是为目标而存在的。不论这些目标是明确的还是隐含的，目标是组织存在的前提。有些组织的目标明确、容易描述，例如企业组织的目标就可以利润的多少来表示。对诸如政府、教育、医疗、军事和宗教等非营利性组织来说，我们就无法用直接的利润标准来表示它们的成果。但是，这些组织的意图与企业组织的利润动机是一致的，那就是，以最少的资源投入提供符合需要的产出（如产品或服务）。

2. 由特定的人员组成

这是因为，如果没有人员，组织的目标就不可能实现，组织也不能在一个人单独行动的环境下存在。为了达到组织的目标，其他人必须参加进来。需要许多而不是单独一人去取得成功。

3. 存在系统化结构

组织是根据目标的需要，经过对人员的精心编排和系统设计而成的。因此，有正式的结构即有分工与合作，有不同层次的权力和责任制度，这是组织的重要特征。例如，企业为了达到经营目标要有采购、生产、销售、财务和人事等许多部门，这是一种分工。每个部门都单独从事一种特定的工作，各个部门又要相互配合。由于有分工，就要授予每个部门乃至每个人相应的权力和责任，以便于实现组织的目标。

（二）组织的产生及其作用

组织是适应人类活动的客观需要而产生的。人们为了达到某种特定的目标，往往面对较大的困难和复杂的情况，单靠某个人有限的力量无法实现，必须与他人结合并协同行动，才能实现既定的目标。为了有效地协同行动，必须对人员进行精心的编排和结构设计，于是，便产生了各种组织。

组织的作用是可以形成“协同效应”，即集体的力量会大于个人力量简单相加的总和，也就是一加一大于二的结果。马克思曾指出协作能创造新的生产力。他说：“结合劳动的效果要末是个人劳动根本不可能达到，要末只能在长得多的时间内，或者只能在很小的规模上达到。这里的问题不仅是通过协作提高了个人生产力，而且创造了一种生产力，这种生产力本身必然是集体力。”①

---

① 马克思. 资本论：第1卷. 北京：人民出版社，1975：362.

二、为什么需要管理

从组织的产生和作用，我们已经可以看到管理的必要性。组织是适应协作活动的需要而建立的，但建立了组织不等于就一定能够产生“协同效应”，创造出一加一大于二的结果，也可能是相反。中国有句俗话：“三个和尚没水喝”，说的就是这个道理。组织为了有效地达到既定的目标，必须通过管理的作用，使组织成员的活动得以协调，资源得到最合理的利用，组织才有可能产生放大了的整体功能，创造出高的效率，达到预期的效果。任何组织——无论是营利性组织还是非营利性组织，都需要管理。管理是组织内在的、客观和本质的要求。而且，随着组织活动的规模和范围不断扩大，社会化程度不断提高，面对的环境日益复杂多变，管理显得更加必要和重要。

第二节 什么是管理

一、管理的定义

什么是管理？由于研究者们研究的角度和强调的重点不同，定义也不尽相同。

以下是西方一些管理研究者对管理下的定义：

管理就是实行计划、组织、指挥、协调和控制。（H. 法约尔）

管理就是由一个或者更多的人来协调他人的活动，以便收到个人单独活动所不能收到的效果而进行的活动。（H. 唐纳利）

管理就是设计和保持一种良好环境，使人在群体里高效率地完成既定目标。（H. 孔茨）

我们将管理定义为一个协调工作活动的过程，以便能够有效率和有效果地同别人一起或通过别人实现组织的目标。（P. 罗宾斯）

我国一些教科书也对管理下了定义，如：

管理是通过计划、组织、控制、激励和领导等环节来协调人力、物力

和财力资源，以期更好地达成组织目标的过程。（徐国华等）

管理是指一定组织中的管理者，通过实施计划、组织、人员配备、指导与引导、控制等职能来协调他人的活动，使别人同自己一起实现既定目标的活动过程。（杨文士、张雁）

管理是指组织为了达到个人无法实现的目标，通过各项职能活动，合理分配、协调相关资源的过程。（周三多等）

上述所列举的中外学者的定义尽管不尽相同，但都包含一个这样的基本含义：管理是人们为了达到一定的组织目标所进行的一系列有组织的活动。在此基础上，有的强调了管理的职能，有的强调管理的重点或中心，有的强调了管理的性质和特点，有的突出管理的目的或效果等。

综合起来，可以对管理界定为：管理就是通过计划、组织、领导和控制等职能，协调组织成员的活动并合理运用各种资源，以有效果和高效率地实现组织的目标的活动过程。

该定义包含两个重要观点：其一，管理的职能和过程主要包括计划、组织、领导和控制等，管理实质是一种协调活动；其二，管理的目标是要追求高效率和有效果。

所谓高效率，就是以最少的投入（耗费的各种资源）获取最大的产出（结果）。一个企业由于加强管理，降低了人力、物力的投入，节约了时间，实现产品成本最小化，而且保证了产品质量和数量，我们就可以说，这家企业通过管理提高了组织的效率。

所谓有效果，包含所做的事和从事的活动本身是一种正确的选择，有助于实现组织的目标。例如，刚才提到的那家企业，假如生产出来的产品根本就没有市场，是要淘汰的产品，那么，即使效率再高对企业也是没有效益的，不利于组织目标的实现。可见，管理者不但要追求高效率，而且首先要讲究做事的效果。管理的目标是要达到高效率和高效果的统一。不良管理可能出现低效率和低效果、或虽有效果但低效率，甚至效率虽高但无效果的情况。

二、管理的两重性

管理，就其性质而言，一方面是对人们共同劳动的合理组织和协调，具有与生产力相联系的自然属性；另一方面，管理总是在一定的社会环境下进行，具有与生产关系、上层建筑相联系的社会属性。这就是我们通常说的管理的二重性。这个思想最早来自马克思。

马克思在《资本论》中写道："凡是直接生产过程具有社会结合过程的形态，而不是表现为独立生产者的孤立劳动的地方，都必然会产生监督劳动和指挥劳动。不过它具有二重性。一方面，凡是有许多个人进行协作的劳动，过程的联系和统一都必然要表现在一个指挥的意志上，表现在各种与局部劳动无关而与工场全部活动有关的职能上，就像一个乐队要有一个指挥一样。这是一种生产劳动，是每一种结合的生产方式中必须进行的劳动。另一方面，——完全撇开商业部门不说，——凡是建立在作为直接生产者的劳动者和生产资料所有者之间的对立上的生产方式中，都必然会产生这种监督劳动。"①这里，马克思分析的对象虽然是资本主义企业的管理，但他所揭示的管理的二重性，是任何社会背景下的管理都存在的。

任何社会的生产活动，只要是两个或两个以上的人的共同劳动，都需要协调，也就是马克思所说的"指挥劳动"，这是共同劳动得以进行的必要条件，同时也是合理组织生产活动、提高生产力水平的客观要求。这不会由于社会制度和社会背景的不同而有所改变。管理这种同生产力相联系的一面，属于合理组织生产力的范畴，体现了劳动过程的一般要求的属性，称为管理的自然属性。

任何生产活动都是在一定的生产关系下进行的，任何管理都具有执行或维护一定生产关系，实现一定社会目的的功能，都受到当时、当地的社会、经济、政治制度和文化背景的影响，管理的这种性质称为管理的社会属性。

认识管理的二重性，有助于我们理解为什么管理既具有跨越国界的共同性，又总是带有不同国家和不同时代的差异性和特色。

---

① 马克思. 资本论：第3卷. 北京：人民出版社，1975：431.

第三节

管理者做什么

一、管理的职能

管理的基本职能主要有哪些？学者们有不同的概括。目前流行的教科书一般把管理的职能划分为四种：计划、组织、领导和控制。这种划分也许还可以进一步细化或有所补充，但这四个职能是管理的最基本职能，基本上反映了管理的全过程，其他职能可以包含在这四个职能中的某一个或贯穿在这四个职能的执行过程中。关于这四个职能的具体内容，我们将在后面的有关章节展开论述，这里先对这四个职能作简单的概括。

1. 计划

计划，是管理的开始。所谓计划，就是指“制订目标并确定为达成这些目标所必需的行动”（Lewis，Goodman and Fandt，1998）。计划职能，包括了信息的获取和处理、对未来的预测、目标的选择、为实现这些目标所采取的策略、政策、规划、程序、步骤、时间、预算等，这个过程也就是决策的过程。

2. 组织

为了有效地实施计划，必须根据工作的要求和人员的特点，设计岗位、配备人员、明确职责和权限关系，形成一个有机的组织结构，使信息、资源和任务在组织内顺畅流动，使整个组织协调地运转。

3. 领导

一个组织要实现自己的目标，光有完善的计划和健全的结构系统还不够，还有赖于全体成员的共同努力，并使组织成员的行为朝向目标。这就需要对组织成员施加影响，包括对他们进行指导、引导和激励，加强沟通，创造一种良好的工作氛围，排除前进道路上的障碍和困难，率领大家去完成各项任务，实现组织的目标。这就是管理的领导职能。

4. 控制

人们在执行计划的过程中，由于受到各种因素的干扰，常常会出现活动偏离原计划的情况。为了保证目标的实现，必须有控制。控制就是发现偏差，采取措施纠正偏差，使活动与目标一致。这就是管理的控制职能。见图 1－1 所示。

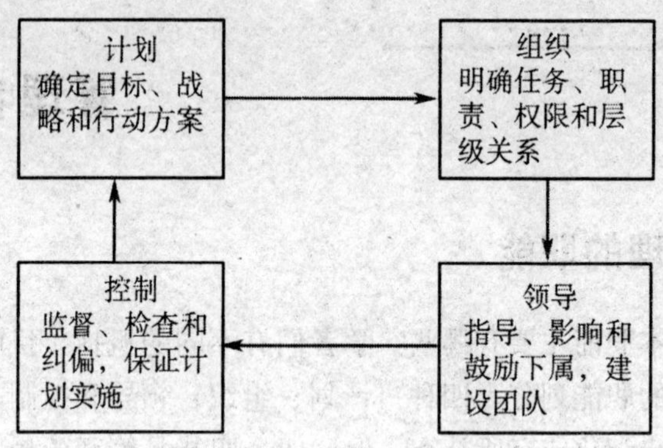

图 1－1 管理的四大职能

这四个管理职能是按管理活动的逻辑顺序展开的。在现实的管理中，这些职能不可能孤立地存在，也不可能严格地一个接一个地进行，而是相互交错、不可分割地联系在一起。所有管理职能，都是为了达到组织活动的协调，因此，协调是管理的本质。

二、管理者的角色

管理者的角色分析，是通过对管理者实际工作的直接观察所作的归纳和描述，是从另一视角对管理工作的透视与分析。

根据加拿大管理学家亨利·明茨伯格（Henry Mintzberg）的研究，管理者扮演着十种角色，这十种角色可分为三大类：人际关系角色、信息角色和决策角色。他认为，管理者是“主管一个组织或其下属单位的人员”，因此在本组织或单位拥有正式的权力并带来了社会地位。由正式权力和社会地位产生三种人际关系角色——挂名首脑、领导者和联络者。人际关系角色使管理者便于获取各种信息并处理信息，由此产生三种信息角色——监听者、传播者和发言人。人际关系角色和信息角色又使管理者能够为所在组织和单位进行决策，由此充当四种决策角色——企业家、故障排除者、资源分配者和谈判者。[①] 下面对这三类十种角色作一个大概的介绍。

---

① 参见［加拿大］亨利·明茨伯格. 经理工作的性质. 孙耀君，王祖融，译. 北京：中国社会科学出版社，1986.

第一类：人际关系角色

人际关系角色主要是指管理者在处理与组织成员和其他利益相关者的关系时所担当的角色。这方面的角色主要有下面三种：

1. 挂名首脑（the figurehead role）

管理者作为组织或单位的代表，出席一些礼仪性质的活动。例如，接见前来访问的贵宾，或出面接待重要的客户，等等。这时，管理者所充当的是挂名首脑的角色。

2. 领导者（the leader role）

管理者作为组织或单位的负责人，必须和员工一道工作，并通过员工的努力来保证组织目标的实现。为此，他必须对员工进行指导、引导和激励。管理者这样做时，他充当的是领导者的角色。

3. 联络者（the liaison role）

管理者在组织内部，要与下属和上级经常联系，还要与外界建立良好的关系，充当联络者的角色。管理者通过正式和非正式的各种渠道建立和维持与外界的联系，目的是为了获取信息、交流信息，以便正确地决策。

第二类：信息角色

信息角色是指管理者在获取、处理和传递信息中所起的作用。由于管理者在人际角色中的地位和作用，使其成为组织的信息中心。这方面的角色主要有下面三种：

1. 监听者（the recipient role）

管理者必须利用各种途径和机会获取有关信息，密切关注组织内外环境的变化，善于捕捉对组织发展有价值的信息，注意区分真假信息。管理者这样做时，扮演的是监听者的角色。

2. 传播者（the disseminator role）

传播者角色是指管理者把收集到的信息，有选择地传递给组织内部有关人员和部门。管理者传递信息的目的是使下属了解情况，以便确实有效地完成工作和正确决策。

3. 发言人（the spokesperson role）

发言人角色是指管理者向组织外部透露或发布组织的有关信息。管理者这样做，目的是让外界了解本组织，扩大本组织在社会的影响，树立良好的公众形象，或者使政府官员对组织的遵守法律感到满意，或者是为了得到上级部门或社会的支持，等等。

第三类：决策角色

决策角色是指管理者在谋划组织的发展、应付突发事件、排除障碍和合理运用资源等问题上做出决定并付诸实施所起的作用。这方面的角色主要有下面四种：

1. 企业家（the entrepreneurial role）

企业家角色是指管理者在获取有关信息基础上，对组织内外环境进行分析，发现和利用机会，促使组织的变革和发展。作为企业家，管理者当发现企业面临发展的机会时，就会作出决策，如开发新产品、上马新项目、开拓新市场或提供新服务等。

2. 故障排除者（the disturbance-handler-role）

在管理过程中，难免遇到一些突发事件或问题。这时，管理者就要出面应对突发事件或解决出现的问题。例如，平息工人的罢工、处理事故、调解职工的争端、与不履行合同的供应商谈判等。

3. 资源分配者（the resource-allocator-role）

管理是合理运用有限资源，使各种资源充分发挥其作用，从而创造出最佳的效果的过程。因此，对资源进行合理的分配就成为管理者的重要职责。资源的分配，不限于物力和财力资源，还有时间的合理安排、人员的配备、信息的获取处理和运用等，也属于管理者必须做出合理分配的重要资源。

4. 谈判者（the negotiator role）

有关研究表明，管理者有相当多的时间是花在谈判上的。管理者的谈判对象包括供应商、客户、合作者、有关部门和下属。

三、管理者的技能

处于不同职位和不同层次的管理人员，由于其任务和职责不同，在履行管理职能时所需要的管理技能也有所不同，但是，有几项管理技能是所有管理人员都必须掌握的。根据罗伯特·卡茨（Katz，1974）的研究，所有管理人员都要具备三种基本技能：技术技能、人际技能和概念技能。

技术技能，是指管理人员对所管理的专业领域的业务知识和技术的掌握和运用能力。如，生产管理人员必须对生产过程和有关工艺技术有所了解，否则，难以对员工进行指导、发现问题和有效地组织生产。

人际技能，是指与人共事的能力。具体表现为与他人融洽相处、相互

协作、有效地与人沟通等。管理人员与同事、与上级和下级的人际关系，对于搞好管理工作非常重要，因此，必须具备人际关系技能。

概念技能，是指对事物进行抽象思考和整体把握的能力。管理者应具备将组织视为一个整体，且了解组织各部分的作用及其相互关系的能力。决策时，不是单纯从本部门出发，而要顾及整体的利益，能预见组织中每一项决策及其实施的后果。

卡茨认为，上述三种技能虽然是所有管理者都必须掌握的基本技能，但，在不同的管理层次上，这三种技能的重要程度是不一样的。见图 1－2 所示。

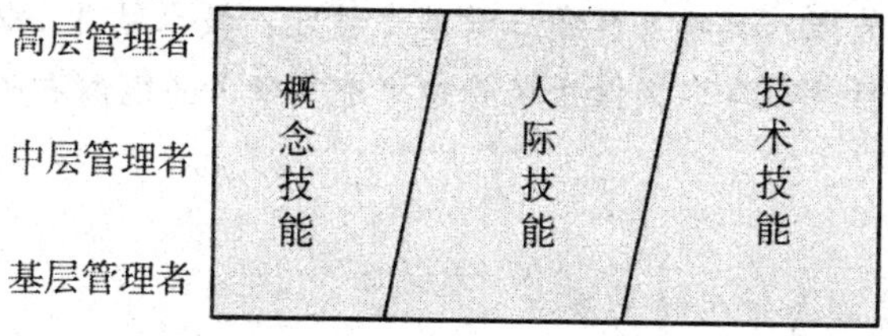

高层管理者
中层管理者
基层管理者
概念技能
人际技能
技术技能

图 1－2　不同管理层次所需要的各种管理技能比较

由图可见，技术技能对于基层管理者最重要，然后，其重要性随着管理层次的上升而下降。概念技能的重要程度随着管理层次的升高而增大，对于高层管理者最重要。人际技能在各个管理层次上都显得同样重要。

本章要点

（1）管理来源于组织，也存在于组织之中。组织是为了实现共同的目标将人员进行系统设计并协同行动的集合体。组织的作用是可以形成“协同效应”，产生大于个人力量简单相加的总和的力量，因此，任何组织都需要管理。

（2）管理就是通过计划、组织、领导和控制等职能，协调组织成员的活动并合理运用各种资源，以有效果和高效率地实现组织的目标的活动过程。管理的目标是要追求高效率和有效果。

（3）管理，一方面是对人们共同劳动的合理组织和协调，具有与生产力相联系的自然属性；另一方面，管理总是在一定的社会环境下进行，具有与生产关系、上层建筑相联系的社会属性。认识管理的二重性，有助于我们理解为什么管理既具有跨越国界的共同性，又总是带有不同国家和不同时代的差异性和特色。

(4) 管理的基本职能主要有：计划、组织、领导和控制。这四大职能基本上反映了管理的全过程，都是为了达到组织活动的协调，因此，协调是管理的本质。

(5) 通过对管理者实际工作的直接观察发现，管理者在履行上述职能过程中，分别扮演着三大类共十种角色：人际关系角色——挂名首脑、领导者和联络者；信息角色——监听者、传播者和发言人；决策角色——企业家、故障排除者、资源分配者和谈判者。

(6) 可以根据管理层次将管理者分成高层管理者、中层管理者和基层管理者。所有管理人员都要具备三种基本技能：技术技能、人际技能和概念技能。这三种技能在不同层次的管理者那里所占的比例有所不同。

思考题

1. 谈谈管理与组织的关系。

2. 管理的一个著名定义是："通过别人并和别人一道实现组织的目标。"管理者如何才能够做到这一点？请你也给管理下一个定义并说说理由。

3. 如何理解管理的二重性？认识管理的二重性有何意义？

4. 构成管理过程的四项基本职能是什么？如何理解协调是管理的本质？

5. 试以某一制造企业的厂长为例，谈谈你对卡茨定义的三种管理技能的理解。

实践练习

采访一位企业管理者，了解他（她）所从事的管理工作和需要的管理技能。

案例应用

案例1-1　　无奈的彭厂长

彭先生原是一位农民，20世纪80年代中期，乘着开放改革的东风，到广州办起了一家简陋的五金厂，承接一些建筑工程公司的钢铁支架的焊接加工等业务。

五金厂20多人，基本上是来自家乡的人，且大多有一定的亲朋关系，故工作没有分工，大家不分彼此，工作一起干。80年代中后期，广州的建筑业特别火旺，彭先生承接的钢架焊接加工业务也接连不断，获得了相当可观的经济效益。

90年代初期，经朋友介绍，彭先生与上海一家名牌的自行车锁厂合作，取得在广州生产和经营同一牌子的自行车锁的资格，并吸收两位新股东，成立天城锁厂。

由于业务的发展，员工人数由原来的20多人发展到100多人。厂的规模扩大了，业务也复杂了，但彭先生的处事方式却依然如故。彭先生既是最大的股东，又是厂长，下面既没有副厂长，也没有车间主任，80多号员工根据轮班和工种被编成若干个班组，由一名从上海合作方派来的技术员负责生产技术指导。彭厂长每天都要亲临车间布置生产和告诉工人如何做。

厂办公室不设主任或秘书，只有一名出纳和一名会计，另有一名管理员负责原材料和仓库的保管。彭先生包揽了从接受订单、监督生产到销售的全部业务，诸如跑银行，联系工商局、环保局、税务局，接待客户和合作单位的客人等，都似乎离不开彭先生。甚至在晚上彭先生还得亲自在办公室值班，等待合作单位和客户的电话。“别人接电话没有用，他们处理不了事情，”他向朋友解释说。

彭先生认为他自己是最了解厂里情况的人，唯有他才能制定和作出厂里的大小计划和决策。彭先生制定厂里的所有计划，招募员工，解决与人事有关的问题。员工们遇到什么问题，也习惯找彭先生解决。在他出差外地期间，厂里的许多事情就得搁置下来。员工们也不像以前那样主动承担任务，经常是相互推托，碰到棘手的问题就等待彭先生来处理。日常事务占用了他的大部分时间，他根本没有时间坐下来思考一下厂里的下一步发展和如何改善目前的管理问题。彭先生也意识到这样下去不是个办法，已经感到力不从心，但如何才能改变这种状况，一时拿不出更好的办法。

问题

1. 你如何评价彭厂长？
2. 结合案例，谈谈管理工作的特点。
3. 运用本章有关管理知识，请你向彭厂长提一点建议。

第二章

管理思想的演进

学习目的

学习本章，你应能够：

(1) 认识中国古代管理思想在管理思想发展史上的地位。

(2) 阐述泰罗科学管理理论的主要思想及其贡献。

(3) 阐述法约尔一般管理理论的主要内容及其贡献。

(4) 阐述韦伯的行政组织理论的主要观点及其贡献。

(5) 阐述梅奥人群关系理论的主要观点及其贡献。

(6) 简述管理科学学派、系统管理学派和权变学派的基本思想。

(7) 了解当代管理思想的新发展。

学习管理学，有必要了解管理思想的演变过程，因为，管理和管理思想都是历史地发展着的，不了解管理思想的历史，也就不了解现代的管理。本章将简要介绍管理思想史的主要流派和代表的管理思想及其贡献。

第一节 早期的管理思想

一、中国古代管理思想

中国作为四大文明古国之一，在管理思想的发展史上占有重要地位。《尧典》中就记载着尧和舜管理国家的事迹。《周礼》中对于国家的管理就有较为完善的组织机构设计的记载，涉及到政治、经济、教育、军事、司法等各个方面，并规定了相应的级别和职数，层次、职责分明，反映了2500年以前，中国就已出现了相当完备的国家管理思想。

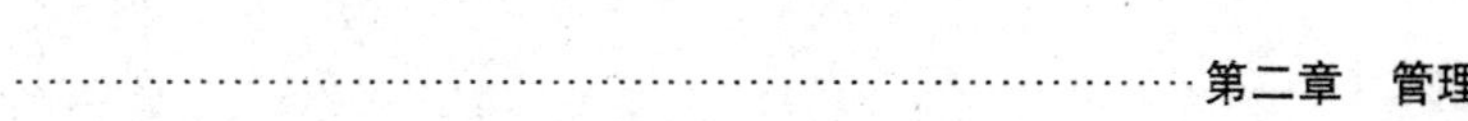

中国古代管理思想深受儒家和道家文化的影响，儒家和道家是最具中国特色的传统文化，因而对中国古代管理思想的影响也最深远、最持久、最具有决定意义。儒家和道家作为两种具有不同价值观念、不同思维方式、不同心理模式的思想体系，在整个中华民族精神和民族文化的融合演进中，互相刺激、互相影响、互相吸收，共同构成了中国传统文化的主流，同时也衍生了两种不同的管理思想。儒家主张“积极入世”的人生态度，在个人的追求上，提倡“天行健，君子以自强不息”的奋斗精神，在认知和个人修养上主张“格物、致知”和“正心、诚意”，在个人和家国的协调发展上强调个人奋斗和国家利益的趋同一致，追求的终极结果是实现“修身、齐家、治国、平天下”的和谐统一，崇尚内圣外王和天下大同思想。而道家和儒家相比，它更倾向于清心寡欲和宁静自守。它主张凡事与世无争，顺其自然，一切都超然世外、甘于寂寞退隐，在“无为”中追求“无不为”。

中国古代管理思想，也受法家和兵家思想的影响。法家的管理哲学以“法”为中心，主张“法治”，反对“人治”。认为，“仁义不足以治天下”，法令是人民的生命、治国的根本。因而圣明的君王不贵义而贵法，法必明，令必行。只有法令昭彰，刑罚严格，才能稳定社会秩序，使政策得以贯彻，达到“民安”、“国治”的目的。兵家的管理思想则侧重于管理的战略和战术，其核心思想可以归纳为“深谋远虑，雄才大略，随机应变”。最典型的例子是春秋战国时期杰出的军事家孙武所著的《孙子兵法》，如“知己知彼，百战不殆”；“以正合，以奇胜”；“不战而屈人之兵，乃上之上策也”。体现了要克敌致胜，就要讲谋略，要在战略、战术上出奇制胜这样的辩证策略思想。

中国古代许多宏大的建筑工程的管理实践也提供了丰富的管理思想和方法。举世闻名的万里长城，长达6700多公里，建造过程曾动用数十万人力，历时上百年，其施工管理制度、工程质量的监控，人力、物力和财力的调配都体现了系统管理的思想。闻名中外的大型水利枢纽工程——都江堰工程也是体现系统管理思想的古代杰作。该工程由岷江鱼嘴分水工程、飞沙堰溢洪排沙工程、宝瓶口引水工程及水利信息系统构成，融灌溉、蓄水、防洪、排沙于一体，合理地解决了分水导江、防洪防旱、引水灌溉、排除泥沙等一系列重大问题。这些都是中国古代运用系统思想的典范。

二、外国早期管理思想

（一）外国古代的管理思想

外国的管理实践和管理思想也有着悠久的历史。有记载的有效管理实践，大约已超过5000年的历史，古代的一些著名的管理实践和管理思想大都散见于埃及、意大利等国的史籍和许多宗教文献之中。

1. 古埃及人的管理思想

古埃及人在国家管理制度上，建立了以国王法老为首的一整套专制体制的管理机构。法老掌握行政、司法、军事大权，并拥有许多农庄，全国土地都属于他。国家统一后，开始统一管理灌溉系统，观测、记录尼罗河的水位，以便发展农业生产。法老下面设有各级官吏，最高的是宰相。宰相辅助法老处理全国政务，并且总管王室农庄、司法、国家档案、监督公共工程的兴建；宰相每天向法老汇报工作，接受指示并经常代表法老巡视各地，了解和监督地方工作。宰相下设一批大臣，分别管理财政、水利建设和各地的事务。这些机构和人员的设立，说明他们已经有了自上而下的管理者的责任和权力规定，有较严格的国家管理机构和管理体制。在大型工程建设上，如胡夫金字塔（公元前2560年）的修建，反映了古埃及在系统管理方面的重大成就。

2. 古希腊的管理思想

希腊是欧洲古代文化的发源地，到公元前5—4世纪，随着希腊经济的强盛，奴隶制度的确立，管理水平不断提高，出现了对管理有许多精辟见解的众多思想家。

苏格拉底主张，国家的领导及国家的各种职务应由经过挑选并受过训练的人来担任，主张有才能的人才能当权。他提出管理的普遍性，认为公众事业的管理技术和私人事业的管理技术是可以相互通用的。亚里士多德不仅指出了管理一个家庭和管理一个国家的相似之处，而且研究了国家制度的问题，提出了国家制度的各种形式，描绘了以奴隶制为基础的“理想城邦”的轮廓。

瑟诺芬则在《家庭管理》一书中，详细地论述了奴隶主应如何加强对奴隶的管理，从而使自己的财富不断增加的经济思想；同时对劳动分工也有精辟的论述，认为一个人只做一种最简单的工作就会把工作做得更好。继瑟诺芬之后，柏拉图也对劳动分工原理作了进一步阐述，他指出，如果

一个人不做其他任何工作，只做适合其天才的一种工作，而且在恰当的时机去做，他就能做得更多、更好而且更容易。

3. 古罗马的经济管理思想

古罗马在世界史上是最大的奴隶制国家之一，最初形成于意大利半岛的罗马城，后逐步扩张为横跨欧、亚、非三大洲的奴隶制大国。管理这样一个庞大的帝国，本身就需要高超的管理方法和技能。罗马共和时期，在国家管理体制上，已体现了行政、立法和司法的分离。

在法律方面，罗马人大约在公元前450年，制定了有名的《十二铜表法》。该法在私有财产的保护、债务、奴隶制度、财产继承、刑法和诉讼等方面都作了规定。古罗马人最有效的管理实例，是当时统治者戴克里先（公元284年）对罗马帝国的重组。他把帝国分为100个“郡”，归为13个“省”，进一步把“省”组成4个“道”，从而建立起专制的组织结构。

4. 古巴比伦的管理思想

巴比伦王国（位于现在的伊拉克）于公元前1894年由阿摩利人建立，它是以两河流域为中心的古代东方的奴隶制国家。巴比伦王国已用成文法典来管理国家。当时的法典就经商、物价控制、刑事处罚等作了不少规定。其中尤以汉穆拉比王（公元前1792—前1750年）颁布的《汉穆拉比法典》最为突出，这部法典共282条，较全面地反映了当时的社会情况，它以法律形式来调节社会的商业交往、个人行为、人际关系、财产、工薪、惩罚以及其他社会问题。

（二）西方早期的管理思想

产业革命前后到19世纪，是西方管理思想发展中的一个重要时期。由于资本主义社会的初步形成和产业革命的顺利进行，对管理提出了新的要求。这一时期虽然没有形成完整的管理理论。但许多著名的经济学家、思想家、工程学者对管理思想进行了积极的探索。

1. 斯图亚特的定额制度

詹姆斯·斯图亚特（1712—1780）是18世纪英国重商主义学派的后期代表之一，是探讨资产阶级政治经济学体系的第一批英国学者。他提出了劳动分工的概念，论述了工人由于重复操作而获得灵巧性。他比泰罗早100多年指出了工作方法研究和刺激工资制的实质，并且制定了定额制度。他还提出了管理人员和工人之间的分工问题。关于机器在制造业中的应用问题，他指出机器代替工人的劳动，不会使工人失业，反而会有更多的就业机会。在产业革命的早期，英国等资本主义国家的工厂中大部分实行计时工资制，在产业革命浪潮中，这种等时不等量，效率低下的单一工资制度已阻碍了企业生产力的提高。因此，工资制度、分配制度也成为早期管理思想家们研究的一个重点。斯图亚特的定额制度成为后来科学管理理论的思想基础。

2. 斯密的劳动分工理论

亚当·斯密（1723—1790）是英国古典政治经济学体系的创立者。其管理思想主要是关于劳动组织的分工理论。

斯密认为：国民财富的增加，取决于两个条件：一是增加生产者人数；二是提高劳动生产率。后者更为重要。如何提高生产率呢？他认为应该依靠分工，因为“有了分工，同数劳动者就能完成比过去多得多的工作量。”他在《国富论》中以扣针的制造为例说明了劳动分工给制造业带来的变化。他在书中分析：如果一名工人没有受过专门的训练，恐怕工作一天也难以制造出一枚扣针来。如果希望他每天制造 20 枚针那就更不可能了。如果把制针程序分为若干项目，每一项就都变成一门特殊的工作了。一个人担任抽线工作，另一个人专门拉直，第三个人负责剪断，第四个人进行磨尖，第五个人在另一头上打孔并磨角……这样一来，平均一个人，每天可以生产 4800 枚针，生产效率提高的幅度是相当惊人的。当时，斯密已经充分地认识到劳动分工和合理组织是提高生产效率的趋势。他对分工理论的系统论述，对以后的管理思想发展产生了深远的影响。

3. 欧文的人事制度

罗伯特·欧文（1771—1858）是 19 世纪初英国卓越的空想社会主义者。他在苏格兰新纳拉克经营一家纺织厂，在这个工厂里，他进行了前所未有的实验，推行了许多改革办法。他改善了工厂的工作条件：把长达十几个小时的劳动日缩短为十个半小时；严禁未满九岁的儿童参加劳动；提高工资；免费供应膳食；建设工人住宅区，改善工作和生活条件；开设工厂商店，按成本出售职工所需物品；设立幼儿园和模范学校；创办互助储金会和医院，发放抚恤金；等等。这些改革的目标是探索既能改善工作生活条件，又有利于工厂所有者的方法。其结果确实改善了工人的生活，也使工厂获得了优厚的利润。欧文这一系列改革的指导思想体现了他对人的因素的重视。他认为：人是环境的产物，对人的关心至少应同对无生命的机器关心一样多。欧文的管理理论和实践突出了人的地位和作用，这实际上是人际关系和行为科学理论的思想基础，对以后的管理产生相当大的影响，有人称他为“人事管理之父”。

4. 巴贝奇的分工理论与报酬制度

查尔斯·巴贝奇（1792—1871）是英国有名的数学家、发明家、现代自动计算机的创始人和科学管理的先驱。他曾走遍英国和欧洲大陆，了解有关制造业方面的各种问题，于1832年发表了《机器与制造业经济学》一书，书中对专业化分工、机器与工具使用、时间研究、批量生产、均衡生产、成本记录等问题都作了充分的论述，并且强调要注重人的作用，分析颜色对效率的影响，鼓励工人提出合理化建议，等等。该书是管理史上的一部重要文献。

巴贝奇在斯密劳动分工理论的基础上，对劳动分工和专业化问题进行了更为系统的研究。他认为劳动分工之所以能大大提高生产效率，有六个重要的原因：一是节省了学习所需要的时间。生产中包含的工序愈多，则所需要的学习时间就愈长。例如一个工人无需从事全部工序而只做其中少数工序或一道工序，就只需要少量的学习时间。二是节省了学习中所耗费的材料。人在学习中都要耗费一定的材料。实行劳动分工后，需要学习的内容减少了，所耗费的材料也相应地减少。三是节省了从一道工序转变到另一道工序所耗费的时间。四是节省了改变工具所耗费的时间。在许多手艺中，工具常常是很精细的，需要作精密的调节。调节这些工具所占的时间相当多，分工后就可以大大节省这些时间。五是由于经常重复同一操作，技术熟练，工作速度可以加快。六是分工后注意力集中于比较单纯的作业，能改进工具和机器，设计出更精致合用的工具和机器，从而提高劳动生产率。

巴贝奇还论述了脑力劳动和体力劳动一样可以进行分工。他将技术工作进行分类，并指出，把复杂的工作交给有高度能力的数学家去做，把简单的工作交给只能从事加减运算的人去做，可以大大提高整个工作的效率。

巴贝奇虽然是数学家，却没有忽视人的作用。他认为工人与工厂主之间能够存在利益的共同点，由此，他竭力提倡一种工资加利润分成的报酬制度。工人可以按照他对生产率所作出的贡献，分得工厂利润的一部分，主张工人的收入应该由三个部分组成：按工作性质所确定的固定工资；按对提高生产率所作贡献而分得的利润；为增进生产率提出建议而应得的奖金。按生产率高低来确定报酬的制度，是巴贝奇的一个重大贡献。

第二节

古典管理理论

19 世纪末 20 世纪初产生的科学管理思想，使人类的管理由经验型的管理上升为科学型的管理。管理作为独立的科学研究对象也从此开始。在科学管理理论的创立过程中，作出突出贡献的人物主要有泰罗、法约尔、韦伯等，他们分别在各自的领域进行了开创性的研究，提出了系统的理论，这些理论至今仍然影响着管理界。

一、泰罗科学管理理论

弗雷德里克·泰罗（Frederick Taylor）是最先突破传统的经验型管理，主张管理科学化的人，被称为“科学管理之父”。泰罗出身于美国费城一个富有的律师家庭，从小醉心于一些小的发明创造。他 1875 年由于眼疾不得不中止上大学而进入一家机械厂当徒工，1878 年，转入费城米德维尔钢铁公司当机械工并在夜校学习，获得工程学位，1884 年提升为总工程师。他在米德维尔工作了 12 年，不断地从事关于管理和技术的试验，系统地研究和分析了工人的操作方法和劳动所花费的时间。1898 年受雇于宾夕法尼亚的贝瑟利恩钢铁公司做管理咨询工作，在此期间，他发明了高速切削工具。1901 年以后开始无偿地做管理咨询工作，他把大部分时间用于演讲和撰写管理文章，宣传他的管理主张。1906 年，泰罗担任了声誉很高的美国机械工程师协会主席。他的代表著作是 1911 年出版的《科学管理原理》。

泰罗一生大部分时间致力于研究的问题是如何提高生产效率的问题。当过学徒、普通工人，任过技工、工长、车间主任、总工程师的经历，使泰罗对工厂生产现场的种种问题有较深入的了解。他认识到落后的管理是造成工人“磨洋工”和生产率低下的主要原因。例如，在经验管理情况下，对“一天合理的工作量”和“一天合理的报酬”是多少这样的问题，主观随意性很大。工人担心提高产量后厂方会提高劳动定额从而降低单位产量的工资标准，因而抑制产量。根据泰罗的看法，工人的产量只达到当天能完成产量的 1/3，只要改善管理，工人无须作出过度努力，就可大大提高生产率。然而，劳资双方都忽视生产率问题，只是把目光盯住利润的

分配上。

因此，泰罗在《科学管理原理》等论著和演讲中，大力宣传他创立的管理理论的以下三个主要观点：

1. 实施科学管理的首要前提，是经营管理者和工人双方必须在观念上、心理上进行一场全面的革命

泰罗曾强调指出，科学管理是一场重大的精神变革。他要求工厂的工人树立对工作、对同伴和对雇主的责任感和履行应尽的义务。同时，也要求管理者——工长、监工、企业主、董事会改变对同事、对工人和所有日常问题的态度，加强责任观念。"没有双方的这种全面的心理革命，科学管理就不能存在。"通过这场思想观念上的变革，就是要使劳资双方"把注意力从被视为最重要的分配剩余的问题上移开，而共同把注意力转向增加剩余上，一直到剩余大大增加，以致没有必要就如何分配剩余的问题进行争吵为止。他们会看到，当他们双方不再相互敌视，而是肩并肩地向同一方向迈进时，通过他们的共同的努力所创造的剩余额将多得简直令人目瞪口呆。他们双方都会认识到，当他们用友好合作和互相帮助来代替对抗和斗争时，他们就能共同使剩余猛增，以致工人工资有大大增加的充分余地，制造商的利润也会大大增加。这就是伟大的心理革命的开始，是实现科学管理的第一步"①。泰罗的这些观点被称为"经济大饼原理"。他所宣传的心理革命，实质上是要求人们突破传统的小农思想意识，树立现代的社会化大生产的思想意识。从这里也可看到，实现科学管理确实不是一件简单容易的事，的确是一场伟大的变革。

2. 管理的中心问题是提高工作效率

这是"经济大饼原理"合乎逻辑的结论。既然盈利的增加（把烧饼做大）是解决工厂主和工人矛盾对抗的基础，那么，盈利的增加有赖于工作效率的提高。所以，提高劳动生产率是泰罗创立的科学管理理论的基本出发点。

3. 要提高工作效率，就必须用科学的管理方法代替传统的经验管理

泰罗认为，过去的管理，完全凭个人的经验办事，主观随意性太大。科学管理必须建立各种标准制度、健全组织系统，使一切科学化、制度

---

① 转引自郭咸纲．西方管理思想史：第 2 版．北京：经济管理出版社，2002：118.

化、规范化。

泰罗经过一系列的试验和研究，总结管理实践的经验，吸收了同时期其他探索者的成果，系统提出了以下的管理制度。

（一）生产和作业管理

作业管理是泰罗科学管理制度的基本内容，包括以下几个要点：

1. 制定科学的工作方法和标准

通过对动作与时间的研究，制定标准的操作方法用以规范工人的工作活动和工作定额。

2. 挑选最适合的工人

根据人的能力安排到相应的工作岗位上，并进行培训，让他们掌握科学的操作方法，使他们成为一流的工人。能力与工作相适应是泰罗生产管理的重要原则。

3. 提供标准的工作条件

要提高工作效率，光有标准的操作方法和一流的工人是不够的，还必须有标准的工作条件，包括标准的工具、机器和材料，并使作业环境标准化。

4. 实行激励性的报酬制度——差别工资制

其要点是：

（1）管理部门在科学分析的基础上，制定一个标准的定额。

（2）根据工人完成定额的情况采用不同的工资率。如果工人达到或超过定额，就按高的工资率付酬，通常是正常工资率的125%；如果工人的生产没有达到定额，就按低的工资率付酬，为正常工资率的80%。

（3）工资支付对象是工人，而不是根据岗位或工种，就是说，是根据工人的实际表现和效率，而不是根据工人的工作类别支付报酬。

（二）组织管理

泰罗科学管理制度的另一个重要内容是职能化的管理理论，这是实行科学的生产管理的组织保证。他的组织管理理论主要有两个要点：

1. 把计划职能和执行职能分开

在传统的管理中，生产中的全部责任都推到工人身上，工人既是操作者，也是操作规程、方法和效率的决定者，工人则按照自己的习惯和经验来进行工作。泰罗深信这不可能是高效率，必须用科学的方法取代这种落后的方法。在生产和作业管理的研究中，泰罗已经提出必须先要制定科学的操作规程、标准，然后按标准执行。而这一找出和制定标准的工作不可能由工人来做而必须由专门的人来负责，也就是要把计划职能和执行的职能分开。计划职能归管理层并设立专门的计划部门来承担。这一划分实质上是管理职能与执行职能的分离。

2. 实行职能工长制

过去，每一个工长都负有全面监督工人的责任，这就要求工长具有全面的素质，这不符合泰罗专业化、标准化的要求。为了使工长的职能有效地发挥，就要进一步细分，使每一个工长只承担一种管理的职能，每个工长在自己职能范围内有权向工人发布命令。泰罗的这种组织结构的改革，为后来职能部门的建立和管理职能专业化开了先河。

二、法约尔的一般管理理论

与泰罗在美国倡导工厂生产作业现场科学管理原理和方法的同一时期，法约尔在法国研究和宣传整个组织的科学管理理论，被后人称为“一般管理理论”或“组织管理理论”。亨利·法约尔（Henri Fayol）是法国一位著名的实业家，也是一位杰出的经营管理思想家。他曾在一家煤矿公司任总经理达30年之久，1916年发表了他的代表作《工业管理和一般管理》。

法约尔与泰罗一样，都是力主科学管理的人。但，由于两人经历不同，研究的范围和思考问题的角度也有差别。如果说，泰罗由于长期工作在车间的生产现场而对工人“磨洋工”现象体会较深，那么，法约尔在总经理位置上长达30年的经历，使他体会到提高管理人员的管理素质的重要性和迫切性。因此，他是带着对管理人员进行管理教育这一具体目的去研究管理的。跟泰罗管理理论具有很强的操作性这一特色不同，法约尔的管理理论带有明显的理论色彩。此外，法约尔一再强调，他的管理理论不仅适用于企业，也适用于政府、教会、慈善机构、军队等各类社会组织。

法约尔一般管理理论的内容主要是对管理职能的揭示和管理原则的归纳：

1. 揭示管理的五大职能

法约尔把工业企业的各种活动划分为六方面：技术活动、商业活动、财务活动、会计活动、安全活动和管理活动。法约尔认为，前五类活动已为人们所熟知，但对第六类活动即管理活动却认识不足。管理活动是企业经营中一项主要的活动，普遍存在于各类企业中。

那么，什么是管理？管理包括哪些职能？法约尔认为，管理就是计划、组织、指挥、协调和控制。这是最早对管理的概念和管理职能的界定，对以后管理思想的发展起着重要的作用。

2. 提出管理的十四项原则

法约尔根据自己长期的管理经验提出了一般管理的十四项原则。这些原则是：分工；权力与责任；纪律；统一指挥；统一领导；个人利益服从集体利益；报酬合理；集中；等级链；秩序；公平；人员的稳定；首创精神；人员的团结。

法约尔强调，管理要有一定的原则，作为行动的指南。运用时要灵活，要掌握好尺度。法约尔总结的管理原则，不但为当时的组织管理研究奠定了基础，即使在今天，也还有参考价值。

三、韦伯的行政组织理论

马克斯·韦伯（Max Weber）是德国著名的社会学家。他对管理理论的贡献是提出了“理想的行政组织体系”理论。该理论集中地表现在他的代表作《社会组织与经济组织理论》一书中。

韦伯认为，理想的行政组织应当以合理—合法的权力作为组织的基础，而不是以世袭的权力或个人的权力为基础。所谓合理—合法权力，就是一种按职位等级合理地分配，经制度上明确规定，并由能胜任其职责的人，依靠合法手段而行使的权力。以这种权力为基础的组织具有以下特征：明确的分工，清晰的等级关系，有详尽的规章制度和严明的纪律，组织成员之间的非人格化关系，人员的正规选拔、委任和升迁制度，管理人员不能是企业或组织的所有者，管理人员领取固定的薪金等。韦伯认为，这种理想的行政组织体系能提高工作效率，在精确性、稳定性、纪律性和可靠性方面都优于其他组织形式。

韦伯的“理想的行政组织体系”理论，是对封建传统的管理模式的否定，是适应工业社会生产力不断发展、组织规模不断扩大、组织管理日益复杂化的需要而提出来的，对后来的组织管理理论产生了深远的影响。韦伯被称为“组织管理之父”。

以上三个代表人物的管理理论，尽管研究的侧重点不同，但他们都是对传统管理的突破，致力于管理的科学化，故都属于古典的科学管理理论。古典管理理论的共同点是：比较注重组织机构、正式的权力关系、规章程序和经济利益等“物”的因素，都主张一种理性化、规范化、标准化的管理。它们都有共同的缺点，就是“见物不见人”，忽视人的因素，忽视人的多方面需要，不注意充分调动人的积极性。这些缺点由后面介绍的行为管理理论所克服。

第三节 行为管理理论

20 世纪 20 年代后期以后产生的人群关系学说和行为科学管理理论，开始重视古典管理理论所忽视的内容——人的因素。他们看到，人具有不同于“物”的因素的许多属性，需要用一种新的、符合人性的管理方式加以管理。从此，管理的中心开始由“物”向“人”转移。这一转移，首先应归功于梅奥和他所主持的霍桑试验。

一、霍桑实验与人群关系理论

正如前面所指出的，泰罗为了突破传统的经验管理而提出以金钱刺激和严格控制为特征的科学管理制度，无疑，这比以前是一个巨大的进步，实践中也收到一定的效果。但是，随着资本主义的发展，人们的民主意识日益强烈，以专制、独裁为特征的科学管理遭到工人的强烈反对。同时，随着科学的进步，有着较高文化水平和技术水平的工人逐步占了主导地位，工人的精神需要日益增强。泰罗所运用的“大棒加胡萝卜”的办法的局限性日益明显。这时，许多西方的管理者和管理学者都试图转换角度探讨一种更加符合“人性”的、新的管理方法。就是在这种背景下，著名的管理实验——霍桑实验，在美国芝加哥城郊外的西方电器公司的霍桑工厂开始了。

霍桑实验开始于 1924 年，由美国国家科学委员会资助，试验的最初目的是想弄清工作条件与生产效率之间的关系，他们首先选择照明这一工作条件进行试验。

研究者挑选两个小组，一组是试验组，一组是参照组。在试验过程中，研究人员有意地将试验小组的灯光强度逐渐地增加，然后又逐渐地降低，而参照组的灯光始终保持不变。研究者试图证实他们这样的假设：照明条件的改善会带来产量的提高；反之，产量下降。但试验结果并不证实这个假设。试验小组的照明条件改善后，产量趋于提高，但提高幅度起伏不定。而当照明条件变坏时，试验小组的产量却同样趋于提高，只是当灯光降到几乎跟月光亮度差不多时，产量才开始有所下降。更奇怪的是，参照小组的产量同样增加了，虽然它的照明没有什么变化。该项试验无法确定改善照明会对工作效率有什么积极的作用，而且对其结果，参加研究的人员没有人能解释。

1927 年，在霍桑实验进行了一半无法继续进行下去的情况下，梅奥接受实验小组的邀请，组织了一个新的研究小组，继续进行这场实验。乔治·埃尔顿·梅奥（George Elton Mayo）是原籍澳大利亚的美国管理学家。梅奥在心理学和社会学方面受过系统的训练，在澳大利亚曾任过逻辑学、伦理学和哲学讲师。这使他能在管理研究中独具慧眼，从一种新的视角去思考问题。

梅奥来到了霍桑工厂，对霍桑实验的前期结果很感兴趣。他经初步分析，作了这样的推测：解释霍桑实验秘密的关键是工人精神状态的变化。在实验中，工人由一批“孤独者”转变为一个社会群体，因备受重视而感到高兴，他们有一种参与实验的感觉和心理满足感。因此，影响生产率变化的原因并不是物质条件的变化，而是其他原因。社会心理因素可能是影响生产率变化的一个重要原因。梅奥经过长达几年的试验和研究，上述假设基本得到了证实。

在总结霍桑实验成果的基础上，梅奥完成了《工业文明中的人的问题》一书，该书于1933 年出版。在书中，梅奥阐述了他的人群关系学说。主要观点有：

（1）工人是“社会人”，而不是“经济人”。古典管理理论的基础是把人设想为“经济人”，即认为工人工作都是为了追求高的经济收入，金钱是刺激人们工作积极性的唯一动力。霍桑实验证明人是一个社会人，影响人的工作积极性的因素，除了物质利益之外，还有社会的心理的因素，如他们追求人与人之间的友情、安全感、归属感、受人尊重等。因此，不能忽视社会心理因素对劳动积极性的影响。

（2）决定生产效率的首要因素是职工的“士气”，而不是物质条件。

古典管理理论认为，生产效率主要取决于良好的物质条件。而霍桑实验证明，良好的物质条件未必带来生产效率的提高。生产效率的提高主要取决于工人的“士气”。职工的“士气”又取决于他们的满足度，特别是对人际关系等社会因素的满足度。

（3）企业中存在着“非正式组织”。古典管理只看到正式组织及其作用，并把正式组织看作是达到最高效率的唯一保证。而霍桑实验发现，工人在企业内部共同劳动的过程中，必然产生共同的感情、态度和倾向，形成一些共同的行为规范和惯例，支配着成员的行为。这就构成了一个体系，即“非正式组织”。

非正式组织对企业来说有利有弊。其消极作用是限制部分成员的自由，限制产量，可能集体抵制上级的政策或干扰组织的部署，等等。其积极作用是使个人有表达思想的机会，有利于沟通，可以促进人员的稳定，满足成员交往的需要，在工作中能使人感到温暖，扩大协作程度，有利于组织任务的完成。梅奥等人认为，不管承认与否，非正式组织都是存在的，它与正式组织相互依存，而且会通过影响工人的工作态度来影响企业的生产效率。因此，管理人员应该正视这种非正式组织的存在，引导并利用非正式组织为正式组织的活动和目标服务。

梅奥的人群关系理论正好弥补了古典管理理论的不足，开辟了管理思想发展的新领域，导致了管理上的一系列改革。但它过分强调非正式组织的作用而忽视对正式组织的研究，过多强调感情、精神的作用而过分否定经济报酬、物质条件的作用，这是它的弱点。

二、行为科学管理理论

梅奥和他的同事们进行的霍桑实验和提出人群关系学说，开创了运用科学方法研究工作环境中的人之先河。后来的研究者，主要是一些受过专业训练的心理学家、社会学家和人类学家，纷纷运用他们的专业知识和更复杂的方法，深入研究组织中人的行为规律。这些学者被称为“行为科学家”而不是“人群关系理论家”。行为科学学派的理论与人群关系理论一脉相承，同属一个学派。可以说，人群关系理论是早期的行为科学。但与人群关系理论比较，行为科学管理学派具有以下的特点：

（1）由单纯强调感情因素，搞好人与人之间的关系转向探索人的行为规律，进行人力资源的开发。

(2) 强调个人目标与组织目标的一致性。主张组织目标要更多地体现个人目标。

(3) 重视人的主动性、创造性，主张民主参与式的管理，主张从工作本身满足人的需要。

行为科学学派的理论研究主要侧重于以下四个方面：

(一) 关于人的需要、动机和激励的研究

在这方面，较具代表性的理论有：马斯洛的需要层次论、赫兹伯格的双因素论、麦克利兰的成就需要论、弗鲁姆的期望理论、斯金纳的强化理论、亚当斯的公平理论等。

(二) 同企业管理有关的“人性”问题

在这方面，较具代表性的理论有：麦格雷戈的 X－Y 理论、沙因的人性假设理论、阿吉里斯的“不成熟—成熟理论”等。

(三) 企业中的非正式组织以及人与人之间的关系问题

在这方面，较具代表性的理论有：卢因的“团体力学理论”、布雷德福的“敏感性训练”等。

(四) 企业中领导方式的问题

在这方面，较具代表性的理论有：利克特的管理方式理论、布莱克和穆顿的“管理方格图理论”、坦南鲍姆和施米特的“领导方式连续统一体理论”、菲德勒的“有效领导的权变模式”等。

以上绝大多数理论的具体内容，本教材将在领导章和激励章等分别作介绍。

行为科学学派的贡献是，提供了有关组织中人的行为方面的知识，强调一种以人为中心的管理，对于推动管理由科学管理思想阶段僵化的专制式管理向灵活的、激励式管理的转变起了重要的作用。但有人认为，行为科学理论过于学术性，且见解不一，使人在应用时有无所适从的感觉。

总而言之，从人群关系学说到行为科学理论，其核心思想是要求管理者把员工作为人对待，把人视为是需要予以保护和开发的宝贵资源，而不仅仅是生产的一个要素。也就是说“人群关系—行为科学”学派主张一种感性化的管理，而非理性化的管理。该学派遭到一些人的批评，有人认为，人群关系学说的理论家们对企业中人的方面投入了过多的注意力。企业作为营利性组织，既不是社会组织，又不是福利组织，要在激烈的竞争

环境中生存下来，除了要考虑人这一因素之外，还要考虑许多其他的因素。

第四节 现代管理学派

二次大战以后，人类进入经济飞速发展的时期，管理受到世界各国的普遍重视，人们对管理的探索也空前的活跃，出现管理学派林立的局面。因此，所谓现代管理理论，不是指某一特定的管理学家或学派创立的单一理论，而是对这一历史阶段众多学派的管理理论的总称。哈罗德·孔茨（Harold Koontz）把现代管理理论比作一片“丛林”。二战后，对管理思想的发展较有影响的学派主要有：管理科学学派、系统管理学派、权变学派等。

一、管理科学学派

管理科学学派，也称定量研究学派，还被视为运筹学的同义语。该学派最早起源于二次大战期间。当时英、美一些国家为了解决战争中迫切的、复杂的问题，成立了由数学家、物理学家和其他领域的科学家组成的运筹学研究小组，借助早期计算机进行成千上万的数学建模运算。由于集中了多学科专家的智慧，加上运用最先进的计算手段，使许多决策和技术获得成效。战后，这种定量研究方法被推广应用到民用企业管理方面，逐步形成一个管理科学学派。

管理科学学派注重于在制定决策时使用定量分析的技术和方法。其解决问题的一般方法步骤是：先由专家组或小组来分析问题，提出尝试性的解决方案。然后，由科学小组用数学方法编制一个能反映与问题相关的因素和它们之间的关系的模型，用计算机分析改变模型中的任何一个变量值时所产生的影响。最后，管理科学小组将模型和计算结果提交给决策层，作为决策的客观依据。该方法完全靠数字来说话，完全排除决策过程的个人主观因素和艺术成分。该学派强调的重点是定量分析方法的运用，它要求具备数学、统计学、经济学、工程学以及一定的商业界背景等个人技能，由于个人难以具有那么多种类的知识，所以，必须集中多种学科的专家并采用集体的方式进行决策。

管理科学学派的贡献主要是为决策提供一个定量思维的框架，使决策有可能建立在比较客观可靠的基础上，决策有可能做到精确化。根据定量分析的数学模式，管理者有可能对未来所出现的各种情况和对策心中有数。但批评者认为，管理和决策是非常复杂的过程，恐怕不是严格地按照某一模式就能解决得了所有问题的。

二、系统管理学派

系统管理学派盛行于20世纪60年代。当时系统科学已兴起，为管理理论的研究提供了新的思维方法。系统管理理论，就是把一般系统理论应用于企业管理，对企业和其他组织的结构、管理活动和过程进行系统的分析。该学派主要代表人物有卡斯特（F. E. kast）、罗森茨韦克（J. E. Rosenzweig）等人。他们两人的代表作有《系统理论与管理》、《组织与管理》等。

其理论要点有：

（一）组织是一个开放系统，是更为广阔的环境超系统中的一个子系统

组织在一定的环境中生存和发展，与环境不断地进行着物质、能量、信息的交流和变换，组织在“投入—转换—产出”的过程中不断进行自我调节，与环境保持动态的平衡。这一系统观点要求组织的管理者了解外部环境的变化，并要考虑这种变化将对组织内部环境所产生的影响。

（二）组织内部是一个由许多相互联系的要素（分系统）构成的复杂系统

这些要素是：目标和价值、结构、技术、社会心理、管理，其中任何一个要素的变化都会影响到其他要素。以往的各个管理学派都是孤立地研究组织的某一个分系统，只强调某一分系统的重要性，没有把它看作是整体的一部分，更没有看到它对其他部分和整个组织的影响。卡斯特（F. E. kast）和罗森茨韦克（J. E. Rosenzweig）对组织所作的系统分析，试图给人们提供一个从整体出发思考组织管理问题的理论框架。

三、权变理论学派

当现代管理理论“丛林”越来越茂密的时候，寻找走出“丛林”的路

径和方法显得很有必要。于是，20 世纪 70 年代，一种试图通过集中研究管理中诸多因素的相互依赖性来将管理思想的各个学派综合起来的新的管理理论——权变理论应运而生。

权变理论的理论基础是系统理论，它从系统整体出发考虑管理问题。该学派试图弄清管理情境诸因素的相互依存关系及其对管理者所采取的行动结果所产生的影响，从而确定各种变数关系的模型，说明组织在某一特定的情境下，哪种管理方法最为有效。

该学派的基本观点是：在管理中，不存在某种到处适用的、一成不变的、绝对好的管理理论和方法。采用哪种理论和方法要根据组织的内外环境和具体情况而定。

权变理论的代表人物美国尼布拉加斯大学教授卢桑斯在 1976 年出版的《管理导论：一种权变学说》一书中，系统地概括了权变管理理论。他认为：过去的管理理论都没有把管理和环境联系起来，管理理论和管理实践相脱节。而权变理论就是要把环境对管理的作用具体化，并使管理理论与管理实践紧密地联系起来。权变管理理论就是考虑到有关环境的变数同相应的管理观念和技术之间的关系，使采用的管理观念和技术能有效地达到目标。在通常情况下，环境是自变量，而管理观念和技术是因变量。在管理因变量和环境自变量之间存在着一种函数关系，可以解释为“如果——就要”的关系。即“如果”发生或存在某种环境情况，“就要”采用某种管理理论和管理方法来更好地达到组织的目标。坦南鲍姆和施米特的“领导方式连续统一体理论”、菲德勒的“有效领导的权变模式”、豪斯的“目标——途径”理论等都贯穿着这种观点。

权变理论学派不排斥任何一个学派，承认各个学派的理论和方法都在一定范围内有效，并且试图通过“权变”的方法融各派学说于一身，从而走出管理理论的丛林。应该说，权变方法是一种很明智的、可取的方法。

第五节

当代管理思想

进入 20 世纪 80 年代以后，由于世界经济环境的发展变化，由于科学技术的突破性发展和广泛应用，由于市场竞争日益激烈和国际化，促使人们对管理和组织进行了多角度、多形式的探索，形成了一些新的管理理论。

一、企业核心能力理论

企业战略，是20世纪60年代出现的一种管理思潮，在80年代和90年代又有新的发展。企业战略理论一直处于管理理论的前沿和中心位置。

企业战略理论的发展大致经历三个阶段：

第一阶段是经典战略理论阶段。这阶段的研究主要是确定战略管理基本概念和理论框架的阶段。这阶段建立了对企业内部条件和外部环境进行系统分析的较完整的理论体系。其中较有代表性的战略分析是所谓SWOT矩阵（即优势、劣势、机会、威胁这四个词的首字母的英文缩写）分析方法和波士顿咨询集团开发出来的企业资产组合技术。

第二阶段是80年代麦克尔·波特（Michael Porter）开创的产业结构分析阶段。波特的战略思想集中表现在他的代表作《竞争战略》、《竞争优势》中。他的战略思想主要由几个重要的概念组成：一是构成行业结构的五种作用力分析（潜在竞争对手的入侵、替代品的威胁、行业内现有竞争对手之间的竞争、客户和供应商的讨价还价能力）；二是在对行业结构进行分析的基础上，提出了三种企业发展的基本战略（成本领先战略、差异化战略和集中战略）；三是为了实现这些战略提出了价值链分析方法；四是进行了关于进攻性战略和防御性战略的分析。

第三阶段是90年代企业核心能力理论阶段。普拉哈拉德（C. K. Prahalad）和哈默尔（G. Hamel）于1990年在《哈佛管理评论》发表了著名的论文《企业核心竞争力》。在文章中，他们提出企业战略管理的关键在于培育和发展企业的核心竞争能力。关于什么是“核心能力”，目前说法很多，较为流行的观点认为核心能力是构成企业竞争能力和竞争优势基础的多方面技能、互补性资源和运行机制的有机融合，是识别和提供竞争优势的知识体系。培育、使用和维护企业核心能力已经成为新的形势下企业竞争的基本战略。企业核心能力理论代表企业战略管理思想的最新发展。

二、全面质量管理

质量管理是现代管理中的一个重要组成部分。从20世纪80年代和90年代初期开始，西方发达国家的企业普遍进行了一场质量革命，这场革命

被称为“全面质量管理”。

所谓“全面质量管理”，是指“一个企业的文化是建立在通过整合了工具、技术和培训体系而不断使顾客更加满意的基础上的，这就意味着不断改进组织的运作流程，因而提供高质量的产品和服务”①。简而言之，全面质量管理强调对整个组织进行全面的管理和不断改进，以高质量的产品和服务使顾客获得满意。为此，管理者应该使质量观念遍布于整个组织的每一项活动之中，并促使员工积极参与。

人们对质量问题的重视可以追溯到二次大战以后的日本。日本在战后重建工业的过程中，一些美国人去日本帮助日本人建造现代化的生产设备。在这批美国人当中，爱德华·戴明（W. Edwards Deming）是一位有较突出贡献的质量专家。他在日本大力推广和运用被他发展了的统计过程控制技术获得较大的成功，享有盛名。但直到20世纪80年代初，他的理论才得到西方世界的认真对待。

另一位著名的质量管理专家是美国的约瑟夫·朱兰（Joseph Juran）。他所倡导的质量管理理念和方法始终影响着世界企业界以及世界质量管理的发展。他的“质量计划、质量控制和质量改进”被称为“朱兰三步曲”。他一生写过12本关于质量的书。这些著作都是质量领域中影响深远的参考书。他的《质量管理手册》被称为当今世界质量控制的名著，为奠定全面质量管理（TQM）的理论基础和基本方法作出了卓越的贡献。

在全面质量管理中，有四个十分重要的因素：一是员工参与。这是指全面质量管理要求整个公司都参与到质量控制中来。二是顾客导向。在实施全面质量管理的企业中，所有的员工都以顾客为导向，努力识别顾客的需求，并尽量去满足这些需求。三是标杆管理。这是指发现其他企业更好地开展经营活动的方式并努力模仿或实施改进的过程。四是持续改进。就是在组织的所有领域持续不断地实施渐进性的改进活动。

三、企业再造理论

20世纪七八十年代以来，技术革命使企业的经营环境和运作方式发生了很大的变化。越来越多的跨国公司越出国界，在逐渐走向一体化的全球

---

① 参见［美］詹姆斯·斯通纳，等. 管理学教程. 刘学，等，译. 北京：华夏出版社，2001：170.

市场上展开各种形式的竞争，美国企业面临日本、欧洲企业的竞争威胁。市场需求日趋多变，产品寿命周期一再缩短，企业的生产、服务系统经常变化。在这种环境下，原有的经营管理模式已无法适应快速变化的市场。企业只有在更高水平上进行一场根本性的改革与创新，重新建立起灵活的、能对环境作出快速反应的组织及其运行机制，才能适应竞争的需要。于是，90 年代初西方发达国家兴起了一场“企业再造”革命。

企业再造理论是由原美国麻省理工学院教授迈克·哈默（M. Hammer）与詹姆斯·钱皮（J. Champy）于 1993 年开始提出来的。他们在 1993 年出版了《再造企业》一书，1995 年钱皮又出版了《再造管理》。一时间，“企业再造”、“流程再造”成为大家谈论的热门话题。

所谓“企业再造”，简单地说就是以工作流程为中心，重新设计企业的经营、管理及运作方式。按照该理论的创始人哈默和钱皮的定义，是指“为了飞越性地改善成本、质量、服务、速度等重大的现代企业的运营基准，对工作流程进行根本性重新考虑并彻底改革”，也就是说，“从头改变，重新设计”。为了能够适应新的世界竞争环境，企业必须摒弃已成惯例的运营模式和工作方法，以工作流程为中心，重新设计企业的经营、管理和运营方式。

四、学习型组织理论

企业组织的管理模式问题一直是管理理论研究的重点问题之一。20 世纪 80 年代以来，随着信息技术的突破性发展，知识经济时代进程的加快，企业面临着前所未有的竞争环境的变化，传统的企业组织已越来越不适应环境，其突出表现就是许多在历史上曾名噪一时的大公司纷纷退出历史舞台。因此，研究企业组织如何适应新的知识经济环境，增强自身的竞争能力，延长组织寿命，已成为世界企业界和理论界关注的焦点。在这样的大背景下，以美国麻省理工学院教授彼得·圣洁（Peter M. Senge）为代表的西方学者，吸收东西方管理文化的精髓，提出了以“五项修炼”为基础的学习型组织理念。学习型组织的出现奠定了未来的企业模式。

所谓学习型组织，就是通过不断的学习来改革组织本身的组织。善于不断地学习是它的本质特征。彼得·圣洁认为，企业的领导者和全体职工都要进行五项修炼：①锻炼系统思考能力。②追求自我超越。③改善心智模式。④建立共同远景目标。⑤开展团队学习。要进行这五项修炼，必须建立学习型组织。彼得·圣洁认为，判断一个组织是否是学习型的组织，有以下四条基本标准：①人们能不能不断检验自己的经验；②人们有没有生产知识；③大家能否分享组织中的知识；④组织中的学习是否和组织的目标息息相关。

五、企业文化与跨文化管理

20 世纪 80 年代开始，西方企业界兴起企业文化风潮。其背景是由于 80 年代以后整个国际经济形势发生了巨大的变化，使得西方的管理学者对传统的管理理论进行了深入的思考。更为主要的是，日本在短短的 20 多年内，由一个战败国一跃成为一个世界第二位发达的资本主义国家，成为美国的主要市场竞争对手，这就不得不使人要对这一现象进行深刻的反思。例如，鲍勃·福斯和比尔·艾伯纳西在《哈佛商业评论》上发表了一篇题为《自取经济衰退的管理之道》的具有划时代意义的文章，该文指出，美国企业管理人员特别是那些工商管理硕士只注重数字、文件而不强调人的作用的思想危害极大，需要发动一场管理革命来振兴美国经济。

1981 年，威廉·大内发表了《Z 理论》这本轰动美国管理界的名著。书中作者指出："作为一个国家我们已经认识到技术的价值，也愿意采用科学方法对待技术，然而却从不重视人的作用。"① 威廉·大内系统地比较了美国企业管理同日本企业管理的差别，指出了如何从采用美国式管理的组织向采用日本式管理的组织——Z 型组织转变的许多措施，其核心就是要信任和关心职工。

理查德·帕斯卡和托尼·阿索思在《日本的管理艺术》一书中，详尽地描述了日本企业如何重视"软性的"管理技能，而美国的企业则过分依赖"硬性的"管理技能。特里·笛尔和阿伦·肯尼迪在他们的著作中进一步证明"企业文化"对企业具有起死回生的作用。

1982 年，汤姆·彼得斯和华特曼合著出版了《成功之路》一书，1984 年，他与南希·奥斯汀又出版了《成功之路》的续集《志在成功》。这两本书的出版，将现代管理的再思考运动推到高潮。

经过实地考察和对比研究，美国人得出了一个共同的结论，日本的经

---

① ［美］威廉·大内. Z 理论：第 1 版. 孙耀君，王祖融，译校. 北京：中国社会科学出版社，1984：3.

济奇迹来自日本式的经营管理，而在日本经营管理最成功的企业里，居第一位的不是严格的规章制度，更不是计算机或任何一种管理技术，而是企业文化。当美国人反过来总结美国杰出的企业的成功经验时，他们惊奇地发现，许多一流的日本公司遵循的法则，在美国杰出的企业中也被认真地执行着。所有这些成功的企业，都有一个共同的特点，就是都有一种富有影响力的“企业文化”。企业文化是杰出企业成功的关键。

企业文化作为一种重视人的因素的感性化管理，跟人群关系理论、行为科学所开创的管理思潮和管理理论是一脉相承的。它自80年代初期兴起以来，一直作为现代管理的重要方面受到企业界和管理学界的重视，并不断发展。目前有关企业文化的前沿理论跟新的组织环境密切结合，跟其他管理理论或管理思想交叉融合，如知识管理理论、人本管理理论、学习型组织理论、团队管理理论、组织的开创与再开创、全球化和文化多元性等。

管理是一种文化现象。任何一种管理理论，包括战略管理理论、组织管理理论的运用和最终能否取得成功，关键在于是否与特定的文化背景相耦合。进入新世纪，随着世界进一步形成全球市场，管理日益全球化，新世纪的管理者必须适应不同的文化环境。管理者必须认识到，组织成员的背景越来越多元化，组织将由不同性别、民族、种族和国籍的人群组成。人员的多元化必然带来文化的多元化，他们的价值观念、思维方式和生活习惯都有很大的差别。如何对这种具有多元文化的组织进行有效的管理，是摆在21世纪管理者面前的新课题。一些比较重视管理中的文化元素的管理学者已经开始思考这个问题。例如，乔安·马丁（Joanne Martin）率先对组织进行文化分析。她解释了文化差异如何对现代管理者提出前所未有的挑战。查尔斯·泰勒（Charles Taylor）指出，在组织和团体中，人们只有珍惜彼此的共同之处，并努力扩大共同之处，才能保持自己的特色。科诺·韦斯特（Cornel West）以《种族很关键》这本书的标题抓住了人们对不同文化的注意力。马丁、泰勒和韦斯特都希望我们看到欢迎和理解人与人之间差异的益处，当然，他们也都承认接受不同文化并非轻而易举。

本章要点

(1) 中国作为四大文明古国之一，在管理思想的发展史上占有重要地位。中国古代管理思想深受儒家和道家文化的影响，衍生了两种不同的管

理思想：儒家提出“修身、齐家、治国、平天下”，以实现和谐统一，崇尚内圣外王和天下大同的思想；道家则更倾向于清心寡欲和宁静自守，主张凡事顺其自然，在“无为”中追求“无不为”。中国古代管理思想，也受法家和兵家思想的影响。法家的管理哲学以“法”为中心，主张“法治”，反对“人治”；兵家的管理思想则侧重于管理的战略和战术，其核心思想是“深谋远虑，雄才大略，随机应变”。最典型的是春秋战国时期杰出的军事家孙武所著《孙子兵法》中所体现的辩证策略思想。中国古代许多宏大的建筑工程（如万里长城、都江堰等）的管理实践也提供了丰富的管理思想和方法。

(2) 外国的管理实践和管理思想也有着悠久的历史。古埃及人在国家管理制度和在大型工程（金字塔）的建设上，反映了古埃及时代在系统管理方面的重大成就。古希腊随着奴隶制度的确立，出现了对管理有许多精辟见解的众多思想家（苏格拉底、亚里士多德、瑟诺芬等）。古罗马在国家管理体制上已体现了行政、立法和司法的分离。在法律方面，在私有财产的保护、债务、奴隶制度、财产继承、刑法和诉讼等方面都作了规定。古巴比伦已用成文法典来管理国家，并开始以法律形式来调节社会的商业交往、个人行为、人际关系、财产、工薪、惩罚以及其他社会问题。

(3) 产业革命前后到19世纪，是西方管理思想发展中的一个重要时期。这一时期虽然没有形成系统的管理理论，但许多人对管理思想进行了积极的探索。其中包括：詹姆斯·斯图亚特，提出了劳动分工的概念并制定了定额制度；斯密对劳动分工进行深入研究和系统的论述；罗伯特·欧文在其经营的纺织厂里，推行旨在改善工人生活，也使工厂获得优厚利润的一系列改革，体现了对人的因素的重视，被称为“人事管理之父”；科学管理的先驱巴贝奇，在专业化分工、时间研究、报酬制度等领域得出了类似后来泰罗所提出的科学管理原则。

(4) 19世纪末20世纪初产生的科学管理思想，使人类的管理由经验型的管理上升为科学型的管理。在科学管理理论的创立过程中，作出突出贡献的主要有泰罗、法约尔、韦伯等，他们分别在各自的领域进行了开创性的研究，提出了系统的理论，这些理论被统称为古典管理理论，至今仍然影响着管理界。

(5) 泰罗是最先突破传统的经验型管理，主张管理科学化的人，被称为“科学管理之父”。他认为，实施科学管理的首要前提，是经营管理者和工人双方必须变革思想观念，“把注意力从被视为最重要的分配剩余的问题上移开，而共同把注意力转向增加剩余上”；管理的中心问题是提高工作效率，这被视为科学管理理论的基本出发点；要提高工作效率，就必须用科学的管理方法代替传统的经验管理，建立各种标准制度、健全组织系统。泰罗经过一系列的试验和研究，系统提出了科学的生产和作业管理制度和职能化的组织管理理论。

(6) 与泰罗在美国倡导工厂科学管理的同一时期，法约尔在法国研究和宣传整个组织的科学管理理论，被后人称为“一般管理理论”或“组织管理理论”。法约尔是法国一位著名的实业家，也是一位杰出的经营管理思想家。法约尔在总经理位置上长达30年的经历，使他体会到提高管理人员的管理素质的重要性和迫切性。因此，他是带着对管理人员进行管理教育这一具体目的去研究管理的。他致力于管理职能的揭示和管理原则的归纳概括，构造管理理论的框架。法约尔使管理理论不仅适用于企业，也适用于军政机关和教会等各类社会组织。

(7) 韦伯是德国著名的社会学家。他对管理理论的贡献是提出了“理想的行政组织体系”理论。韦伯认为，理想的行政组织应当以合理—合法权力作为组织的基础，而不是以世袭的权力或个人的权力为基础。以这种权力为基础的组织具有明确的分工，清晰的等级关系，有详尽的规章制度和严明的纪律，人员的正规选拔、委任和升迁制度等特征。韦伯的“理想的行政组织体系”理论，是对封建传统的管理模式的否定，是适应工业社会生产力不断发展、组织规模不断扩大、组织管理日益复杂化的需要而提出来的，对后来的组织管理理论产生了深远的影响。韦伯被称为“组织管理之父”。

(8) 原籍澳大利亚，后移居美国的梅奥，经过长达几年的霍桑实验，创立人群关系学说，对古典管理理论作了重要的补充和发展。他认为工人并非纯粹的“经济人”，而是“社会人”；决定生产效率的首要因素是职工的“士气”，而不是物质条件；企业中除了“正式组织”之外，还存在着“非正式组织”，影响着生产率的提高。梅奥的人群关系理论正好弥补了古典管理理论的不足，开辟了管理思想发展的新领域。

(9) 在梅奥提出人群关系学说之后，一些受过专业训练的心理学家、社会学家和人类学家，纷纷运用他们的专业知识和更复杂的方法，深入研究组织中人的行为规律，形成了“行为科学”学派。行为科学理论由单纯强调感情因素，搞好人与人之间的关系转向探索人的行为规律，进行人力资源的开发。

(10) 二次大战以后，出现管理学派林立的局面。哈罗德·孔茨把现代管理理论比作一片“丛林”。较有影响的学派主要有：管理科学学派、系统管理学派和权变学派等。管理科学学派（定量分析学派），主张将数学模型、定量分析方法和技术运用于计划和控制的管理决策制定，以求决策的客观、可靠和最优化。系统管理理论，把一般系统理论应用于企业管理，对企业和其他组织的结构、管理活动和过程进行系统的分析，试图给人们提供一个从整体出发思考组织管理问题的理论框架。权变理论学派认为：在管理中，不存在某种到处适用的、一成不变的、绝对好的管理理论和方法。采用哪种理论和方法要根据组织的内外环境和具体情况而定。

(11) 进入20世纪80年代以后，由于世界经济环境的发展变化，由于科学技术的突破性发展和广泛应用，由于市场竞争日益激烈和国际化，促使人们对管理和组织进行了多角度、多形式的探索，形成了一些新的管理理论。如，企业核心能力理论、全面质量管理、企业再造理论、学习型组织理论、企业文化与多元文化管理等。

思考题

1. 管理理论的演变可分为哪几个阶段？说说每个阶段有哪些主要的理论？它们的特点是什么？

2. 试分析比较泰罗科学管理理论与梅奥人群关系理论的差别，并对两种管理思想作简要的评价。

3. 你认为法约尔的管理原则哪些在今天仍然适用？

4. 管理科学学派的主要贡献是什么？该学派有一个观点认为，决策必须排除决策者的艺术成分，你同意吗？

5. 组织与外部环境的关系如何？系统管理学派是如何研究组织的？

6. 根据权变方法，管理者的主要任务是什么？

7. 20世纪80年代以来，管理理论有哪些新的发展？

实践练习

角色扮演练习：设想有一名青年职工，上班经常迟到，不按照有关规程操作，还和别的职工发生吵架，车间主任和班组长应如何对他进行管理？试分别扮演信奉泰罗科学管理理论和信奉梅奥人群关系论的管理者对这位青工的态度和管理方法。

案例应用

案例 2－1　　三家高校的管理比较

A 高校：领导层作风民主，涉及学校发展的重大决策或关系员工切身利益的事项都反复号召教职工进行讨论，反复广泛收集各方意见后才进行集体决策。该校领导认为，学校的主体是教师，只有广大教师都把学校当成自己的家，都把个人的命运与学校的命运紧密联系在一起，才能充分发挥他们的智慧和力量为学校服务。因此，学校强调各职能部门都要树立为教学科研服务的意识和加强服务职能，有关教学、学术问题，都应该与教学科研单位商量解决；平时要十分注重对员工需求的分析，有针对性地给员工提供进修学习、娱乐的机会和条件；对员工夫妻两地分居和子女的读书、就业等问题，经常关心和过问，能解决则尽量帮助解决。在该校，领导与员工们上下融洽，领导没有什么架子，与教职工打成一片，员工们有什么问题和意见，也随时可以向领导反映，领导能认真听取意见。该校办学条件和生活环境与兄弟院校相比，虽然有较大的差距，但员工们都十分安心工作，都普遍地把学校当作自己的家，乐意为培养人才贡献自己的才智，学校稳定发展，日益兴旺。

B 高校：领导者认为，只有实行严格的管理才能保证学校各项工作的顺利开展。因此，他们致力于制定严格的规章制度和岗位责任制，建立严密的质量控制体系。如，对教师的教学文档和教学活动进行严格的规范化管理，投入大量的人力检查每学期的试卷，教学督导组经常亲临课堂听课，发现严重的违规行为立即通报。他们注重新教师的上岗培训和现代教育技术的培训；校内实行以教学工作量为基础的教学酬金津贴制度等。在 B 高校里，员工们都非常注意遵守规章制度，提前到教室准备上课，期末评阅学生的试卷反复检查核对，害怕出错被通报。教师们也积极承担教学任务，因为，他们都明白“多劳多得”的道理。学校教学等各项工作日益走上规范化发展的道路。但教师们总觉得缺少点什么，特别是教师有时想向领导反映一下学校的情况或提出一些合理的建议，但没等你把话说完便被领导顶了回去。教师们关心学校发展的那份热情渐渐地减弱或消失，大家觉得学校的事情有领导在操心，只要做好自身的那一份就足够了。

C 高校：领导认识到，高校是高层次人才聚集的地方，简单的规章制度满足不了他们实现其精神价值的需要。更重要的是，高校教师的劳动是创造性劳动，只有充分调动他们的聪明才智，才能培养好高质量的人才和为社会提供更多的智力和知识服务。因此，该校的领导非常重视为广大教师搭建好充分施展才能的平台，提出团队精神，支持学术带头人根据需要组建学科、方向的梯队或课题组，对符合学校定位和发展方向且有发展前途的研究领域和项目，加大投入，采取灵活的管理措施。学校十分重视创建科学民主的学术氛围和团结协作的和谐校园，倡导“德学并重，以德为先”的教育思想，强调“以育人为本，以质立校”的办学理念；鼓励创新意识，支持教学改革。这些从长期的办学实践中总结出来的精神理念，得到广大教师员工的认同并成为他们的自觉行动。同时学校从管理的角度形成了有效的激励机制，如学校通过表彰先进、树立典型、职称晋升、名师评选、年度考核、项目申报、成果奖励等一系列的环节和措施，贯彻这些思想理念，使这些思想理念得以传承和光大，并日益成为教职工的自觉行动。在该校，知识和人才得到尊重，创新和成果得到鼓励。教职工合理化建议受到重视。学校为教职员工提供良好的工作环境，不断实现教师的价值追求，学校得到快速发展，不断提升其知名度和扩大其社会影响。

问题

1. 试分析案例中三间高校的管理分别运用了哪些管理思想？
2. 试对这三间高校的管理模式及其效果作简单的评论。

第三章

管理环境

学习目的

学习本章，你应能够：

（1）全面理解管理环境的概念和分类。

（2）了解管理外部环境包含的各个因素的内容。

（3）认识管理环境的重要性和不确定性。

（4）了解管理的外部环境变化对企业管理的影响。

（5）认识环境全球化的趋势和掌握全球化环境中管理的基本要求。

任何一个组织都是一个开放的系统，管理者的活动都要受到其所处环境的影响，而且管理者对环境的认知、把握和驾驭的程度直接关系到组织管理的绩效甚至成败，一个优秀的管理者应当能够对环境的变化作出及时而快速的反应，并能够提出适应环境的管理对策。

认识管理环境的重要性还在于，环境的变化往往会比管理者对它的认知和发现速度要快得多，并且不以人们的意志为转移。特别是自 20 世纪 90 年代以来，随着技术进步特别是信息技术发展与更新速度的加快，企业所需要素资源的跨国界配置和经济的全球化，同时企业之间竞争的加剧和竞争外延的延伸，以及消费者主权地位的上升和消费者行为的多样化、个性化的诉求，企业所面对的环境更加复杂。在这种环境下，企业试图赢得市场的主动权和竞争优势，就必须提高自己适应环境的能力。

第一节

管理环境的定义与分类

一、管理环境的定义

管理环境，斯蒂芬·P. 罗宾斯将其定义为对组织绩效起着潜在影响的外部机构或力量。另一个美国工业心理学家斯科特将环境概括为在特定的范围中，所有个体、团体、组织及其相互关联所形成的特定行动领域。本书认为，管理环境是指组织生存发展的物质和社会文化条件的综合体，它存在于组织内外，并可能对管理者的行为产生直接或间接的影响。

管理与环境的关系集中表现为组织与环境的关系。任何组织本身是一个小系统，同时也是一个大系统的一部分，因此环境势必对组织产生制约作用。组织要生存发展，就要适应和服从外部环境；但组织对环境的适应并不是被动的、消极的，而是能动的、积极的，而且还可以通过各种方式对环境加以控制，尤其在影响具体环境方面，组织可以设法发挥更大的能动作用。

管理与环境的关系如图 3－1 所示：

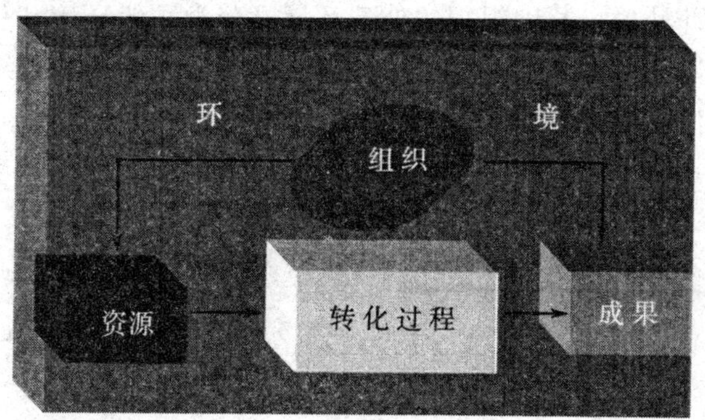

图 3－1　管理与环境的关系

资料来源：［美］莱斯特·R. 比特. 36 小时管理学教程. 上海：上海人民出版社，1994：32.

管理者对于环境中各种力量及其发展变化的理解、把握水平与质量，以及他们对这些力量作出适当反映的能力，是影响组织管理成败的关键要素。

二、管理环境的分类

管理者和组织要想有效地把握和驾驭周围的环境，必须对环境进行分类，因为只有这样才能增强对环境认识和理解的针对性。不过，由于环境的复杂性和多变性，对环境进行区分也就存在一定的困难。国内外管理学理论对于环境的区分和归类有多种不同的观点。

综合起来，管理学界对于环境的分类主要有“两分法”和“三分法”两种代表性的观点。

两分法：将环境分为一般环境和任务环境。一般环境是指在组织之外，所有可能遇到的各种情况。一般环境与任务环境的最大不同点在于环境对企业的影响。更明确的说法是：一般环境间接地影响企业的运营，而任务环境直接地左右企业的生产经营、发展乃至企业的生命。

三分法：将环境分为一般环境、任务环境和内部环境。一般环境是指距离企业比较远的环境，它以不同的方式影响所有的企业；任务环境是指某一特定产业中的环境，只有在此产业中的企业才会受到影响；内部环境则是企业所有的内部因素。

本书在吸收相关研究成果的基础上，将环境划分为两类，即组织的内部环境和外部环境。其中组织的外部环境又分为一般环境和任务环境两种。关于内部环境的因素及其对管理的影响，本书后面各章将分别展开分析，本章我们仅讨论外部环境。

第二节 管理的外部环境

管理的外部环境是指存在于组织系统之外，并对组织系统的建立、存在和发展产生影响的外部客观情况和条件等相关因素的组合。这种组合不是一种简单的堆砌，而是诸因素相互交错而形成的复杂整体。在组织的外部环境中，一般环境处于外层，它对组织的影响是间接的，任务环境距离组织较近，它对组织的影响较为直接和明显。如图 3－2 所示。

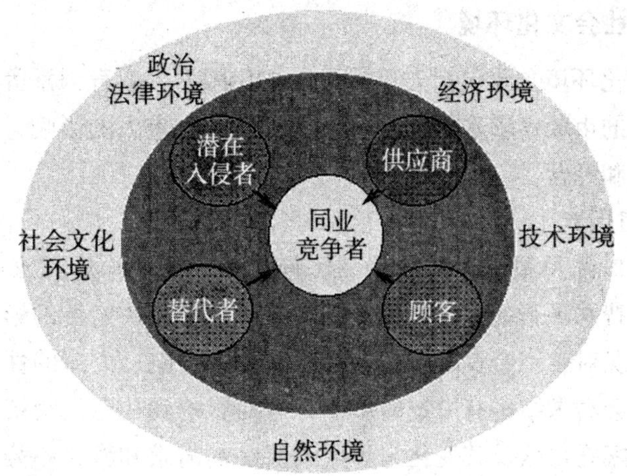

图 3－2 一般环境与任务环境

一、一般环境

一般环境是指对所有企业或其他组织都发生影响的环境因素，也称为宏观环境因素。它包括政治法律、社会文化、经济、技术和自然环境等因素。

（一）政治法律环境

政治法律环境包括对组织产生影响的各种政治因素和法律、法规等因素。

政治因素是指总的政治形势，它涉及社会制度、政治结构、党派关系、政府政策和公众政治倾向等。政治的稳定无疑是组织发展必不可少的前提条件。政治环境的变化有时对组织的决策行为产生直接作用，但更多的表现为间接影响。例如，由国家权力阶层的政治分歧和矛盾所引发的罢工浪潮和政局动荡，无疑会给当地企业的经营活动造成直接冲击。

由于政治环境的变化所导致的法律、法规的变化，将对所有企业的经营和决策产生更广泛、更深远的直接或间接影响。比如：为了促进和指导企业的发展，国家颁布了经济合同法、企业破产法、商标法、质量法、专利法和中外合资企业法等法律，此外，国家还对工业污染控制、卫生要求、产品安全要求，某些产品定价限制等作出规定，这些法律和法规则对企业的活动有限制性的影响。企业的生产、交换、分配活动都必须自觉遵守有关法律的规定，否则就会遭到法律的制裁。

（二）社会文化环境

社会文化环境主要包括人口因素、文化因素、教育因素等方面，这些因素对产品的市场需求水平和需求结构都会产生重大的影响，从而左右着企业的生产和经营。

1. 人口因素

包括人口的总量、年龄结构、民族构成、职业构成和家庭构成等方面。一定消费水平下的人口总量对社会生产规模有决定性的影响；人口的地理分布状况对生产企业地址的选择有重要的影响；人口的性别比例和年龄结构对社会需求结构有一定的影响，进而影响到社会供给结构和企业的产品结构；家庭户数及其变化与耐用消费品的需求和变化趋势相关，也会影响到耐用消费品的生产规模。在我国，由于实行计划生育政策，近年来人口结构上发生了一系列的变化。主要表现在人口趋于老年化，青壮年劳动力人口比例下降，影响了企业劳动力的补充；另一方面，老龄化的人口结构又引出了一个老年人市场，这就为生产老年人用品和提供老年人服务的企业迎来了一个发展机会。

2. 文化因素

这里讲的文化因素指的是一定时期人们的知识、宗教、信仰、道德、习俗、心理等特定传统和行为规范。每一个国家、每一个社会都有与其相适应的文化，并随着社会物质生产的发展而发展，呈现出时代的特点。它对组织的影响可从人口变化、家庭变化、消费者行为以及人们的价值观、生活方式等多方面表现出来。

从中国、美国和日本三种不同文化形态对管理的影响，我们可以清晰地看出文化的力量。如中国文化中强调“人和”的重要性，管理的作用是双重的，有利的方面是，人们都愿意为营造一个良好的人际环境而努力，因此容易形成凝聚力，也比较容易沟通；不利的方面是，在制度化的组织中，理性的管理措施不易被接受，矛盾常常被掩盖。此外，过分地追求人和，会抑制成员之间的竞争。美国文化是典型的个人主义文化，这种文化对组织的影响是，每个人都干好自己分内的事情，有利于竞争和提高工作效率。美国文化在管理上产生的最大的负面影响是在一个组织内难以形成非正式的合作。正如威廉·大内在著名的《Z 理论》一书中指出：美国显示的弱点是工人永远不能相互紧密结合，他们能够形成松散结合的力量，只要不要求他们理解专业以外的事情，他们是能够协调的。日本文化具有

等级制度色彩、集体主义等特点，它对日本的企业管理乃至政府的社会管理都发挥着巨大的影响作用。当今日本企业中三大制度（终身雇佣制、年功序列制和集体决策）能够形成和发挥积极作用与日本特殊的文化有直接的联系；同时，这种文化也大大提高了日本企业的整体竞争力。

3. 教育因素

一方面，教育水平的高低会影响一个社会劳动者的素质和水平，很大程度上决定了劳动者工作能力和对社会贡献的大小，给包括企业在内的一切社会组织挑选人才，形成组织人力资源队伍产生影响，从而也将影响企业的经营活动。另一方面，教育和文化又会改变人们的生活方式、消费习惯，具体表现在人们对于婚姻、工作、道德、性别角色、公正、教育、退休等方面的态度和意见会发生根本转变。这些价值观念和人们的工作态度一起对企业的工作安排、作业组织、管理行为以及报酬制度等产生很大的影响。如人们对物质利益的追求就会使劳动者索取与自己劳动价值相等的报酬，贡献的概念将会发生变化，物质回报可能成为激励的主要手段。第三，随着人们受教育水平的提高和对生活质量的更高要求，就会出现各种自发的利益团体，如消费者协会、环境保护组织等。一些利益团体的行为对组织的行为会产生很大的影响，甚至对企业的活动有很大的限制作用。

（三）经济环境

经济环境是影响组织行为诸多因素中最关键、最基本的一般环境因素，而其中最主要的是宏观经济周期波动和政府所采取的宏观经济政策。例如，在经济高速增长时期，企业往往面临更多的发展机会，因而企业可以增加投资，扩大生产或经营规模，这时企业的竞争环境也不会太紧张。而经济停滞或衰退时期，则不然。再如，国家实施信贷紧缩会导致企业流动资金紧张，周转困难，投资难以实施，而政府支出的增加，则可能给许多企业创造良好的销售前景。通常，利率、通胀率、汇率、可支配收入及证券市场指数等因素的改变意味着经济环境的变化，组织应对此密切关注，因为这些因素的改变影响组织的管理实践。

（四）技术环境

任何组织都与一定的技术存在着稳定的联系，一定的技术是一定组织为社会服务或贡献的手段。一个组织拥有的技术先进与否，对组织的生存和发展影响极大。技术领先的医院、大学、机场，甚至军事组织，比那些没有采用先进技术的同类组织具有更强的竞争力。由于电子计算机和信息处理技术的发展，已使组织有可能逐渐建立起大规模、反应灵敏、反馈速度快的管理信息系统。这种系统中，电子计算机能够迅速处理、分析各种文件、报表及数据，并向管理者提供处理问题的可行方案。这大大提高了决策的准确性、及时性。

（五）自然环境

自然环境主要指组织所处的地理位置、气候条件和自然资源状况等自然因素。这种环境要素的变化也会对企业等组织的管理与经营产生一定程度的影响。以2011年日本大地震为例，日本是全球巨大的电子、汽车工业半成品（在某些情况下甚至是唯一的）供应商，其产品从IPAD屏幕的强化玻璃到大众汽车的变速箱，但由于地震导致了道路损坏、电力切断以及缺少其下游企业为其提供的零部件而减产甚至停产，导致从日本北部地区进货的国际制造商中有97%不得不重新寻找替代货源。同时，地震的影响波及到了日本之外，造成从韩国到西班牙的工厂停工。同样，2011年泰国发生了50年一遇的巨大洪灾，由于泰国是东南亚第一大汽车生产国，而受洪灾的冲击，使在泰国设厂的丰田、三菱、日产、福特、马自达和五十铃等诸多汽车商被迫纷纷停产。另外，泰国还是世界第二大硬盘生产国，而水灾导致了硬盘供应短缺，英特尔、苹果和戴尔的业务都无一例外地受到了影响。

二、任务环境

任务环境是指那些对组织的影响更为直接和频繁的外部因素的总和。这些因素要么是与组织某一具体的决策活动相关联的力量，要么是与某一管理活动直接相关的特殊力量，要么是与组织目标的制订和实施相联系的因子。任务环境又可称为特殊环境、行业环境，以企业组织为例，任务环境一般包括供应商、顾客、竞争者、潜在入侵者和替代品供应商等。

（一）供应商

组织要生存发展，必须依靠一定的人力、物力、财力。但组织本身并不一定具备这些条件，因此，组织必须源源不断地从外界获得这些要素。谈到一个组织的供应商并不仅仅是为组织供应原材料和设备的公司，还包括财力及劳动投入的供应者。组织需要股东、银行、保险公司、福利基金会及其他类似机构来保证持续的资本供给。需要工会、职业协会、地方劳动力市场来保证其持续的劳动力供给。任何一个组织，缺少了人力、物力、财力中的任一因素，就难以有效运行。

（二）顾客

组织生产的每一个产品，都是为了满足顾客的需求，没有需求，生产就变成了一种无意义的行为。有些组织，虽然不生产实物产品，如政府组织、学校组织，但这些组织的存在为公众提供了服务。我们对一所学校的评价完全可以通过公众是否愿意进校就读，学校在社会上的受欢迎程度作为标准。实质上这些组织提供的服务就是它们的无形产品。组织与顾客的关系实质上是生产与消费的关系。组织的一切活动都必须以顾客为中心。“顾客是企业的上帝”一语所揭示的就是这个道理。

顾客的需求是不断变化的，因此顾客代表着潜在的不确定性，一个组织，只有不断地满足顾客种种变化了的需求，才能生存发展。当生活水平低时，人们对冰箱、彩电等耐用消费品的需求量很小，生活水平高时，人们消费逐步向耐用消费品转变。

（三）同业竞争者

任何一个组织都有竞争者，即使是垄断组织也不例外。竞争者的一举一动，经常影响管理者的经营决策。竞争的结果通常表现为此消彼长。一般而言，凡是忽略竞争者行为的组织无一例外都要付出惨重的代价，国内国际不乏其例。例如，在20世纪60年代，美国汽车在北美市场占有绝大部分份额，日本汽车在美国只占4%，美国汽车公司根本没有将其作为竞争威胁。1967年，日本汽车在美的占有率接近10%，但仍然没有受到美国公司的重视。世界石油危机爆发后，日本汽车以其省油特点大受美国用户欢迎，在美市场占有率很快上升，美国人这才开始着急，但悔之晚矣。1989年，日本汽车在美的占有率已近30%，美车只剩60%。

（四）潜在入侵者

这是指欲进入某个行业的企业。一个企业欲进入某个行业，一般具有新的业务能力和充裕的资源，期待建立有利的市场地位，一方面会带来生产能力的扩大，引起与现有企业的激烈竞争，导致产品价格的下降；另一方面，新进入者要获取资源进行生产，从而可能使行业的生产成本上升，这两方面将导致行业的获利能力下降。某一行业被入侵者威胁的大小取决于进入的障碍、行业价格和利润水平、行业对入侵者的报复能力和入侵者对报复的估计。

（五）替代品

替代品是指在满足顾客的需要方面，能够与该行业产品提供具有同样价值的产品。替代品的价格如果比较低，会限定本行业产品的价格，减少了本行业的收入，如果替代品达到了强大的经济规模，本行业将受到威胁。对替代品的分析内容主要包括两个方面：一是确定哪些产品可以替代本企业的产品；二是判断哪些替代品可能对本企业和本行业带来威胁。

三、外部环境的不确定性

环境是不断变化的，而且大多数变化都是管理者不可预测的，因此环境具有一定的不确定性。根据环境不确定性的程度，我们可以把环境分为动态环境和稳态环境。

动态环境是指组织处在外部要素大幅度改变的环境，反之，则称之为稳态环境。在稳态环境中，组织所处的环境较为简单，确定性较强，管理当局易于在稳态环境中作决策。任何一个组织都希望自己处于一个较为稳定的环境之中。从某种程度上讲，这也有利于组织发展。但组织并不总是处于稳态环境中，组织经常面临环境的变化，如突然出现的竞争者，竞争对手新的技术突破，竞争对手出人意料的经营决策等。

（一）外部环境不确定性的导因

环境的不确定性主要由两个方面引起：

1. 环境的复杂性

复杂性程度可用组织环境中的要素数量和种类表示。在一个复杂性环境中，有多个外部因素对组织产生影响。通常外部因素越少，环境复杂性越低，不确定性越小。格兰仕通过大幅降价，挤退了许多中小型微波炉厂，公司有效地扩大了市场占有率，减少了竞争者数量，这样，也就降低了其所处环境的复杂性。一般而言，一个组织要与之打交道的顾客、供应商、竞争者及政府机构越少，组织环境的不确定性就越小。

2. 环境的多变性

组织环境中的变动是稳定的还是不稳定的，不仅取决于环境中各构成因素是否发生变化，而且还与这些变化的是否可预见有关。可预测的快速变化不是管理者必须应付的不确定性。当我们谈到环境多变性时，我们通常是指不可预见的变化。例如，啤酒酿造公司一般在第二三季度要创造一年中3/6～4/5的营业额，第四季度营业额便急剧下降。对于这种可预见的消费需求变化并不会使啤酒酿造公司的环境具有不确定性。环境的不确定性威胁着一个组织的成败，因此管理者应尽力将这种不确定性减至最低程度。

根据环境的复杂性和多变性，我们可以把企业环境的不确定性划分为四种类型。如表3－1所示。

表3－1　环境的复杂性

稳定	1. 外部因素的数量少 2. 各因素保持不变或变化缓慢 （A）	1. 外部因素的数量多 2. 各种因素保持不变或变化缓慢 （B）
不稳定	1. 外部因素的数量少 2. 各因素变化频繁，不可预见，且会产生反作用 （C）	1. 外部因素的数量多 2. 各因素变化频繁，不可预见，且会产生反作用 （D）
	简　单	**复　杂**

资料来源：吴照云．管理学原理．北京：中国社会科学出版社，2008：85.

在“简单＋稳定”（A）象限中，环境的不确定程度很低。企业对环境的预测和适应是比较容易的。这类企业生产的品种比较单一；客户常常是少数的固定几家，往往签订固定的合同；所需原材料的品种较少；它们的竞争者也较少；产品的需求量是比较容易掌握的，因而这类企业的环境因素比较简单，而且在多年中保持相对稳定。

在“复杂＋稳定”（B）象限中，环境的不确定性成分多有所提高。主要是由于影响企业的外部因素增加了。尽管影响的范围有一定的增大，但由于这些因素变化缓慢，因而预测并适应环境并不十分困难。这类企业的产品品种、花色多；所需要的原材料也各不相同；供应商来自多个方面；同行业的竞争者比较多。但是，由于人们的生活习惯相对稳定，因而市场需要也比较稳定，能够比较准确地了解顾客需求的产品品种、花色和数量。

在“简单＋不稳定”（C）象限中，环境的不确定性程度进一步提高，影响企业的外部因素虽然不多，但这些因素变化快，难以预测，而且由于企业为适应环境而采取的行动会引起环境因素的反作用，如采取降价竞争策略，会引起竞争的连锁反应等。这类企业生产的品种单一，生产量大，原材料供应渠道固定、顾客的市场面和竞争面有限。但这种行业的外部环境因素变化比较快，往往由于相关的可替代产业的兴起而引起需求的变化，而且很难事先准确预测。

在“复杂＋不稳定”（D）象限中，环境的不确定性达到最高程度。企业的外部环境因素错综复杂，而且这些因素很不稳定，变幻莫测，因而风险性很大。这类企业产品品种、规格、花色多样；顾客、供应商和竞争者很多；市场变化快且难以预测其变化的方向和速度。因而这类企业的环境不确定性最高，面临的市场风险也最大。

（二）外部环境不确定性对管理的影响

对于组织与管理者而言，外部环境的不确定性对管理的影响主要从外部威胁和外部机会两个方面表现出来。

1．外部环境带来的机会

企业所面临的外部环境可能会给企业带来一定的正面影响，也就是给企业带来机会。市场机会特指某种环境条件，在该环境下企业可以通过采取一定的活动创造价值，实现盈利。当然，不同的机会能给企业带来的利益的大小是不一样的，即不同市场机会的价值具有差异性。市场机会能为企业带来的利益越大，其价值就也高，对企业利益需求的满足程度也就越高。为了在千变万化的市场环境中找到价值最大的市场机会，企业需要对市场机会的价值进行更为详细具体的分析。

2．外部环境给管理带来的威胁

外部环境带来的威胁是指环境中一种不利的发展趋势对企业提出的挑战，如果不采取果断的措施和行动，这种不利趋势将导致企业市场地位被侵蚀。面对外部环境带来的威胁，企业的管理者一方面应当学会识别面临的主要威胁，在此基础上通过选择新的行业或市场等来回避威胁，也可以通过多元化经营等途径来转移或分散威胁，但最有效的办法是，事先预见威胁的发生，并主动采取措施来对抗威胁，使其可能带来的负面影响最小化。

四、管理者对外部环境的反应

任何一个组织的管理者都不可避免地必须面对外部环境对其带来的影响，但在实践中，由于管理者对环境认识的偏差，管理者对环境影响所采取的反应方式也有较大的差异。针对外部环境造成的不确定性，企业可以从内部和外部两个角度加以考虑。

（一）内部战略——“管理者象征论”

“管理者象征论”的观点是：管理者对组织的成败所起的实际作用是很小的，一个组织成效的高低受到大量管理当局无法控制的因素的影响，这些因素包括经济状况、政府政策、竞争对手、特定产业的状况、对专有技术的控制以及组织前任管理者的决策。在外部环境不可控的情况下，管理者所能做的是，调整或改变自己的行为以适应环境。具体行为选择如下：

1．范围选择

企业无法改变自己所在的环境，但它可以通过选择从而使自己置身于一个适合企业发展的环境。如，对经营范围的选择等。

2．招聘特殊人才

从外部聘请合适的高级经营人员，如竞争对手的关键人才，能够使企业更准确地掌握竞争对手的情况，知己知彼。企业的成败在很大程度上决定于高层管理者的能力。优秀的高级主管不仅充分运用其学习曲线和经验曲线使企业得到发展，而且运用其与外部社会建立的良好关系，使企业更好地认识甚至影响环境。

3．缓冲方法

有时外部环境的变化只是暂时的，或者采取行动所付出的代价远远超过其回报，这个时候企业可以考虑暂时按兵不动，或者在控制成本的前提下，对企业内部稍加调整。

（二）外部战略——“管理者万能论”

“管理者万能论”认为：管理者对组织的成败起决定作用，组织的最高管理是组织的中流砥柱，能够克服任何障碍去实现组织的目标。此观点认为，管理者不仅能适应已有的环境，还可以通过有效活动为自己创造一个良好的外部环境。管理者试图改变环境以适应企业的需要，具体行动

如下：

1. 广告宣传

通过广告，可以改变产品的消费市场，如，促使已有的消费者更多的消费，或把其竞争对手的顾客拉过来。广告有利于消费者建立和巩固品牌信任和顾客忠诚度，尤其对于产品和服务差别较小的企业来说，顾客的信任可以极大地改善竞争地位。广告让消费者了解企业，了解企业对消费者作出的承诺，这对消费者的购买决策有重大的影响。拥有品牌和良好声誉的企业，从某种程度上说，减少了对消费者的依赖，甚至可以在交易中占据优势。

2. 缔结合同

可以与其原料供应商签订合同，享受一些特殊待遇。企业可以通过与有良好声誉的供应商、销售商签订长期合约。在供应数量和价格方面作出规定。这样，在一定时期内，企业与供应商、销售商之间稳定的合作关系会直接影响企业与环境的关系，降低不确定性，减少波动。

3. 兼并收购

竞争与合作并存的外部环境中，企业兼并、收买那些对其经营造成威胁的企业和个人，可以减少竞争压力。企业对相关产业中企业的并购则是企业实现多样化或一体化经营的重要途径，这也会改变企业在本行业中的竞争地位，改变其与上下游企业竞价的实力。

4. 建立联盟

可以与竞争对手建立联盟，防止价格战。但在这方面要注意政府的反垄断法等。

5. 公关游说

国家和政府是市场经济规则的制定者，是企业组织经营活动的裁判。国家和政府的有关决策对企业有强制性的约束力，对企业生存发展至关重要。国外企业一般通过组织“院外活动”等游说政府和立法机关，影响和改变一定的政治法律环境。由于企业是现代社会的重要组成单元，是市场经济的微观主体，企业尤其是联合起来的企业对政府决策有相当的影响力。

第三节 全球化环境中的管理

20 世纪 90 年代以来，管理环境发生了巨大的变化，突出表现在：全球经济一体化趋势加强，全球竞争的无国界化，资源的无边界配置导致企业经营行为愈来愈多地受到国际因素的影响等。在这种态势下，管理已不再局限于国家的边界，增大了企业的外部环境的不确定性，对管理者提出了更为严峻的挑战。

一、全球化环境

在全球环境中进行管理，管理者必须首先注意全球化环境所包括的内容。一般来说，全球化环境主要包括以下几个因素：

（一）政治法律环境

政治法律环境主要有政治风险，如资产流失、获利能力或管理控制的风险；政治不稳定，如暴动、革命、居民失序等；法律和规定，如各国之间法律和规定的不同等。任何管理者都希望在全球环境下的管理活动能够处在一个稳定的政治法律环境中，然而并非所有国家都是如此。在全球组织任职的管理者必须熟知他们经营业务的国家所特有的法律体系和政治环境。

政治法律环境并非只有不稳定或具有革命性才会引起管理者的注意。事实上，一个国家的法律或政治体系与本国的差异才是最重要的。管理者如果希望了解他们经营中所受到的约束以及存在的机会，就必须认识这些差异。

（二）经济环境

全球管理者关注的一些经济因素是仅在一个国家经营的管理者不用担心的，最显著的三个焦点是汇率波动、通胀通缩和不同的税收政策。

1. 汇率波动

一个全球公司的利润受本国货币及其经营所在国货币的地位的影响而发生剧烈的变化。一国货币的贬值会严重影响整个公司的利润水平，而外

币的地位也能够影响管理者的决策。

2. 通胀与通缩

世界不同地区的通货膨胀率和通货紧缩率可能差异很大。通胀和通缩率影响到原材料、劳动力及其他资源的支付价格。此外，它们也能影响到一个公司产品和服务的价格水平。

3. 税收政策

不同的税收政策是全球管理者的一个主要担忧。一些东道国比该组织母国的约束更多，而有的则宽松一些。仅有一点可以肯定的是，国与国之间的税收规则不尽相同。管理者需要准确地知道他们经营所在国的各种税收规则，从而将企业的全部税收义务减至最少。

（三）文化环境

管理者在全球领域关注的最主要的一项内容是各国文化的差异。和组织文化一样，民族文化是一个国家的居民共有的价值观，这些价值观塑造了他们的行为以及他们看待世界的方式。

帮助管理者更好地理解民族文化间差异的最有价值的理论是由格尔特·霍夫斯泰德提出的。他的研究表明，民族文化对雇员及与工作相关的价值观和价值取向有着重大影响。实际上，民族文化比年龄、性别、职业或组织中的地位等因素存在更多的差异。更为重要的是，霍夫斯泰德提出了识别民族文化的四个维度：

1. 个人主义与集体主义

个人主义滋生于一种松散结合的社会结构，在这一结构中，人们只关心自己和直系亲属的利益。这在一个允许个人有相当大的自由度的社会中是有可能的。与个人主义相反的是集体主义，它滋生于紧密结合的社会结构。在这一结构中，人们希望群体中的其他人在有困难时得到帮助和保护。集体主义所换来的是成员对团体的绝对忠诚。

从企业管理的角度讲，在集体主义占主导地位的社会里，职工与管理者之间会产生一种责任联系，职工就会逐步把企业看作自己的企业，企业的荣辱与他们的命运紧密地联系在一起。相反，在个人主义占主导地位的社会里，个人多从计较个人利益得失的角度来处理他们与企业的关系，而对企业的承诺极其有限，只有在他们感觉到承诺会给他们带来明显利益的前提下才会接受承诺。

2. 权力差距

人们天生具有不同的身体条件和智力条件，从而产生了财富和权力的差异。霍夫斯泰德使用权力差距这一术语作为衡量社会接受机构和组织内权力分配不平等的程度的尺度。一个权力差距大的社会接受组织内权力有很大差别，员工对权威显示出极大的尊敬；相反，权力差距小的社会尽可能地淡化不平等。上级仍拥有权威，但员工并不恐惧或敬畏老板。

权力差距产生的问题在企业管理过程中也可以反映出来。权力距离与集权化程度、领导以及决策的集中性程度密切相关。在权利差距比较大的企业中，下级倾向于强调对上级领导的依赖性。在这种情况下，上级领导制定决策，下属接受和执行决策。相反，在权力差距小的企业中，决策部门主张缩短与下属的权力距离，实行民主管理。同时，下属愿意并积极参与各项决策的制定。

3. 不确定性规避

不确定性规避是衡量人们承受风险和非传统行为的程度的文化尺度。在低不确定性规避的社会，人们或多或少地对风险泰然置之，他们相对来说更能容忍不同于自己的行为和意见，因为他们并未感觉受到了威胁；而高不确定规避的社会特征是人们的高度焦虑，具体表现为神经紧张、有较强的压力感和进取心。在这种文化中，人们感到自己受到了不确定性和模糊性的威胁，因而建立了各种政府机构和社会机构来提供安全保障并减少风险。这种文化中的组织可能有正式规则，而人们也很难容忍异常的思想和行为。

从企业组织和管理角度来分析，不确定性规避程度影响着一个企业积极开展其生产经营活动的需要和迫切程度。在不确定性规避程度较高的社会里，企业往往通过规章制度来消除不可预知性给企业带来的影响；同时，管理相对倾向于以任务为导向，以工作为中心。当不确定性规避程度较低时，企业往往不太强调控制，而鼓励人们接受含糊不清的东西，并只把较少的注意力和时间集中于方针政策、各种务实以及旨在限制个人主动性的各种规章制度的制定、实施和监督上。

4. 性别倾向

性别倾向是指用来衡量性别角色之间的分工程度。社会角色的分工在一定程度上是非理性进行的，某一社会性别角色的含义与另一社会可能存在很大的差异。男性倾向的社会强调自信，追求金钱和物质财富，漠视他人的价值观，在事业上获得成功被视为英雄。在女性化社会里，对于男人和女人来说，占主导地位的价值观包括重视人与人之间的合作、环境保护、生活质量的重要性，大众同情弱者，不鼓励出人头地。

从一个企业组织的角度来看，男性化和女性化理论的建立似乎对于与个人有关的工资、认可、成就以及竞争挑战的重要性有关。所以，一个社会在这方面的取向将会对一个企业组织的工资奖励制度以及管理风格产生影响。

二、管理的全球化

全球化的环境要求各类组织的内部结构模式、经营管理理念以及相互之间的关系发生一系列深刻的变化。有效的管理者需要适应不同的文化、制度和技术，从全球的观点看待管理。

（一）树立全球化经营理念

企业不能仅靠利用国内资源来谋求发展，而必须广泛地利用世界各国的资源、技术、劳动力等生产要素来发展自己，以求实现资源的最佳配置；同时企业的生产协作关系也不应局限于国内，而要在全球范围内寻求合作伙伴；企业的发展经验不仅仅靠自身的积累，而应该广泛吸收全球其他企业尤其是标杆企业的管理经验与模式。

（二）构造扁平化、柔性化的组织结构模式

在全球化的背景下，必须建立高效、可靠的全球化要素传输流动网络，采用各种先进的要素传输手段，特别是信息传输手段，否则，就无法在国际竞争中取胜，这对组织结构设计提出了新的要求。现代管理技术和手段的采用，使得组织可以改变以往占主流地位的“金字塔”式的层级组织结构形态，减少或者取消中间管理层，构建扁平化、柔性化的组织。借助网络和信息技术，处于不同工作岗位、工作地点的每一个员工，都可以在同一时间与同一管理者直接进行沟通。扁平化的组织模式将直接带来管理费用的下降、管理效率的提高，极大提高员工的自主性与积极性。组织结构的柔性化则是指不设置固定的和正式的组织结构，而代之以一些临时的、以任务为导向的团队式组织。借助组织结构的柔性化可以实现企业组织集团化和分权化的统一、稳定性与变革性的统一。

（三）寻求战略联盟，在竞争和合作中谋求共赢

在全球化背景下，战略联盟已成为企业间合作竞争的新形式。在知识经济和网络经济下，企业间的合作显得尤为重要，任何一个企业都不可能在所有的技术上享有优势，网络化又使知识的获取便捷低廉，企业间的合作对双方有利。西方企业推出的“战略联盟”就是这一趋势的具体体现。作为一种新的竞争方式，“共赢”型的战略联盟正是中国企业的未来发展之路。随着信息化的不断加快，战略联盟的形式也在深化和发展，越来越多的跨国公司会将他们的伙伴关系发展成为“超级联盟”。

（四）关注文化冲突与威胁

全球化环境下的企业管理面临着越来越明显的文化冲突和矛盾，管理者应当在管理过程中寻找超越文化冲突的公司目标，以维系不同文化背景的员工共同的行为准则，从而最大限度地控制和利用企业的潜力与价值，即管理者应当学会跨文化管理。包括：实施本土化策略，即本着“思维全球化和行动当地化”的原则来进行跨文化的管理；实施文化相容策略，即对不同文化相容的程度进行细分，隐去不同文化中最容易导致冲突的主体方面，保存文化中比较平淡和微不足道的部分；实施文化创新策略，即对母公司的企业文化与国外分公司的当地文化进行有效的整合，通过各种渠道促进不同的文化相互了解、适应、融合，从而在母公司和当地文化基础之上构建一种新型的国外分公司企业文化，以这种新型文化作为国外分公司的管理基础；实施渗透策略，即凭借母国强大的经济实力所形成的文化优势，对于公司的当地员工进行逐步的文化渗透，使母国文化在不知不觉中深入人心，东道国员工逐渐适应这种母国文化并慢慢地成为该文化的执行者和维护者；实施借助第三方文化的策略，即企业采用的人事管理策略通常是借助比较中性的、与母国的文化已达成一定程度共识的第三方文化对设在东道国的子公司进行控制管理等。

本章要点

（1）管理环境是指组织生存发展的物质和社会文化条件的综合体，它存在于组织内外，并可能对管理者的行为产生直接或间接影响。环境对组织有制约作用，组织要生存发展，不但要主动适应外部环境，还要能动地对其施加影响。

(2) 管理环境可划分为内部环境和外部环境两类。外部环境是指存在于组织系统之外，并对组织系统的建立、存在和发展产生影响的外部客观情况和条件等相关因素的组合。外部环境又分为一般环境和任务环境两种。一般环境处于外层，它对组织的影响较为间接，任务环境距离组织较近，其对组织的影响更为直接和明显。

(3) 一般环境是指对所有企业或其他组织都发生影响的环境因素，包括政治法律、经济、技术、社会文化和自然环境等因素。

(4) 任务环境是指那些对组织的影响更为直接和频繁的外部环境因素的总和。以企业为例，任务环境一般包括供应商、顾客、竞争者、潜在入侵者和替代品等。

(5) 由于环境是不断变化的，而且大多数变化都是管理者不可预测的，因此环境具有一定的不确定性。外部环境中的不确定性对管理的影响主要从外部威胁和外部机会两个方面表现出来。管理者可以采取内部战略——“管理者象征论”和外部战略——“管理者万能论”予以应对。

(6) 20 世纪 90 年代以来，经济全球化趋势加强，全球竞争的无国界化，资源的无边界配置导致企业经营行为愈来愈多地受到国际因素的影响等。管理已不再局限于某国家的边界，企业的外部不确定性也增大了，对管理者提出了更为严峻的挑战。

(7) 在全球环境中进行管理，管理者必须首先注意全球化环境所包括的内容，并根据全球化的环境要求对组织模式、经营理念、文化差异进行变革式管理。

思考题

1. 为什么要研究管理环境？
2. 管理环境可以分为哪几类？
3. 试以某一企业为例，分析对其产生影响的环境因素。
4. 外部环境的不确定性是由什么因素引起的？
5. 在全球环境中管理者应如何进行跨文化管理？

实践练习

A 企业为一典型的外向型投资企业，金融危机之前曾在世界各地尤其是发达国家进行了大规模的投资，但金融危机爆发后，国际市场形势发生了剧烈的变化。2011 年 1 月 20 日，企业董事会紧急召开会议商讨应变新环境的对策。请 1 ~5 位同学分别扮演董事长、总经理和其他董事成员在会上发言，分析金融危机对企业管理造成的影响，并提出针对新环境的管理策略。

案例应用

案例 3 – 1　雷曼兄弟的破产

雷曼兄弟是华尔街有着 158 年历史的著名投资银行，由于大量认购了美国次贷证券产品，导致公司发生巨额亏损。在 2008 年 2 月到 8 月，“雷曼兄弟”损失接近 70 亿美元。而在截至 8 月 31 日之前的 3 个月里，“雷曼兄弟”损失 39 亿美元，是公司成立 158 年来单个季度内蒙受的最惨重损失。

资产已经严重缩水的雷曼不得不向外寻求“救命稻草”。在与韩国开发银行进行收购谈判未果后，雷曼又接着与美国银行和英国巴克莱银行进行谈判。然而，美国财政部关于政府不会出资救助雷曼兄弟的表态不仅将雷曼打入了万劫不复的深渊，更让正在与雷曼进行收购谈判的美国银行和英国巴克莱银行双双离场而去。

2008 年 9 月 15 日，由于有关救济方案谈判的破裂，美国第 4 大投资银行雷曼兄弟正式向美国联邦破产法院提出破产保护。

问题

1. 雷曼兄弟破产与外部环境变化有什么样的关系？
2. 为什么美国政府不从政策上支持雷曼？从中你体会到什么？
3. 假定雷曼不破产，如果你是该公司的高层管理者，如何从管理的角度应对华尔街危机？

案例 3 – 2　“非典”时期的中国旅行社

2003 年，一场突如其来的“非典”给中国的旅游业造成非常大的冲击。中国的旅游市场环境发生了很大变化：人们害怕出行，在选择旅游目的地时，开始把安全作为一项最重要的考察因素。“安全因素”成为阻碍人们外出旅游的主要原因。

在环境骤变的情况下，中国旅行社所做的并不是消极的等待，而是采取了一系列的措施，并在力所能及的范围内，积极地利用“非典”所带来的机会，以求得更长远的发展。

首先，内强素质。就“非典”本身而言，无疑是坏事，但中旅同时把它看作是前所未有的“良机”，因为它为景点建设、生态修复、人员充电、品牌提升等方面提供了精力和时间上的保证，为旅游复苏储存了能量。他们做的具体工作有：①加快旅游资源硬件改造和调整，抓好旅游项目建设。②做好业务培训，进行经营结构和人员等方面的调整，加强员工队伍建设和企业内部管理，努力提高公司自身的硬内功。③抓好旅游景区建设，如挖掘景区的历史文化内涵，重新修改、编写导游词，完善服务功能等。④加强旅游企业人员的服务意识，如抓好作为“中国旅游名片”的导游队伍的政治、职业道德，提高服务质量。这一时期，因为团队量骤减，许多导游无团可接，中旅利用这一时期，对其导游人员加强培训，并每月发放基本工资，以保证导游人员的基本生活，从而加强导游人员对公司的忠诚。

其次，摸清市场动态特点和游客的需求。中旅认为，“非典”必定会影响人们的旅游取向，如对旅游方式的选择，对旅游目的地的选择等，所以，他们对旅游市场开展多种调查，加强对游客的行为、认知和旅行模式的了解，摸清游客的需求和变化，并根据这些变化，进行市场定位，有针对性地推出适时的、功能性明确的旅游项目产品组合，刺激人们进行旅游的购买。①开发个性产品。受“非典”影响，有不少人的旅游兴趣转向美容、理疗、温泉、桑拿、生物健身、高尔夫球等养生保健项目，为此，中旅顺应“感受旅游”的转变，加紧开发出以健康旅游为主题的“感受旅游新产品，引导旅游者树立保护环境、增强体质”等旅游新观念。②中旅利用广州、北京等地抗击 SARS 的经验及实物展览等，吸引国际国内游客，参观学习，传播知识，增加旅游特色。③为解决旅游产品基本雷同化、同质化和产品老化等多年来阻碍旅游企业发展的一个重要问题，中旅因地制宜地开发设计出新的旅游产品，如自驾车旅游、农业体验旅游、森林旅游、长期度假型旅游等，推出多个富有个性特点的散客游、自助游项目和文化旅游产品、生态旅游产品，使之更适合健康、绿色、环保的需要。

问题

1. “非典”对于中国旅行社带来了怎样的影响?
2. 中国旅行社如何应对“非典”?
3. 你还能为中旅支招吗?

第四章 管理道德与社会责任

学习目的

学习本章，你应能够：

(1) 掌握影响管理道德的因素。

(2) 理解社会责任的内涵。

(3) 认识企业践行社会责任的必要性。

(4) 掌握企业社会责任的内容。

(5) 客观分析中国企业社会责任的现状。

正如前一章中我们所指出，管理是在一定的环境尤其是外部社会环境中的管理，因此管理具有明显的社会性特征。简言之，管理作为一项实现组织目标的活动，涉及人与人之间关系的协调、资源在组织中的分配、权力在组织中的传递。同时，从组织本身来说，其功能要在与人打交道的过程中体现。特别是对企业这一组织形式而言，它通过从外界输入资源和能量，通过内部人员的劳动予以转化，并在与外界的互动中实现自己的价值，这就不可避免地会涉及大量的道德伦理问题。本章主要讲解管理道德的影响因素和管理道德观的价值构成，企业社会责任的内涵、内容以及企业履行社会责任的必要性和重要性。

第一节 管理者的管理道德

道德问题一直伴随着人类的生产与生活实践，从风俗、习惯到行为规则、法律制度，道德无处不在。同样在组织的管理活动中，道德也被视作一条重要的规则，它既体现了管理思想的升华，又是管理行为进步的重要标志。

一、管理道德的定义与理解

所谓管理道德就是指在管理活动中的价值判断与是非判断。基于这一定义，我们认为管理道德具有以下内容及特征：

（一）管理道德是关于企业及其成员行为的规范

尽管企业是由个人组成的，但企业的行为却不能简单地表述为单个成员的行为总和，企业具有自己的目标、利益和行为方式。当一个人问企业应该做什么？企业的道德责任是什么？就意味着企业本身被看作一个“道德角色”或“道德个人”。然而，具体工作毕竟是由企业成员来做的，在讨论企业应该遵守的行为规范时，实际上也提出了单个成员所应遵守的行为规范，如管理者、技术人员、生产人员、营销人员、财务人员等的行为规范。另外，企业道德并不调节企业及其成员的一切行为，而是调节那些对他人利益有影响的行为。在这里，他人可以是人，也可以是群体、组织乃至整个社会。

（二）管理道德是关于企业经营活动的的规范

管理道德告诉人们哪些经营活动是善的、应该的，哪些活动是恶的、不应该的。究竟什么是善的经营行为，什么是恶的经营行为，正是企业道德研究所要探讨的。一般而言，人们总是把那些有利于自己、他人及社会群体的行为和事件当成是善，而把那些有害于自己、他人及社会群体的行为和事件当成是恶。

（三）管理道德是关于正确处理企业与利益相关者关系的规范

在市场经济条件下，企业作为具有独立法人财产权、自主经营权和自负盈亏的经济实体，在其从事以营利为目的的生产经营活动中，必然要与外部、内部发生各种利益关系，在这些利益关系中，包含着各种道德关系。那么，在企业经营中存在哪些利益关系呢？具体地说，企业在经营中存在着以下主要利益关系：一是企业与其内部的关系，包括企业与出资者的关系、企业与管理者的关系、企业与普通员工的关系、员工与员工的关系等；二是企业与其外部发生的关系，包括企业与消费者的关系、企业与其他企业（竞争者、供应者）的关系、企业与政府的关系、企业与社区的关系、企业与自然环境的关系等。

（四）管理道德是通过社会舆论、传统习俗、内心信念等起调节作用的规范

企业道德与法律规范都是调节企业及其成员行为的重要手段，但两者在调节方式上有重大的差别，法律是统治阶级依靠国家机器等强制力量来实施的，体现了强制性和外在性；道德则依靠社会舆论、传统习俗和内心信念而起作用，体现了自觉性与内在性。当企业作为道德主体时，为了使企业成员遵守社会公认的企业道德要求，企业内部可以据此制定具体的道德准则，对模范遵守者予以表扬、加薪、晋升等，而对违反者予以批评、减薪、降级乃至除名。

二、几种相关的道德观

（一）功利主义道德观

这种观点认为决策要完全依据其后果或结果（经营业绩）作出，能给行为影响所及的大多数人带来最大利益的行为才是善的。功利主义只重视结果、企业的盈利性和股东权益的增加等，如接受功利观的管理者可能认为解雇其工厂中20%的工人是正当的，因为这将增强工厂的盈利能力、使余下的80%的工人的工作更有保障以及符合股东的利益。

功利主义道德观有其合理的一面，因为如果行为能为行为影响所及的大多数人带来最大利益，当然就可以认为该行为是善的，必然得到大多数人支持。但也存在着一些不可回避的问题，如这种道德观没有考虑取得最大化利益的手段，也没有考虑所得利益的分配，如果实践中形成了两极分化，这也是不道德的。

（二）权利至上道德观

这种观点认为决策要在尊重和保护个人基本权利（如隐私权、言论自由和游行自由等）的前提下作出。例如，当雇员揭发雇主违反法律时，应当对他们的言论自由加以保护。

权利观的积极一面是它保护了个人的自由和隐私。但它也有消极的一面，接受这种观点的管理者把对个人权利的保护看得比工作的完成更加重要，从而在组织中会产生对生产率和效率有不利影响的工作氛围。

（三）公平公正道德观

这种观点要求管理者公平地实施规则。即管理者不能因种族、肤色、性别、个性、个人爱好、国籍、户籍等因素对部分员工歧视；那些按照同工同酬的原则和公平公正的标准向员工支付薪酬的行为是善的。

这公平公正道德观在理论上是完全正确的，但在实践中问题十分复杂。如按公平原则行事，也会有得有失，得的是它保护了那些未被充分代表的或缺乏权力的利益相关者的利益，失的是它可能不利于培养员工的风险意识和创新精神。

（四）社会契约道德观

这种观点主张把实证（是什么）和规范（应该是什么）两种方法并人商业道德中，即要求决策人在决策时综合考虑实证和规范两方面的因素。这种道德观综合了两种“契约”：一种是经济参与人当中的一般社会契约，这种契约规定了做生意的程序；另一种是一个社区中特定数量的人当中的较特定的契约，这种契约规定了哪些行为方式是可接受的。这种商业道德观与其他三种的区别在于它要求管理者考察各行业和各公司中的现有道德准则，以决定什么是对的、什么是错的。这种观点积极主张企业经营决策必须实现经济性和社会性的统一。

社会契约道德观无疑有助于企业人力资源成本的降低和企业利润的增加，但这种道德观有很大的局限性，主要表现为契约具有很强的情境特征，在很多场合是相关各方利益博弈的结果，与合理性无关。

三、合乎道德的管理

从理论和社会实践的发展来看，管理活动应该合乎伦理。合乎道德的管理具有如下特征。

（一）视遵守道德为责任

合乎道德的管理不是出于获利的动机遵守伦理道德规范，而是把遵守道德规范视为组织的一种责任。即如果遵守道德规范能带来利益而不遵守能带来损失时，固然选择遵守伦理规范；但是若遵守道德规范的成本大于收益而不遵守伦理规范的收益大于损失时，仍然选择遵守道德规范，这就是责任。

（二）强调社会整体

在合乎道德的管理中，同时要从企业个体角度和社会整体角度衡量企业的决策、政策、行为的对与错、好与坏。即合乎道德的管理并不是使企业每一项经营活动都对企业自身最有利，有些是次有利甚至可能在短期看来弊大于利，但是从社会整体看则是最有利的。

（三）重视相互关系

企业道德是处理企业经营中存在的“人”、“己”关系的规范，其重点在于关系，包括企业与利益相关者的关系和员工之间的关系。无论哪种关系，都对企业成败有重大影响。符合伦理的管理使管理者认识到组织与利益相关者的相互依赖关系，认识到组织的成功部分取决于利益相关者的选择和行为。这样会更容易处理好组织与利益相关者的关系。

（四）视人为目的人

合乎道德的管理把人看作既是手段，又是目的。如果管理者只关心生产，把“关心”员工当作提高生产率的手段，那么员工迟早会识破管理者的用心，从而产生抵触情绪，或者讨价还价，提出更高的要求。相反，员工若意识到管理者是真心关心他们，则会做出积极的反应。

（五）超越法律

法律是企业及其成员所必须共同遵守的最起码的行为规范。法律调节的是违法行为，对一般的不道德行为并不追究。而道德的调节范围要比法律广得多，法律惩治的行为，道德予以谴责，法律不追究的行为，道德也可予以谴责。换句话说，道德对企业及其成员提出了比法律更高的行为规范。

（六）道德自律

非道德管理关心的是在合法的情况下能做什么，企业行为和员工行为主要受外界的约束，是一种他律。而合乎道德的管理具有自律特征。道德的约束通常是通过社会舆论和内心信念等手段，靠唤醒人们的良知和羞耻感、内疚感，从而实现自我控制和社会控制的理性目标。合乎道德的管理通过营造良好的道德环境，使企业成员认识到什么是企业、什么是员工应该做的、什么是不应该做的，并以这种认识来指导自己的行为。企业或员工不做某事不仅仅因为害怕受到惩罚，更为重要的是感到那样做是不道德的；企业或员工做某事，不仅仅因为能得到奖赏，更因为感到那样做是道德的。

（七）追求卓越

传统管理追求利润最大化，却常常与卓越无缘。原因在于，一个企业如果奉行“只要守法就行了”的原则，就不大可能去积极从事那些“应该的”、“鼓励的”行为。实际上也就是放弃了对卓越的追求。哈佛大学琳·夏普·佩尼认为，法律不能激发人们追求卓越，它不是榜样行为的准则，甚至不是良好行为的准则。那些把道德定义为遵守法律的管理者隐含着用平庸的道德规范来指导企业。仅仅遵守法律不大可能激发员工的责任感、使命感，不大可能赢得顾客、供应者、公众的信赖和支持，因而也不大可能取得卓越成就。而且，违反道德的行为往往只是从短期看对企业有利，从长远看，则弊大于利。企业因而“见小利，则大事不成”。相反，合乎道德的管理虽不把企业自身利益看作是第一位的，它往往从企业对社会的贡献去寻求企业存在的理由，利润只是对社会贡献的回报。

四、影响管理道德的因素

组织行为是否符合管理道德，组织决策时采用什么样的道德观，是多种因素作用的结果。主要因素有道德发展阶段、个人特征、组织文化和问题强度四个方面。

（一）道德发展阶段

研究表明，道德发展存在三个水平，每个水平包含两个阶段。在每一个相继的阶段上，个人道德判断变得越来越不依赖外界的影响。这三个水平和六个阶段如表 4 -1 所示。

有关研究显示，人们以前后衔接的方式通过六个阶段。他们一个阶段接着一个阶段移动，而不是跳跃式地前进；不存在道德水平持续发展的保障，发展可能会停止在任何一个阶段上；大部分成年人处于第四个阶段上，他们被束缚于遵守社会准则和法律。最后，一个管理者达到的阶段越高，他就越倾向于采取符合道德的行为。

表 4－1

道德发展阶段	
层　次	阶　段
前惯例层次	
（1）只受个人利益的影响 （2）决策的依据是本人利益，这种利益是由不同行为方式带来的奖赏和惩罚决定的	1. 遵守规则以避免受到物质惩罚 2. 只在符合自己直接利益时才遵守规则
惯例层次	
（1）受他人期望的影响 （2）对法律的遵守，对重要人物期望的反应，以及对期望的一般感觉	3. 做自己周围的人所期望的事 4. 通过履行你允诺的义务来维持平常秩序
原则层次	
（1）受个人用来辨别是非的道德准则的影响 （2）这些准则可以与社会的规则或法律一致，也可以与社会的规则或法律不一致	5. 尊重他人的权利。在自身价值观和权利的选择上，置多数人的意见于不顾 6. 遵守自己选择的道德准则，即使这些准则是违背法律的

（二）个人特征

管理者的个人特征对组织的管理道德有着直接的影响。这里所讲的个人特征主要是指管理者的个人自信心、自控力及个人价值观。

一般而言，个人意志坚强、个人能力较强、个人信念坚定的管理者对事物判断比较准确，无论身处顺境还是逆境，无论是外部诱惑如何，其大多数会在道德准则判断与道德行为之间保持较强的一致性，不会因一时之事、一念之差而作出不正确的选择；反之，则会在道德准则判断与道德行为之间作出不正确的选择。

同样，管理者的个人价值观也对管理道德形成影响。如有较强责任感的人，是一个能自觉承担社会责任、积极履行职责和正确行使职权的管理者，敢于、勇于对自己行为负责，很少出现违背道德准则的情况；反之，缺乏责任感的人，对自己行为的后果不愿承担责任，甚至认为“事不关己”，推卸责任，则缺乏最基本的道德素质。

（三）组织文化

组织文化的内容和力量也会影响道德行为。一种可能形成较高道德标准的文化，是一种有高风险承受力、受高度控制，以及对冲突高度宽容的文化。处在这种文化中的管理者，将被激励进取和革新，将意识到不道德行为，并对他们认为不现实的或不喜欢的期望或需要自由地进行公开挑战。

（四）问题强度

问题强度是指道德问题本身即违反道德会造成什么样的影响？与问题强度有关的六个特征是：某种道德行为造成的伤害（或利益）有多大？有多少人认为这种行为是邪恶的（或善良的）？行为实际发生并造成实际伤害（或带来实际利益）的可能性有多大？行为后果的出现需要多长时间？你觉得行为的受害者（或受益者）与你（在社会上、心理上或身体上）挨得多近？道德行为对有关人员的影响的集中程度如何？

根据以上原则，如果道德问题使受害者受到的伤害越大，舆论对邪恶的谴责力度越强，行为实际发生造成的危害越大，后果在时间上越直接，人们在心理上与受害者越接近，受害的相关人员越集中，则问题的强度就越大。总的来说，这六个特征决定了道德问题的重要性，也由此决定了管理者对道德行为的权衡与选择。

第二节 管理者的社会责任

观察当今企业不难发现，越来越多的管理者不仅认识到履行社会责任的重要性，而且企业还纷纷加入到社会公益事业中来。其实，企业践行社会责任不仅仅是为了推销自己，更多地是其道德伦理观的升华。相当多的企业认为，自己不仅是生产物质财富和提供服务产品的经济实体，更是创造人类精神财富和推动社会进步的重要力量。

一、社会责任的内涵

关于企业的社会责任，由于人们所处的立场、研究的视角不同以及对企业本质和功能的理解不一样，因而存在不同的理解，但大体上可归纳为

下列三种：

（一）理解为社会义务

社会义务是美国经济学家、诺贝尔奖获得者米尔顿·弗里德曼及其支持者所主张的观点。他们认为，社会创造了企业，让它去追求特定的目的——为社会提供商品和服务，企业所承担的唯一社会责任就是在社会颁布的法令范围内从事经营，追求利润，即“守法谋利”。

（二）理解为社会反应

持社会反应观点的代表人物是美国的基思·戴维斯。他认为，将社会责任理解为“守法谋利”而拒绝介入任何事务，实际上就是反对承担社会责任。社会对企业的期望已经超出“提供商品和服务”，还要求它们对现在流行的社会标准、价值观念和绩效预期做出反应。所以企业最低限度必须对自己的活动所造成的生态的、环境的和社会的代价负责，而且必须对解决社会问题做出反应和贡献（即使这些问题并非直接由企业所引起）。

（三）理解为社会响应

社会响应是当代流行的观点，即认为对履行社会负责的行为是主动和预防性的，而不是被动的反应。所谓响应社会的行为包括：对社会问题表明立场，自愿对任何群体的要求负责并采取行动，预见社会未来的需要并设法加以满足，在有关社会期望的立法方面同政府沟通等。进步的管理者要应用公司的技能和资源于解决每一个社会问题，从社区危房改建到青少年教育和就业等。

上述三种观点不是完全对立的，提出“社会反应”观点的人也接受“守法谋利”是企业的社会义务的观点；提出“社会响应”观点的人也要求“守法谋利”和对社会群体的要求做出反应。它们代表着社会对企业的经济期望的不同程度，反映出人们对社会责任范围理解逐渐扩大。

我们认为，界定企业的社会责任应该考虑以下五点：第一，社会责任是社会对企业的一种期望，这种期望随社会发展而发展；第二，企业与社会的关系，企业是社会组织，是社会系统的一个部分，企业的发展离不开社会；第三，企业的建立应该有合法的基础，即企业应该在法律和规则许可的范围内运行；第四，企业是一个经济组织，企业运行应该考虑经济利益；第五，企业运行的结果不仅影响股东的利益，而且关系到社会、环境和其他机构及个人的利益，企业除考虑股东的经济利益之外，还应该考虑

社会的利益以及其他利益相关者的利益。

基于此，我们认为，企业社会责任是指企业在创造利润、对股东负责的同时，还应承担起对劳动者、消费者、环境、社区等利益相关者的责任，是企业与利益相关者之间协调彼此利益关系时所应遵循的伦理规范。

二、企业社会责任的构成

企业社会责任涵盖的内容比较多，我们可以从不同的角度对其进行归纳。

（一）从层次上划分

企业社会责任可以分为法律责任、经济责任、伦理责任和慈善责任。四个责任的层次性从低到高逐渐提升，但强制性却逐渐削弱。如图 4－1 所示。

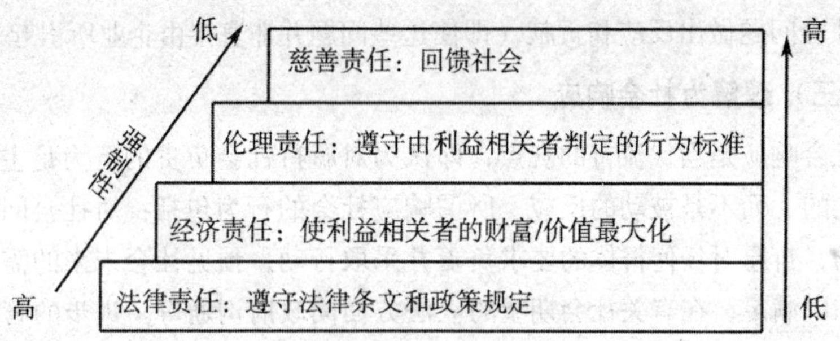

图 4－1　企业社会责任的维度

第一层次，也是最基本的层次是法律责任。企业的法律责任是企业生存发展的前提。法律责任所涉及的是遵守政府颁布的法律、法规，确立责任行为的最低标准，划分企业的责任区域。它是社会对“对”与“错”、“是”与“非”等标准的明文规定。企业行为对法律的规定是被动的、被强制的，因为社会——包括消费者、利益集团、竞争者与立法者，相信企业受自利动机的驱使，在某些领域的所作所为是不值得信任的。这种对企业信任感的缺乏是法律责任所强调的关键内容。违背其中的条文规定，必然会引起法律诉讼或立法争论。

第二层次是经济责任。企业的经济责任是基础，是企业履行其他责任的条件，其履行靠市场选择的强制性来保证。经济责任涉及在一定的社会系统中如何分配生产产品与提供服务的资源。投资者，作为企业生产、管

理活动的财务支持者，显然对管理决策发挥着最关键的作用。因此，管理活动往往被看作是在法律允许的框架内，既使顾客和雇员满意又使投资者感到满意的平衡过程。

第三层次是伦理责任。伦理责任涉及企业的利益相关者期望或禁止的、不以法律条文形式表现出来的企业活动或行为。从社会责任的角度来讲，管理的伦理责任包括管理过程中的一些规范或期望，它包括消费者、雇员、供应商、股东以及社区内的利益相关者对管理行为的一种明确或潜在的期待。换言之，这些利益相关者对什么是公平、什么是正义、是否符合或保护了利益相关者的利益有共同的评判标准与基本看法。与法律责任相比，这些评判标准与基本看法不具备强制性、明确性，但它反映了社会对管理行为的一些接纳态度、趋向和期待。顺应这些态度、趋向或期待，将使企业的管理行为获得更多的认同、支持、知名度、美誉度；反之，与这些态度、趋向与期待背道而驰，将使企业的管理行为受到人们的议论、反对、舆论谴责甚至整个社会的抵制。因此，企业具有履行、遵守这些伦理责任的义务。

第四层次是慈善责任。它是企业自由选择的行为，主要靠企业的觉悟水平和良知，既没有强制性也没有监督机制。企业不履行慈善的责任，其自身利益不会受到任何损坏，但是如果企业履行了慈善责任，则可能会提升企业在公众心目中的形象。

从图4－1可以看出，企业社会责任的四个方面是既相互联系，有时也可能相互冲突，特别是企业的经济责任与其他各层次的责任之间的冲突尤其严重。

（二）从利益相关者角度划分

企业社会责任可以划分为对投资者、对员工、对消费者、对政府、对社区和对环境的责任。

1. 企业对投资者（所有股东）的社会责任

在市场经济条件下，企业与股东的关系事实上是企业与投资者的关系，这是企业内部关系中最主要的内容。古典经济学理论认为，企业是股东的代理人，它的首要职责是使股东利益最大化。现在这仍然是最基本的社会责任。主要体现在：尊重法律规定的股东权利；对股东的资金安全和收益负主要责任，以确保投资者（尤其是中小股东）的利益；定期通过财务报表和公司年会向股东提供真实可靠的经营信息。

2. 企业对员工的责任

企业与员工之间最基本的关系是建立在契约基础之上的经济关系，除此之外还有一定的法律关系和道德关系。企业对员工的责任包括为员工提供安全、健康的工作环境；为员工提供平等的就业机会、升迁机会、接受教育机会；为员工提供民主参与企业管理的渠道，为员工提供自我管理企业的机会等。

3. 企业对消费者的责任

从广义上说，整个社会成员都是企业的消费者，只不过有些是潜在的，有些已成为现实的。企业作为一个社会经济组织，最基本的职能是提供具有竞争力、能增进社会福利的产品或服务，满足人们不断增长的物质和文化生活需要。企业对消费者的重要责任集中体现在对消费者权益的维护，按照消费者权益保护法，消费者有四个方面的权利：安全的权利、知情的权利、自由选择的权利和听证的权利。如果企业在这些方面侵犯了消费者的权利，使消费者的利益受到损害，企业的行为就是不道德的。

4. 企业对政府的责任

企业作为社会的细胞，是国家、社会的成员和重要组成部分。政府作为管理者对企业这个社会成员实施宏观上的管理、控制和组织协调，保证社会秩序的良性循环。在现代社会，企业对政府的责任表现为“合法经营、照章纳税”，这是企业作为“社会公民”应尽的最基本的社会责任。企业是社会财富的创造者，政府是社会财富的管理者，政府依靠企业的合法经营、照章纳税集中管理社会的总体财富，通过价格、税收和福利政策实施社会财富的公正分配。企业合法经营、照章纳税是主动承担社会责任的体现，企业见利忘义、投机钻营、偷税漏税这些不良行为是对社会责任的逃避。

另外，企业应支持政府的社会公益活动、福利事业、慈善事业，服务社会。政府是代表国家对社会进行组织、协调、监督和管理的组织，它的最终目的是实现社会公正，它所代表的是社会公众利益。企业积极参与政府组织的社会的公益事业、福利事业和慈善事业，是企业服务社会、造福人类的体现。

5. 企业对社区的责任

主要指企业应努力改善与社区关系，促进社区发展，履行企业“社会公民”的职责，为社会和谐、进步和发展尽一份力量。企业总是在一定的

社区环境中生存和发展的，企业的经营活动有可能影响当地居民的工作和生活。建立和谐的企业社区关系对企业的生存发展和社区的进步繁荣具有重要意义。因此，重视社区利益，搞好邻里关系，也是企业应当承担的社会责任。企业应根据自己的条件和可能，积极关心和支持发展社区的文化教育事业、福利事业，关心和赞助社区的慈善事业，关心和参与社区有关的社团活动，同当地政府、居民、公共团体建立良好的关系，并通过自身事业的发展，为社区提供更多更好的就业机会，繁荣社区的经济生活，促进当地经济和社会的发展。其结果也扩大了企业的知名度，提高企业的良好声誉，为企业的经营带来巨大的效益。

6. 企业对环境的责任

现代社会大量触目惊心的生态问题和环境危害掀起了个人、团体和组织的环境保护主义浪潮。管理者开始逐步面临更多组织对自然环境关系的问题。这种对组织决策、活动与组织对自然环境影响之间存在的紧密联系的意识往往被称为管理绿色化。

管理者和组织在保护自然环境方面可以有许多作为。一些组织所做的仅限于法律要求的范围（即它们实现了社会义务），另一些组织已经根本改变了它们经营业务的方式。图4－2即用不同的色度来描述组织可能采用的承诺环境责任角色的不同方式。

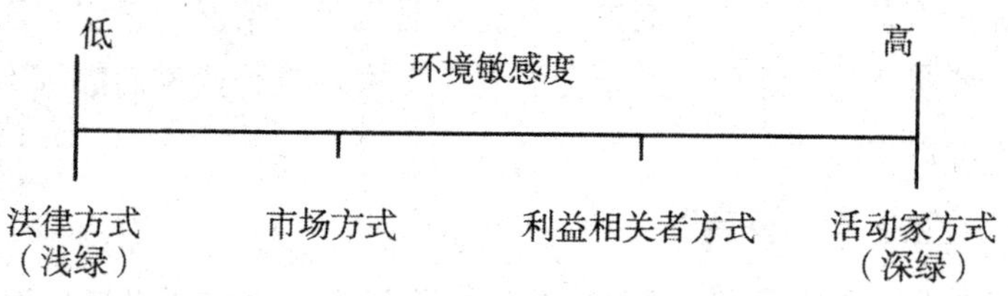

图4－2 环境绿色进程方式

第一种方式仅仅是实现法律的要求：法律方式。在这种方式中，组织表现出极少的环境敏感性。它们愿意遵守法律法规及规章制度，也没有卷入法律诉讼，他们甚至可能尝试利用法律保护自身的利益，但是，他们的绿色进程也就到此为止了。这种方式恰好是对社会义务的描述。随着组织更多地认识到环境问题并对此更为敏感，就可能采用市场方式。在这种方式中，组织对顾客的环境偏好做出响应。顾客无论需求何种善待环境的产品，组织都会提供。在利益相关者方式中，组织选择对利益相关者的多种需求做出反应。绿色组织的工作将满足诸如雇员、供应商或社区等群体在环境方面的要求。

市场方式和利益相关者方式正好是对社会反应的描述。最后，如果一个组织追求的是活动家方式（也称做深绿），那么该组织就是在寻求尊重和保护地球及其自然环境的途径。活动家方式表现出最高的环境敏感度，也恰如其分地描述了社会响应。

（三）根据范围来划分

企业社会责任可以划分为对内责任和对外责任。

企业对内社会责任包括对投资者、雇员的责任，对外社会责任包括对消费者、供应商、社区、政府和环境的责任。上面已经讲解，不再赘述。

三、企业承担社会责任的依据

虽然在履行社会责任方面存在这样或那样的争论，但目前企业对履行社会责任的呼声越来越高。一家咨询公司对23个国家的调查表明，普遍的认识是产品有益于健康和安全，生产过程要保护生态环境和不雇佣童工等，应作为企业必须履行的社会责任。在被调查者中，三分之二的公民要求企业不但谋求利润、纳税、守法，更要履行社会责任。五分之一的消费者表示他们都是有道德的消费者，要求企业遵守社会道德，并拒绝购买不履行社会责任企业的产品和服务。从2006年以来，全球500强企业中有一半承诺保护生态环境，并定期提交本企业履行承诺情况的报告。而对于企业为什么要履行社会责任，无论是学者、专家还是企业家们都从不同的视角进行了分析和论证。

（一）企业乃“公民”

伴随企业必须履行社会责任成为国际上的一股主流思潮，企业公民（corporate citizenship）一词得到了广泛的传播。“企业公民”是指一个公司将社会基本价值与日常经营实践、运作和策略相整合的行为方式。它从法学的角度强调了企业的社会公民身份，意味着企业不能只满足于做个“经济人”，还要做一个有责任感和道德感的“人”。企业是社会的细胞，社会是企业利益的源泉。企业在利用社会赋予的条件和机遇时，也应该以符合伦理、道德的行为回报社会。

值得注意的是，近年来许多国际机构把企业担负社会责任也称为企业公民化。他们为此制定了一系列规则或提出了一些建议。比较典型的是，联合国建议全球企业参加关于企业社会责任的《全球协议》，希望企业自

动遵守在人权、劳工标准和环境保护方面的九项基本原则。该倡议的内容比较全面地说明了企业遵守社会标准的内容，如企业应支持并尊重国际公认的各项人权，绝不参与任何漠视和践踏人权的行为，企业应支持结社自由，承认劳资双方就工资等问题谈判的权力，消除各种形式的强制性劳动，有效禁止童工，杜绝任何在用工和行业方面的歧视行为，企业应对环境挑战未雨绸缪，主动增加对环保所承担的责任，鼓励无害环境科技的发展与推广等。

（二）全球生产价值网络治理的客观要求

在全球生产价值网络中，参与的企业之间的合作以生产过程的取向为主，使原本局限在一个企业内部的生产过程公开化。在一些国家，特别是发达国家，公司治理的重点转向财务账目公开和企业经营的信息披露，即公司事务必须向社会公开。

全球生产价值网络加强了各国企业的相互渗透，外资企业与本国企业的关系需要调整。由于跨国公司广泛利用当地资源，经营活动深入到当地的社会和经济生活之中，要解决对当地的社会责任问题。企业与公众的关系发生了根本变化。企业利用的资源是由社会上不同的人提供的。公司治理能力决定了这些人之间活动的效率和寻找新的商业机会的能力。公司治理不仅是企业界的事，也是全社会的事。良好的公司治理包括了企业行为的公开性和诚实性，这涉及公司的社会责任。

与美国著名经济学家弗里德曼的看法相反，企业担负社会责任与其财务业绩并不一定是矛盾的。联合国的研究表明，承诺担负社会责任的企业节约了生产成本，提高了劳动者的积极性，获得了消费者和居民的支持，增加了市场份额。经济合作与发展组织的研究说明，消费者满意度等非财务业绩指标高的企业的在股市上的表现也较好。

（三）企业目的使然

彼得·德鲁克指出，企业的目的必须在企业本身之外，事实上，企业的目的必须在社会之中，因为工商企业是社会的一种器官。因而企业不能从商业上来评定其好坏，它仅能由对社会的功用来判断。

作为社会的一个细胞，企业是社会资源的受托管理者。既然社会委托企业运用包括人员、资金、物资、信息、时间、空间、土地、空气、水在内的社会资源，企业就应该为创造更加美好的社会而合理运用资源，而不是只追求所有者利润最大化。一个社会的文明进步，既需要经济的繁荣，又需要政治、道德等的同步发展。更何况，由于市场机制和法律调节的不足，如果企业伦理缺失，企业未必需要通过最有效率的方式就可获取利润最大化，这样，社会的经济增长势必会受到不利的影响。所以，作为社会有机体的一分子，企业具有双重职责。一方面，它作为有机体生存发展的手段而存在，要服务于有机体系统；另一方面，作为相对独立的系统，企业也要追求自身的生存与发展，即自身利益，但是应该以合乎法律和伦理的方式谋求自身的生存发展。

（四）责任的硬性约束

企业行为对于社会有两个层次的影响。在浅层次上，企业影响力不管是大还是小，都是可见的即时社会变化的直接原因。企业的扩展、吸收劳动力、聘用或者解聘某个人，以及引导市场、推出新产品、搬迁工厂等都会产生一定的社会变化。在深层次上，企业是通过一个行业持续累积的增长来改变社会。在这一层次上，企业影响力成了许多间接的、不可见的、不可知的影响。在这一层次上，企业影响力的行使并不是有计划的，因而也是更不可控的和不可见的，但却是更为重要的。上述两个层次的影响表现出企业六个方面的影响力：

（1）经济影响力是企业通过对资源特别是财产的控制来影响事件、活动和人们的能力，是一种获得资源并把它们转化成产品或服务能力。

（2）文化影响力是指影响文化价值观、社会结构，比如家庭、风俗、生活方式以及个人习惯等的能力。比如，企业的广告，从浅层次上会为企业带来较好的产品形象，而在深层次上，广告不断积累的影响就通过有选择的鼓励和强化价值观改变了社会，例如，强调实用性而不是美观，提倡消费而不是储蓄，强调个性而不是盲从，或者强调个人的外表而不是内在的修养。

（3）对于个人的影响力包括企业直接对于内部环境中的员工、经理以及股东的作用，也包括对于消费者和居民的作用。从表面上看，公司可能决定有关的个人在什么地方工作，以及影响人们的购买习惯。从深层次上看，工业化决定了人们的日常生活状况。

（4）技术影响力是在技术发展过程中，对技术的发展方向、发展速度、特征等的影响能力。1914 年，亨利·福特采用了装配生产线技术。从浅层次上看，这使得汽车运输技术进入大众消费市场，但是，在更深的层

次上看，随着汽车在美国社会中占据稳固的地位，它导致了更为深远的、不可控的、始料未及的后果。比如，年轻人因此可以做远途旅行，远离家中父母的监视，从而改变了恋爱和婚姻发展的常规。

（5）环境影响力是一个公司的行为对自然的影响能力。从浅层次上，一家钢铁厂也许会污染大气；而在更深的层次上，从17世纪以来，为获得生产动力，燃烧了大量木材、煤炭以及石油，已经改变了地球大气的化学构成。

（6）政治影响力是影响政府决策的能力。在浅层次上，公司会施恩于候选人，并向立法者和管理当局游说。在更深的层次上，市场经济要求管理者拥有更多的财产使用的自由，而自由市场的扩大将有利于削弱政府的专制。

（五）市场机制的失灵与缺陷

在市场经济中，企业的经营必须遵循市场规律，因而企业的行为受市场这只“看不见的手”的引导，当每个企业在追求营利的目标时，它被“看不见的手”引导着去实现“公共的最好福利”。在市场的支持者们看来，“公共的最好的福利”就是一个伦理目标，就是社会责任，只不过，其实现手段仅需要“看不见的手”——市场机制就足够了。因而，问题不在于要不要伦理目标和社会责任，而在于市场机制是不是真的就足够了？

可是，这种观点是有缺陷的。它隐含着3个假设，而这些假设是不成立的。第一，假设市场是“完全竞争”的。其实，大多数工业市场并非如此。第二，假设增加利润的任何措施都是对社会有利的。可是，环境污染不加治理、员工报酬低、工作条件差、广告作假等都有可能增加短期利益，但这些显然对环境、员工、公众、顾客都是不利的，这被称为外部不经济。第三，假设按照市场价格机制，企业可以把从要素市场购得的资源转化为社会所有成员所需的东西。由此，在利润最大化的同时，个人需求偏好的满足也达到最大化。这一假设也是有问题的，其一是价格信号并不一定是市场供求的反应，因为工人、投资者、供应者、顾客已经把伦理道德偏好连同其他偏好一道反映在市场价格里了；企业的产出并不一定是社会所有成员所需要的东西，因为有相当一部分人（如低收入者）的需要没有得到满足。因此市场机制存在者潜在的缺陷，当市场机制本身不够成熟，法律、伦理又没有跟上的时候，这种缺陷会变得很严重。

（六）提高竞争力的需要

如今，企业之间竞争已越来越激烈和残酷，相互之间的竞争不再停留于单纯的产品、价格、渠道、促销等方面，而是一种除此之外还包括品牌、公关、社会影响力等在内的全方位的较量。而企业如果能通过承担一些社会责任，将保护和促进社会发展作为一项经营战略，或者直接向社会捐钱捐物、救危济困等，有利于拉近自己与公众的距离，让公众记住自己的“高风亮节”。除此之外，企业主动承担社会责任，实际上是对政府和相关机构在管理社会公共事务上的支持，一般都能够争取到他们对自己给予经营上的支持，或者将他们的支持转化为产品的利益加以传播，可以起到刺激销售的作用，帮助企业树立良好的社会形象和品牌形象。可以说，企业通过主动承担社会责任，可以将之变成一种企业品牌的投资、企业信誉的投资以及企业社会形象的投资。

第三节 中国企业的社会责任与管理道德

在企业管理实践中，管理道德最终将集中体现在企业的社会责任上来。即一个企业管理伦理程度的高低往往是通过其践行社会责任的强弱程度来区分的。

一、中国企业社会责任的现状

对于中国企业来说，对社会责任的认识一般要经过以下几个阶段：消极看待企业社会责任—被动应对企业社会责任—主动管理企业社会责任—社会责任的发展战略—社会责任与企业文明。目前我国不少企业已经进入到了主动管理社会责任阶段，如自从2001年中国加入联合国倡议的“全球契约组织”后，中石油、宝钢、海尔、中国光彩事业促进会等51家国内企业和组织已先后加盟，积极投身于承担企业责任的事务中。但是，总体衡量，目前大多数企业处于被动应对社会责任的阶段，甚至还有部分企业仍处于消极看待阶段。有人做过统计，在我国工商行政部门注册的1000万家企业中，仅有10万家曾经为慈善事业捐过款物，99%的企业从未有过慈善捐助记录。

中国不少企业社会责任意识淡薄，社会责任感较差的原因主要有：一是企业担心承担社会责任会增加成本而导致利润的下降。二是地方政府对企业社会责任监督滞后，很多地方政府官员对企业社会责任知之甚少，只关注企业的利润和纳税，而对企业守法行为的监督力度不够。之所以会出现这种情况，是因为地方政府仅仅看到了与企业近期经济利益的关系，忽略了企业发展与地方经济长期发展的关系，导致政府放松了对企业的监管。三是缺乏对企业社会责任的评价体系和激励机制，企业履行社会责任的人文环境不够成熟等等。

二、内外兼修落实企业社会责任与管理道德

中国企业必须认真思考和踏实践行社会责任已经成为一个毋庸置疑的话题。从国内来看，无论是政府还是民众，所有的利益相关者都对企业的社会责任提出了明确要求和更高的期待；从全球分工的趋势看，中国企业已经参与到了全球性的生产协作和分工，但这种分工和协作主要是在跨国公司布局好的市场链条中进行的，而履行社会责任已经成为跨国公司共同的承诺，自然，中国企业也应当将社会责任作为自己的客观选择。

（一）加强企业内部伦理道德建设

要制定企业伦理准则，只有伦理观念和伦理准则符合时代要求的企业，才能协调好企业与利益相关者的关系，提高自己的竞争优势。企业要重视对员工的伦理教育，使企业伦理观念和企业伦理准则深深植根于每一个员工的心中，成为其日常行为的指导。在今天的美国，已经有很多个高级伦理经理和他们自己的职业组织——伦理管理人协会。在我国，应该逐步在大中型企业中设立这样的独立机构，配备必要的人员对企业进行伦理管理。

（二）建立企业伦理道德经营补偿机制

由于目前企业中的反伦理行为仍比较严重，进行伦理经营的企业将会承担道德成本，会有经济利益上的损失，导致在竞争中处于不利地位。因此，政府部门要建立企业伦理经营行为档案，以此为依据对企业进行道德水准评级，对不同道德水准级别的企业实行不同程度的政策优惠，如减免税收、项目审批优先等。再通过舆论引导社会公众对伦理经营企业进行关

注，提高企业知名度和美誉度，优化企业公众形象，改变企业的市场地位，利用舆论对伦理经营企业进行补偿。

（三）关注企业管理者的道德示范作用

企业的决策是由企业的管理者做出的，关注企业伦理实际上就是要关注决策制定者的道德问题。企业的管理者是企业伦理管理的倡导者、实践者和教育者，他们在决策中必须承担来自各方面的道德责任：管理者应本着合作的精神，视满足顾客的需求为目标，为顾客提供安全而又质优的产品和服务；管理者应关心员工的最低工作条件，为他们创造安全舒适的工作环境和团结合作、公正奖惩的伦理氛围；管理者的决策在尊重自然、关心环境、消除污染、节约资源的同时，还必须按照一定的标准来提高自己的伦理素养，以自己的言行来影响企业员工。

（四）加强相关制度建设，树立伦理道德经营理念

当前我国仍然存在着立法滞后的现象，加强法制建设，将一些紧迫的企业伦理问题上升到法律的高度，对现有法律加以完善尤为重要。同时要提高执法队伍的素质和水平，加大对反伦理经营行为的处罚力度。另外，要加强企业信息管理制度和企业行为监控制度建设，提高企业经营行为的透明度，从而加强企业信息的公开性、真实性及企业受监控的力度。要求企业树立伦理经营理念并不是把企业变成一般公益性的组织，也不是“企业办社会”，而是强调企业在追求盈利的同时，不能不择手段，损害社会公共利益，要同时考虑伦理性的要求，树立将追求盈利与合乎伦理地经营紧密结合的新理念。

本章要点

（1）管理道德是指在管理活动中的价值判断与是非判断。是关于企业及其成员行为、企业经营活动的善与恶、对与错、企业及其成员与利益相关者关系的规范。

（2）与管理相关的道德观有功利主义道德观、权力至上道德观、公平公正道德观、社会契约道德观四种。

（3）合乎道德的管理应当包括：视遵守伦理为责任、强调社会整体、重视相互关系、视人为目的人、超越法律、道德自律和追求卓越。

（4）影响管理道德的因素包括道德发展阶段、个人特征、组织结构和

组织文化。

(5) 企业社会责任是企业在创造利润、对股东负责的同时，应承担起的对劳动者、消费者、环境、社区等利益相关者的责任，是企业与利益相关者之间协调彼此利益关系时所应遵循伦理规范的一种特定表示方式。

(6) 企业社会责任涵盖的内容比较多，可以从不同的角度对其进行归构。从层次上划分，企业社会责任可以分为法律责任、经济责任、伦理责任和慈善责任。从利益相关者角度划分，企业社会责任可以划分为对投资者、员工、消费者、政府、社区和环境的责任；根据范围来划分，企业社会责任可以划分为对内责任和对外责任。

(7) 企业承担社会责任是由企业的"公民"角色、全球生产价值网络治理、企业目的、责任的硬性约束、市场机制的失灵与缺陷以及提高竞争力的需要所决定的。

(8) 中国不少企业已经进入到了主动管理社会责任阶段，但是，总体衡量，目前大多数企业仍处于被动应对社会责任的阶段，甚至还有部分企业仍处于消极看待阶段。认真思考和踏实践行社会责任已经成为中国企业毋庸置疑的话题。

思考题

1. 符合道德的管理应该体现在哪些方面?
2. 什么是管理道德? 什么是企业社会责任?
3. 企业社会责任应当包含哪些内容?
4. 如何评价中国企业的社会责任?

实践练习

找一家以合乎道德的、对社会负责的方式处理问题的公司，再找一家不讲道德、没有社会责任感的公司。比较它们处理问题的结果和影响。

案例应用

案例 4-1　　名车为什么要用驴拉?

名牌轿车要用驴拉，说出来大家肯定不相信，可是 2004 年 8 月 29 日上午，在北京西北四环路附近还真是上演了 3 头毛驴拉某德国名牌轿车的一幕。车主林先生 2003 年 11 月在杭州购买了一辆高档进口轿车，该车先后出现11项电脑故障，在京、浙两地经销商和指定维修点均不答应退车、又没有将车修好的情况下，车主上演了这起用3头毛驴拉名车的质量问题投诉剧。

值得注意的是，名牌轿车售后维修问题引起的车主与经销商的纠纷，近年来发生了好几起。2001年12月26日，武汉森林野生动物园有关人员用铁锤把刚买了一年的某名牌跑车当众砸烂，原因在于经销公司多次修理都未能将车修好，并且态度令人不满，让人对该公司的售后服务已不再抱有任何幻想。

高档轿车的售后服务应该是高档次的、令人满意的，但是近年来国人对进口高档轿车的投诉却日渐增多。据不完全统计，在最近几年中，中国消费者因为某高档进口轿车质量问题而出现的投诉有10次，而该轿车公司面对中国消费者的投诉采取“不理解”的态度似乎是一贯的，每一次投诉都以公司的“不买账”而不了了之。面对中国消费者的公愤，该公司始终坚持认为自己的产品没有质量问题，不肯退车。事实上，该公司在国际上常有将其存在质量问题的名车“召回”之举。

其实很多国外产品在售后服务问题上都存在双重标准。东芝公司曾经因为其笔记本电脑有瑕疵，向美国用户赔偿10.5亿美元，而对于中国用户，东芝公司只提供一个补丁软件。这样做的原因是，中国和美国的法律不一样。按照美国的法律，如果存在对消费者造成某种后果的可能性（潜在的损失），制造商就可能要承担巨额赔偿责任；而中国的法律在这方面则缺乏明确的条文以及惩罚性的赔偿条例。

问题

1. 名车公司在处理该案例时，虽然是合法的，但是否有违伦理原则？

2. 公司在处理相同个案中采取不同的对待标准，会对公司带来什么样的影响？

3. 假定你是该公司的负责人，在效率与公平两个原则发生冲突时，你会采取什么样的态度与措施？理由是什么？

第五章 计划概述

学习目的

学习本章，你应能够：

(1) 理解计划的概念。

(2) 理解计划的性质和计划工作的重要性。

(3) 区分不同类型的计划。

(4) 掌握计划编制的程序。

(5) 掌握编制计划的基本方法。

计划是一项重要的管理职能，组织中的各项活动几乎都离不开计划。它是在预测未来的基础上对组织活动的目标和实现目标的途径作出筹划和安排，以保证组织活动有条不紊地进行的一种必要的举措。计划职能与其他三项职能有着密切的关系。主管人员围绕着计划规定的目标，去从事组织工作、领导工作和控制工作，以达到预定的目标。为使组织中各种活动能够有节奏地进行，必须有良好的计划工作。

在本章里，我们首先弄清楚计划的概念及其性质，然后区分计划的类型，最后讨论编制计划的过程以及基本方法。

第一节 计划的概念及其性质

一、计划的概念

计划与计划工作是两个不同的概念。

计划可以作为名词也可以作为动词使用。作为名词使用时，计划是指对未来活动所做的事先安排、预测和应对处理，既是计划工作的结果，又是计划工作监督检查的对象；作为动词使用时，计划是指计划工作，它有广义和狭义之分。

广义的计划（工作）是指制订计划、执行计划和检查计划三个阶段的工作过程。狭义的计划（工作）是指制订计划，即根据组织内外部的实际情况，通过科学的预测，提出在未来一定时期内组织所要达到的具体目标，以及实现目标的途径。本章中主要使用的是狭义的计划（工作）概念。

狭义的计划工作内容常用“5W1H”来表示：

What to do it?——做什么？即明确工作的内容和要求，明确每一个时期的中心任务和工作重点。

Why to do it?——为何做？即明确组织活动的宗旨和目标。

When to do it?——何时做？即规定计划中各项工作的开始时间、进度和完成的时限，以便进行有效的控制。

Where to do it?——何地做？即规定计划实施的场所、地点或范围，了解计划实施的空间环境条件和限制，以便合理安排计划实施的空间组织和布局。

Who to do it?——谁去做？即规定计划的每一个阶段由哪一个部门负主要责任，哪一些部门协助，各阶段交接时，由哪些部门和哪些人员参加鉴定和审核等。

How to do it?——怎么做？即制订实现计划的措施以及相应的政策和规则，对资源进行合理分配和集中使用，对生产能力进行平衡，对各种派生计划进行综合协调。

很明显，正如哈罗德·孔茨在《管理学精华》一书中指出，计划工作就是预先决定做什么，如何做和谁去做。他说，计划工作是一座桥梁，它把我们从所处的此岸和我们要去的彼岸连接起来。

二、计划的性质

计划的性质可以从以下四个方面去概括：

（一）目的性

每一个计划及其派生计划都是为了促进组织的总目标和一定时期的目标的实现。当然，在计划工作开始之前，这种目标可能还不十分具体，计

划就是起始于这种不具体的目标的。具体地说，计划工作首先就是确立目标，然后，使今后的行动集中于目标，并预测和确定哪些行动有利于达到目标，哪些行动不利于达到目标或与目标无关，从而指导今后的行动朝着目标的方向迈进。可以说，没有计划和目标的行动是盲目的行动。

（二）首位性

计划工作是进行其他各项管理工作的基础，并贯穿于整个管理过程。

计划工作在管理职能中处于首要地位，这主要是由于管理过程中的其他职能只有在计划工作确定了目标之后才能进行。也就是说，管理人员只有明确目标之后，才能确定需要什么样的组织结构，需要什么样的人员，按照什么样的方法去领导下属，以及采用什么样的控制方法，等等。所有这些组织、领导、控制职能都离不开计划的指导。没有计划工作，其他工作就无从谈起。

计划工作在管理职能中处于首要地位，不仅因为从管理过程的角度来看，计划工作先于其他管理职能，而且还因为计划工作影响和贯穿于组织工作、领导工作和控制工作中。图 5－1 概略地描述了计划职能与其他管理职能的关系。

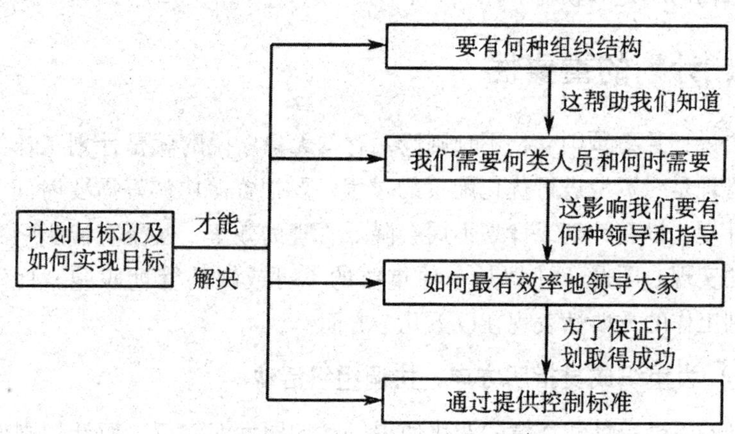

图 5－1　计划作为管理的基础

资料来源：（美）哈罗德·孔茨，海因茨·韦里克．管理学．第 10 版．张晓君，等，编译．北京：经济科学出版社，1998：75.

计划工作首位性的另一原因是，在有些情况下，计划职能是唯一需要完成的管理工作。计划工作的结果可能得出一个决策，即无需进行随后的组织工作、领导工作和控制工作等。例如，原打算在某地建立一个新的钢铁厂，首先是进行可行性分析，如果分析的结果表明在此地建立钢铁厂是不合适的，那么，所有工作也就告一段落，无须实行其他的管理职能了。

（三）普遍性

组织中的管理者，虽然职权和管理范围不同，但他们要实施有效管理的话，都必须有计划，也就是说，计划工作在各级管理人员的工作中是普遍存在的，不论哪一个层次的管理人员都必须对自己所属的任务范围进行有效的计划，从而保证实现组织的总目标。一般来说，高层管理人员负责制订战略性计划，中低层管理人员负责制订战术性计划或生产作业计划。这些具有不同广度和深度的计划有机地结合在一起，便形成了一个多层次的计划系统。

（四）效率性

任何计划工作都是从效率的角度出发，找到合理利用资源的方案的过程。计划的效率是以实现组织总目标和一定时期的目标所得到的利益，扣除为制订和执行计划所需要的费用和其他预计不到的损失之后的总额来测定的。在考虑计划的效率时，不但要考虑经济方面的利益，而且还要考虑非经济方面的利益和损耗。

三、计划的重要性

俗语说：凡事预则立，不预则废，有备无患。说的就是计划工作的重要性。管理是对资源进行优化配置的过程，要把资源协调好需要时间，且离不开计划，没有计划或计划不周会降低管理的效率，甚至直接影响到组织目标的实现。因此，计划是一项重要的不可或缺的管理职能。具体来讲，计划工作的重要性表现在以下几个方面：

（一）为组织成员指明方向，协调组织活动

未来的不确定性和环境的变化使得行动如同大海航行，而计划则像航海灯塔。计划过程使人们就组织的目标、当前的现状以及由现实过渡到目标状态的途径事先做好安排，由此使各方面的行动获得了明确的指示和指导，从而能够协调一致地按计划实现组织的目标。正是由于周密细致全面的计划工作统一了部门之间的活动，才使管理人员从日常的事务中解放出来，而将主要精力放在随时检查、修改、扩大计划上，放在对未来不肯定的研究上。

（二）为组织的未来预测变化，减少冲击

在未来，无论是组织生存的环境还是组织自身都具有一定的不确定性和变化性。计划工作的重要性就在于如何适应未来的不确定性。计划所设想的未来结果离现在越远，其确定性也就越小；计划期限越长，不确定的因素也就越多，计划的正确性也就会变得不太有把握了。而计划工作可以让组织通过周密细致的预测，从而尽可能地变“意料之外的变化”为“意料之内的变化”，用对变化的深思熟虑的决策来代替草率的判断，从而面对变化也能变被动为主动，变不利为有利，减少变化带来的冲击。

（三）有利于改善组织运行的效率

组织在实现目标的过程中，各种活动会出现前后资源投入与出产量以及进度协调不一的现象，同样在多项活动并行的过程当中也往往会出现不协调现象。良好的计划能通过设计好的协调一致、有条不紊的工作流程来避免上述现象的发生，使人力、物力、财力得到有效地利用，从而减少重复和浪费性的活动。计划工作不仅可以有效地利用组织的各种资源，而且还可以帮助管理人员完成更多的工作，取得更好的效果，而花费更少的时间。事先拟订好计划并按计划行事是获得工作绩效的最佳保证。

（四）有利于进行控制

组织在实现目标的过程中离不开控制，而计划则是控制的基础。如果没有既定的目标和规划作为衡量的尺度，管理者就无法检查组织目标的实现情况，也就无法实施控制。控制中几乎所有的标准都来自于计划。

第二节 计划的表现形式与类型

计划是对未来行动的事先安排。由于人类活动的复杂性与多样性，计划的表现形式和种类也变得十分复杂和多样。人们根据不同的背景和不同的需要编制出各种各样的计划。按照不同的标准可以把计划分为不同的类型。

一、计划的表现形式

计划可以分为宗旨、目标、战略、政策、规则、程序、规划和预算等几种不同形式。计划的不同表现形式是计划多样性的反映。各种形式的计划可组成一个如图 5 -2 所示的层次体系。

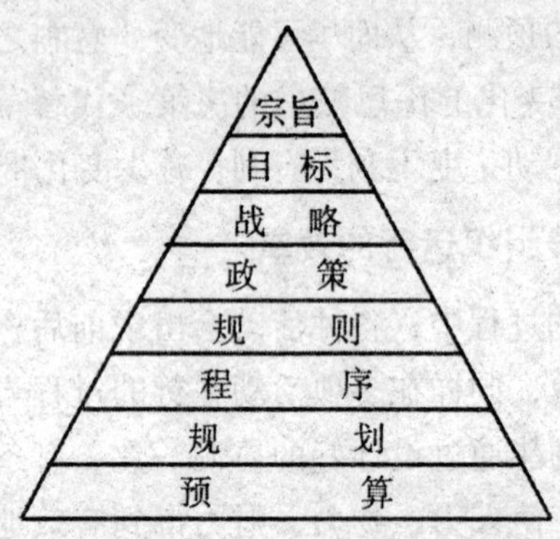

图 5 -2 计划的层次体系

(一) 宗旨

任何一个组织都应该有自己的宗旨或使命。这种宗旨或使命是社会对该组织的基本要求。换句话说，宗旨回答了组织是干什么的和应该干什么的问题。例如工商企业的宗旨是向社会提供有经济价值的商品或劳务；法院的宗旨是解释和执行法律；大学的宗旨是培养高级人才；等等。组织的宗旨支配着组织的目标。确定组织一定时期内应达到的有意义的、合理的目标，首先必须明确它的宗旨或使命。

(二) 目标

组织的目标是在宗旨的指导下提出来的。它是组织在一定时期内要取得的具体结果。目标不仅是计划工作的起点，而且也是组织工作、人员配备、指导与领导、控制等活动所要取得的结果。从确定目标起，到目标分解，直至形成一个目标网络，构成了计划工作的基础。

(三) 战略

战略是为实现组织长远目标所选择的发展方向、所确定的行动方针以及资源分配方案的一个总纲。它指导组织的全局和长远发展，并不是具体地说明如何实现目标，而是指明方向、重点和资源分配的优先次序。

（四）政策

政策是组织在决策或处理问题时用来指导和沟通思想与行动方针的原则性规定。政策指明了组织活动的方向和范围，以及鼓励什么和限制什么，以保证行动同目标一致，并有助于目标的实现。

政策并不对组织成员的具体行为进行细节上的限制。也就是说，制定政策的目的并不是要约束下级使之不敢擅自决策，而是鼓励下级在规定的范围内自由处置问题，并承担责任。也正是由于政策的这个特性，一方面，组织成员可以更好地利用政策，实现组织的目标；另一方面，对政策的歪曲和误解，也可能导致权力的滥用，损害组织的利益。

制定政策有助于事先决定问题，不需要每次重复分析相同情况，从而使主管人员能够控制全局。政策必须保持一贯性和完整性。

（五）程序

程序规定了如何处理那些重复发生的例行问题的方法和步骤。程序是指导如何采取行动，而不是指导如何去思考问题，实际上就是对组织成员所要进行的活动规定时间顺序。由于程序是对大量日常工作过程及工作方法的提炼和规范化，因此，制定程序可以减轻管理人员决策的负担，明确各个工作岗位的职责，提高管理活动的效率和质量。

（六）规则

规则是对具体场合和具体情况下，允许或不允许采取某种特定行动的规定。规则也是一种计划，只不过是一种最简单的计划。

（七）规划

规划是为实施既定方针所必需的目标、政策、程序、规则、任务分配、执行步骤、使用的资源等而制订的综合性计划。规划可大可小，不同级别的组织都可以有自己的规划。规划一般是粗线条的、纲要性的。它不仅要求各种不同的计划表现形式之间的相互配合和协调，而且要求编制相关的派生计划来保证主要计划的实现。

（八）预算

预算是一种数字化的计划，把预期结果用数字化的形式表示出来就形成了预算。预算可以帮助管理者全面、细致地了解组织的规模、重点和预期的成果。预算还是一种主要的控制手段，是计划和控制工作的连接点——计划的数字化产生预算，而预算又将作为控制的衡量基准。

一般来说，财务预算是组织最重要的预算，因为组织的各项经营活动几乎都可以用数字化、货币化的方式在财务预算表上体现出来。

二、计划的类型

（一）按计划的期限分类

按计划的期限或时间，可以将计划分为长期计划、中期计划和短期计划。

按照一般的习惯，经常把五年以上的计划称为长期计划，一年以下的计划称为短期计划，介于两者之间的称为中期计划。计划的长短期是相对的。

长期计划规定了组织的长远目标以及达到目标的总的方法。由于在未来较长的时间内不确定因素较多，长期计划一般都比较抽象和不具体，计划方案也比较有弹性。对一个工商企业来说，长期计划往往要包括其经营目标、战略、方针、远期的产品发展计划等。

中期计划来自于组织的长期计划，并按照长期计划的内容和预测到的具体条件变化进行编制。中期计划主要起衔接长期计划和短期计划的作用。长期计划以问题为中心，而中期计划以时间为中心来将长期计划的内容细化为每个时段的目标。因此可以说，中期计划既细化了长期计划的具体内容，又为短期计划指明了方向。

短期计划通常比中期计划更为详细具体，更具可操作性。短期计划由于对各种活动有着较为详细的说明和规定，因此，在执行的过程中灵活选择的范围较小，有效的执行是起最基本也是最重要的要求。而且短期计划涉及的环境因素虽然也是变化的，但由于时间跨度较短，各类因素相对较为确定，也较容易预测和评价。

总之，长期计划为组织指明方向，中期计划则为组织指明路径，而短期计划则为组织规定行进的步伐。因此，在一个组织中，不同期限的计划是不可或缺的，需要它们之间的互相配合和衔接。滚动计划法是用来编制和调整长期计划的一种十分有效的方法，它对促进长、中、短期计划的衔接是十分有效的。

（二）按计划制订的层次分类

按计划制订者在组织中的层次，可以把计划分为战略计划、战术计划

和作业计划。

战略计划是由高层管理人员制定的。它是确定组织未来发展方向的计划，即为组织设立总体目标以寻求组织在环境中的地位。战略计划是对组织全部活动所作的战略安排，通常具有长远性和较大的弹性，需要通盘考虑各种确定性与不确定性的因素，应谨慎制订，以指导组织的全面活动。

战术计划是由中层管理人员制订的。它是战略计划的实施计划，它把战略计划中具有广泛性的目标和政策转变为确定的目标和政策，并且规定了达到各种目标的确切时间。战术计划一般是局部性的、阶段性的计划，它多用于指导组织内部某些部门的共同行动，以完成某些具体任务，实现某些具体的阶段性目标。

作业计划是由基层管理人员制订的。它是战术计划的具体执行计划，它为各种作业活动制订详细具体的说明和规定，是实际执行和现场控制的依据。作业计划通常具有个体性、可重复性和较大的刚性，一般情况下是必须执行的命令性计划。

战略计划、战术计划和作业计划，强调的是组织纵向层次的指导和衔接。战略计划对战术计划和作业计划具有指导作用，而战术计划和作业计划的实施能够确保战略计划的实施。

（三）按企业管理职能分类

从企业的横向层面看，企业内部有着不同的职能分工，每种职能都需要形成特定的计划，因此，按照企业部门管理职能的不同，可以把计划分为生产计划、财务计划、营销计划、安全计划、研究与开发计划、人员培训计划等。这些计划通常是与组织中按职能划分的管理部门相对应的。

（四）按计划内容分类

按计划内容分类可以将计划分为专项计划和综合计划。

综合计划反映了组织在计划期间所要达到的整体目标，是对组织活动所作的整体安排。在综合计划的基础上，组织又分各专业项目进行计划的编制，把综合计划具体化，并加以落实，也就是说，专项计划是为完成某一特定任务而拟订的计划。比如企业组织中，任何一项目标的实现，都要通过编制生产计划、财务计划、技术计划、供应计划和销售计划等来落实。由此可见，综合计划与专项计划之间是整体与局部的关系，专项计划必须以综合计划为指导，避免同综合计划相脱节。

第三节 计划编制过程与方法

无论是兴建一间工厂，还是采购一台设备，或者是开发一个新产品，管理者在从事计划工作时都要按照一定步骤进行。为了提高计划工作的效率和质量，计划编制过程中必须采取科学的方法。

一、计划编制的过程

虽然计划的类型和表现形式各种各样，但科学地编制计划所遵循的步骤却具有普遍性。管理者在编制各类计划时，都可遵循如图5－3所示的步骤。即使在编制一些简单计划的时候，也应按照如下完整的思路去构想整个计划过程。

（一）估量机会

估量机会就是对组织内外部因素进行分析，确定组织所存在的问题和可能存在的有利机会。其内容包括：对未来可能出现变化和预示的机会进行初步的分析；根据自己的长处和短处，搞清楚自己所处的地位；了解自己利用机会的能力；列举主要的不确定因素，分析其发生的可能性和影响程度；初步确定发展方向。确切地说，估量机会并不是计划编制的正式过程，它应该在计划编制过程开始之前就着手进行，但它是整个计划工作的真正起点。

（二）确定目标

计划工作的第一步，是在估量机会的基础上，确立组织及其各部门的目标。在这一步，要说明组织的基本方针和要达到的目标，确定组织为达到目标需要做哪些工作，重点在哪里，如何运用战略、程序、规章、预算等计划形式去完成计划工作的任务等。

目标的选择是计划工作极为关键的内容。在目标的制定上，首先要注意目标的价值。计划设立的目标应对组织的总目标有明确的价值并与之相一致，这是对计划目标的基本要求。其次要注意目标的内容及其优先顺序。在一定的时期和条件下，几个共存的目标各自的重要性可能是不同

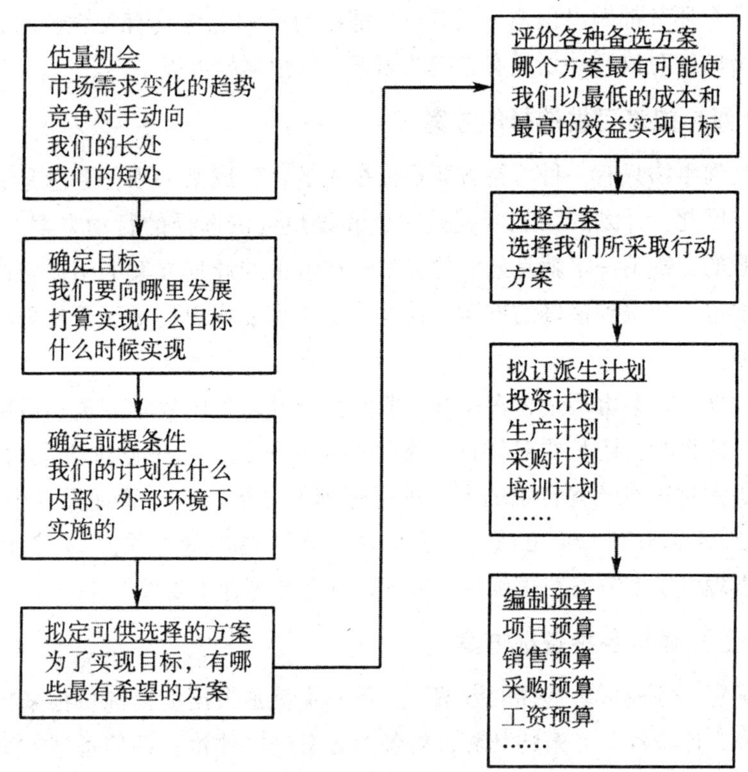

图 5－3　计划编制过程

的，不同目标的优先顺序将导致不同的行动和资源分配的先后顺序。因此，恰当地确定哪些成果应首先取得，即哪些是优先目标，这是目标选择过程中的重要工作。最后，目标应有明确的衡量指标，不能含糊不清。目标应该尽可能地量化，以便量度和控制。

（三）确定前提条件

计划工作的第二步是确定一些关键性的计划前提条件，这是计划工作的一个重要内容。所谓计划工作的前提条件就是计划工作的假设条件，或者说就是计划实施时的预期环境。对前提条件预测的偏差可能导致计划实施的困难甚至失败，这就要求组织提高对未来环境变化的预测能力，以确定切实可靠的计划的前提条件。

但是，人们从来都不可能百分之百地预见未来的环境，而只能通过对现有事实的理性分析来预测计划涉及到的未来环境。由于未来环境错综复杂，影响因素很多，所以，管理者不可能也没有必要对未来环境的每个方面、每个环节都做出预测，只要选择那些对计划工作具有关键性的、有战略意义的、对执行计划最有影响的因素进行预测就可以了。

（四）拟订可供选择的方案

任何事物只有一种可行方案是极少见的，完成某一项任务总是有许多方法。因此，计划的第三步就是调查和设想可供选择的行动方案。通常，最显眼的方案不一定就是最好的方案。在过去的计划方案上稍加修改和略加推演也不会得到最好的方案。这一步工作需要集思广益、开拓思路、大胆创新。

此外，方案也不是越多越好。即使我们可以采用数学方法和借助电子计算机的手段，还是要对候选方案进行初步筛选，减少候选方案的数量，以便集中对一些最有希望的方案进行仔细的分析比较。管理界有个说法："若某一事物只有一个方法，则此方法多半是错误的方法。"在管理实践中，管理者发掘方案与正确选择方案，具有同等的重要性。

（五）评价各种备选方案

确定了各种可供选择的方案后，下一步就是根据前提和目标来权衡各种因素，比较各个方案的利弊，对各个方案进行评价。评价备选方案的尺度有二：一是评价的标准；二是各个标准的相对重要性，即其权数。显然，确定目标和确定计划前提条件的工作质量，直接影响到方案的评价。

（六）选择方案

选择方案是整个计划编制过程中的关键一步。这一步的工作完全建立在前五步的工作基础之上。在选择方案的过程中，有时候会发现同时有两个可取的方案。在这种情况下，必须确定首先采取哪个方案，并将另一个方案也进行细化和完善，作为后备方案。

（七）拟订派生计划

派生计划就是总计划下的分计划。在完成方案的选择之后，计划工作并没有结束，还必须帮助涉及计划内容的各个下属部门制订支持总计划的派生计划。几乎所有的总计划都需要派生计划的支持和保证，完成派生计划是实施总计划的基础。

（八）编制预算

计划的最后一步工作就是将计划转变为预算，使之数字化。预算实质

上是资源的分配计划。它既是汇总各种计划的工具，又是衡量计划进度的重要标准。

二、编制计划的方法

计划工作的效率高低和质量好坏，很大程度上取决于计划编制的方法。在现代管理中，计划的方法很多，这里主要介绍三种常用的现代计划方法。

（一）滚动计划法

滚动计划法是一种定期修订未来计划的方法。这种方法是在已编制出的计划的基础上，每经过一段固定的时期（例如一年或一季度等，这段固定的时期被称为滚动期）便根据变化了的环境条件和计划的实际执行情况，从确保实现计划目标出发对原计划进行调整，并逐期向前推移。由于这种方法是在每次调整时，都要根据前期计划执行情况和客观条件的变化，将计划向前延伸一段时间，使计划不断滚动、延伸，所以称为滚动计划法。在应用滚动计划时，从第一个滚动期开始，由细到粗地编制整个计划期的计划，第一个滚动期的计划要详细，以利于计划的实施，往后则编制逐渐粗略的计划，使计划有一定的弹性。图5－4为五年计划滚动编制过程的示意图。

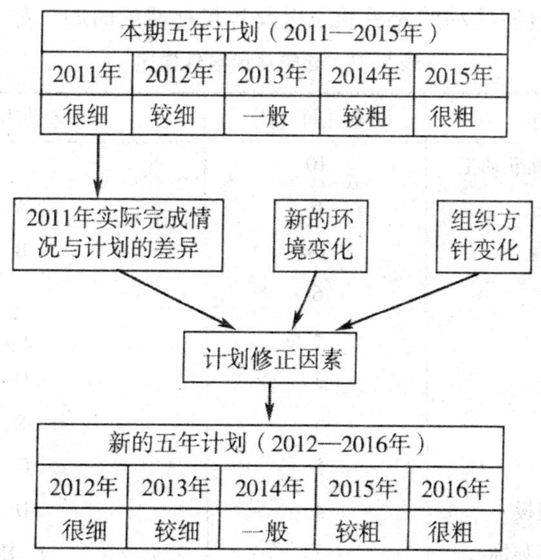

图5－4

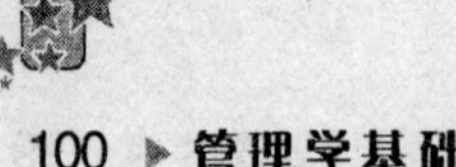

这种计划方法的优点是显而易见的。由于长期计划的计划期较长，很难准确地预测到各种影响因素的变化，因而很难确保长期计划的成功实施。而采用滚动计划法，就可以根据环境条件的变化和实际完成情况，定期地对计划进行修订，增加了计划的准确性，有利于计划的顺利实施；同时这种计划方法使长、中、短期计划能够相互衔接，既保证了长期计划的指导作用，使得各期计划能够基本保持一致，也保证了计划应具有的基本弹性，特别是在环境剧烈变动的今天，有助于提高组织的应变能力。这种计划方法的缺点是计划的工作量比较大。

（二）网络计划技术

当计划中的项目个数很多时，需要协调成百上千个活动，而且活动之间存在着紧密的时间序列关系时，网络计划技术就成了一种十分有效的计划方法。

网络计划技术的原理，是把一项工作或项目分成各种作业或活动，然后根据作业顺序进行排列，通过网络的形成对整个工作或项目进行统筹规划和控制，以便用最少的人力、物力和财力资源，用最高的速度完成工作。我们试以房屋的施工过程为例，简单介绍这种方法的工作步骤：

（1）确定达到目标所需进行的活动。

（2）确定这些活动的先后顺序以及各自耗费的时间，如表 5－1 所示。

表 5－1 建筑房屋事件描述

事件描述	期望时间（周）	紧前事件
A. 审查设计和批准动工	10	—
B. 挖地基	6	A
C. 立屋架和砌墙	14	B
D. 建造楼板	6	C
E. 安装扇户	3	C
F. 搭屋顶	3	C
G. 室内布线	5	D、E、F
H. 安装电梯	5	G
I. 铺地板和嵌墙板	4	D
J. 安装门和内部装饰	3	I、H
K. 验收和交接	1	J

（3）以箭头代表一次活动的完成过程，上标的数字为该项活动所耗费的时间（周），以圆圈代表某项活动的完成，从开始到结束绘制网络图。如图 5－5 所示。

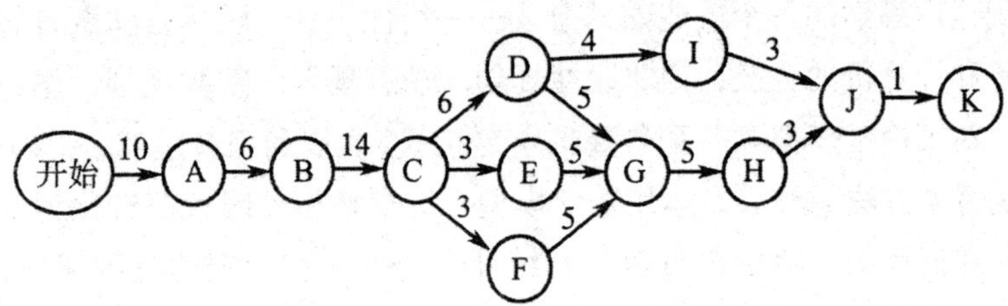

图 5－5　网络计划图

（4）找出其关键路径，即完成该项活动所需时间最短的那条路径。

显然，图 5－5 中的关键路径是 A－B－C－D－G－H－J－K，所需时间是 50 周，这是完成目标的最短路径，在这条路径上的所有活动都必须按时开工和完工，其中任何一次活动的延迟都将导致整个活动项目完成时间的延迟。标识出项目的关键路径的最大好处就是明确了项目活动的重点，便于优化对项目活动的资源分配；当管理者想计划缩短项目完成时间，节省成本时，就要把考虑的重点放在关键路径上；在资源分配发生矛盾时，可适当调动非关键路径上活动的资源去支持关键路径上的活动，以最有效地保证项目的完成进度。

采用网络计划技术所获结果的质量很大程度上取决于事先对活动时间的预测，如果能对各项活动的先后次序和完成时间都能有较为准确的预测，则通过网络计划技术法可大大缩短项目完成的时间。

以上所举的是相当简单的例子。一个大的工程项目可能含有几万项作业，需要几千家不同的单位或部门协调配合。在这种情况下采用网络计划技术进行统筹规划将显示出它的巨大优越性。

网络计划技术的优点在于明确了项目活动的重点和可能的“瓶颈”因素，从而最有效地保证项目完成的进度。该计划方法的缺点在于没法有效地显示时间进度以外的计划要素。

（三）运筹学方法

运筹学方法也是一种有效的计划方法。它用于研究在资源条件（人、财、物）已定的情况下，为了达到一定的目的，如何统筹兼顾整个活动所有各个环节之间的关系，为选择一个最好的方案提供数量上的依据，以便能为最经济、最有效地使用人、财、物做出综合性的合理安排，取得最好效果。

运筹学实际上起源于20世纪初的科学管理运动。二次世界大战中，发展出现代运筹学的一个最成熟的分支——线性规划。随后，随着计算技术的进步和计算机的普及，像非线性规划、动态规划、整数规划、图论、排队论、对策论、模拟等一系列重要分支也逐步发展和完善起来。

运筹学方法的核心是运用数学模型，力求将相关因素都转化为变量形式反映在模型中，然后通过数学和统计学的方法在一定的范围解决问题。这种方法的具体步骤如下：

（1）建立问题的数学模型。首先根据研究目的对问题的范围进行界定，确定描述问题的主要变量和问题的约束条件，然后根据问题的性质建立数学模型。为了使问题简化和突出重点影响因素，还需要作各种必要的假定。

（2）根据模型中变量和结果之间的关系，建立目标函数作为对各种可能的行动方案进行比较的尺度。

（3）确定目标函数中各参数的具体数值。

（4）求解模型，找出目标函数的最大值或最小值，以此得到模型的最优解，即问题的最佳解决方法。

运筹学方法的优点是用定量的思路替代定性的传统思路，使计划更加客观。而该计划方法的缺点是容易导致问题的简单化和绝对化，与计划工作较富弹性和复杂性的实际状况不尽相符。

运筹学方法被广泛运用于如何合理利用有限资源实现既定目标的问题，收到了很好的效果。但也有一些管理学家对运筹学的作用提出怀疑，主要集中在两点：一是针对模型的假设条件。为了建立模型的方便或降低模型的复杂程度，运筹学方法往往需要对原始问题进行若干的假设和抽象，以适合数理计算，这样可能会使结果高度失真而失去解决实际问题的意义。二是关于目标函数的结果问题。运筹学方法最终要得到的是问题的最优解，而在管理实践中，决策目标往往有多个，最终方案可能是多个目标的折中。管理者追求的往往是从多个角度来看均为“满意的解”，而不是附加了各种假定条件的“最优解”。

目前，随着计算技术的不断发展，数学模型允许的复杂程度不断提高，以上的疑问已有部分得到了解决。虽然运筹学方法远远不是一种完美

的方法，但这无疑要比简单地依靠经验推断和定性方法来作出计划要科学得多。

本章要点

（1）计划（工作）有广义和狭义之分。广义的计划（工作）是指制订计划、执行计划和检查计划三个阶段的工作过程；狭义的计划（工作）是指制订计划，是对未来行动的安排和部署。计划工作具有目的性、首位性、普遍性和效率性。

（2）计划是一项重要的管理职能。它可以为组织成员指明方向，协调组织活动；可以为组织的未来预测变化，减少冲击；有利于改善组织运行的效率；有利于进行控制。

（3）计划有不同的表现形式和类型。计划可分为宗旨、目标、战略、政策、规则、程序、规划和预算等不同形式。计划的不同表现形式是计划多样性的反映。计划还可以分为不同的类型。按计划的期限或时间，可以将计划分为长期计划、中期计划和短期计划；按计划制订者在组织中的层次可以把计划分为战略计划、战术计划和作业计划；按企业部门管理职能的不同，可以把计划分为生产计划、财务计划、营销计划、安全计划、研究与开发计划、人员培训计划等；按计划内容分类可以将计划分为专项计划和综合计划。

（4）虽然计划的类型和表现形式各种各样，但科学地编制计划所遵循的步骤却具有普遍性。管理者在编制各类计划时，一般应遵循以下步骤：估量机会、确定目标、确定前提条件、拟订可供选择的方案、评价各种备选方案、选择方案、拟订派生计划和编制预算。

（5）计划工作的效率高低和质量好坏，很大程度上取决于计划编制的方法。在现代管理中，计划的方法很多，如滚动计划法、网络计划技术、运筹学方法等。

思考题

1．什么是计划？计划工作与其他管理工作有什么关系？

2．有人说“计划跟不上变化，因此制订计划意义不大”。你认为这种看法是否正确？为什么？

3．计划有哪些类型？不同类型的计划之间如何衔接？

4. 计划编制过程有哪些步骤？可采用哪些方法？

实践练习

结合本章所学内容编制一份班级活动计划。

案例应用

福特汽车公司的败笔——“埃德塞尔”牌汽车

早在1957年9月，埃德塞尔汽车——福特汽车公司打入中等价格市场的唯一项目，就作为1958年的新型汽车公开亮相了。这使那些按照传统在10月和11月推出下年度新型汽车的竞争者大吃一惊。福特汽车公司委员会主席欧内斯特·里奇为埃德塞尔分部摊派的1958年的生产任务占该公司全部汽车市场的3.3%～3.5%，大约20万辆（当时的年产量为600万辆）。然而公司董事们仍然认为这是非常保守的策略，期望胆子更大一些。埃德塞尔汽车的准备、计划和研究工作长达10年之久。在引进该车之前和引进过程之中，耗费了公司大约5000万美元。到1957年夏末，这种冒险似乎已稳操胜券。公司计划直到第三年才收回2.5亿美元的开发费用，但估计这种汽车在1958年就会在业务上有利可图。制造埃德塞尔汽车的理论根据似乎是无懈可击的。因为数年以来，汽车市场上日益增长着一股偏好中档汽车的倾向。像庞蒂亚克、奥尔兹莫比勒、比克、道奇、迪索托和默库里这样的中档汽车，到50年代中期，已占全部汽车销售量的1/3，而从前它们只占1/5。

为了激起公众对新汽车的爱好，在“埃德塞尔”实际问世前一年，公司就大肆进行了广告宣传。根据福特公司一位高级经理所说，在第一年中，计划是生产20万辆。但在两年后，也就是在实际生产了11万辆“埃德塞尔”之后，福特公司无可奈何地宣布，它犯了一个代价昂贵的错误。在花了几乎2.5亿美元进入市场之后，“埃德塞尔”在问世两年内估计还亏损2亿多美元。

福特公司的战略是想利用“埃德塞尔”同通用汽车公司和克莱斯勒汽车公司在较高价格的汽车市场进行竞争。在制造分别适合美国社会的各种经济水平的不同类型的汽车方面，通用公司一直是非常成功的。在福特公司决定从大众化“福特”牌车型转向生产比较昂贵的汽车时，福特公司实际上已经失去了很大一部分市场。

有很多理由可以说明为什么“埃德塞尔”未能实现计划目标。其一是“埃德塞尔”在经济衰退时期较高价格汽车市场收缩的情况下进入市场的，其二当时国外经济型小汽车正开始赢得顾客的赞许。最后是“埃德塞尔”的车型和性能没有达到其他同样价格汽车的标准。

福特公司竭尽全力想出各种办法来防止全面的失败。他们向经销商提供折价出售“埃德塞尔”的方法作为销售额外分红，并且组织了一个有关车型、颜色、大小等方面的营销经验交流系统，并对全国性的广告预算增加了2000万美元。折价出售“埃德塞尔”给州公路局官员，为的使人们能在公路上看到这种汽车。为了招徕顾客，还发起了一次大规模的驾车游行的推销活动，让有可能成为顾客的50万人参加。

问题

“埃德塞尔”计划为什么没有成功？

第六章

目标与目标管理

学习目的

学习本章，你应能够：

(1) 理解组织目标的含义。

(2) 了解组织目标的特性。

(3) 了解目标管理（MBO）的特点。

(4) 掌握目标管理的基本程序。

(5) 认识目标管理方法的优点及其局限性。

任何组织，如果有其存在的意义，都必须具有或应该具有目的或使命。完成组织使命时要达到的程度即是组织的目标。本章将首先探讨组织的使命和目标，然后讨论与之相关的目标管理问题。

第一节 组织目标

一、确定组织的使命与目标

（一）确定组织的使命

1. 组织使命的定义

在各种社会系统中，企业都具有由社会赋予的基本职能或使命。组织使命是指组织存在的目的或理由，企业使命是指企业的根本性质和存在的理由，它能够将企业赖以生存的经营业务与其他类似企业的业务区分开来。使命表明组织是干什么的，应该干什么。例如，企业的使命是生产、分销商品和服务；法院的使命是运用和解释法律；大学的使命是教学、科

研和为社会培养高级人才。

2. 组织使命的内容

一个组织的使命包含两方面的内容，即组织哲学和组织宗旨。

（1）组织哲学。组织哲学是指组织为其经营活动方式所确立的价值观、信念和行为准则。组织哲学对于一个组织而言是至关重要的，它影响组织的全部经营活动和组织中人的行为，决定企业经营的成功与失败。它的重要性还体现在不论组织管理者是否认识到了这一点，也不论组织管理者是否采用了准确的文字来描述它，它都是客观存在的，且与其他任何组织都不同，它决定着企业的活力，左右着组织的前途。组织哲学一般是通过组织的方针、政策体现的。

（2）组织宗旨。组织宗旨是指组织的基本目的，它规定组织去执行或打算执行的活动，以及现在的或期望的组织类型。明确企业宗旨是十分重要的，没有具体的宗旨，要制定清晰的目标和战略是不可能的。一个组织的宗旨不仅要在企业创业之初就加以明确，而且在遇到困难和企业持续繁荣昌盛时都要经常加以确认，以便使企业能够保持明确的方向和目标，保持生命活力。彼得·德鲁克（Peter F. Drucker）认为，企业宗旨的唯一定义是“创造顾客”。

3. 确定组织的使命

组织使命的界定受组织外部环境、内部条件的影响，主要的影响因素有：

（1）历史和文化。历史和文化具有延续性。组织过去的目的、政策、成就和公众形象以及作为这种历史积淀的企业文化，都会影响组织使命的界定。

（2）所有者和管理者的意图。董事会对组织的发展和未来会有一定的考虑和打算，高层管理者对整个组织的管理负有全面的责任，在确定使命时会有自己的见解和追求。

（3）环境的发展变化。环境的变化会给企业造成一定的环境威胁或带来市场机会。

（4）资源条件。资源因素约束一个组织可能进入哪些领域，或不能开展哪些业务。

（5）核心能力和优势。每个企业都能从事很多业务，但是只有它最擅长、拿手和肯定优于竞争者的特长，才能成为它的优势所在。

组织的使命并不是简单地说明该组织是干什么的，而是应当明确而仔细地规定出组织应该干什么和不应该干什么，它是一个组织总体意图的宣言，它回答了“我们的组织为什么存在”和“组织能做出怎样的独特的贡献”。有效的使命陈述具有以下的特点：

（1）它们应当描述组织所独有的东西，能够说明“组织存在的理由”。

（2）它们应当描述组织的主要产品（服务）和顾客。

（3）它们应当是激励性的、令人兴奋的、鼓舞人心的，并且考虑到所有的利益相关者。

（4）它们应当足够清楚和细致，对较低层次的规划起到指导的作用。其中包括建立绩效或伦理的标准。

组织使命反映了组织员工对自己未来的憧憬，它不仅描述了组织的产品（服务）或目标顾客，而且体现了组织的灵魂。例如，联想集团提出的使命陈述是：“为客户：提供信息技术、工具和服务，使人们的生活和工作更加简便、高效、丰富多彩；为社会：服务社会文明进步；为员工：创造发展空间，提升员工价值，提高工作生活质量；为股东：回报股东长远利益；未来：高科技的联想，服务的联想，国际化的联想。”

（二）确定组织目标

目标是在一定时期内组织活动的期望成果，是衡量组织活动有效性的标准。组织的使命往往比较抽象，它需要进一步具体化为组织一定时期的目标和各部门的目标。组织的使命支配着组织各个时期的目标和各部门的目标，并且组织各个时期的目标和各部门的目标是围绕组织存在的使命所制定的，并为完成组织使命而努力。

1. 组织目标的种类

目标可按照不同的标准分为以下几种不同的类型：

（1）主要目标与次要目标。按目标的优先次序，可以把目标分为主要目标和次要目标。主要目标是组织发展中最为关键的目标，是应该优先发展和分配资源的目标。就企业来说，企业生存、盈利和发展作为企业三个最为重要的目标同时存在，相辅相成，缺一不可。围绕总目标企业通常还要在产品和劳务、市场、生产率、开发创新、财力资源、技术装备和物质设施、人力资源、组织管理、企业形象和顾客服务、社会责任等主要方面设立目标。次要目标是有助于实现主要目标的目标。例如，品牌目标作为产品目标的次要目标，追求的是提升企业的知名度和信誉，它与企业的总目标是一致的，也是主要目标所必需的。

（2）长期目标、中期目标与短期目标。按目标的时间跨度，可以把目标划分为长期目标、中期目标与短期目标。长期目标一般是指五年及五年以上时间内要实现的目标，中期目标一般指一年以上，五年以内要实现的目标，短期目标是指一年以内要实现的具体目标。中短期目标是长期目标的基础，是为了保证长期目标的实现。

（3）定性目标与定量目标。按考核目标的性质，可以把目标分为定量目标和定性目标。可考核、定量的目标，是企业目标体系中最重要的，也是目标的性质要求的。定量目标是通过一定的数据来反映人或事的特质，定性目标就是对人与事的特质进行鉴别和确定。定性目标与定量目标的有机结合，能够发挥测量之长和评定之优，二者相辅相成，缺一不可。定量目标是定性目标的基础，定性目标则是定量目标的出发点和结果。

（4）总体目标、经营目标和职能目标。按目标的组织层次，可以把目标分为总体目标、经营目标和职能目标。总体目标是指组织带全局性、长远性的目标，确定组织的发展方向和经营范围。经营目标是指各战略经营单位或者有关事业部、子公司的目标，是在总体目标的前提下的分解目标。职能目标是企业各个职能部门的目标。职能目标帮助职能部门及管理人员更加清楚地认识本部门在总体目标、经营目标中的任务、责任和要求，有效运用有关管理职能，保证企业目标实现。

2. 制定组织目标的原则

组织目标必须符合组织使命，科学合理，并且具有预见性和灵活性。制定目标是一项艰巨的任务，它需要上级领导者睿智的指导和下属人员广泛的实践。表6-1中所列出的一些指导方针对各类管理人员的目标制定会有所帮助。

表6-1 管理者的目标清单

如果目标符合标准，就在右边的圆圈中填“+”，如果不符合标准，则填“-”	
1. 目标是否涵盖了我们工作的主要特征？	○
2. 目标的数目是否太多？如果太多，能否合并一些？	○
3. 目标是否是可考核的，也就是说，我们在期末时，怎样才能知道已经实现了目标？	○
4. 这些目标是否表明了：	○
（1）数量（多少）？	○

续上表

(2) 质量(达到什么程度才算好)?	○
(3) 时间(何时完成)?	○
(4) 成本(多少成本)?	○
5. 这套目标是否具有挑战性,同时又切实可行?	○
6. 是否已经给这些目标安排了优先层级(次序、重要性等)?	○
7. 这套目标是否包括:	○
(1) 改进的目标?	○
(2) 个人发展目标?	○
8. 这些目标是否同其他管理人员和组织单位的目标相协调?	○
它们是否和上级、所在部门、公司的目标一致?	○
9. 我们是否已将目标传达给所有需要知情的人?	○
10. 短期目标与长期目标是否相互一致?	○
11. 目标依据的假定是否已经明确?	○
12. 目标表达是否清楚,是否有书面表述?	○
13. 这些目标是否能随时提供反馈,从而利于我们采取必要的纠正措施?	○
14. 我们所掌握的资源与权力是否足以去实现这些目标?	○
15. 我们是否考虑给予那些希望实现目标的个人一些机会去提出他们的目标?	○
16. 下属是否能够行使分派给他的责任?	○

资料来源:(美)孔茨,等. 管理学精要. 韦福祥,等,译. 北京:机械工业出版社,2005:52-53.

3. 组织目标设置的SMART标准

所谓SMART目标,是指明确的(specific)、可衡量的(measurable)、可达到的(attainable)、相关的(relevant)、有时间规定的(time specific)目标。

(1) 确保目标是明确的而不是模糊的。目标精确地描述了想要达到的结果吗?

(2) 确保目标是可衡量的。目标是否说明了组织能做的、能做得更好的和什么时候可以达到目标?

(3) 确保目标是可实现的。必须有决心面对挑战。如果目标轻易就能实现,也就无须付出努力。如果目标的挑战性过高,根本无法实现,那么也就不必去努力。根据时间、工作量及其他条件,衡量这个目标是否

可行。

(4) 确保目标是相关的。目标应符合大范畴的组织目标和工作职位。目标必须和组织发展的大方向相联系，和组织内部各部门的工作职能相联系。

(5) 确保目标有时间限制。设置了达到目标的时间吗？是否给出了具体日期或季度。如果目标失去了时间性，就有可能被无限制搁置，丧失了目标的真正意义。

3. 确定组织目标的过程

(1) 审视组织的使命。审视组织的使命，是对组织成员如何思考问题的一个重要指南。制定与组织使命相一致的目标，有利于统一组织的行动和组织目标的实现，提高目标实现的效率。

(2) 全面搜集情况，掌握内外部信息。外部信息包括：经济环境、政治法律、科学技术、社会文化、自然资源等给组织带来的机会和威胁；内部信息则是了解本系统的人力、物力、财力、技术水平和信息资源等的水平，评估组织的优势和劣势。

(3) 提出目标方案。目标方案可以由下级提出，上级批准；也可以由上级部门提出，再同下级一起讨论确定。

(4) 评价目标方案。主要应从以下几方面考虑：方案是否达到了所定的要求，制约因素是否充分考虑到了，指标是否可行，有无潜在的问题等。

(5) 选定目标。在评估论证的基础上，选择最优目标方案。

二、组织目标的特性

(一) 目标的层次性

从组织目标含义的表述上看，组织目标是组织的任务、目标项目和指标的总称。它是一层一层剖析的，一个比一个具体化。它是从宏观到微观，从全面到具体，从纵向流程规律说明的。从组织纵向结构的要求看，组织目标是分层次、分等级的。一般分为四个层次：使命、战略、战术和作业目标。

组织中不同层次的管理人员涉及不同类型的目标。董事会和高层管理人员主要涉及确定组织宗旨、组织的总体目标以及关键成果领域中较具体的总目标；中层管理人员涉及设置关键成果领域的目标、分组织目标及部门目标；基层管理人员则负责制定部门、单位级的目标。在组织目标层次体系中，愈是上层的目标愈抽象，愈是下层的目标愈具体。组织要完成一个高层的目标，必先完成较低层的目标，循序渐进。

（二）目标的多样性

从横向看，组织目标是多种多样的，有大目标和小目标，有主要目标和次要目标，有定性目标和定量目标，有明确目标和模糊目标，有班组目标和个人目标等。

彼得·德鲁克认为一个成功进行管理的企业应在八个方面有自己一定的目标：

（1）市场方面：表明本公司希望达到的市场占有率或竞争中占据的地位。

（2）技术进步和发展方面：改进和发展新产品，提供新型服务的内容。

（3）提高生产力方面：有效衡量原材料的利用，最大限度提高产品数量和质量。

（4）物质和金融资源方面：物质和金融资源的获取及有效利用。

（5）利润方面：用一个或几个经济指数表明希望达到的利润率。

（6）人力资源方面：人力资源的获得、培训和发展，管理人员的培养及个人才能的发挥。

（7）职工积极性发挥方面：发挥职工在工作中的积极作用，激励和报酬等方面措施。

（8）社会责任：本公司对社会产生的影响。在多样化的组织目标中，如何分出先后轻重、主从关系，如何协调相矛盾、相冲突的目标，则是管理决策的首要任务，也是一个十分艰巨和困难的选择。

（三）目标的网络性

组织是各部门、各层级的人组成的有机整体，从上到下，从左到右，组织和各种活动之间是相互联系、相互促进和相互制约的，因此，组织必然形成一个相互联系、相互促进和相互制约的上下沟通、左右衔接的目标系统网络。目标网络的内涵表现为以下四点：

第一，目标和计划很少是线性的，即并非当一个目标实现后接着去实现另一个目标。目标和规划形成一个互相联系着的网络。

第二，主管人员必须确保目标网络中的每个组成部分要相互协调。不仅各种规划的执行要协调，而且完成这些规划在时间上也要协调。

第三，组织中的各个部门在制定自己部门的目标时，必须与其他部门相协调。

第四，组织制定各种目标时，必须与许多约束因素相协调。组织的管理人员要充分研究目标之间的关系，使各种目标相互衔接，彼此协调，从而使组织的各项活动形成一个整体，保持高效率和高收益。

（四）目标的适应性

任何组织都是在一个动态的环境中求得生存和发展的，组织应根据内外环境变化的情况，制定多个目标方案，要根据内外环境的变化及时调整目标。适应性要求组织识别环境变化的关键变量，并对它作出灵敏性分析，提出这些关键的变量超过一定范围时，原定的目标就应当调整，并准备相应的方案，即组织应对可能发生的变化及其对组织造成的后果，以及应变的替代方案，都要有足够的了解和充分的准备，以使组织具有一定的应变能力。

（五）目标的可考核性

目标是组织在一定时期内期望取得的成果，同时也是衡量组织活动效果的标尺。从激励的效果看，有目标比没有目标好，有具体目标比空泛的、号召性的目标好。目标的可考核性要求目标必须能被精确观察和测量，比如生产产品的数量单位、次品率、新销路或顾客投诉次数等，要规定实现目标的时间，比如一个月、半年或一年。对目标的表达要避免含糊和一般化，摒弃“尽可能”、“尽你的努力”和“在一定时间内”等模糊字眼。如“以后的6个月中，销售额增长20%”和“在以后的一个短期内尽你最大努力增加销售额”，前一个为有效的目标的例子，后者为无效的目标。

（六）目标的挑战性

从激励的效果看，有能被执行者接受而又有较高难度的目标比随手获得的目标要好。目标的难度与激励之间有着清楚的关系，目标难度越大，激励和绩效水平越高。当设置的目标具有挑战性时，目标就能激发个体行为。如果设置的目标易于达到，那么人们就会按部就班地工作，目标设置就是无意义的；如果设置的目标难度太高，人们认为高不可攀，望而却步，那么目标就会失去激励作用。

（七）目标的可接受性

组织设置的目标还必须为个人所接受，被个人内在化。要使个人感到参与了目标的制定过程，感到目标是个人的投资和占有，鼓励下属自己设置目标，把管理者的目标变成下属自己的目标，让下属认同和关心它。

三、组织目标的作用

组织目标的作用可以概括为以下五个方面：

（一）导向作用

组织目标向组织成员提供指导和统一的方向。目标有助于每一位成员理解组织的方向以及这种方向的重要性。组织的发展同人的成长一样，人有了目标以后，会百折不挠地向着目标前进。组织也是如此，目标指引个人及群体清楚地前行，如果组织失去了自己的目标，就会得过且过，不知道该往哪里发展，怎么发展。对于环境的变化也不知道该如何面对。

（二）激励作用

具体的和有适当难度的目标可以激励人们工作更加努力，特别是达成目标后可以获得奖励时。目标的激励作用主要表现在三个方面：一是在目标确定后，由于它能使人明确方向，看到前景，因而能起到鼓舞人心、振奋精神、激发斗志的作用；二是在目标执行过程中，由于目标的制定都具有一定的先进性和挑战性，在实际工作中必须通过一定的努力才能达到，因而有利于激发人们的积极性和创造性；三是在目标实现以后，由于人们的愿望和追求得到了实现，同时也看到了自己的预期结果和工作成绩，因而在心理上会产生一种满足感和自豪感，这样就会激励人们以更大的热情和信心去承担新的任务，达到新的目标。

（三）凝聚作用

组织是通过群体努力完成特定目标的社会创造物，它是依靠目标使组织成员联结起来的。组织的凝聚力受到很多因素的影响，其中一个最主要的因素就是组织目标，特别是在组织目标充分体现了组织成员或者是变成了组织成员的共同利益和共同追求时，就能够大大地激发组织成员的工作热情、献身精神和创造能力，使组织成为生机勃勃的群体，进而形成奋发

向上的团队精神。因此，组织目标不仅提高了组织行为的一致性，而且增强了组织的内聚力和稳定性。

（四）标准作用

组织目标可以创造有效的评估和控制机制。企业有了明确的目标，再加上一个完成目标的时间限制，这样管理者就能对自己的员工的工作进度和进展有一个直观的评价。目标还是一种进行自我评估的重要手段。如果组织的目标是具体的，看得见摸得着的，员工就可以根据自己距离最终目标有多远来衡量目前取得的进步，也可以看到自己的不足之处，从而及时纠正以及寻找解决的办法。目标也是分配资源、分清轻重缓急的依据。资源对于任何组织来说都是非常有限的，一旦有了明确的目标，组织可以分清主次，把资源集中运用到最需要的地方。

（五）基础作用

组织目标是指导战略规划和行动的基础，是作出管理决策的指导准则。没有明确的目标，管理工作就没有计划可言。没有一个明确的目标，任何人或集体也不可能有效或高效地进行工作。

第二节 目标管理

目标管理（Management By Objectives，MBO）是20世纪50年代中期出现于美国，以泰罗的科学管理和行为科学理论为基础而形成的一套管理制度。1954年，美国著名管理学家彼得·德鲁克在《管理实践》一书中首先提出了“目标管理和自我控制”的主张，随后在《管理——任务、责任、实践》一书中对此作了进一步的阐述。我国在20世纪80年代初开始引进目标管理法，取得了较好的成效。

一、目标管理的特点

（一）目标管理的含义

目标管理是让组织的主管人员和员工共同参与目标制定，在工作中实现“自我控制”并努力完成工作目标的一种管理制度或方法。至于员工的工作成果，则是根据目标的完成情况来评价和奖励的。目标管理不是用目标控制、约束，而是用它来激励下级。

目标管理的核心内容就是目标，它清楚表明了每一个人、每一个具体岗位为了共同目标和组织的战略应该怎么去做或如何去做。它通过一系列的程序和方法把组织中每一个人的努力和奋斗目标都联系在一起，维系在一个更高的整体目标和整体战略上。德鲁克认为，并不是有了工作才有目标，而是有了目标才能确定每个人的工作。所以“组织的使命和任务，必须转化为目标”，如果一个领域内没有目标，这个领域的工作必然被忽视。因此，管理者应该通过目标对下级进行管理，组织高层管理者确定了组织目标后，必须对其进行有效分解，转变成各部门以及各个人的分目标，管理者根据分目标的完成情况对下级进行考核、评价和奖惩。

目标管理打破了传统目标单一的“自上而下”的转化方式，采用了“自上而下”和“自下而上”相结合的方式。每一个组织成员和各级管理者共同参与了目标的设定，把组织整体目标层层转化为组织单位和个人目标，构成一个目标层级结构，如图6－1所示。

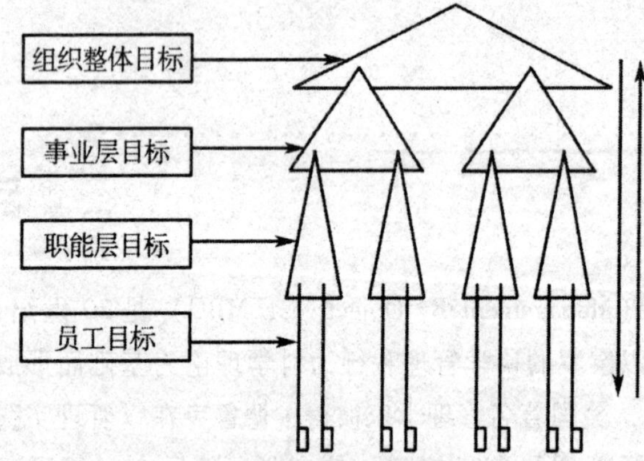

图6－1 MBO的目标设定

在此结构中，每一层的目标与下一层的目标连接在一起，而且对每一位成员，目标管理都提供了具体的个人目标。因此，组织每个管理人员和普通成员的分目标就是组织总目标对他们的要求，同时也是组织成员对组织总目标的贡献。只有每个人、每个部门的目标都完成了，才能保证总目标的实现。

（二）目标管理的特点

1. 参与管理

目标管理非常重视上下级之间的协商，共同讨论和交流意见。通过协商，加深组织成员对目标的了解，消除上下级之间的意见分歧，取得上下目标的统一。一方面，下级要理解上级确定的目标，明确知道自己需要完成的任务、上级将根据这一目标来衡量他的业绩；另一方面，上级也要了解下级对目标的想法、资源状况、在完成目标时可能的困难，通过上下级之间的沟通，下级提出反映组织客观需要的目标，最后就下级需要实现的目标达成一致。由于目标管理吸收了组织全体人员参与目标管理实施的全过程，尊重成员的个人意志和愿望，就避免了上级单独分解制定目标，可能会产生的目标模棱两可、目标过高或过低的现象，有利于发挥各成员的主动性、积极性和创造性。

2. 自我控制

在目标管理中，是以人性理论中的“Y”理论为基础和假设前提的。德鲁克认为，员工是愿意负责的，是愿意在工作中发挥自己的聪明才智和创造性的；如果我们控制的对象是一个社会组织中的“人”，则我们应“控制”的必须是行为的动机，而不应当是行为本身，也就是说必须以对动机的控制达到对行为的控制。目标管理的主旨在于，用“自我控制的管理”代替“压制性的管理”，既然成员自己设定了目标，那他们一定会积极、努力地工作并且自觉控制自己的行为，为完成自己的目标而努力奋斗。

3. 权力下放

大多数人由于具有责任心而成就了一番事业。人们总希望自己能获得信赖并干一番事业，同时对自己所从事的工作负责。授权的目的在于最大限度地让下属发挥自己的能力。授权的好处在于：组织成员将满怀信心，知道该去做什么；组织成员对于组织按时高质量地完成任务充满信心；组织成员具有强烈的主人翁责任感，他们全身心地投入工作并因此备受尊重。

4. 绩效反馈

目标管理强调“自我控制”、权力下放，并不意味着管理当局就撒手不管了。各级领导会定期检查下层人员完成目标的进展情况，并且反馈给个人，以使他们能够调整自己的行动。采用传统的管理方法，评价员工的

表现，往往容易根据印象、本人的思想和对某些问题的态度等定性因素来评价。实现目标管理后，由于有了一套完善的目标考核体系，从而能够按员工的实际贡献大小如实地评价一个人，并且根据员工的业绩进行考评和奖惩，按照公平、公开、公正的原则，真正使员工认识到必须通过努力去实现各自的目标。

二、目标管理的基本程序

孔茨认为，目标管理是一个全面的管理系统，它采用系统的方法将许多关键管理活动结合起来，有意识地瞄准组织目标和个人目标并有效地、高效率地加以实现。

由于各个组织活动的性质不同，目标管理的实施程序并不完全一样，但一般来说，目标管理的基本活动过程主要由目标制定、目标实施、奖励和评价三个阶段形成一个循环周期。预定目标实现后，又要制定新的目标，进行新一轮循环。

（一）目标体系的建立

实行目标管理，首先要建立一套完整的目标体系。目标在这个阶段是基于组织的整体背景和组织任务的分析当中得到的，是整个组织应该达到的目标，这项工作大多是从组织的最高主管部门开始的。

1. 目标制定

最高目标的建立应是目标管理的中心内容。因为任何一项管理活动都是由一个总体目标联系起来的整体，这个总体目标体现了一个组织在一定时期内各项工作的努力方向和管理目的。制定目标时要做到：

（1）领导要会同各级管理人员及员工共同商量决定，尤其是要听取员工意见。

（2）领导必须根据组织的长远规划和面临的客观环境，对应该完成和能够完成的目标有一个清晰的估计，并在确定总目标的过程中发挥主导作用，不能简单地对下级目标进行汇总来作为组织的总目标。

2. 目标分解

组织的总目标制定以后，就要把它分解落实到下属各部门、各单位直至职工个人，即目标展开。目标展开的方法是自上而下层层展开，自下而上层层保证，上下级的目标之间是一种“目标—手段”的关系。某一级的目标，需要一定的手段实现，这些手段又成为下一级的次目标，按级顺推

下去，直到作业层的作业目标，从而构成企业目标连锁体系。

目标分解时要做到：

（1）目标必须有重点，有顺序，不能太多，多则易于顾此失彼。

（2）目标必须具体化，尽可能定量化，以便于评估。

（3）目标要有挑战性，又要有实现的可能性。

（4）目标确定的结果应该是下级目标支持上级目标，分目标支持总目标，每个人员、每个部门的目标都要和其他人员、其他部门的目标协调一致，不能损害本单位和整个组织的长远利益和长远目标。

（5）目标体系应与组织结构相吻合，从而使每个部门都有明确的目标，每个目标都有人明确负责。

在目标纵向展开进程中，要注意协调好目标横向之间与斜向之间的关系，以保证上下左右之间目标的系统性和一致性。在目标展开过程中，应编写好目标展开图和目标管理卡，作为目标展开具体内容的书面记录，并寻找目标展开的问题点，提出相应的目标对策。

（二）目标的实施

组织中建立了自上而下的目标体系之后，各层次、各部门、各成员就要紧紧围绕确定的目标、授予的权力、赋予的责任，结合各自的特点，寻求实现目标的最佳途径。为保证目标的顺利达到，在实施阶段要着重抓好两个方面的工作。

1. 逐级授权，自我控制

目标分解完成后，所有的员工就必须按照计划实施具体的操作。在执行的过程中员工必须清楚每天的任务是什么，自己的进度是否有悖于整体的目标，他们是否严格按照计划在工作。自我控制是指因为有较为详细的执行计划和目标体系，管理者就不需要时时地去监督属下和员工，而这一切都靠员工按照计划自觉完成，当然管理者要事先让员工明白工作的难度和重点，如果员工确实碰到了一些具体困难，管理者必须支持员工克服困难。

通过授权和自我控制，上级管理者可以有充足的时间和精力去抓重点的综合性管理；同时，下属人员还会产生强烈的责任感，发现工作的兴趣和价值，力争达到自己的目标。从上级方面来看，在目标制定过程中，上级必须明确提出达到目标的方针；而在目标实施过程中，上级关心的应是下级是否根据方针达到目标，取得最终成果，至于下级采用什么方法和手段，通过什么途径来达到目标，则由下级自主选择决定。从下级方面来看，在实施过程中，下级一方面要对照自己的目标检查行动；另一方面要根据自己的判断充分行使上级下放给自己的权限，努力达到目标，以实行自我控制。

2. 定期检查执行进度

定期检查进度的制度在目标管理的过程中非常重要，这关系到目标能否实现和计划是否被执行。定期检查有利于管理者确切知道整个计划的实施进度和及时解决一些未被预料到的困难。如果目标未能达到，能及时提醒大家加快执行的力度和节奏，为将来取得最终目标的实现打下良好的基础。

目标实施过程的检查一般遵循下级自查报告和上级巡视指导相结合的原则。要使下级明确报告工作的义务，定期自查并向上级报告。报告内容主要包括目标实施进展状况、自己所做的主要工作、遇到的困难、希望得到的帮助等。上级可在巡视指导中向下级就工作的进行方法等进行实质性的询问，提出问题，鼓励下级主动地、创造性地钻研问题，以积极进取的态度解决问题；对于下级在工作中无权处理而请求上级给予帮助的问题则应及时给予必要的启发和指示。

（三）成果评价

整个目标管理的最后一环，就是要对员工完成目标的成果进行评价和奖励。

目标管理中目标成果的评价主要有两种方式：一种是自我考评，即将目标和自己的实际工作业绩相比较，评价自己；另一种是上级考评，即上级将下级部门的目标与实际业绩进行对比、分析评价。

目标成果的具体评价一般采用综合评价法，即按照目标的实现程度、目标实现的难易程度和目标实现过程中的努力程度这三个要素对每项目标进行评定，确定各要素的等级分，修正后得出单项目标的分数值，再根据各项目标在全部目标中的地位确定权重系数，便可以得出综合考虑的目标成果值，以此来确定目标成果的等级，进行具体评价。综合评价法的具体步骤如表 6－2 所示。

表6-2 目标管理的综合评价法

步骤	具体内容
1. 评定“达到程度”	一般采用实际成绩值与目标值之比，根据达到率定为A、B、C三个等级。通常A级为100%~110%，B级为90%~100%，C级为80%~90%。如果目标是无法量化的，则可按事先规定的成果评定要点，确定A、B、C三个等级。
2. 评定“复杂困难程度”	各人的实际能力和条件不同，因而确定的目标复杂困难程度亦各不相同。如果评定时仅着眼于“达到程度”，就无法衡量每个人的成绩大小，因此，只有把目标的复杂困难程度考虑在内，才能对每个人的成绩作出比较。“复杂困难程度”通过协调确认，也分为A、B、C三个等级。
3. 评定“努力程度”	对于达标过程中属于个人职责范围内应当克服的不利条件，经过本人的努力，情况有了多大改变，据此对个人的努力程度进行评价，可区别是经过努力没有获得成果，还是没有努力或努力不够而没有获得成果。根据对达标过程中的种种条件分析，将“努力程度”确定为A、B、C三个等级。
4. 规定评价要素的比重	规定三个评价要素在目标项内的比重，作出单项目标的初步评定值。三个要素的比重一般可定为“达到程度”50%，“复杂困难程度”30%，“努力程度”20%。由于部门的不同，所处管理层次的不同，三个要素的比重可以适当调整。
5. 采用修正值进行修正	对达标过程中出现的非本人责任和努力所能排除的不利条件，酌情采用一定的修正值进行修正，得出各单项目标评定值。
6. 计算综合目标成果值，并确定等级	将各单项目标评定值分别乘以其在全部目标中的权数，得出单项目标的比重值，然后加总，便得出该个人的目标成果综合评定值，然后按A、B、C三等，评定目标成果的等级。各部门的目标成果也可用同样的方法进行评价。

资料来源：孙成志，等. 管理学：第2版. 大连：东北财经大学出版社，2002：173.

三、对目标管理的评价

（一）目标管理的优点

（1）目标管理是比较科学和有效的管理方法，往往会带来良好的绩

效。目标管理使各项活动的目的性很明确。以往企业着重管理作业程序，方法问题，无形中忽略了对成果的重视。目标管理是一种达成目标的科学周密的方法。目标链是由于对目标进行了分解，而目标分解是为了目标相互支持。如此环环扣紧，把各方面的力量、积极性和可能采取的措施都汇集起来了，从而使目标切实可行，易见成效。

（2）目标管理有助于改进组织结构和职责分工。任何一个组织和职位都应当具有弹性。目标管理要求尽可能把完成一项组织目标的成果和责任划归到一个职位或部门。这条原则的实施常常使我们发现组织的缺陷，授权不足与职责不清。目标管理是促进分权管理使组织具有弹性的最好办法。

（3）目标管理调动了职工的主动性、积极性。由于目标是经过商定的，他明确了自己的工作在整体工作中的地位与作用，他参与了讨论并做了许诺，有了授权，并受到支持。通过目标和奖励，将个人利益和组织的利益紧密联系在一起，这时他不再是只听从命令、等待批示的消极被动工作者，而是一个主动的、可以在一个领域内施展才华的积极工作者。

（4）目标管理促进了意见交流，强调自我控制，自我调节，改善了人际关系。在商定目标的过程中，上下级之间彼此平等、尊重、信赖、相互支持促进了相互了解，改善了上下级之间的关系。在目标执行过程中职工能经常自动度量，并采取行动纠正与计划目标的偏差。过去许多事情是催办、督办，现在则可以自动化，减少外部的监督，有助于建立平等、互助与和谐的人际关系并有助于组织目标的实现。

（5）目标管理也有助于开展有效的控制工作。通过目标管理建立起来的目标体系提供了明确、具体的控制标准，这些可量化、可考核的控制标准又使测量实际成果的工作变得容易，使对测量结果的评估变得客观。

（二）目标管理的不足

（1）目标难以制定。许多岗位工作难以使目标定量化和具体化。一个组织的目标好定，作业的目标也好定，但是真正让每一个管理人员和工人都定数量化目标，有时是很困难的，并不是任何岗位的工作都能将目标数量化，有些只能作定性的说明。

（2）目标管理的哲学假设不一定都存在。目标管理对于人类的动机作了过分乐观的假设：认为多数人都有发挥潜力、承担责任、实行自治和富有成就感的需要，都有事业心和上进心，而且只要有机会，他们就会通过

努力工作来满足这些需要，把工作中取得成就看得比金钱更重要。而现实并不完全这样。

（3）目标的商定很费时间。目标的商定要几上几下，单向沟通与双向沟通相比、命令与协商相比，后者更为费时。

（4）可能导致只注重结果，忽视过程。因为目标管理方法注重成果，很可能产生这样一种态度，只要能够获得成果，任何行动都可以接受。这种态度很可能使人们做出对组织构成损害的不明智的决策。例如，工厂厂长可能会决定减少或取消机器的必要保养维修，以保证工厂的年度生产计划能够完成。

（5）目标不一定能适应环境变化。目标管理思想是强调目标的明确性，而在计划期间环境是经常改变的，以一种固定的标准和指标来考核和衡量，必然会束缚了员工的手脚，扼杀他们的创造性。

本章要点

（1）组织使命是指组织存在的目的或理由。它包括组织哲学和组织的宗旨。

（2）目标是在一定时期内组织活动的期望成果，是衡量组织活动有效性的标准。目标具有层次性、多样性、网络性、适应性、可考核性、挑战性、可接受性；目标具有导向功能、激励功能、凝聚功能、标准功能、基础功能。

（3）目标管理是让组织的主管人员和员工共同参与目标制定，在工作中实现“自我控制”并努力完成工作目标的一种管理制度或方法。目标管理的特点是：参与管理、自我控制、权力下放和绩效反馈。目标管理过程包括目标制定、目标实施、成果评价三个阶段。

（4）目标管理强调自我管理和权力下放，是一种总体的、民主的、自觉的成果管理；目标管理在管理实践中既有许多优点，也存在着一定的局限性，实行时应趋利避害。

思考题

1. 什么是组织目标？它有哪些特性？
2. 组织目标可以分为哪几种类型？
3. 组织目标的作用有哪些？

4. 确定组织目标的程序是怎样的?

5. 什么是目标管理? 目标管理有哪些特点?

6. 简述目标管理过程的步骤。

7. 目标管理的优点是什么? 缺陷又是什么?

8. 管理者们经常因为过于重视短期目标而受到批评。在你看来，应当如何在短期和长期目标之间分配精力? 当两者出现冲突时，哪一个应当更加优先? 解释你的理由。

实践练习

1. 访问你所在专业系的系主任。本系和本系成员的目标是什么? 如果学院实施目标管理，本系应该怎样做? 向全班报告你的发现。

2. 利用互联网找出一家大型上市公司的使命陈述并进行评价。假设你是这家公司的 CEO。请根据使命陈述中所包含的指导原则，提出你的战略目标。假设你是该公司负责某一职能部门工作如营销、制造或物流的副总。根据战略目标确定的原则，请提出你的战术目标。

案例应用

案例 6 - 1　给企业一座前进中的灯塔

美国《幸福》杂志公布的 2001 年的世界 500 强排名，沃尔玛公司首次荣登榜首。它的创始人沃尔顿虽然没能亲眼看到这个结果，但他预见到了，因为这是他早已为企业制定的目标。就在沃尔顿病情恶化的情况下，他还为企业规划着发展目标。1992 年 4 月，已病入膏肓的沃尔顿为沃尔玛公司规划出了要在 2000 年使销售额达到 1250 亿美元的目标。这个目标像磁石一样，吸引着沃尔玛公司不断前进。这是沃尔顿留给企业的一座前进中的灯塔，这座灯塔产生了巨大的作用。2001 年，沃尔玛终于以 2100 亿美元的销售额，荣登全球 500 强榜首，实现了沃尔顿的设想。

(引自: 管理故事会. 北京: 人民邮电出版社.)

问题

1. 沃尔顿制定的是什么类型的目标?

2. 结合本案例说明目标的作用有哪些?

案例6-2　将工程项目程序化和简单化
——从港枣项目谈目标管理

目标管理是一种现代管理方法和管理手段。目标管理的精髓就是追求创造性成就，不断调动每位员工的积极性、创造性和主动性，以更好地达到组织（工程建设）的目标。

笔者参与了港枣工程建设。这个项目运用了目标管理方法，取得了较好效果，同时增强了全员控制投资、进度意识、安全管理目标，为实现工程建设各项管理目标奠定了坚实的基础。

港枣成品油管道工程途经天津、河北和山东三省市，共计26个县（市）区，总投资13亿人民币，线路全长654千米（线路划分八个标段），穿越铁路、三级以上公路和大中型以上河流100多处。主要工期目标：2006年3月1日正式开工建设；12月30日完成线路主体焊接；2007年4月30日机械竣工，2007年5月30日具备投产条件。

在港枣项目管理中，应用目标管理主要强调把组织（工程）的整体目标转化为有关单位和个人的具体目标。目标管理通过设计一种将目标根据组织层级进行分解的程序，使组织的目标具有可操作性。如果在项目管理中所有人都实现了自己的目标，单位的目标就能实现，组织的总体目标也就能够实现。

推行目标管理后，项目经理部要求各施工单位针对面临的施工难度和进度总目标，在摸清自身剩余工程量的基础上，针对管理的细节、各个环节做认真研究施工及对外协调方案，明确各工序关键控制点，制定出细致的分目标。各施工单位依据工程总目标，组织所有参建员工召开目标落实大会，按工序、人员分管范围分析目标完成的可能性以及可能存在的困难。经充分讨论，大家一致认为，材料设备供应、焊接等施工工序满足进度要求，影响施工目标实现的最主要因素是地方协调、赔偿标准确定、资金到位等问题。

为保证分目标的实现，各单位制定了“以协调为龙头、以质量安全控制为根本、以进度为生产力”的施工方针，在员工中营造了“想干事、能干事、会干事、敢干事、不出事”的工作氛围，确保了工程进度。

在实施目标管理中，港枣成品油管道工程项目部遵循PDCA循环管理模式，即遵循计划（Plan）、实施（Do）、检查（Check）、处置（Action）的管理循环，通过连续不断实施管理，使施工进度按计划进行。项目部依据分目标的节点，制定了分目标考核办法，量化考核工序，规范考核程序，做到严考核、硬兑现；实行不定期抽查与定期检查相结合的管理模式，及时解决现场存在的各种问题。对施工方法、协调思路及谈判策略提出建设性的意见。按完成工序的起止时间、完成质量和工程管理分项记分，作为奖励的依据，并及时评定完成阶段目标的单位，以表彰大会的形式，给予精神和物质奖励，督促全体参建单位找出自身差距，制定整改措施，明确努力方向，保证了项目管理水平上台阶。

把“简单的事天天坚持做好，那就是不简单；容易的事坚持天天认真做，那就是不容易。”工程建设项目涉及面广，事情繁杂，运用目标管理方法，会取得好的效果。

（引自：中国石油报，2007 年 10 月 18 日，第六版）

问题

1. 结合案例分析港枣项目实施目标管理的程序。

2. 港枣项目实施目标管理有哪些特色？

第七章

战略性计划

学习目的

学习本章，你应能够：

（1）理解战略的概念。

（2）理解战略的性质和战略的重要性。

（3）区分不同层次的战略。

（4）熟悉战略制定的程序。

（5）掌握战略制定的基本方法。

战略性计划是计划的重要表现形式，也是组织的基本计划。它是关于组织整体发展的长期性、根本性和全局性的计划，是其他一切职能计划的制定依据。战略性计划确定了组织整体的发展目标、发展路径、重点工作和资源配置等内容。其准确与否，事关组织的生存与发展。本章先对战略性计划的概念、作用及层次作简要阐述，然后重点讨论战略性计划制定的程序和方法。

第一节　战略的概念、作用及层次

一、战略的含义

战略一词，原来是军事方面的术语，指的是将帅的智谋、筹划以及军事力量的总体运用。

由于市场竞争与军事战争有很多相似之处，都有对抗的属性，所以后来人们将指导战争的战略思想应用于指导企业的经营管理，形成了企业战略。企业战略越来越多地用来作反映企业经营的一种概括性概念，泛指企业中带有全局性、长远性和根本性的规划和谋略。

“战略”一词自20世纪60年代引入企业管理以来，究竟什么是战略，目前尚无一个统一的定义。不同的学者与管理人员给战略赋予了不同的含义。20世纪80年代以后，加拿大麦吉尔大学教授明兹伯格（H. Mintzberg）根据其对于战略定义的独特认识，归纳出战略的5个定义，对战略从不同角度进行了阐述。他认为战略是计划、计谋、模式、定位和观念的结合体。

（1）战略是一种计划。大多数人将战略看作是一种计划，即它是一种有意识的、有预计的行动程序，一种处理某种局势的方针。

（2）战略是一种计谋。战略是指在特定的环境下，组织将战略作为威胁和战胜竞争对手的一种具体手段。

（3）战略是一种模式。战略是组织为了实现战略目标进行竞争而做出的重要决策、采取的行动以及为实现目标而对组织主要资源进行分配的一种模式。

（4）战略是一种定位。战略是一个组织对自身所处环境中的位置或在竞争中位置的确认。这里，战略实际上成为组织与环境之间的一种中间力量，使得组织的内部条件与外部环境更加融洽。

（5）战略是一种观念。这种定义强调战略是一种概念的内涵，即所有的战略都是一种抽象的概念，它存在于需要战略的人们的头脑之中，体现于战略家们对客观世界固有的认识方式，表现为组织文化、价值观、理想或愿景，并为组织成员所共享。

以上对战略的几种定义，有助于对战略、战略管理及其过程的深刻理解。不同的定义只能说明人们对战略特性的不同认识，不能说明哪种定义更为重要。值得强调的是，尽管战略定义多样，但对于具体组织来说，战略仍只有一个，各种定义只不过是从不同角度对战略加以阐述。

本书对战略的定义：战略是组织着眼于未来，根据其外部环境的变化和内部资源条件，为获得持久竞争优势以求得组织生存和长远发展而进行的总体性谋划。理解战略概念应该把握以下几个要点：

（1）组织应该把未来的生存和发展问题作为制定战略的出发点和归宿，也就是说，一个好的战略应有助于组织实现长期生存和发展的目标。而要做到这一点，组织不仅需要了解组织本身及所处环境的过去与现在，而且需要关注内外环境因素将来发展变化的趋势，从而把握自身的未来。

（2）战略是为获得持久竞争优势而作出对外部机会和威胁以及内部优势和劣势的积极反应。它强调从内外环境分析入手来构建自身的竞争优势，寻求有利的竞争地位，强调组织对环境的适应性。

（3）战略应该是在各种职能活动开展之前有目的、有意识制定的，应体现一种主动精神。

（4）战略的实质是帮助组织建立和维持持久的竞争优势，即帮助组织保持一种强大而灵活的态势。这意味着战略不仅有助于管理人员处理可预见的事件，也有助于他们处理突发的和难以预见的事件。

二、战略的特征

战略具有以下特征：

1．全局性

战略是对组织未来发展方向和目标的纲领性的规划与设计，是组织整体发展的蓝图，对组织的一切具体职能活动具有普遍的、全面的、权威的指导意义，只有考虑全局利益的计划才能列入组织战略。

2．长远性

战略考虑的是组织未来相当长一段时期内的总体发展问题。通常着眼于未来3～5年乃至更长远的目标，其成效影响也久远。因此，战略的制定要以长远的利益来衡量。

3．指导性

战略规定了组织一定时期内基本的发展目标以及实现这一目标的基本途径，指导和激励着组织全体员工努力工作。

4．竞争性

通过密切关注竞争态势和组织自身的相对竞争地位，制定适应外部环境的组织战略，谋求在竞争中克敌制胜，保障组织的生存和发展。

5．风险性

战略是对未来发展的规划，然而环境总是处于不确定和不断变化中，从而给组织战略的制定和实施带来风险。

6．相对稳定性

战略一经制定，在一段时期内，要保持相对稳定，以便发挥战略对各级部门工作的指导作用。当内外条件发生重要变动时才予以调整。

7．适应性

战略应立足于客观现实条件和适应客观环境，才具有可行性。战略再好，但如果在现实中根本行不通，贯彻不了，也就失去意义。

三、战略的作用

战略直接关系着组织的兴衰成败，在整个组织体系中有着极为重要的作用。战略管理包括战略分析、战略选择和战略实施，战略的作用也就体现在战略计划的制定与实施上。

1．战略有利于组织明确发展方向和发展目标

战略为组织发展指明了总方向和应该达到的状态，以及总体资源的投向，即明确了总体资源在较长时期内，投向哪些事业领域。为组织在今后较长时间内发展规划了蓝图，这使得组织在其成长过程中有了导航器，并对组织的今后行为进行了严格的约束和规范。此外，清晰明确的发展方向还有利于组织上下达成一致，彼此支持，有利于组织目标的实现。

2．战略计划有利于合理配置组织资源

资源的有限性决定了“少投入多产出”对于组织生存发展的重要性，战略计划通过对组织经营业务类别的筛选，对经营项目的排序，大大减少了资源盲目投入而造成的不必要损失，从而使组织的资源得到优化配置。

3．战略的制定与实施有利于组织获取竞争优势

组织若期望长期生存与发展，就必须有一技之长，趋利避害。战略选择是建立于对组织内部条件和外部环境分析基础上的，战略选择与实施的本质任务在于，为组织发现、培育、使用和维护自身的竞争优势，抓住稍纵即逝的机会，从而实现组织发展的长远目标。

4．战略是为实现组织目标，动态平衡内外条件的有力工具

组织的生存与发展对外部环境的依赖性决定了管理工作要以未来的环境变化趋势作为决策的基础，而组织的竞争优势却源于内部条件。要长期在激烈的竞争环境中生存与发展，就要求组织必须平衡外部环境和内部条件。战略分析、战略选择和战略实施均注重这两者的平衡，以便正确地确定组织的发展方向、活动领域和发展路径，从而能更好地利用组织的竞争优势把握外部环境所提供的机会，规避风险，增强企业经营活动对外部环境的适应性，从而使二者达成最佳的结合。

四、战略的层次

分清企业战略的层次与类别具有重要意义，可供各类非营利组织从不同的角度进行借鉴。所以以下内容主要从企业角度展开讨论。

对于大公司来说，可能提供多类产品或服务，同时涵盖多种职能活动。由此，将发展形成多层次的战略和战略体系，具体包括公司战略、事业部战略和职能战略。如图 7－1 所示：

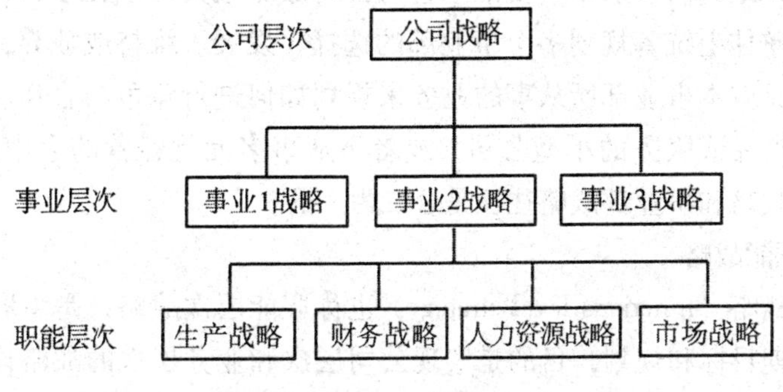

图 7－1　战略的层次

1．公司战略

公司战略（corporate level strategy）也称公司层次战略或总体战略，是企业总体的、最高层次的战略。它是企业最高管理层指导和控制企业一切行动的最高行动纲领。公司战略侧重回答以下问题：一是公司整体的发展方向和态势如何？二是从公司全局出发，根据外部环境的变化以及企业内部条件，选择企业所从事的经营范围和领域，即回答这样的问题：企业的业务是什么？企业未来发展的主业是什么？企业应当拥有何种事业（在组织结构中我们用事业部表示）组合？各事业部在企业中具有何种地位？这些事业部应该具有哪些竞争优势？哪些事业部将得到优先发展？哪些事业部将逐步淘汰？三是在确定所从事的业务后，要在各项事业部之间进行资源配置，以实现公司整体的战略意图。这个层次的战略由组织的最高管理层主持制定。

2．事业部战略

事业部战略（business level strategy）也称业务层次战略，它处于战略结构中的第二个层次。它是在企业总体战略的指导下，为实现企业总体目标服务的，以经营领域某一业务为计划对象的战略，包括竞争战略和合作

战略。所涉及的决策问题是在选定的业务范围内或在选定的市场—产品区域内，事业部应该在什么样的基础上来竞争与合作，以取得超过竞争对手的优势。具体寻求回答以下问题：在规定的事业部领域，主要竞争对手是谁？该领域有哪些独特的竞争方法和合作的方法？应该如何开展竞争与合作？

各个事业部按照自身的能力和竞争需要开发自身的战略，但必须与企业总体的能力和需求相一致。这个层次的战略一般由事业单位管理者制定，由组织最高管理层审查批准。它与公司战略最大区别在于，公司层次战略要从整体上统筹规划多个事业部的选择、发展、维持或放弃，而事业部战略只是就本事业部所从事的业务来规划如何进行竞争与合作。对于只经营一种产品或服务的小型公司，或者不从事多元化经营的大中型公司，它的公司战略和事业部战略往往是合二为一的。

3. 职能战略

职能战略（functions level strategy）也称职能层次战略，是由职能部门制定的短期目标和规划，目的是实现公司层次和业务层次的战略计划。职能战略包括生产经营中各主要职能领域的战略，如生产与运作战略、营销战略、研究与开发战略、财务战略、人力资源与开发战略、信息化战略等。主要寻求回答这样的问题：如何从职能的角度，支持公司战略和事业部战略？如何正确开展本职能工作，保持与公司整体发展的一致。如果公司战略与事业部战略强调“做正确的事”的话，职能战略则强调“正确地做事”或“把正确的事做好”。由于职能战略通常有短期的、局部的、可量化的和操作性强等特点，如生产与运作战略中，确定生产规模、生产能力、生产方式、设定质量目标等可以量化的指标，有时称为“策略”可能更准确。

应当指出，公司层次战略、业务层次战略和职能层次战略之间必须保持高度的统一与协调，每一层次的战略构成下一层次的战略环境，同时低一层次的战略为高一层次战略目标的实现提供保障和支持。

第二节 战略性计划的制定

一、战略制定过程概述

战略制定是组织的决策机构集合各方面的力量，按照一定的步骤和方法，在进行内外条件分析的基础上，为组织选择适宜的战略方案的过程。简单地说就是在战略分析的基础上，做出选择某一特定战略方案的决策。决策的内容主要围绕在较长的一段时期内，组织总体上应该做什么和如何做的问题。要回答这两个问题必须进行战略分析，它包括外部环境分析和内部条件分析。通过外部环境分析，明确外部环境给予组织的机会与威胁，从而回答公司“可能做什么”（实质上是“外部环境”的“机会”允许组织做什么）；通过内部条件分析，明确组织的长处与不足，从而回答组织“能够做什么”或“擅长做什么”。这两者的交集就是组织“应该做什么”。

（一）战略制定的步骤

一般来说，制定战略的过程主要包括以下五个相互联系的步骤：

1．根据组织的使命确定目标

根据组织的使命，确定面向未来一段时期的较具体的目标和远景目标，这是制定战略首要的一步，因为，只有目标确定了，才有可能考虑实现目标的战略问题。目标的制定总是受到各种环境因素的制约，不同的价值观念又将对目标采取不同的衡量标准，将极大地影响目标的制定以至整个计划过程。

2．分析组织现行的战略

这一步主要是分析组织的现行战略、组织的使命和目标是否一致。如果不一致，或者组织的使命和目标采用现行战略无法达到，就应当考虑战略的变革和战略转移问题。对于新开办的企业或组织而言，一般没有此步骤。

3．外部环境分析

组织外部环境包括一般环境和任务环境。一般环境也称宏观环境，包

括政治法律环境、社会文化环境、经济环境、技术环境、自然环境等，它们对组织目标完成的影响是间接的。任务环境，又称行业环境或特殊环境，包括现有的和潜在的同业竞争者、供应商、顾客、替代品、政府管理部门以及其他利益相关者（如互补品）等，它们对组织目标完成的影响是直接的。外部环境分析的目的，是要分析一般环境的变化对组织的间接影响，以及任务环境的变化对组织的直接影响，从而发现组织发展的机会和存在的威胁。本质上是要明确“公司可能做什么”或外部环境“允许公司做什么”。

企业时刻处在复杂多变的外部环境中，外部环境的任何变化会对所有企业的生产经营活动产生或大或小的影响。外部环境是企业经营管理者无法控制的，只能充分把握外部环境变化及发展趋势，对其进行分析，筛选出那些可以使企业受益的机会与应当回避的威胁，结合企业自身的资源与能力，采取适当措施，以利用机会、回避威胁或减轻威胁对企业的影响。

4. 组织内部资源分析

组织内部资源分析也称内部条件分析，分析的目的是要知道自己拥有什么资源和优势？能做什么？能做好什么？也就是识别自己的长处和短处，以便扬长避短。

资源是指企业生产经营的投入，包括有形资源和无形资源。有形资源是指可见的、能量化的资源，一般包括生产设备、原材料、计算机系统、厂房、运输设备等。无形资源是指那些根植于企业的历史、长期积累下来的无形的、不宜量化的资产，一般包括品牌、商誉、组织文化、技术、专利、商标以及累积的组织经验等。由于它们是以一种独特的方式存在，所以不易被竞争对手了解和模仿。

一个组织拥有优质的资源，还要懂得运用。合理配置和有效运用资源就形成和体现企业的能力，在此基础上，企业发展出核心能力或竞争优势。企业核心能力是指具有价值优越性、稀有性、难以模仿性和不易替代性的企业能力。在新经济条件下，传统的诸如劳动力成本、原材料获取、价格，虽然仍然是竞争优势的来源，但其重要程度已开始下降。深入研究企业内部的资源和能力，识别企业新的竞争优势来源，显得更加重要。

通过对企业拥有的资源、能力和核心能力的分析，本质上是明确“公司能够做什么”，以便与上一环节结合起来就可回答“公司应该做什么”。

5. 战略的设计与选定

战略的设计与选定实质上就是战略决策过程，是在了解公司战略与事

业部战略的基础上，利用内外环境因素对战略进行匹配、评价及选择的过程。一个企业可能会制订出多种实现战略目标的战略方案，这就需要对每种方案进行鉴别和评价，以选择出适合企业自身发展的方案。

这一阶段的工作主要包括两个方面的内容：

一是战略方案的产生。战略的制定者应该根据企业的内外环境，并结合本企业的使命与目标，拟订多种可行性方案。

二是战略方案的评价与选定。战略的制定者运用战略评价或选择的方法与工具，对可行性战略方案进行评价与选择，制定出相对合适的企业战略。在评价与选择可行性方案时，战略制定者要考虑以下两方面的问题。

（1）该方案能否被利益相关者接受。企业战略的选择与实施的最终目标是为了与利益相关者创造最大化的价值，只有创造价值的战略方案才能被他们接受。

（2）该方案是否利用了环境提供的机会，削弱了威胁；是否发挥了企业的优势，克服了劣势。

通过外部环境和企业拥有的资源分析，结合组织的强项和弱项以及组织所面临的机会和威胁，从而制定出组织的发展战略与竞争战略。

（二）战略制定的模式

1. 自上而下的模式

在实行集权制的企业中，采用这种模式的企业一般先由总部的高层管理人员制定整个企业的战略；然后，各部门再根据自己的实际情况以及总部的要求来发展这一战略。在实行分权制的企业中，一般由公司管理层给各个事业部提出制定战略的指导原则，要求他们制定详细的事业部分战略；总部在对这些分战略进行检查和修改后，将它们反馈给各事业部去执行。如果各个事业部的分战略加总起来不能够达到公司制定的目标，则在公司一级制定筹资、购并、出让等公司战略。

2. 自下而上模式

企业采取这种模式时，高层管理人员对事业部不给出具体指导原则，而要求各个事业部提交自己的战略。企业总部需要的信息有：主要的机会与威胁；主要的目标；实现目标的战略，关于销售额、利润额、所要达到的市场占有率以及资金需求等数据；一定时期所需要员工数量等。在各个事业部递交战略计划后，企业高层管理人员对此加以审核与平衡，然后给予确认。

3. 上下结合的模式

上下结合是指在制定战略的过程中，不仅总部和各个事业部的直线管理人员经常联系和对话，而且总部和各个事业部的职能管理人员也参与战略制定活动。一般的做法是企业高层管理人员对各个事业部提出指导原则，但这些指导原则是粗线条的，各个事业部在制定各自的战略计划时有很大的自由度和灵活性。有时高层管理人员甚至与各个事业部经理们的对话中确定出企业的基本目标和战略。通常，企业总部与各个事业部的参谋人员一起讨论战略计划的变化，以及计划过程中所使用的数据等，并向经理人员推荐适当的战略。上下结合模式多为大型的分权制企业所采用，其最大的特点是可以产生较好的协调效果。从而，企业可以用较少的时间和精力形成更具创造性的战略。

4. 小组计划模式

这种模式是领导层建立规划部门或小组，规划部门或小组定期地讨论和处理企业所面临的问题。这个小组的工作内容与成员构成具有很大的灵活性，可以因企业所遇到的问题的不同而采取不同的措施。一般来说，小型的集权制企业多乐于采用这种模式，有的大型集权制企业也可能采用这种模式。

5. 内外结合模式

这种模式的战略主要是在委托负责、守信、权威的咨询机构制定基础上，高层管理人员结合企业实际情况予以调整与平衡，最终确定战略。当然这里所说的负责、守信、权威是必要的条件，可能还会有更多的条件，如果咨询机构不具备这些必要的条件，那么对企业来说是非常危险的。

在实际战略制定的过程中，这五种模式有时是相互结合在一起来操作的。

二、公司层战略的制定

对公司层的战略来说，首先要考虑公司“是什么和干什么”，即企业的资源投入哪些行业、经营哪些业务，以及下属各经营业务单位应发挥怎样的作用，明确公司“在哪些业务领域与对手竞争”，这属于战略定位的内容。其次，要考虑“如何干”，它包括两个层面的内容：第一，各经营业务单位按何种发展态势或选择哪种途径来发展。第二，在所在领域如何与竞争对手进行竞争。第二个层面的内容在事业层战略的制定中讨论。

（一）战略定位

科学的战略定位，要考虑企业的外部环境和自身的资源和能力特点。外部机遇与企业的自身优势的有效组合，是进行战略定位的基点。战略定位的准确与否，关乎企业经营的成败。战略定位主要包括以下四个方面的内容。

1. 行业定位

在制定战略时，企业准备进入什么样的行业，在行业中扮演什么样的角色，是企业战略定位必须考虑的问题。美国战略学家迈克尔·波特认为，一个企业选择进入什么样的行业，对于其经营业绩起着重要的作用。一般来说，进入一个机会多、盈利空间大或有吸引力的行业，企业经营成功的可能性就会增大。而影响行业竞争强度和最终利润率高低的因素包括五种竞争力量，具体是同业竞争者的威胁、购买者的讨价还价能力、供应商的讨价还价能力、替代品的威胁、潜在的入侵者的威胁。在波特的分析框架中，五种竞争力量强被视为威胁，因为它会挤压公司利润；而五种竞争力量弱则被视为机会，因为公司可以获得更多的利润。因此，战略制定者需要认清五种竞争力量的强弱变化如何给企业形成机会和威胁，并为自己在行业竞争中选择合适的位置。

2. 目标客户定位

目标客户的定位就是根据自己拥有的资源和能力确定为哪些客户提供服务。企业要在市场细分的基础上，具体选择和确定自己的目标顾客。要确定自己的目标顾客是哪些人，他们的需求以及喜欢满足需求的方式。

3. 业务范围及产品定位

业务范围定位，主要是指企业确定其从事经营活动及提供的产品和服务类型范围。企业在确定目标顾客后，要根据顾客的需求和满足需求的方式对自己的产品进行设计，根据自己的能力水平确定自己的经营活动范围和方式。

4. 价值链定位

企业在确定了自己所要进入的行业和扮演的角色以后，还需要确定自己在整个价值链的哪个环节上从事经营活动。在现代市场经济中，社会分工呈现专业化的趋势，任何企业都很难包揽所有的经营活动。企业必须选择那些适合自身能力特点或具有比较优势，盈利水平高的价值链环节作为自己的经营活动领域。

（二）公司层战略的类型

根据企业与环境的适应性以及企业成长或发展态势，可将公司战略分为：发展型战略、稳定发展型战略和防御型战略。

1. 发展型战略

发展型战略也称成长型战略，是指企业为了谋求更大的发展速度和发展规模，扩展公司的经营活动，对产品、市场等方面采取进攻手段，以企业的快速发展为宗旨的一种战略形态。

企业成长就是从市场份额、盈利、资本以及组织整合等方面的小规模低水平向大规模高水平不断扩大的过程。追求成长是企业经营永恒的主题，也是企业在激烈竞争环境中谋求生存与发展的手段。企业追求成长的途径有多种，一般包括密集性成长战略、横向一体化战略、纵向一体化战略和多元化战略。

（1）密集性成长战略。密集性成长战略，也称专业化的集中经营战略或产品—市场战略，是指企业把其资源集中于运用某类技术、生产某类产品并推向某个或几个细分市场，依靠企业内部增加企业的销售规模、生产能力或员工人数来谋求公司的快速成长。它包括市场渗透战略、市场开发战略和产品开发战略三种具体战略形式。

市场渗透战略，是指企业通过更大的营销努力，提高其产品或服务在原有目标市场上的份额，扩大产销量以及生产经营规模，从而实现企业快速成长的目标。其具体做法包括：增加销售人员，增加广告投入，采取广泛的促销手段，加强公关宣传努力等。

市场开发战略，是指企业将现有产品或服务打入新的地区市场或开发新的用户群体，通过扩大市场覆盖面来得到更多的顾客，从而扩大产销量以及生产经营规模，实现企业快速成长的目标。其具体做法包括：开拓新的地区市场；进入新的细分市场；寻找新的用户群。日本松下公司曾将其国内已饱和的黑白电视机和老型号彩色电视机推向国外市场，维持其增长速度，就是市场开发的例子。开发新的市场如果超越了国界，就演变成为国际化经营战略，关于国际化经营战略的相关内容，大家可以在“企业战略管理”课程学习中进行研究。

产品开发战略，是指企业通过改进和改变技术，开发更新、更优的产品来增加产品的销售，从而获取更高的市场份额，谋求企业快速增长。海信电器在21世纪初，看准当时国内高质低价的大屏幕液晶电视是市场空白，本土品牌尚未大规模开发，国外品牌的价格较高，大众消费者无法接受，一时难以普及。海信电器就及时研究开发，改进技术，乘虚而入，迅速占领市场，使其资产规模快速成长。

采取以上战略，相对多元化战略而言，在发展中需要追加的资源相对的较少，相应的风险也较少，业务的高度集中带来了管理上的方便，也有利于核心能力的培育，经营效果也易于评价。

（2）横向一体化战略。横向一体化战略，是指通过在同一产业内，兼并竞争对手来扩大规模，实现快速成长。

（3）纵向一体化战略。纵向一体化战略，是指通过上游（后向）或下游（前向）一体化来扩大规模，实现快速成长。如近年在我国钢铁行业，不断有宝钢、武钢等钢铁企业并购国外的矿山资源。这就是在实施后向一体化战略。

（4）多元化战略。多元化战略，是指从事扩展与原经营业务有关或无关的业务的一种战略形态，包括相关多元化与无关多元化战略。相关多元化战略是指进入同企业原有业务相关的业务领域，达到快速增长的目的的一种多元化战略。如青岛海尔在1984—1991年间，只生产经营电冰箱，此时，公司实施的是专业化的集中经营战略，但在1992年开始，陆续生产经营冰柜、空调和洗衣机等白色家电产品，就是实施了相关多元化。无关多元化战略是指企业新进入的业务领域与原有业务领域无关联的一种多元化战略。如春兰集团在1995年选择摩托车作为切入点进入自动车领域，就与其1995年前的家电主业无关，它实施的就是无关多元化战略。实践证明，采用相关多元化战略成功的概率高于无关多元化战略。

2. 稳定发展型战略

稳定发展型战略，是指企业遵循与过去相同的战略目标，保持一贯的成长速度，同时不改变基本的产品或经营范围。它是对产品、市场等方面采取以守为攻，以安全经营为宗旨，不冒较大风险的一种战略形态。这种战略形态一般在以下两种情况下使用：一是在企业的业绩令人满意且内外环境又稳定不变时；二是企业没有能力抓住外部环境提供的机会时。

3. 防御型战略

防御型战略，也称为收缩型战略，是指企业在目前的战略经营领域和基础水平上，通过缩小经营规模、剥离部分业务或对企业进行重组，采用抽资转向或撤退等防御手段的一种战略形态。其宗旨是实现业务组合的调整，或是在十分不利的内外环境下，缩减经营规模或退出某些业务领域，以规避可能面临的风险。

（三）公司层战略的选择

公司战略的选择是同内外环境紧密相关的，战略选择重点在于战略匹配。战略匹配就是将企业的内部优势、劣势与外部环境的机会、威胁进行匹配，为获得备选战略提供基础，最简单的是一对一匹配，而实际上，外部因素与内部因素关系复杂，通常都是多重匹配。表 7－1 SWOT 矩阵是两者匹配关系的描述，它指出了不同内外环境下相应的战略选择。

表 7－1　SWOT 矩阵

内部因素 / 外部因素	内部强项（S）	内部弱项（W）
外部机会（O）	SO 战略	WO 战略
外部威胁（T）	ST 战略	WT 战略

SWOT 矩阵主要用于对企业的外部环境和资源分析，也可用于企业战略的选择。SWOT 是英文“Strengths”（强项）、“Weaknesses”（弱项）、“Opportunities”（机会）、“Threats”（威胁）四个词的首个字母缩拼词。根据环境和资源分析，SWOT 矩阵可制定出相应的 SO、WO、ST、WT 四种可供选择的战略。

SO 战略是运用组织的强项去利用环境中的机会。对组织来说，这是比较理想的局面。战略形态是发展型战略。

WO 战略是克服企业内部的弱项利用环境的机会。战略形态是稳定发展型战略。

ST 战略是利用企业的强项去克服或避开环境的威胁。换句话说，是企业的强势扩大到最大限度，使环境中的威胁减少到最低限度。战略形态是稳定发展型战略。

WT 战略是把弱势和威胁都减至最小，通常企业只好紧缩开支、实行清理等。战略形态是收缩型战略。

（四）公司的战略组合

对于从事单一业务类型的企业的发展，可以用密集性成长战略中的三种具体形式和一体化战略来应对。而对于一个从事多元化经营的公司，战略制定往往面临各种经营业务如何组合，各自的发展态势如何确定，资源在各事业领域如何调配的问题。具体选择的方法很多，这里主要介绍两种常用的方法。

1. 市场增长—市场份额矩阵（波士顿矩阵）

市场增长—市场份额矩阵也称企业资产组合矩阵（business portfolio matrix)，是制定公司战略的一种常用工具。它是由美国波士顿咨询集团（Boston Consulting Group，BCG）1970 年开发出来的。这一矩阵是以某业务产品的市场销售增长率为纵轴，以企业产品的相对市场占有率为横轴。纵横轴中间各以特定的比率为标准划分为高低两种极端状态，形成四个象限，每一个象限都代表不同业务的市场前景和相对市场地位的具体组合。这二维指标的组合也部分反映了企业所处内外条件的具体情景，如图 7 - 2 所示。

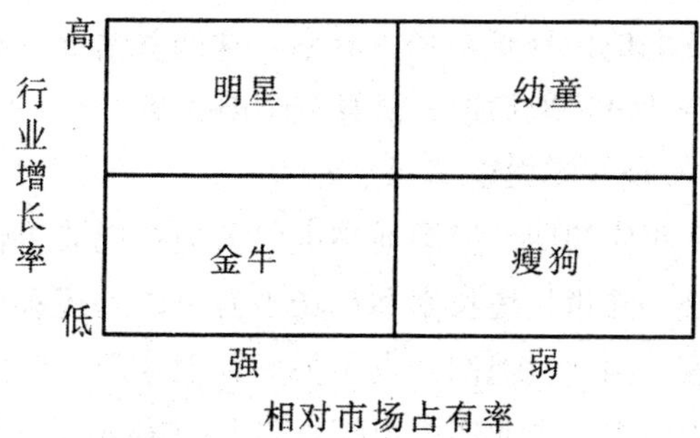

图 7 - 2　市场增长—市场份额矩阵

一个经营多种业务的企业可以将所经营的各种业务在矩阵中进行定位，其目的在于根据各种业务的地位来明确发展方向和资源分配，对处于不同地位的业务采取不同的发展战略。每种组合或每一象限的特点及可运用的战略如下：

(1) 幼童（baby)。这个象限的业务处在市场迅速增长而且具有吸引力（高市场成长率)，与企业没有在这个市场上占有领先地位（低市场占有率）的组合。这个象限的业务被称为幼童业务。企业可在其中选出一部分能成功地提高到领先地位的业务，采用发展或扩张型战略，增大投资，使业务向“明星”业务方向发展；对另一些企业认为没有潜力或无力推进的业务，可以选择放弃、撤退等防御型战略。

(2) 明星（stars)。这个象限的业务是具有高度吸引力（高市场成长

率)，企业又具有强大的实力地位（高市场占有率）这两种情况的组合。这个象限的业务被称为明星业务。一方面，由于需求的高增长，要求企业产能也需高增长与之匹配，相应要求资金的高投入，另一方面，销售的高增长，使得资金能够大量回收，但两者相抵，资金净流入有限。企业可选择追加投资、改进产品、提高生产效率等发展型战略来巩固企业竞争的地位。

(3) 金牛（cash cows)。这个象限的业务是企业资金的主要来源。这些业务具有强大的实力（高市场占有率)，但又处在一个走向成熟或饱和市场（低市场成长率）的趋势，这个象限的业务被称为金牛业务。它回收的资金大于再投资的需要，这可用以支持其他业务的发展。企业的战略应集中在维持市场的优越地位，保持稳定发展，以便持续获得大量的现金流。

(4) 瘦狗（dogs)。这个象限的业务是没有吸引力（低市场成长率)，企业在市场上处于软弱地位（低市场占有率）这两种情况的组合。这些业务一般已不盈利，企业可采取撤退、清算等防御战略。

2. 行业吸引力—企业实力矩阵

早在20世纪70年代初期，美国通用电气公司在把波士顿矩阵应用于公司战略制定时发现，除市场增长率和市场占有率以外还有许多在分析中不容忽视的重要因素。因此，他们开发了另一种现今广泛应用于战略组合制定的方法：行业吸引力—企业实力矩阵。图7-3显示了这种矩阵及各种战略组合。

图中行业吸引力取决于外部环境因素，即与各业务有关的不可控的外部因素，诸如市场容量、市场增长率、行业竞争结构、行业盈利能力等因素。企业的实力取决于内部的可控因素，诸如市场占有率、制造和营销能力、研究开发能力、财力、质量、管理素质，等等。两者都需要识别哪些是关键的因素，对之进行分析和评价。图7-3把行业吸引力和企业实力各分为高、中、低三个等级，形成九个区域，将企业经营的各种业务定位在各个区域内，并相应制定处于各个区域内的战略，如图7-3中所示。

吸引力—实力矩阵主要用于企业为所经营的各种业务制定恰当的投资决策，形成相应的战略组合。吸引力—实力矩阵与增长率—占有率矩阵相比，其主要优点是包括了与战略规划有关的诸种因素，避免了后者只包括市场增长率和市场占有率二个因素所可能带来的片面性。但也正因为含诸多因素，形成了在衡量上的复杂性，因而给企业各种业务在矩阵中的定位

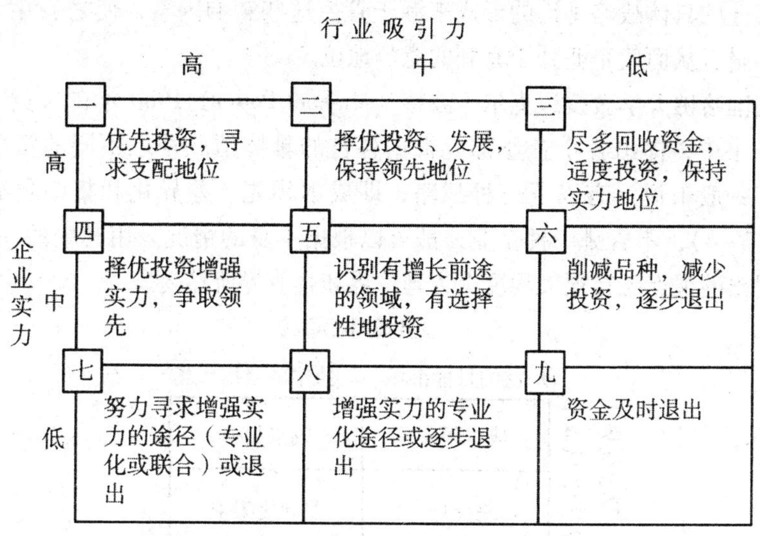

图7-3 行业吸引力—企业实力矩阵及相应的战略

带有一定的模糊性。

公司层战略制定还有其他的方法，每种方法都有其优、缺点。企业在进行战略制定时往往需要多种方法结合起来运用。

三、事业层战略的制定

事业层战略是关于组织中各个业务经营单位如何进行竞争与合作的战略。拟定事业层的战略要着眼于建立竞争优势。竞争优势是指企业通过活动领域和资源配置模式的确定，在市场中形成的优于竞争对手的竞争地位，这是相对竞争对手而言，服务顾客的能力有明显的过人之处。竞争优势大多表现在产品优势或资源配置优势，最终表现在产品的性能、质量与可靠性、交货期、售后服务、客户响应、产品的价格、卓越的效率等方面。要在以上诸方面形成竞争优势，主要可以通过成本领先或差异化两种路径去实现。

一个专业化、集中经营的企业或者一个多元化经营企业的一个战略经营单位所经营的业务，都是处于某一个行业之中的。它处在同业竞争者、购买者、供应商、替代品的经营者、潜在的人侵者多方面的竞争压力之下。要在这多种竞争力量的压力下维护本身的利益，求得生存和发展，就需要采取相应的竞争战略。五种竞争力量的强弱，受不同影响因素的影响。企业的具体战略举措的形成来源于管控这些影响因素，使之弱化五种竞争力量，从而使企业处于有利的竞争地位。

美国哈佛大学教授迈克尔·波特（Michael Porter）1980年在《竞争战略》一书中，提出各个企业都应根据各自的具体情况采取不同的竞争战略。但一般来说，有以下三种战略，即成本领先、差异化和集中化战略（如图7-4），不管哪一种企业，都可以根据本身的情况采用其中的一种。他所提出的观点已在很大程度上为理论界和企业界所接受。

企业的目标市场

竞争优势	广泛的目标市场	狭窄的目标市场
低成本	成本领先	成本集中
差异化	差异化	差异化集中

图7-4　波特的竞争战略

资料来源：（美）迈克尔·波特．竞争优势．陈小悦，译．北京：华夏出版社，1997：11.

1．成本领先战略（成本挂帅战略）

成本领先战略是指通过设计一整套行动，与竞争对手相比，以最低的生产成本来提供为顾客所接受的产品或服务。其指导思想是要在较长时期内在价值链的各个环节上，使得企业产品的成本保持在同行业的领先水平。其理论基础有两个：一是规模经济效应，即单位产品成本随生产规模增大而下降；二是学习曲线效应，即单位产品成本随企业累计产量增加而下降。

保持成本领先地位能使企业在价格相仿的条件下享有本行业平均水平以上的利润，从而在同行竞争中处于有利地位，并且在与用户和供应者作交易时握有主动权。低成本也意味着提高进入壁垒，抑制新进入者进入本行业，相对于替代产品增强了竞争优势。

采取成本领先战略要求具有高效的生产设施，对费用开支的严格控制，紧缩销售、广告等费用以至研究开发的支出。只有产量达到一定规模时才会有较低成本，因而要求有一个较高的市场占有率。实行这种战略往往一开始就需有较大的投资。当然，一旦取得这种领先地位，其好处是明显的。

2. 差异化战略（特色经营战略）

差异化战略是使企业所经营的产品或服务具有与众不同的特色。它可以表现在产品的设计、性能、质量、售后服务、销售方式等的某个方面或某些方面。具有经营特色同样能使企业在竞争中处于有利地位。由于博得了一部分用户的信任，同行业的现有企业、新进入者和替代品都很难在这个特定领域内与之相抗衡。用户由于缺少选择余地，相应削弱了其竞争压力。特色产品（服务）往往有较高的利润率，这使企业在与供应商交易中掌握主动权。

采用差异化战略往往要以成本提高为代价，因为它要求增加设计和研究开发费用，要用高档的原材料，要加强广告宣传，等等。特色产品或特色服务往往价格较高，它很难拥有很大的销量。这在选择战略时必须加以全面地衡量。必须注意的是，差异化战略并不意味着可以忽略成本控制，不过此时成本不是企业关注的首要战略目标。

3. 集中化战略（重点市场战略）

集中化战略是把自己的产品或服务重点放在某一地区或某一些特殊的顾客需求的满足方面，即把力量集中于为某些特定的用户服务或重点经营产品品种中的特定部分或市场中的特定层面。它是成本领先战略或差异化战略在市场的某一部分的运用。前两种是寻求全行业范围内的成本领先或经营特色，而这种战略是寻求在某专业市场或对特定对象的良好服务，它可以通过降低成本，也可以通过具有某种特色来形成比较优势。其最大特点体现在“集中优势兵力打歼灭战”。这种战略的成功运用，同样可使企业在竞争中处于有利地位。例如有些生产机电产品的企业为某些特定行业的技术改造服务，提供高效的专用设备，为自己开辟了特定的市场；再如某些企业虽然在产品质量、性能上并不具有优势，但他们加强了对某些特定用户的售后服务，提供零配件及维修等方便，从而牢固地抓住了一批用户。

对现代管理者来说，没有一种战略模式是“普遍适用”或“最好”的模式，每种竞争战略都有其可取之处和缺点。管理者应结合本身的具体情况选取适用的战略。需要注意的是，任何一种竞争战略的成功实现都不是轻而易举的，需投入可观的资源，应当全力以赴。为此需经过审慎的研究再作出决定，千万不要把资源分散使用，试图在各个方面（如成本、特色等）都建立优势，而结果却陷入任何一方面都难以形成明显优势的中间状

态的被动局面。

至于职能战略的选择与制定，大家可以在今后相关职能管理课程的学习中，进一步去学习与研究。

本章要点

(1) 战略性计划是计划的重要表现形式，是组织的基本计划，是其他一切职能计划的制定依据。战略性计划决定了组织整体的发展目标、发展路径、重点工作和资源配置等，其准确与否，事关组织的生存与发展。制定战略性计划需要正确地把握组织目标和内外条件，合理选择相关战略及其具体形态，并加以认真实施和落实。

(2) 战略是组织着眼于未来，根据其外部环境的变化和内部资源条件，为获得持久竞争优势以求得组织生存和长远发展而进行的总体性谋划。战略具有全局性、长远性、指导性、竞争性、风险性、相对稳定性和适应性等特征。

(3) 战略的作用体现在：战略有利于组织明确发展方向和发展目标、有利于合理配置组织资源、有利于组织获取竞争优势，是为实现组织目标动态平衡内外条件的有力工具。

(4) 战略的层次包括组织总体战略（企业称为公司层次战略）、事业层次战略和职能层次战略，不同层次的战略所解决的问题不同。

(5) 制定战略的过程主要包括五个相互联系的步骤：①根据组织的使命确定目标；②分析组织现行的战略；③进行环境分析；④组织内部资源分析；⑤战略的设计与选定。战略制定的模式有：自上而下的模式、自下而上模式、上下结合的模式、小组计划模式和内外结合模式等。

(6) 公司层战略，根据企业与环境的适应性以及企业成长或发展态势，可分为发展型战略、稳定发展型战略和防御型战略。发展型战略又分为密集性成长战略、横向一体化战略、纵向一体化战略和多元化战略。其中，密集性成长战略包括市场渗透战略、市场开发战略和产品开发战略三种战略形式。多元化战略又包括相关多元化和无关多元化两种战略形式。稳定发展型战略，是指企业遵循与过去相同的战略目标，保持一贯的成长速度，同时不改变基本的产品或经营范围。它是一种以守为攻，以安全经营为宗旨，不冒较大风险的一种战略形态。防御型战略（收缩战略），是指企业从目前的战略经营领域和基础水平上，通过缩小经营规模、剥离部

分业务或对企业进行重组，采用抽资转向或撤退等防御手段的一种战略形态。

(7) 战略制定要做好战略定位，具体包括行业定位、目标客户定位、业务范围及产品定位和价值链定位等。

(8) 公司战略的选择与制定是同内外环境紧密相关的，战略选择与制定的重点在于战略匹配，战略分析与匹配工具常用的有SWOT矩阵、市场—产品组合矩阵、波士顿矩阵和行业吸引力—企业实力矩阵。

(9) 事业层战略是组织中各个业务经营单位如何进行竞争与合作的战略。拟定事业层的战略要着眼于建立竞争优势。波特提出的成本领先、差异化和集中化战略，对事业层战略的制定有重要指导意义。

思考题

1. 如何理解战略？它有什么特性？
2. 战略包括哪些层次？各有什么作用？
3. 战略制定的基本步骤如何？
4. 公司层次战略主要有哪些类型？它们分别在哪些情况下适合使用？
5. 一般竞争战略包括哪些类型？各自的优缺点和适用条件如何？

实践练习

利用网络资源，对你所偏好的行业或企业进行SWOT分析。

案例应用

MK集团的发展问题

1996年初，MK集团召开由高层管理人员参加的经营工作会议，会上，集团总裁胡先生拿着上一年度的财务报告，心潮起伏，感慨万千，与会者个个神情严肃，心情沉重。

MK公司集团创建于1988年，主要从事服装生产与经营，迄今已走过了三个发展阶段：

1988—1990年，创业阶段，创业者以低利润培育了市场，取得了成功。

1991—1992年，发展阶段。集团自有资本实力不断扩大。

1993—1995年，多元化发展阶段。在“多元支撑”的战略思想指导下，集团先后从事过24个不同行业的经营。如房地产、广告、石油、酒店、电脑、医药等不相关的产业，但这些经营不仅未给集团带来新的发展，还引起了程度不同的亏损，再加上集团服装主业市场竞争日趋激烈，致使MK集团的销售和利润出现了逐渐下滑的态势。

面对这种情况，胡总裁主持召开了集团经营工作会议。在胡总裁作了为什么开这样一个会议的介绍后，某管理学院的梁教授作为集团聘请的高级顾问，首先发言指出："集团的问题就出在发展战略上，从1993年开始的两年间，面对销售上升无力、利润持平的情况，集团没有从产品的深度和广度开发着手，努力寻找新的增长机会。而是认定集团现有产品的市场潜力有问题，结果挡不住其他行业发展的诱惑，走上了无关多元化发展的道路，在短短的三年时间里，集团一哄而上搞了20多个新项目，几乎没有一个是盈利的，严重分散了集团的实力与精力，致使主业产品失守。当务之急是制定正确的发展战略，进行集团业务调整，优胜劣汰，不熟不做。"

听了梁教授的一席话，与会者有的点头称是，有的陷入沉思，但也有的不以为然。

MK集团的创业者之一常务副总经理钱先生说："事实上，对服装行业今天的激烈竞争格局，集团早在1992年底就已经预见到了，也正是因此才提出'多元支撑'的战略思路，以求东方不亮西方亮，减少集团经营的风险。更何况这些多元化经营也并没有全部失败，如集团开展的广告和电脑业务，目前就是赢利的嘛。至于出现亏损的多元化业务，主要还是受国家宏观政策调整的影响，1992年邓小平的'南方讲话'后，激发了全国的投资热。这两年为了给经济过热降温，国家实行了紧缩政策，各行业都受到影响，概莫能外啊。"

接着，集团主管市场营销的董副总经理也发了言，他认为："从市场营销的角度看，集团创业的成功是建立在市场营销与技术开发结合的基础上的，最近两年集团经营已偏离了这一方向。首先，对主业的定义过于狭窄，仅仅选取了服装行业的一个很窄的市场面，从而限制产品的多样化、系列化与更新换代，这使集团经营如履薄冰，面临风险。事实上，人的一生和一身都有服装的需要，这是一个广阔而潜力巨大的行业。其次，对市场策划和开拓的重视程度下降。建厂伊始，购进设备之后，就将大量资金用于营销策划和市场开拓。可许多新投入的项目却与这一做法不同，而是先买地盖房，再买机器，最后才想市场开拓，如化装品项目，厂房面积

大，设备一流，但产品生产一年多了，却不知用什么牌子，卖给谁，怎样卖。第三，创新精神弱化，集团开发的第一个产品是成功的，而以后开发的产品似乎一代不如一代。所以，我认为不论制定怎样的新战略，一定要坚持以营销为导向。”

董副总经理发言后，大家议论纷纷，踊跃发言，陈述自己的见解，其中很多人都对董副总经理的观点表示赞同，最后，集团胡总裁作了总结：“今天的会议，大家能够畅所欲言，发表意见，很有意义，集团将在进一步集思广益的基础上，调整经营战略，就回归主业以求专精发展还是全面开拓以求多元化发展作出最终决定。1996 年将是集团调整战略，重创辉煌的一年，愿大家同舟共济。”

问题

1. MK 集团召开这次经营工作会议所讨论的问题是属于什么层面的问题？

2. 进行公司战略调整大概要经过哪几个步骤？这次会议处于哪一步？

3. 梁教授、钱副总经理和董副总经理三人，对公司的销售和利润出现逐渐下滑严重情况的原因，分别从哪几个角度作了分析？

4. MK 集团在确定及调整企业战略时，管理者需要考虑多方面因素的作用，这些因素包括哪几方面的？试归类一下。

5. MK 集团发展过程中，在经营策略上经历一个怎样的转变？你如何评价该集团这一策略的转变？

6. MK 集团调整企业战略属于哪一个层次的战略？有哪些理论可供借用？该集团是否运用了这些理论？

第八章

组织设计

学习目的

学习本章，你应能够：

(1) 理解组织工作和组织结构的内容。

(2) 掌握组织的部门化方法、管理幅度与组织的层级化。

(3) 理解直线权、参谋权和职能权的含义以及它们之间的关系。

(4) 理解集权、分权的含义及影响分权的因素。

(5) 理解组织设计的任务、原则及其影响因素。

(6) 掌握常见的组织结构形式。

(7) 运用本章有关理论对现实中的组织进行组织设计。

前面，我们学习和讨论了计划职能。为了有效地实施计划，必须根据工作的任务要求和人员的特点，进行组织设计：设计岗位，划分部门、配备人员、明确职责和权限关系，形成一个有机的组织结构，使信息、资源和任务在组织内顺畅流动，使整个组织协调、高效地运转。这就是管理的组织职能。本章先分析组织的结构，然后探讨组织的职权关系，最后，对常见的组织结构形式作综合性的考察。

第一节 组织结构

一、组织工作与组织结构

（一）组织工作的内容

组织工作，是指为有效实现目标，建立组织结构，配备人员，并使组

织协调运行的一系列活动。

组织工作是一个过程。设计、建立并维持一种科学的、合理的组织结构，基本上就是管理人员的组织工作的主要内容。具体包括以下六方面的工作：

1. 明确组织目标，划分业务工作或活动

组织工作的第一步是明确组织的总体目标，并将其进行层层分解，分析为实现总体目标和具体目标需要哪些基本的业务工作或活动，并将相同或相似工作进行归类。

2. 进行工作设计和部门划分

组织工作的第二步是根据目标和实现目标的各项任务和活动，进行工作设计和部门的划分。再将组织的各类业务活动分配给不同的岗位和部门。

3. 配备人员

管理者在进行工作设计和部门划分之后，第三步就是根据组织结构和职位的需要给各个职位配备人员。

4. 授予执行有关各项业务工作或活动的各类人员以职权和职责

组织工作的第四步是将进行业务工作或活动所必需的职权授予各类人员。对部门主管来说，则是决定应当授予下属多大职权才能使其完成任务。同时，要明确各类人员的职责。

5. 协调配合

组织工作的第五步是规定组织结构中的纵向和横向的相互配合关系。管理者不仅需要确定每个部门或每个人的业务活动，还需要将各个部门和各个人的业务活动联成一体。通过职权关系和信息系统，把各层次、各部门结成为一个有机的整体。

6. 根据组织内外部要素的变化，适时地调整组织结构

（二）组织结构的含义和内容

组织结构是描述组织的框架体系。组织结构是组织内的全体成员为实现目标，在管理工作中进行分工协作，通过职务、职责、职权及相互关系构成的结构体系。组织结构的本质是成员间的分工协作关系。组织结构的内涵是人们的职、责、权关系，因此组织结构又可称权责结构。

具体来说，组织结构主要包括以下内容：

（1）职能结构。即完成目标所需的各项业务工作及其比例和关系。如一个企业有经营、生产、技术、后勤、管理等不同的业务职能。各项工作

任务都为实现企业的总体目标服务，但各部分的权责关系却不同。

（2）层次结构。即各管理层次的构成，又称组织的纵向结构。例如，公司机构的纵向层次大致可分为：董事会—总经理—各职能部门—基层部门—班组。这样就形成了一个从上而下的纵向的组织结构层次。

（3）部门结构。即各管理和业务部门的构成，又称组织的横向结构。如企业设置生产部、技术部、营销部、财务部、人事部等职能部门。

（4）职权结构。即各层次各部门在权力和责任方面的分配及相互关系。如董事会负责决策，经理负责执行与指挥，各职能层次、部门之间的协作关系、监督与被监督关系等。

二、工作设计

（一）工作设计的必要性

任何一种组织活动，从生产制造一个简单的瓷器到安排卫星发射这样庞大的工程，都离不开组织管理中两个相关而又对立的要素：分工和协作。

在现代化大生产中，这种分工协作的关系和要求，更是十分复杂。一个大的现代化企业、跨国公司或一个大型工程项目，往往涉及几万、几十万人的活动，这几万、几十万人分布在一个国家乃至世界各地。如何使每一个职工知道每天某一刻内应完成什么工作、达到什么样的要求，如何使不同层次的部门能按时完成组织下达的任务，最终实现组织的目标，达到预期的绩效，这是一件非常复杂而细致的管理工作，没有一种合适的组织结构，没有严密的分工与协作，是不可想象的。在现代化组织里，实行精确的分工和严密的协作是组织生产和各项业务活动的客观要求。

为了实现目标，首先要进行合理分工，为各个工作岗位设计工作内容。在分工基础上进行合作，必需建立工作组与部门。在庞大的组织中为了便于管理，又需建立起层次型的组织结构。在各部门、各层次之间为了达到统一管理的需要，必须确立各级责权关系，并通过协调活动组织各部门间的协同。以上这些都是组织结构的构成要素，这里用图 8 - 1 勾画出组织结构要素间的关系：工作设计、形成部门、建立层次结构、分配责权、协调与配合。

组织结构的第一个要素是给人们设计（规定）工作内容，以便使工作者与管理者了解组织上对他们的要求是什么。工作设计规定工作的范围，说明应做什么，不应做什么，工作的责与权是什么。

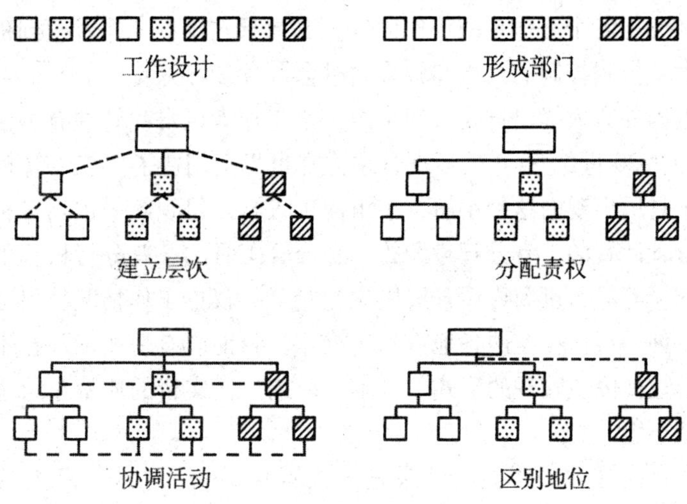

图 8－1 组织结构要素

（二）工作专门化

随着组织规模的扩大、工作业务量的增大和人员的增加，原来由一个人完成的工作，有可能细分后由多个人分工完成其中的一部分。工作专门化就是将工作划分为若干部分，分别交给各个专门人员去完成。

古典经济学家亚当·斯密就指出了劳动分工的作用。现代化大生产也沿用了劳动分工，例如福特汽车公司的装配线上实行了精密分工。劳动分工同样用于服务行业、医院、出版机构、政府机构、学校等各种组织。

分工与专业化最大的优点是提高劳动生产率。首先，分工后易于提高人们的熟练程度，长期从事一部分工作易于成为一个专家。其次，专门化后可以减少变更工作所需的准备与调整时间。再次，分工与专业化后可以使用专门化的装备。最后，高度专门化后也便于训练出熟练的工作者。

然而，专门化也有缺陷。过细的专业化容易使人厌烦，使人们感到似乎是机器的附属品，没有学习、成长与发展的机会，容易造成人员的流失。因而，工作的专门化必须适度，既能发扬专业分工的长处，又能避免其不足之处。

（三）设计工作组的工作

这是近年来发展起来的新方法，即组织上不再针对每个工作者设计其岗位工作内容，而只是给一个小组的工作设计工作内容，然后在小组中自行选择和分配各个工作者的工作内容。其效果在于：工作者感到他们对工作有较大的自我控制的余地和较多的机会自身参与决策。

最近国外有人提出自我管理小组，给工作者以自我管理有关活动的权力。我国在20世纪50年代后期，率先在世界上创造了“工人管理小组”。在庆华工具厂出现的这种小组，小组内工人自发组织起来担当各种管理工作，有分管计划的、有分管考勤的、有分管工具的、有分管核算的、有分管材料的，等等，班前班后开展民主讨论会，议论工作情况、提出改进意见。这一创举很快在全国各地得到了推广。目前尚有一些工厂在不同程度上保持了这种民主管理的形式。日本工厂内广泛实行的质量小组也是一种自我管理小组。

工人自我管理最明显的效果是大大减轻了一、二线管理人员的工作量。我国推行工人参加小组管理后，继之而来的是干部参加劳动，成为相辅相成的两个方面，大大激发了工人的主人翁责任感。

三、组织的部门化

在组织选择与设计好生产业务过程及各种工作岗位后，就需考虑如何将这些工作岗位构成工作单位和部门，以便进行有效管理。这时组织需要作结构上的安排。以保险公司为例，可以将从事人身保险的工作者安排在一个工作单位中，将从事房屋保险的工作者安排于另一个工作单位，等等。这样的分组是必要的，因为它有利于组织协调，有利于从事同种工作的人员间的互相交流、学习，也便于领导和管理。接下来将重点讨论部门化的基本形成及其优缺点。

在一个组织中可以采用单一的部门化形式，也可采用若干种部门化形式。部门化的形式可以按职能（功能）、产品、客户和地区等组建。图8－2是各种部门化的示例（这里以计算机公司为例）。部门化基本形式主要有：

（一）职能部门化

这是一种最简单而又便于协调的形式，新建的小企业或经营单位大多采用这种部门化形式。这里将其相同职能的工作岗位安排在同一个部门之中，如图8－2所示，典型的职能为市场营销、作业（或生产）、财务和人事管理，把从事这种相同职能的工作岗位放在同一个部门或工作单位里。

实行职能部门化，组织可以依靠各个职能领域的专家，并有利于进行领导、监督和协调。运用这种方式进行部门化，可以使某些职能部门短小

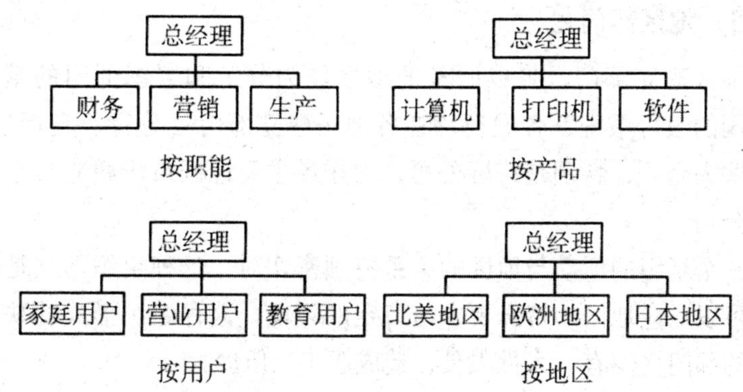

图 8－2 部门化的常用形式

精悍，如在一个组织中组建一个为整个组织进行人事管理的部门——人事处（部或科）。

这种组织形式的缺点在于：决策慢，职能部门要由整个组织负担其经费，往往易造成机构臃肿、费用大，而其业绩却不易计量、考核。

（二）产品部门化

产品部门化系将工作按产品或产品系列组建部门，并可在各产品部门内设立各种职能工作岗位。这样的组织方式可以在发挥职能部门化优点的同时，克服其某些缺点。大部分大的经营组织都采用产品部门化形式。

产品部门化有利于进行综合协调；加速做出决策和易于评价一个单位的业绩，也便于对其下属各工作单位的业绩做出评价。它可以更快地对环境变化作出反应。然而按产品建立的部门需要为各个职能领域聘用专家。

（三）顾客部门化

这种部门化是按照顾客的不同类型来建立工作的部门（如图8－2 所示），例如，在一家地区的银行中，可以按小企业、大企业及居民储蓄分别设立部门。

这种部门化的最大优点是可以按照顾客的不同类型来适应他们的特种需要。例如上述的地区银行按顾客建立的部门，小企业营业部门可根据小企业的需求进行融资活动，大企业营业部可以根据大企业特点进行信贷活动。这种组织方式的缺点是各部门各需一套工作班子，用人较多；工作者的负荷有时会不足，但又不易在部门间进行人员的调度使用。

（四）地区部门化

按地区建立部门，将以服务的地区作为分工和组织部门的基础。例如，我国的银行系统，各银行均在各地区建立部门（分行、支行）。世界上的一些大企业，特别是跨国公司，均在各主要地区市场建立自己的分公司、子公司。

在一个组织的活动与地区的关系特别密切时，这种组织形式是最有效的，它可以适应地区的特殊要求与特定的环境。这种组织形式的缺点在于各地区的部门均需有一大批人员，造成职工队伍庞大。

（五）工艺（流程）部门化

工艺（流程）部门化，就是工业企业按生产技术工艺特点或流程来划分部门、组织业务活动。这种组织形式的优点是：组织能够发挥人员集中的技术优势，部门内部易于协调管理，简化了培训。其缺点是：如果一个部门发生问题，将直接影响整个组织目标的完成，部门之间的协作也是一个问题。

（六）多种部门化形式的并用

由于组织的日益复杂化和多样化，大部分的组织在单一的整体组织下按不同部门化形式设置其下属部门。复杂的环境因素，加以不同的层次和不同的领域均有其不同的要求，因而组织分工和建立部门不能强求划一，允许根据具体情况和特殊需要，采用不同的形式。图 8－3 说明一个大公司在不同层次中使用多种部门化的形式。例如，某公司在公司这一级是按职

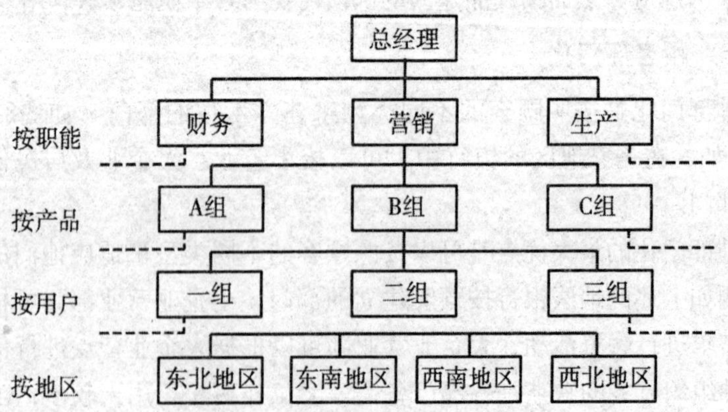

图 8－3　多种部门化形式

能进行部门化；在采购职能系统中再按产品建立部门；在产品部门中再分别按顾客、按地区建立分部。

四、管理幅度与层次结构

（一）管理幅度与组织层次

管理幅度（管理跨度）是指管理者所直接管辖的下属人数。管理幅度宽则主管的下属人数多，窄则主管的下属人数少。引起组织划分层次的主要原因是由于管理幅度的限制。一般说来，在组织规模一定的情况下，管理幅度与组织层次成反比例关系，管理幅度大，组织层次就少；反之，管理幅度小，组织层次就多。所以，在设计、建立层次结构时，必须考虑管理幅度的大小。

曾经有人设想为一个组织规定一个理想的、最佳的、统一的管理幅度。20 世纪初，鲁恩达尔·乌维克（LyndalL Urwick）曾提出最佳的管理幅度是六个下属人员，其他一些人也有类似的设想和建议。之后不久，实际管理工作者发现统一的管理幅度不一定适用于一切场合。实践表明，管理幅度的大小取决于一系列因素，影响管理幅度的主要因素是：

- 主管人员及下属的能力，如下属的能力强，幅度可以宽些。
- 主管人员和下属及下属间工作地点的集中程度，如较集中，管理幅度可以大些；如果很分散，则管理幅度宜小些；
- 主管人员所担负非监督性工作量的大小，如果这部门工作的量很大，则管理幅度应小些；
- 下属人员工作程序的标准化程度，如果标准化程序的工作量占的比重大，则管理幅度可以大些；
- 主管所监督的工作的相似性，相似性大则管理幅度可以大些。

以上实践表明，当主管人员与下属的素质好、能力强，管理幅度可以大些；同样，如果工作的标准化程度高、在全部工作量中所占比重大，则管理幅度可以宽些。一个有经验的主管人员可以直接管辖一大批训练有素而工作又标准化的下属。相反，在主管人员经验不足，或是其下属人员能力较差、需要不断加以指导的情况下，管理幅度就宜小不宜大。

另外，随着管理者在组织中职位的提高，需要处理许多非结构性的问题，这样高层管理者的管理幅度就要比中层管理者的管理幅度小，而中层管理者的管理幅度又比基层管理人员的管理幅度小。

（二）瘦长型组织与扁平型组织

采用“瘦长型”组织结构还是扁平型组织结构，主要决定于管理幅度的大小。一个瘦长型组织结构具有很多管理层次，而一个扁平型的组织结构只有较少的管理层次。当一个组织采用较小的管理幅度时，就会呈现出较多管理层次的瘦长型管理结构；相反，当一个组织选用较大的管理幅度时，管理结构就平坦得多。这两种组织结构如图 8 -4 所示。

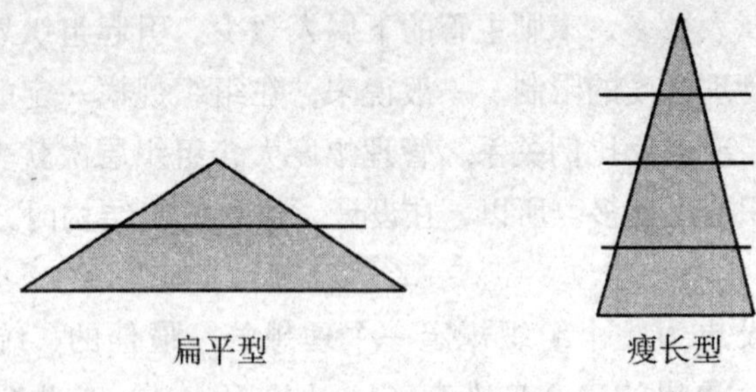

图 8 -4　两种层次结构形式

实际上，对管理幅度大小的决策就是对管理层次结构的决策。这两种管理层次结构究竟哪种为好？它们各有什么优缺点呢？

“瘦长型”组织结构可以对下属提供及时的指导和控制，同时有利于横向协调。但是，“瘦长型”组织结构存在明显的缺点。由詹姆斯·伍尔斯（James Woothy）对美国西尔斯（Sears）百货连锁商店所作的试验和研究表明，减少两个中间的管理层次，使层次结构变得更平坦些，有利于提高员工的士气和劳动生产率，并能节省费用。因为多层次结构需要更多的管理人员，增加了管理费用支出，而且层次多、人员增多使信息联系更为困难，从最高管理层逐级往下传达信息，经过的中间层次多，容易造成信息链中的滞后与失真现象。

而扁平型的组织结构由于中间层次少，上下信息传输容易且较迅速、正确，从而有利于组织较快地根据环境变化作出反应和决策。扁平型的组织结构也可使下层的管理者具有较大的管理幅度与权限，并且他们也更加容易了解上层管理的意图，便于上下通达、互相了解，掌握组织的全局。因而这种组织形式的管理结构，可以使官僚主义减少，能较快地对外界环境的变化作出反应和相应决策，较符合于当代高效管理的需要。

正是由于扁平型组织结构的这些特点与优点，近十年来，出现了明显的趋向扁平型组织结构的走向。一些大公司通过增大管理幅度趋向扁平型

组织结构，如美国国际商用机器公司（IBM）和其他一些公司，于近年来减去了两个中间管理层，因而使销售量增加了一倍。一些美国公司感到采用扁平型组织结构后企业的灵活性增加了。

第二节 职权关系

组织结构确定了各个组织成员的职务种类和范围，接下来就要确定各个职务之间的相互关系，只有这样才能使组织活动的分配和配合成为可能。组织关系在本质上是一种职权关系。组织的层次、部门越多，职权关系就越复杂。因此，管理者必须明确组织中的各种职权关系，并正确处理好它们的关系。

一、直线权、参谋权与职能权

组织中管理人员是以直线人员或参谋人员两类不同身份来从事管理工作的，他们分别拥有直线职权和参谋职权，这是两种性质不同的职权。随着管理活动的日益复杂，在这两种职权之外，又产生了职能职权。在组织结构的实际运行中，这三种职权（人员）都发挥着重要的作用。他们之间彼此关系的协调是组织发展的重要因素，如果处理不当就有可能发生混乱，导致管理效率低下。因此，处理好这三种职权（人员）的关系是组织运行中的一个重要问题。

（一）直线权、参谋权和职能权的含义

1. 直线权

直线权是直线人员所拥有的作出决策、发布命令以及执行决策的权力，也就是通常所说的指挥权。直线权是组织中一种最基本、最重要的职权，缺少了直线职权的有效行使，整个组织的运转就会出现混乱，乃至陷入瘫痪。

直线主管是直线权的拥有者。直线主管是指那些能领导、监督、管理下属的人员，即通常所说的各个岗位上的领导。很显然，每一个管理层的主管人员都应该具有这种职权，只不过每一个管理层次的功能不同，其职

权的大小及范围各有不同而已。这样，从组织的上层到下层的主管人员之间便形成了一条权力线。这条权力线称为指挥链或权力系统。在这条指挥链中，每一个环节的管理人员都有指挥下级工作的权力，同时又必须接受上级管理人员的指挥。通过指挥链，信息自上而下、自下而上的传递。所以，指挥链既是权力线，又是信息通道。

在这个指挥链中，职权关系必须分明。一般来说，一个组织从最高管理层到每一个下属人员的职权关系越是明确，决策和信息沟通工作就越有效。

2. 参谋权

参谋权是指参谋人员所拥有的辅助性职权，包括提供咨询、建议等。

随着先进的科学技术和现代化的生产方法和手段在组织中的运用，组织活动的过程越来越复杂。组织和协调这个活动过程的管理人员，特别是高层次管理人员越来越感到专业知识的缺乏。由于组织很难找到精通各种业务的“全才”，直线主管也很难使自己拥有本部门活动所需的各种知识，他们常借助设置一些助手，利用不同助手的专门知识来补偿直线主管的知识不足，来协助他们的工作。这些具有不同专门知识的助手通常称为参谋人员。

参谋的种类有个人参谋与专业参谋之分。前者即参谋人员，是直线人员的咨询人，他们协助直线人员执行职责。专业参谋常为一个单独的组织或部门，即所谓的“智囊团”、“顾问班子”。专业参谋的出现是时代发展的产物。它聚合了一些专家，运用集体智慧，协助直线主管进行工作。

就一个管理者来说，他在组织中的身份是双重的，既可以是直线人员，也可以是参谋人员，这取决于他所起的作用和行使的职权。当他处在自己所领导的部门中，他行驶的是直线权，属于直线人员；而当他同上级打交道或同其他部门发生联系时，他又成为参谋人员。例如，企业中的公关部经理对于总经理来说是顾问性，可以把它看作是参谋人员，但是，在该部门内，公关部经理对其下属人员来说则拥有直线权。又如，主管生产的副总经理是一个直线部门的管理者，他对于总经理来说，首要的职责并不是顾问性的，但如果他就公司的全面政策向总经理提出建议的话，他的职权关系就变成参谋关系了。

3. 职能权

职能权是指由直线人员把原来属于自己行使的直线权力委托给参谋人

员或某部门的主管人员去行使的那部分权力。例如，人事部门对应聘者的资格进行审查并拒绝录用不符合标准的申请者时，就是在行使职能权。

在纯粹参谋的情况下，参谋人员所具有的仅仅是辅助性职权，并无指挥权。但是随着管理活动的日益复杂，主管人员不可能通晓所有的专业知识，仅仅依靠参谋人员的建议已不能完全满足管理活动的需要。这时，主管人员就可以将职权关系作些变动，把一部分本属于自己的直线职权授予参谋人员或某个部门的主管人员，这便产生了职能权。

职能权并不限定哪类部门的主管人员才能行驶，不过大部分是由业务或参谋部门的负责人来行使的，这些部门一般都是由一些职能管理专家所组成。例如，一个公司的总经理统揽管理公司的职权，他为了节约时间，加速信息的传递，就可能授权财务部门直接向生产经营部门的负责人传达关于财务方面的信息和建议，也可能授予人事、采购、公共关系等部门一定的职权，让其直接向有关部门发布指示。由此可以看出，职能权是组织职权的一个特例，可以认为它是介于直线权与参谋权之间的一种职权。

（二）正确处理直线权、参谋权与职能权的关系

1. 直线权与参谋权的关系

直线权与参谋权是两类不同的职权关系。直线关系是一种指挥和命令的关系，授予直线人员的是决策和行动的权力；而参谋关系则是一种服务和协助的关系，授予参谋人员的是思考、筹划和建议的权力。

直线权是一种完整的职权，是协调组织人、财、物，保证组织目标实现的基本权力。拥有直线权的人有权作出决策，有权进行指挥，有权发布命令。参谋权则是一种有限度的、不完整的职权，拥有参谋权的管理者可以向直线管理者提出建议或提供服务，但其本身并不拥有指挥权和决策权。参谋权是一种辅助性的职权，一个组织没有委派任何参谋人员也可以有效地工作。但当一个组织的规模扩大到一定程度，直线权已不足以应付所面临的许多复杂问题时，就需要设置参谋权。参谋权的行使是保证直线人员作出的决策更加合理与科学的重要条件。

参谋权的设立可以协助直线管理人员解决复杂的管理问题，但是由于参谋权的特点和它不易为人们所理解，因而在实际运用时受到了某些限制，常常酿成直线管理人员与参谋人员之间的冲突。因此，如何正确处理它们的关系对一个组织来讲是至关重要的。

2. 直线权与职能权的关系

职能权是直线权的一部分，是从直线权中分离出来的，因此，职能权也具有直线权的特点。但职能权的范围小于直线权，它主要解决的是较具体的问题，如怎样做、何时做的问题，绝不能包揽直线的一切权力，否则就会削弱直线人员的地位。同时，职能权的行使者多是一些有一定专长的参谋人员，因此，它更能从某一专业的角度出发来保证一项决策的科学性、可行性和实用性，从而大大促进管理效率的提高。

管理中直线权与职能权是相当重要的，其关系必然会影响到组织的运作，处理不好会引起冲突和更多的时间及效率的损失。因此，如何正确处理它们的关系也是组织所要考虑的问题。

首先，直线管理人员要认真分析授予职能权的必要性，只有在职能权提供的服务的确是组织所必需，而且有足够的业务量的情况下，才要考虑职能部门的设置，以免削弱直线主管的地位。

其次，要适当限制职能权的使用。职能权的应用有利于高层管理者集中精力于重大问题的决策，但也带来了多头领导和多头指挥的弊病。为了避免造成多头领导和多头指挥的现象，必须适当限制职能职权的使用，明确规定职能职权的范围。

再次，为了避免命令的多重性，组织中较高层次的直线管理人员还应注意，在授予某些职能权力后，要让相应的人员放手展开工作，而不能仍然频繁地使用已经授出的权力。

二、集权与分权

组织的不同部门拥有的权力范围不同，会形成部门之间、部门与最高指挥者之间以及部门与下属单位之间的关系。这就涉及组织的集权与分权问题。组织在配置决策权限时不能过分集中，也不能过分分散，而应该遵循集权与分权有机结合的原则。绝对的集权与绝对的分权都是不可取的。组织需视具体情况的不同来确定集权和分权的最合适的程度。

（一）集权与分权的含义

集权与分权反映了组织的纵向职权关系，其意思是指组织中决策权限的集中与分散程度。所谓集权是指决策权在组织系统中较高层次上一定程度的集中；与此相对应，分权是指决策权在组织系统中较低层次上一定程度的分散。

在组织管理中，集权和分权是相对的，绝对的集权或绝对的分权都是不可能的。绝对的集权就是最高管理者把所有的权力都集中在自己手里，这就意味着他没有下属，就如同在一个医院内，没有内科、外科等科室主管人员，仅有院长一样。绝对的分权就是最高管理者把他所拥有的职权全部委派给下属，那他作为管理者的身份就不复存在，这就如同没有院长的医院。实际上，这两种组织结构都是不存在的。因此，某种程度的集权与某种程度的分权都是组织所需要的。

（二）集权与分权程度的衡量

集权与分权在组织中只是个程度问题，有的集权程度高一点，有的分权程度高一点。衡量一个组织的集权或分权程度的确定，主要有下列几项标准：

1. 决策的数量

组织中较低管理层次作出的决策数目越多，则分权的程度就越高；反之，上层决策数目越多，则集权程度越高。

2. 决策的范围

组织中较低层次决策的范围越广，涉及的职能越多，则分权程度越高。反之，上层决策的范围越广，涉及的职能越多，则集权程度越高。

3. 决策的重要性

如果组织中较低层次作出的决策越重要，影响面越广，则分权的程度越高；相反，如果下级作出的决策越次要，影响面越小，则集权程度越高。决策的重要性一般以决策涉及的费用来衡量，费用大者一般较为重要。

4. 对决策控制的程度

组织中较低层次作出的决策，上级要求审核的程度越低，分权程度越高；如果上级对下级的决策根本不要求审核，分权的程度最大；如果作出决策之后必须立即向上级报告，分权的程度就小一些；如果必须请示上级之后才能作出决策，分权的程度就更小。下级在做决策时需要请示或照会的人越少，其分权程度就越大。

（三）影响分权的因素

影响集权与分权的程度，是随条件变化而变化的。对一个组织来说，其集权或分权的程度，应综合考虑各种因素：

1. 决策的代价

决策付出代价的大小，是决定分权程度的主要因素。下级人员由于经验、知识或其他条件的限制，可能会作出不恰当或是错误的决策，因此可能导致组织受到一定程度的损失。一般来说，决策失误的代价越高，越不适宜交给下级人员处理。高层管理者常常亲自负责重要的决策，而不轻易授权给下级人员处理。

2. 政策的一致性

由一个人作出决策和由几个人作出决策，会影响到决策的一致性。由一个人做决策只导致一种政策，由几个人做决策则有可能导致几种不同的政策。如果高层管理者希望保持政策的一致性，即在整个组织采用一个统一的政策，则势必趋向于集权化，因为集权是达到政策一致性的最方便的途径。

3. 组织的规模

组织规模较小时，一般倾向于集权，这是因为高层管理者有足够的时间和精力直接制定和组织实施大部分决策。当组织规模扩大后，集权管理不如分权管理有效和经济。这是因为组织规模越大，组织的层次和部门会因管理幅度的限制而不断增加。层次增多会使上下沟通的速度减缓，造成信息延误和失真。因此，为了加快决策速度、减少失误，使因延迟决策时间而付出的代价减少到最低限度，最高管理者就要考虑适当的分权。

4. 组织的成长

从组织成长的阶段来看，组织成立初期绝大多数都采取和维持高度集权的管理方式。随着组织逐渐成长，规模日益扩大，则往往由集权的管理方式逐渐转向分权的管理方式。

从组织成长的方式来看，如果组织是从内部发展起来的，由小组织逐渐发展成为大组织，则分权的压力比较小；如果组织是由合并的方式发展起来的，则分权的压力比较大。

5. 管理哲学

有些组织采用高度集权制，有些组织推行高度分权制，原因往往是由于高层管理者的个性和管理哲学不同。专制、独裁的管理者不能容忍别人侵犯他们小心戒备的权力，往往采取集权式管理；反之，开明、民主的管理者则会倾向于分权。

6. 管理人员的数量与素质

组织中管理人员是否充足，现有管理人员素质的高低，与组织能否实行分权也有关系。管理人员的不足或素质不高可能会限制组织实行分权，这是由于下授的决策权要由经过训练有素的管理人员来承担。即使高层管理者有意分权，但没有下属可以胜任，也不能成事。相反，如果管理人员数量充足、经验丰富、训练有素、管理能力强，则可有较多的分权。

此外，影响分权的因素还有职能领域、组织的动态特性、控制的可能性等，分权不可失去有效的控制。在影响组织分权程度的因素中，也包括许多组织无法控制的外部因素，如政府的行政干预、各种经济法规和政策的出台等。

一个组织的分权程度宜高还是宜低，并没有绝对的结论。分权程度低，也就是集权程度高，有利于从整个组织目标出发处理问题，可使组织的有限资源得到更有效的利用，并有助于确保组织政策和行动的一致性，提高组织的控制力。但过分集权也带来了种种弊端，如降低决策的质量、不利于调动下属积极性、降低组织的适应能力等。

第三节 组织设计的任务和原则

组织设计是对组织进行有效管理的基础。管理人员在设立或变更组织结构时，首先要进行设计。为了使设计出来的组织结构能更好地适应内外环境的需要，必须对组织设计的任务和原则有明确的认识。

一、组织设计的任务

组织设计的任务就要提供组织结构系统图和编制职务说明书。

职务说明书是以职务为对象进行描述的，它要求能简单而明确地指出：该管理职务的工作内容、职责与权力，与其他职务之间的区别与联系，职务当事人所应具备的专业背景、知识结构、工作经验、管理能力等基本条件。

组织系统图是将每个职务联系起来从组织整体进行分析，表达出组织的整体结构。组织系统图是自上而下绘制的。在创构组织时，可以根据组织的宗旨、任务目标以及组织内外环境的变化，自上而下地确定组织运行所需要的部门、职位及相应的权责。另外，组织设计也可以根据组织内部

的资源条件，在组织目标层层分解的基础上从基层开始自下而上地进行。

图8－5是一个典型的组织系统示意图。图中的方框表示各种管理职务或相应的部门，箭线表示不同职权的指向。通过直线将各方框进行连接，虽然没有表示出各种职权与职责的具体内容以及在哪一个阶段哪一个部门最为重要，但却清晰地廓清了组织内正式职位系统的决策层级和联系网络，同时也标明了各种管理职务或各个部门在组织结构中的地位以及它们之间的相互关系。比如，主管营销的副总经理必须服从总经理的指示，并向总经理汇报工作情况，同时，他又直接领导着销售部经理、广告部经理以及研发部经理的工作。

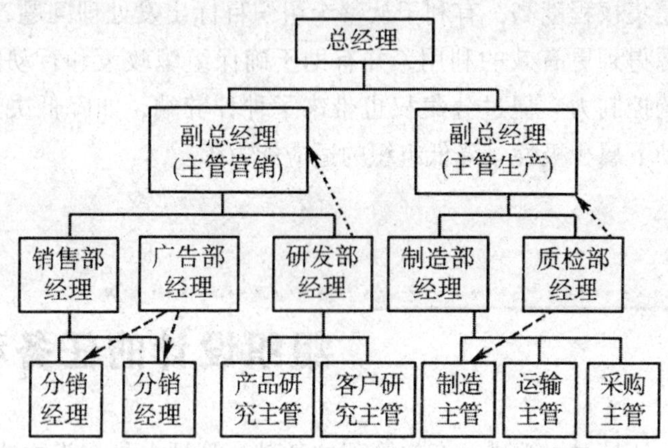

图8－5 组织系统示意图

从图8－5中我们还可以看出，组织的活动可以分解为横向和纵向两种结构形式，组织纵向结构设计的结果是决策的层级化，即确定了由上到下的指挥链以及链上每一级的权责关系，显然，这种关系具有明确的方向性和连续性；组织横向结构设计的结果是组织的部门化，即确定了每一部门的基本职能、每一位主管的控制幅度、部门划分的标准以及各部门之间的工作关系。为了能更好地完成组织设计任务，设计者需要做好下面几方面工作：

1. 职能与职务的分析与设计

组织首先需要将总的任务目标进行层层分解，分析并确定为完成组织任务究竟需要哪些基本的职能与职务，然后设计和确定组织内从事具体管理工作所需的各类职能部门以及各项管理职务的类别和数量，分析每位职务人应具备的资格条件、应享有的权力范围和应负的职责，从而为管理组

织的层次、部门和岗位的分工协作提供客观依据。

2. 部门划分

根据各个职务所从事的工作性质不同以及职务间的区别和联系，依照组织职能相似、活动相似或关系紧密的原则，将各个职务组合到被称为“部门”的基本管理单位内。

部门设计的任务有两项：一是确定组织应该设置哪些部门；二是规定这些部门之间的相互关系，使之形成一个有机整体。

3. 组织结构设计

组织结构设计是组织设计的关键性工作。职能与职务设计以及部门划分是根据工作要求来进行的。在此基础上，还要根据组织内外能够获取的现有人力资源情况，对初步设计的职能和职务进行调整和平衡，以使组织结构合理。如果再次分析的结果证明初步设计是合理的，那么，剩下的任务便是根据每项工作的性质和内容，确定管理层级并规定相应的职责、权限（即职权设计），通过规范化的制度安排，使各个职能部门和各项职务形成一个严密、有序的活动网络。

4. 职权设计

职权设计就是正确处理组织内纵向与横向两个方面的职权关系，将不同类型的职权合理分配到各个层次和部门去。

组织的不同管理层次担负着不同的职能，不同管理层次在履行各自职能时所必需的职权就会相应形成纵向结构，同一管理层次各个部门的职权配置所形成的相互关系就形成横向结构。

二、组织设计的原则

（一）统一指挥原则

统一指挥原则可以说是组织设计原则中最古老的原则了。它最早是由法约尔提出来的。

统一指挥原则是指组织中每位下属都应该有一个并且只能有一个上级，下属只接受该上级的领导，只向该上级汇报并向他负责，从而在上下级之间形成一条清晰的指挥链。

（二）管理幅度适当原则

管理幅度适当原则是指管理者直接领导与指挥下属的人数应该有一定

的控制限度，并且应该是有效的。由于受到个人精力、知识、经验、信息条件等因素的限制，管理幅度不能够无限度增加。在进行组织结构设计时，必须合理地确定组织的管理幅度和管理层次，从而降低组织的运行成本，提高运行效率。

（三）权责对等原则

权力与责任两者是不可分割的，权力是责任的基础，有权才可能负责；责任是权力的约束，有责任才不致滥用权力。

权责对等原则是指组织中的每个部门和岗位都要做到有责、有权，而且责任和权力要对应。也就是说，组织中的每个部门和部门中的每个人员都有按照工作目标的要求保质保量地完成工作任务的责任，同时，组织也必须委之以自主完成任务所必需的权力，职权与职责要对等。如果有责无权，或者权力范围过于狭小，就有可能束缚管理人员的积极性和主动性，使责任无法履行，甚至无法完成任务；如果有权无责，或者权力不明确，就有可能导致管理人员不负责任地滥用权力。

（四）集权与分权相结合原则

集权与分权相结合原则，是指根据组织的实际需要来决定集权与分权的程度。该集中的权力集中起来，该下放的权力就应该分给下级，这样才能加强组织的灵活性和适应性。如果事无巨细，把所有权力都集中在最高管理层，不仅会使最高层主管淹没在繁琐的事务当中，顾此失彼，忽视了组织有关战略性的大问题。另一方面，过分分权又往往会造成管理失控。因此，必须做到集权与分权相结合。至于集权与分权的程度，完全是根据组织在不同时期、不同环境下为完成组织目标的需要而决定的，它没有固定的尺度，关键是组织决策者要高瞻远瞩，审时度势，根据需要把握好这个程度。

（五）柔性经济原则

所谓组织的柔性，是指组织的各个部门、各个人员都可以随着实际需要而进行灵活调整和变动，以便使组织能快速适应环境的变化。组织的结构应当保持一定的柔性以减少组织变革所造成的冲击和震荡。组织的经济是指组织的管理层次与幅度、人员结构以及部门工作流程必须设计合理，以达到管理的高效率。组织的柔性与经济是相辅相成的，一个柔性的组织必须符合经济的原则，而一个经济的组织又必须使组织保持柔性。只有这样，才能保证组织机构既精简又高效，避免形式主义和官僚主义作风的滋长和蔓延。

三、组织设计的影响因素

每一个组织的外部环境和内部因素的各种变化都会对组织内部结构产生重要影响，因此，在进行组织设计时必须引入权变的组织设计思想。所谓权变的组织设计是指以系统、动态的观点来思考和设计组织，把组织看成是一个与外部环境有着密切联系的开放式组织系统，根据组织所赖以生存的内部与外部环境的状况来确定组织结构和关系。权变的组织设计必须考虑战略、环境、规模、技术等一系列因素，针对不同的组织特点，设计不同的组织结构。

综合而言，影响组织设计的主要因素有以下五个：环境、战略、技术、规模和生命周期。

（一）环境

任何组织都存在于一定的环境之中，组织设计的重要任务之一，就是要使组织内部结构的特征适应于外部环境的性质。

根据环境变化程度的不同，有两种基本的组织结构可选择：机械型结构和有机型结构。机械型组织结构的主要特点是工作高度专业化；按同类集中原则设置部门；管理幅度窄；高度集权等。而有机型组织结构的主要特点是工作专业化程度低；按异类集中原则设置部门，管理幅度宽；高度分权。

当组织所处的外部环境是稳定的，多倾向于选用机械型结构。在一个机械型结构的组织里，权威集中于管理等级的高层，用来对下属行为进行控制的是垂直型的权威等级形式。在这种组织里，工作和角色是清楚界定的，上级对下属实行严密的监督。每一个人都有自己的位置，都知道自己的位置。麦当劳快餐就是以机械型结构来运作的。管理者作出所有的决策，员工则受到严格的管理，且必须遵守详细的规定和标准操作程序。

相反，当环境是快速变化的时候，要求管理者以快速的行动获取所需要的资源，并对意料之外的事件作出反应。所以，就应该选用有机型组织结构。在一个有机型结构的组织里，权力被下放、分散到中层和基层管理者手中，以鼓励他们承担责任，并快速地获取稀缺资源。各部门被鼓励采用跨部门或跨职能的视角看待问题。相对于机械型组织而言，有机型组织

里的控制要松散得多，而更多的是依靠对组织行为进行指导的共同规范。

有机型组织的管理者能够更快地对环境变化作出反应。但是，有机型组织通常运作成本较高，所以一般是在需要的时候，即组织环境不稳定、快速变化时，才采用这种组织形式。

（二）战略

较早研究组织结构与战略关系的是钱德勒。他通过对美国一百家大企业的研究，得出了一个很重要的结论："结构追随战略"，也就是组织结构的改变是发生在战略改变之后。例如，大部分的企业通常都是从单一产品或产品线开始，这个时期，企业采用的是扩大数量的战略，即在一个地区内扩大企业的产品或服务的数量。与此相适应，企业的组织结构比较简单、松散，有的仅有一个办公室，执行单纯的制造或销售职能。随着企业的进一步发展，要求将产品或服务扩散到其他地区去，企业执行的是地区扩散战略，这时，为了把分布在不同地区的同行业组织有机地组合起来，就产生了协调、标准化和专业化的问题，这就要求建立一种新的组织结构即职能部门。当企业发展壮大后，它在既定的产业范围内扩大了活动内容，其战略也发生了变化，即从扩张战略转向纵向一体化战略，致使组织单位之间相互依赖性增强，从而需要强化彼此的协调，此时就需要重新设计组织结构，按职能来建立专业化的组织单位，即职能制结构。最后，当企业再进一步成长以后，很可能进入产品多样化经营和全球化发展阶段，这就要求组织结构做再一次的调整，以适应高效率的节奏。产品多样化的战略，要求组织机构能有效地配置资源，控制工作绩效，保持各单位之间的协调。此时，事业部制结构会是一种较理想的选择。

研究发现，许多经营成功的公司，如保持在单一行业内发展，则偏好采用集权的职能结构，而那些实施多元化经营的公司，一般采用分权的事业部结构。为了不断适应公司新的发展战略的要求，公司也要适时地变革组织结构，以保持组织的自动适应性。

（三）技术

技术是指把原材料等资源转化为最终产品或服务的机械力和智力转换过程。任何一个组织都需要应用某种技术将投入转换为产出，组织的目标就是为了使该种技术在应用的过程中生产效益。组织的设计需要因技术的变化而变化，特别是技术范式的重大转变，往往要求组织结构作出相应的

改变和调整。例如。目前网络技术和网络服务的全球性普及，对组织机构和活动的深刻影响已反映在业务组织和管理活动的各个方面，导致企、事业组织管理的革命性变化。

不列颠大学的琼·伍德沃德（Joan Woodward）在20世纪60年代初期就提出，组织的结构因技术而变化。她以英国100家从事制造业的公司为对象，根据它们技术的复杂程度把技术划分为三类：单件小批量生产技术、大批量生产技术和流程生产技术。结果发现，这些不同的技术类型和相应的公司结构之间存在着明显的相关性，而且，组织的绩效与技术和结构之间的“适应度”密切相关。

伍德沃德经过分析得出这样的结论：随着技术复杂程度的提高，企业组织结构复杂程度也相应提高，管理层级数、管理人员同一般人员的比例以及高层管理者的控制幅度亦随之增加。

伍德沃德关于技术—组织结构的研究，说明了企业的生产技术特点是企业组织设计的一个重要变量。不同生产技术特点的企业，要求不同的组织设计，采用不同的组织结构及管理特征。她的研究证明，不存在一种绝对的最佳组织结构模式，单件生产和连续生产企业采用有机式结构最为有效，而大量生产企业若与机械式结构相匹配，则是最为有效的。

（四）组织规模

组织规模是影响组织结构的一个不容忽视的因素：适用于仅在某个区域市场上生产和销售产品的企业组织结构形态不可能也适用于在国际舞台上从事经营活动的巨型跨国公司。

有足够的事实证明，组织规模对其结构具有明显的影响作用。例如，大型组织比起小型组织，多半会比较倾向工作专业化、更多的标准作业程序、更多的规则条例，以及更大程度的分权。但是，这种影响不是线性关系，而是规模对结构的影响程度在渐渐减弱。也就是说，随着组织的扩张到达一定规模后，随着组织的再扩大，规模的影响也不重要了。例如，已经有2 000多员工的组织，再增加500名员工，对它的结构不会产生多大的影响。而只有300名员工的组织，若增加500名员工，那它可能要转变从前的组织结构。

一般来说，组织规模的扩大，会提高组织结构的复杂性程度，一方面体现在管理层次的增加（纵向复杂性），另一方面是分工的细化，部门和职务的数量增加（横向复杂性）。伴随着组织规模的扩大，组织的结构也

应随之加以调整。

（五）生命周期

组织的成长过程，如同人的成长要经历不同的阶段，我们称之为组织生命周期。在组织生命周期的每一阶段上，都具有不同的组织特征和遇到不同的组织危机，因此，要求有与之相适应的组织结构形态。

美国学者葛瑞纳（Larry E. Greiner）最早提出企业生命周期理论，他认为企业的成长如同生物的成长一样要经过诞生、成长和衰退几个过程。奎因（Robart E. Quinn）和卡梅隆（Kim Cameron）把组织的生命周期细划为四个阶段：创业阶段、集合阶段、规范化阶段和精细阶段。他认为，企业的成长是一个由非正式到正式、低级到高级、简单到复杂、幼稚到成熟的阶段性发展过程。每个阶段都由两个时期组成：一个是组织的稳定发展时期，另一个是组织的变革时期。当组织处于稳定发展时期，组织结构适应于内外部条件的需要，结构与活动都比较稳定；但是这种稳定发展不是永久的，当组织进一步发展时，就会从内部产生一些新的矛盾和问题，使组织结构与活动不相适应，组织就发生不稳定，此时必须通过变革使结构适应内外环境的变化，使组织保持适应性。组织完成了变革以后，就进入了下一个发展阶段的稳定时期。组织的发展就是如此循环往复不断得以成长的。

组织生命周期的各个阶段必须有与之相适应的组织结构形态：

1. 创业阶段

在这个阶段，组织规模小，反应灵活，工作关系简单，组织的决策主要由高层管理者直接做出，在组织结构上要求简单、精炼，管理职能的发挥重在决策和协调、指挥，这一需求决定了相对简单的组织结构形态。

2. 集合阶段

这是组织发展的成长期。在这个阶段，组织规模不断壮大，决策越来越多地由其他管理者做出，组织成员都有明确的职务和分工，这时需要建立一种按职能划分的组织结构，以提高组织运行的效率。

3. 规范化阶段

此时组织已有相当规模，组织成员的工作日趋复杂，为了有效地解决日益增多的管理问题，需要采用分权的方法来对付职能结构引发的诸多矛盾，组织结构逐渐向以事业部为基础，事业部与职能部门管理相结合的模式转变。

4. 精细阶段

成熟的组织往往显得规模巨大和官僚化，继续演化可能会使组织步入僵化的衰退期。这时，组织管理者可能会尝试跨越部门界限组建团队来提高组织的效率，阻止进一步的官僚化。如果绩效仍不明显，必须考虑更换高层管理者，并进行组织重构，以重塑组织的形象，否则，组织的发展将会受到很大的限制。

第四节 常见的组织结构形式

由于每一组织的目标、所处的环境、所拥有的资源是不同的，因此其组织结构也必然会有所区别。但各种组织结构之间会有很大的相似性，也就是说，它们的基本构成形式是差不多的。本节介绍的就是几种常见的组织结构形式。

一、直线制

直线制结构，如图 8－6 所示。

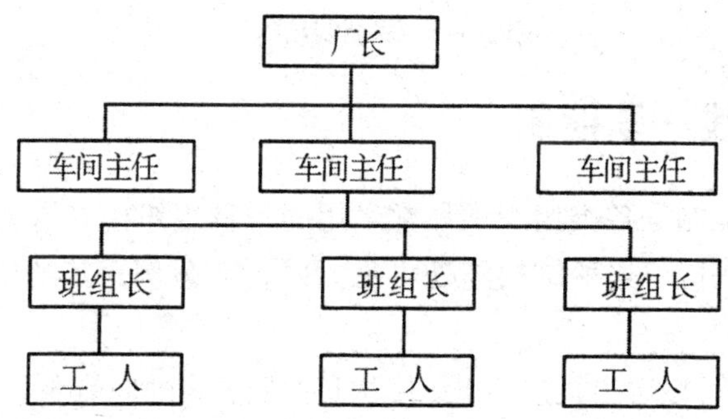

图 8－6 直线制结构

直线制的特点是：①一个下属人员只接受一个上级领导人员的指令；②所有管理职能都由一个领导者承担。

其优点是：①机构简单；②指挥管理统一；③责任和权限比较明确。

其缺点是：①要求行政人员通晓各种专业管理知识，亲自处理许多业

务，需要技能全面的领导者；②领导者忙于日常业务，不便有效决策。

二、职能制

职能制的特点是：①在各级行政领导之下，按专业分工设置相应的职能机构；②各职能部门可以向下属单位的领导者下达命令（在其所管辖的业务范围内），各级行政负责人，除了服从上级行政领导的指挥外，还要服从上级各职能机构的指挥。

其优点是：充分发挥专业管理机构的作用，适应现代企业管理工作较复杂的需要和进行专业分工的需要。其缺点是：妨碍集中统一指挥，形成多头领导，不利于明确划分各级行政负责人和职能科室的职责权限。其结构图如图 8 - 7 所示。

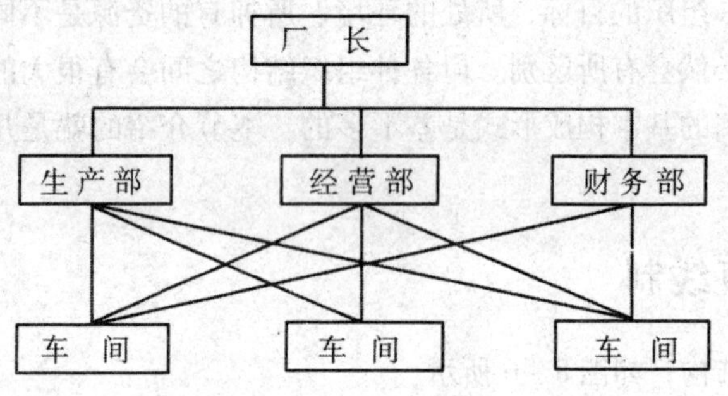

图 8 - 7　职能制结构

三、直线—职能制

直线—职能制是各类组织中最常采用的一种组织模式，无论是机关，学校，企业或医院，这种结构随处可见。以企业为例，其结构如图 8 - 8 所示。

由图 8 - 8 可以看出，这种组织结构是按照一定的职能专业分工，各级都建立职能机构担负计划、生产、人事、销售、财务等方面的管理工作，各级领导都有相应的职能机构作为助手，从而发挥了职能机构的专业管理作用。整个系统中管理人员分为两类：一类是直线指挥人员，相当于军队中的各级军官，他们可以对下级发号施令；一类是职能人员，相当于军队中的参谋、后勤人员，他们只能对下级机构进行业务指导，而不能直接对下级发号施令，除非上级直线人员授予他们某种权力。这种划分保证了统

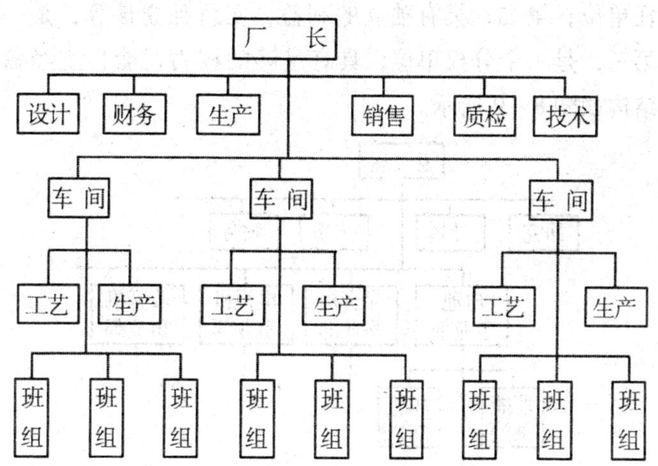

图 8－8 直线—职能制结构

一的生产指挥和管理。另外，这种结构导致权力高度集中，凡不能在一个部门范围内作出决定的问题，最后必须由厂长作出。

直线职能结构之所以被广泛地采用，是由于它具有许多优点。这种结构分工细密，任务明确，且各个部门的职责具有明显的界限。各职能部门仅对自己应做的工作负有责任，可以专心从事这方面工作，因此有较高的效率。这种结构的稳定性较高，在外部环境变化不大的情况下，易于发挥组织的集团效率。其不利方面是缺乏信息交流，各部门缺乏全局观点，不同的职能机构之间，职能人员与指挥人员之间目标不易统一，矛盾较多，最高领导者的协调工作量大。这种结构还不易于从企业内部培养熟悉全面情况的管理人才，使职能组织促使职能人员仅重视其有关的专业知识和才能，而不重视管理。此外，这种结构使整个组织系统刚性较大，分工很细，手续繁杂，反应较慢，不易迅速适应新的情况。

尽管直线职能结构有一些缺点，但同其他种类型的组织结构相比，还是一种比较好的组织形式。目前大部分企业采用此类结构形式。但它不适宜多品种生产和规模很大的企业，也不适宜创新性的工作。

四、事业部制

所谓事业部结构，就是一个企业内对于具有独立的产品和市场、独立的责任和利益的部门实行分权管理的一种组织形态。这样的部门就是事业部门，它必须具备三个要素：第一，具有独立的产品和市场，是产品责任或市场责任单位；第二，具有独立的利益，实行独立核算，是一个利益责任单位；第三，是一个分权单位，具有足够的权力，能自主经营。事业部制的组织结构如图 8-9 所示。

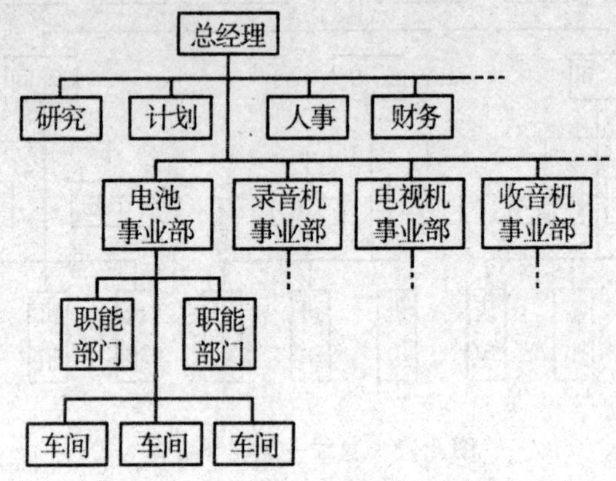

图 8-9 事业部制结构

采用事业部制的组织是把政策制定与行政管理分开，政策制定集权化，业务营运分权化。企业的最高管理层是企业的最高决策管理机构，以实行长期计划为最大的任务，集中力量研究和制定公司的总目标、总方针、总计划以及各项政策。事业部的经营活动只要在不违背总目标、总方针、总计划的前提下，完全由事业部自行处理，因而事业部成为日常经营活动决策的中心，是完全自主的经营单位，可以充分发挥自己的主观能动性。为了使企业保持完整性，为了使高层领导不致“大权旁落”，保证事业部不至于“各行其事”，“群雄割据”，最高管理当局必须保持三方面的决策权：第一，事业发展的决策权。整个企业采用什么技术，打入什么市场，搞什么产品，开辟什么新事业，放弃什么事业等经营方针以及价格政策、竞争策略等基本原则的决策权要留在总部。第二，有关资金分配的决策权。资金的供应以及资金分配必须由企业高层管理控制，而不能交分权的事业部处理。第三，人事安排权。公司的用人政策，各事业部重要的人事安排应由总部高层决策。为了发挥事业部结构的优点应当避免由最高管理机关的成员兼任各部经理，因为这样做的结果既没有最高的决策又没有分散的经营。

采用事业部结构的组织，直线和职能的关系比较清楚。公司的职能部门的主要任务是对最高管理层和各事业部门作有效的建议、劝告与服务，它不是事业部那样的独立的利益责任单位，因此它只起参谋咨询作用。

事业部结构具有许多显著的优点。它能使最高管理部门摆脱日常行政事务，成为坚强有力的决策机构，并使各个事业部发挥经营管理的主动性，而高层领导不致忙于协调，监督等较低层的管理工作。这种结构既有较高的稳定性，又有较高的适应性。这种结构还是培养管理人才的最好组织形式之一。分权化的事业部经理与一家独立公司的高层所面对的问题几乎是一样的，它应考虑市场、人力、技术，考虑今天和明天。所以事业部制在培养和考验着明天的领导人才。此外，事业部结构扩大了有效控制的跨度，使上级领导直接控制下层单位的数目增加。

事业部结构也有其相对不足的地方。比如，对事业部一级的管理人员水平要求较高。每个事业部都相当于一个单独的企业，事业部经理要熟悉全面业务和管理知识才能胜任工作。另外，集权与分权关系比较敏感，一旦处理不当，可能削弱整个组织的协调一致。

需要提及的是当企业的规模比较小时，是无法采用此种组织形式的，只有当企业规模比较大时，而且其下层单位够得上成为一个“完整的企业机构”时才宜采用，即下层单位除了要有自己的设计制造外，还要有自己的市场，自己的销售，并能自己选择进货，这样才能组成事业部门。

五、模拟分权结构

介于直线职能结构和事业部结构之间有一种模拟分权结构，这种结构如图 8－10 所示。

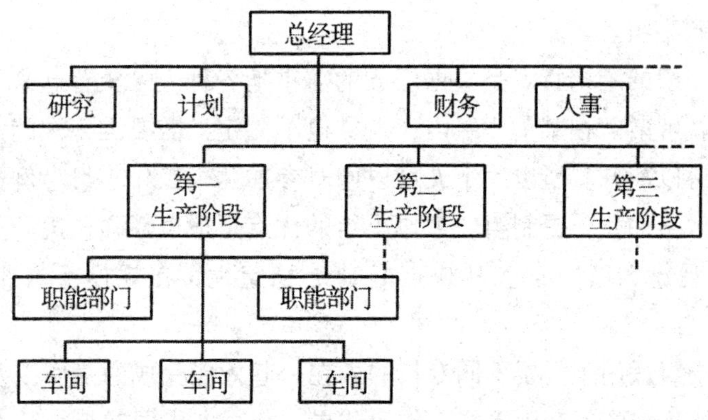

图 8－10　模拟分权结构

事业部结构是由于企业规模不断扩大而发展起来的一种组织形态。但是，有许多大企业，比如，连续生产的化工企业，由于产品品种或生产过程所限根本无法分解成几个独立的事业部门。然而企业的规模又是如此之大，以至于高层管理人员感到采用其他组织形态都无法管理，这时就出现了模拟分权结构的组织。

模拟分权结构是模仿事业部结构的形式进行分权，它与事业部结构的重要差别是：这种结构的组成单元并不是真正的事业部门，实际上是生产阶段。

模拟分权结构最大的优点在于它解决了企业规模过大不易管理的问题。在这种结构下，高层管理人员可以在可能的范围内把权分给生产阶段一级的管理人员，减少了自己的行政工作，从而能够把精力集中到战略性问题的研究和解决上来。这种结构的缺点是，无法使组织中每一个成员都能明确自身的任务，各个部门领导人也不易了解整个企业的全貌，在沟通效率和决策权力方面还存在着较大的缺陷。大型材料工业企业，如玻璃、造纸、钢铁、化工等企业经常采用这种结构。

六、矩阵结构

矩阵结构是从专门从事某项工作的工作小组形式发展而来的一种组织结构。所谓工作小组一般是由一群不同背景、不同技能、不同知识、分别选自不同部门的人员所组成的，通常人数不多。组成工作小组后，大家为某个特定的任务而共同工作。最典型的例子是电影制片厂的摄制组或工厂的技术革新小组。

工作小组的结构特点是根据任务的需求把各种人才集合起来，任务完成后小组就解散。在某一小组内，人员也不固定，需要谁，谁就来，任务完成后就可以离开。所以一个人可以同时参加几个工作小组。例如一个演员可以同时参加几个摄制组。工作小组的优点是适应性强，机动灵活，容易接受新观念、新方法。其缺点是缺乏稳定性，在规模上有很大的局限性。

工作小组适用于需要不同专长的人在一起才能完成的工作以及具有许多事先不能确定的复杂因素的工作。如果一个企业中同时组织几个工作小组，而且这种工作小组的形式长期存在，结果就会出现一种新的组织结构—矩阵结构，又叫规划—目标结构。这里主要介绍二维矩阵结构。

二维矩阵结构是第二次世界大战后在美国首先出现的，它是为了适应在一个组织内同时有几个项目需要完成，每个项目又需要具有不同专长的人在一起工作才能完成这一特殊的任务。仍以企业为例，其具体结构如图 8 - 11 所示。

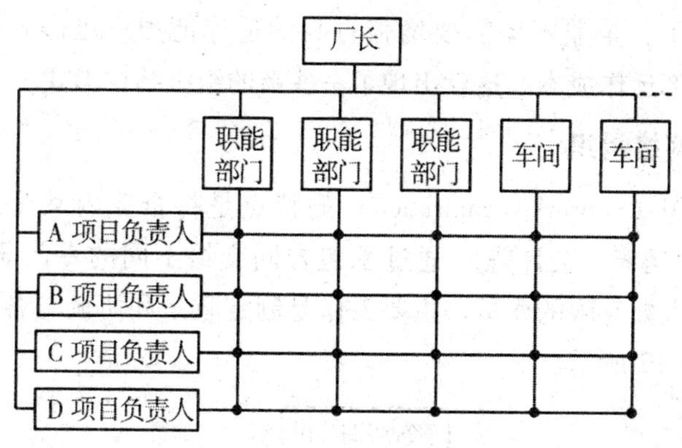

图 8 - 11 二维矩阵结构

从图 8 - 11 中我们可以看出，一个企业可能有几个项目，每一个项目都有一个人在厂长的直接领导之下专门负责。根据项目的特殊需要，从各个职能部门和车间抽调若干人组成各个项目小组。

由于矩阵结构是按项目进行组织的，所以它加强了不同部门之间的配合和信息交流，克服了直线职能结构中各部门互相脱节的现象。它同样具有工作小组那种机动灵活性，可随项目的开始与结束进行组织或给予解散。一个人还可以同时参加几个项目小组，这就大大提高了人员的利用率。此外，由于职能人员直接参与项目，而且在重要决策问题上有发言权，这使他们增加了责任感，激发了工作热情。

矩阵结构最主要的缺点是项目负责人的责任大于权力。因为参加项目的每个人都来自不同的部门，一般隶属关系仍在原部门，而仅仅是临时参加该项目。所以，项目负责人对他们工作的好坏，没有足够的激励手段与惩治手段，这些权力依然在原部门领导人手中。另外，矩阵结构造成双重领导也是一大缺陷，项目负责人和原部门负责人都对参加该项目的人有指挥权。所以，项目负责人必须与各个部门负责人配合，才能顺利地进行工作。这种矩阵结构适用于产品品种多且变化大的组织，特别适用于以开发与实验项目为主的单位，例如应用研究单位等。

七、组织设计的新形式

如前所述，有些组织结构强调内部运作效率，有些组织结构强调对环境变化的适应性和反应能力。随着经济社会和科学技术的快速发展，在新的竞争环境下，企业不但需要增强自身的适应能力，也需要设法提高效率，降低内部运作成本。这就出现了一些新的组织结构形式。

（一）网络组织

网络组织（network organization）的特点是将企业内某些或全部工作（包括生产、销售、会计等）通过承包合同交给不同的专门企业去担当，公司只保留人数有限的雇员，主要工作是制定政策和协调与各承包商的关系。如图 8－12 所示。

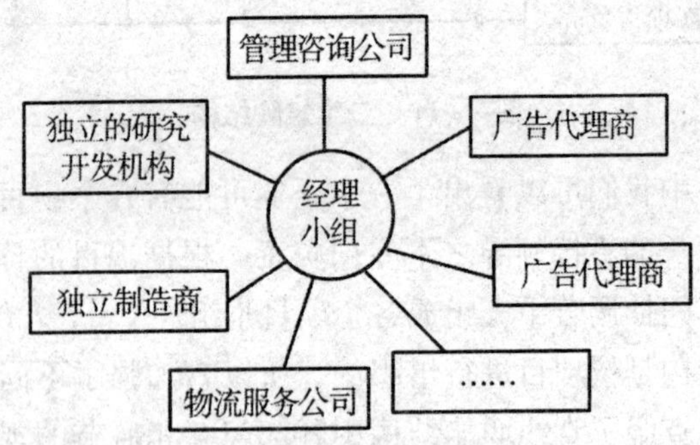

图 8－12　网络型组织结构

网络组织的主要优点在于它只保留了组织本身最专业、最擅长或最具竞争优势的部分，而将其他部分分散到全球各地，如此可使组织在全球的基础上寻求机会与资源；同时可减轻管理成本，应变能力也很强。缺点是公司对各承包商的控制有限。

网络组织的进一步形态则是虚拟组织（virtual corporation）。虚拟组织是指网络的每一位成员就其专长在某一领域上发挥其专业性，而且通常它们只贡献其核心专长。虚拟组织会因为市场需求的出现而快速形成，但也会因市场需求的消失而瞬间解散。

（二）簇群组织

簇群组织（cluster organization）的特点是将公司员工组编成 20～50 人的簇群，每个簇群包括不同专业的人才，大家紧密合作，通过团队全力负责一项业务计划或主要管理一项产品。在这种组织结构形式下，企业中废除了中层管理人员，采用集体领导、集体负责制办法。每个员工需要同时担任多项任务，通过集思广益，改善沟通和决策的质量。这种组织结构形式对员工的要求较高，成员的搭配与领导素质尤为重要。

（三）水平化组织

通过企业流程再造，企业尝试打破以往由上而下、重视等级的管理模式，以及部门界限的概念，建立新的水平化企业（horizontal corporation）。在这种组织内，组织结构是根据工作流程或经营过程（而不是职能部门）来设计的，基本的组织单位是过程小组。小组之间环环相扣，各自承担特定的职责来完成整个经营过程。高层的管理工作主要是协调各小组的工作，加强他们之间的联系，而非由上而下的发号施令。组织的最终目的是通过权力下放及合理安排工作，提高企业的总体效能。

（四）控股型组织

控股型结构是实行公司分权的一种形式，它是在非相关领域开展多元化经营的企业所常用的一种组织结构形式。大公司对非相关或弱相关的经营业务不进行直接的管理和控制，而代之以持股控制。这样，大公司就成为持股公司之一（母公司），其他持股的单位（子公司或关联公司）不但对具体业务有自主经营权，而且是独立的法人。子公司、关联公司和母公司一道构成了以母公司为核心的企业集团。如图 8 - 13 所示。

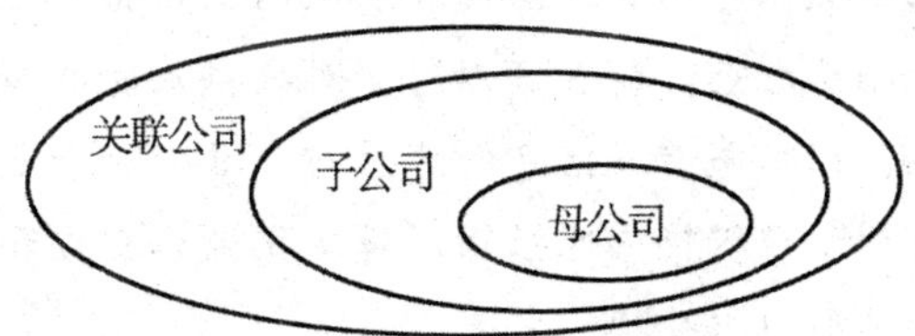

图 8 - 13　控股型组织结构

母公司与被持股的企业之间不是上下级之间的行政管理关系，而是出资人对被持股企业的产权管理关系。母公司作为大股东，对持股单位进行产权管理控制的主要手段是：母公司凭借所掌握的股权向子公司派遣产权代表和董事、监事，通过这些人员在子公司股东会、董事会、监事会中发挥积极作用而影响子公司的经营决策。

控股型组织的优点是在于，母公司与子公司在法律上各为独立法人，相对降低了经营风险，子公司有较强的责任感和经营积极性。缺点在于，母公司对子公司的影响较间接、缓慢，同时缺乏必要的战略联系和协调。

本章要点

(1) 组织工作是指为有效实现目标，建立组织结构，配备人员，并使组织协调运行的一系列活动。

(2) 组织结构是组织内的全体成员为实现目标，在管理工作中进行分工协作，通过职务、职责、职权及相互关系构成的结构体系，包括职能结构、层次结构、部门结构、职权结构。

(3) 任何一种组织活动，都离不开分工和协作。为了实现分工与协作，首先要进行合理分工，为各个工作岗位设计工作内容（即工作设计）。在分工基础上进行合作，必须建立工作组与部门。为了便于管理，又须建立起层次型的组织结构。在各部门、各层次之间为了达到统一管理的需要，必须确立各级责权关系，并通过协调活动达成各部门间的协同。

(4) 部门化的形式可以按职能、产品、客户和地区等组建。不同部门化形式各有其优缺点。在一个组织中可以采用单一的部门化形式，也可采用若干种部门化形式。

(5) 管理幅度是指管理者所直接管辖的下属人数。引起组织划分层次的主要原因是由于管理幅度的限制。在组织规模一定的情况下，管理幅度与组织层次成反比例关系。由管理幅度和层次的变化将产生瘦长型和扁平型两种不同的组织结构形态。前者可以对下属提供及时的指导和控制，同时有利于横向协调，但容易造成信息的滞后与失真。后者上下信息传输迅速而正确，从而有利于组织较快地根据环境变化做出反应和决策，越来越多的组织趋向于扁平型组织结构。

(6) 直线权是直线人员所拥有的作出决策、发布命令以及执行决策的权力，即指挥权。参谋权是指参谋人员所拥有的辅助性职权，包括提供咨询、建议等。职能权是指由直线人员把原来属于自己行使的直线权力委托给参谋人员或某部门的主管人员去行使的那部分权力。在现代组织中，这三种职权是使组织活动转向组织目标不可分割的整体。在管理中要注意处理好这三种权力之间的关系。

(7) 集权与分权反映了组织的纵向职权关系，反映了组织中决策权限的集中与分散程度。集权程度高（分权程度低），有利于从整个组织目标

出发处理问题，可使组织的有限资源得到更有效的利用，并有助于确保组织政策和行动的一致性，提高组织的控制力。但过分集权也带来了种种弊端，如降低决策的质量、不利于调动下属积极性、降低组织的适应能力等。组织在配置决策权限时不能过分集中，也不能过分分散，而应该遵循集权与分权有机结合的原则。绝对的集权与绝对的分权都是不可取的。组织需视具体情况的不同来确定集权和分权的最合适的程度。

(8) 组织设计的任务是提供组织结构系统图和编制职务说明书。组织设计包括职能与职务的分析与设计、部门划分、组织结构设计、职权设计等。组织设计应遵循统一指挥原则、管理幅度适当原则、权责对等原则、集权与分权相结合原则、柔性经济原则等。每一个组织的外部环境和内部因素的各种变化都会对组织内部结构产生重要影响，因此，在进行组织设计时必须考虑环境、战略、技术、规模和生命周期等因素。

(9) 常见的组织结构形式主要有直线制、职能制、直线—职能制、事业部制、模拟分权结构和矩阵结构等。不同的组织结构各有其优缺点，随着经济社会和科学技术的快速发展，又出现了一些新的组织结构形式：网络组织结构、簇群组织结构、水平化组织结构、控股型组织结构等。组织可根据自身需要和客观情况进行选择或组合使用。

思考题

1. 组织工作的含义和内容是什么？
2. 组织结构主要包括哪几方面的内容？
3. 什么是工作专门化？组织中为何要考虑工作专门化？
4. 有哪些常用的部门化形式？它们各有什么优缺点？
5. 什么叫管理幅度？为什么说没有固定的管理幅度？确立管理幅度要考虑哪些主要因素？
6. 瘦长型组织结构和扁平型组织结构各有什么优缺点？
7. 什么是直线权、参谋权与职能权？
8. 职能职权的设置与统一指挥的原则是相违背的，对此你如何解释？
9. 什么是集权与分权？过分集权的利弊是什么？
10. 什么是组织设计？为什么要进行组织设计？
11. 组织设计的任务是什么？进行组织设计应遵循哪些原则？
12. 影响组织设计的因素主要有哪些？

13. 直线—职能制组织结构的优、缺点是什么？适应于什么样的组织？

14. 事业部制组织结构的优、缺点是什么？适应于什么样的组织？

15. 模拟分权结构与事业部制组织结构有什么异同点？

16. 矩阵结构在何种条件下最适宜？它的优、缺点是什么？

17. 网络组织、簇群组织、水平化组织等组织设计的新形式有何特点？

实践练习

到某公司进行调查考察，画出该公司的组织结构图。根据所学知识提出使该公司组织设计优化的建议。

案例应用

案例 8－1 茂盛公司的组织设计

茂盛公司是中国种植和销售茶叶和水果两类产品的家庭式农场企业，由祖父 20 年前开办，那里的土地肥沃，特别适合种植这些产品。公司长期以来积累了丰富的种植、加工和营销经验。经过 20 多年的发展，公司已粗具规模。祖父十年前感到自己体衰，将公司的管理大权交给了儿子王光。孙子王明前两年从农学院工商管理专业毕业后，回到农场担任了父亲的助手。

茂盛公司大体上开展如下三方面的活动：一是有相当一批工人和管理人员在田间劳动，负责种植和收获茶叶和水果；另一批人员从事发展研究，他们主要是高薪聘来的农业科学家，负责开发新的品种并设法提高产量水平；还有一类从事市场营销活动，由一批经验丰富的销售人员组成，他们负责走访各地的茶叶和水果批发商和零售商。

王光和王明父子俩对茂盛公司的管理一直没有制定出什么正式的政策和规则，对工作程序和职务说明的规定也很有限。王光相信，一旦人们对工作有了亲身了解后，他们就应当而且能够有效地开展工作。

不过，茂盛公司目前规模已经发展得相当大了。王光和王明都感到有必要为公司建立起一种比较正规的组织结构。同时，儿子王明认为就目前公司的情况，直线—职能制组织结构比较适合公司的情况。

问题

1. 王明认为，就目前公司的情况，直线—职能制组织结构比较适合，请你说明原因？并画出包含茂盛公司主要活动的组织结构图。

2. 经过一段时间的发展后，该公司的规模获得进一步的扩大，王光每天花了大量时间去协调各部门之间的关系，常常感到力不从心，王明建议将组织结构进行调整，你认为可以考虑哪种结构形式？说明理由并画出包含该公司主要活动的组织结构图。

第九章

人力资源管理

学习目的

学习本章，你应能够：

(1) 了解人力资源管理的概念。

(2) 了解人力资源管理的任务与内容。

(3) 熟悉招聘原则、招聘渠道、选拔与任用方法。

(4) 掌握员工培训的种类和培养管理人员的基本方法。

(5) 掌握绩效考评的方法。

第一节 人力资源管理概述

21世纪是经济全球化的时代，知识经济时代，也是人力资源制胜的时代。谁拥有高素质的人才和人力资源，谁就掌握了未来世界竞争的主动权，并最终赢得竞争。人力资源管理已成为现代管理的核心内容。

在本章里，我们首先了解人力资源管理的概念、任务与内容，接着，讨论人员招聘与任用的问题，包括招聘原则、招聘渠道、选拔和任用等，最后，我们还将讨论如何对员工进行培训和考评等问题。

一、人力资源管理的概念

（一）人力资源的含义

资源是一个经济学术语，它泛指社会财富的源泉，是为了创造物质财富而投入于生产活动中的一切要素。迄今为止，世界上有四大资源：人力

资源、自然资源、资本资源、信息资源。这里所言的自然资源是指大自然赋予人类的、可供人类用于生产活动的一切未经人加工的自然物。如未经开发的土地、山川、森林、矿藏等，它们有待人们去开发利用。资本资源是指用于生产活动的一切经人加工的自然物。如资金、机器、厂房、设备。人们并不直接消费资本本身，而是利用它去生产和创造新的产品与新的价值。信息资源是指对生产活动及与其有关的一切活动的事、物描述的符号集合。信息是对客观事物的一种描述，与前两种资源不同的是，前两种资源具有明显的独占性，而信息资源则具有共享性。人力资源是生产活动中最活跃的因素，也是一切资源中最重要的资源。

人力资源的定义，常见的有以下几种：

（1）人力资源是指能够推动国民经济和社会发展的具有劳动能力的人口总和，它包括数量和质量两个方面。

（2）人力资源是指劳动力资源，即一个国家或地区有劳动能力的人口总和。

（3）人力资源是指具有智力劳动或体力劳动能力的人们的总和。

（4）人力资源是指包含在人体内的一种生产能力，它是表现在劳动者身上的、以劳动者的数量和质量表示的资源，它对经济起着生产性的作用，使国民收入持续增长。

（5）人力资源是指能够推动整个经济和社会发展的劳动者的能力，即处在劳动年龄的已直接投入建设或尚未投入建设的人口的能力。

本书所用的人力资源概念是指能够推动国民经济和社会发展的具有劳动能力的人口总和。企业人力资源，是指能够推动整个企业发展的全部现任在岗员工之总和。

（二）人力资源的特点

人力资源是进行社会生产最基本、最重要的资源，与其他资源相比较，它具有如下特点：

1. 人力资源的能动性

这是人力资源区别于其他资源的最根本的特质。人具有思想、感情，具有主观能动性，能够有目的地进行活动，能动地改造客观世界。人能有意识地对所采取的行为、手段及结果进行分析、判断和预测，对自身行动做出抉择，调节自身与外部关系，表现出主观能动作用。

2. 人力资源的时效性

人力资源存在于人的生命之中，它是一种具有生命的资源，其形式、开发和利用都要受到时间的限制。从总体上看，作为生物有机体的人，有其生命周期，不能长期蓄而不用，否则会荒废、退化。如技术工人的技术是一种人力资源，但若长期闲置，工人的技术也会退化，甚至最终变得对社会没有任何作用。人力资源所具有的这种时效性特点昭示人们：对人力资源的存量要最大限度地进行开发和利用，否则，就是一个社会最大的浪费和不可弥补的损失。

3. 人力资源的再生性

经济资源分为可再生性资源与非再生性资源两大类。非再生性资源是不能依靠自身机制恢复的资源，其特点是在其使用中可耗竭，如煤矿、金矿、铁矿、石油等，每开发和使用一批，其总量就减少一批；可再生资源是在开发和使用过后，只要保持必要的条件，可以再生的资源，如森林。人力资源也具有再生性。它基于人口的再生产和劳动力的再生产，通过人口总体内个体的不断更替和“劳动力耗费—劳动力生产—劳动力再次耗费—劳动力再次生产”的过程得以实现。

4. 人力资源的社会性

从人类社会经济活动角度看，人类劳动是群体性劳动，不同的劳动者分别处于各个劳动集体之中，构成了人力资源社会性的微观基础。从宏观上看，人力资源总是与一定的社会环境相联系的。它的形成、配置、开发和使用都是一种社会活动。人力资源的开发利用程度决定于社会生产方式尤其是经济技术发展水平。一般来说，经济技术发展水平较高，人力资源的开发利用程度也就较高。从本质上讲，人力资源是一种社会资源，应当归整个社会所有，而不应仅仅归属于某一个具体的社会经济单位。

（三）人力资源开发与管理的含义

作为最主要的资源——人力资源必须进行科学而有效的开发和管理。人力资源开发与人力资源管理是既有区别又有联系的两个概念，人力资源开发主要指国家或企业对所涉及范围内的所有人员进行正规教育、职业培训和智力开发，包括教育、调配、培训、使用等全过程。人力资源管理主要指对全社会或一个企业的各阶层、各类型人员的从业人员从招聘、录取、培训、使用、升迁、调动、直至退休的全过程的管理。人力资源开发与人力资源管理在人力资源经济活动的总体过程中融为一体、密切联系：

人力资源开发要求不断改善人力资源管理的工作，合理安排和使用人力资源，充分发挥劳动者的工作积极性，努力为人力资源的深度开发创造条件；同时，人力资源开发的许多子目标要通过人力资源管理来落实、监控和优化。人力资源开发如同对一块田地的开垦和播种，人力资源管理像是对庄稼的精耕细作，施肥浇水。人力资源开发是本、是根，人力资源管理是成果、是收获，两者有机联系，但侧重点有所不同。

人力资源管理可以分为宏观和微观两个方面，宏观人力资源管理即对全社会人力资源的管理，微观人力资源管理则是对于企业、事业单位人力资源的管理，包括工作分析、人力资源规划、人员招募、对员工的激励、考核等。本书中的人力资源管理主要研究微观人力资源管理，它是企事业单位的一种基本的管理职能，我们对微观人力资源管理做出如下的定义：

人力资源管理，是指对人力资源的取得、开发、利用和保持等方面进行计划、组织、领导和控制，使人力、物力保持最佳比例，以充分发挥人的潜能，调动人的积极性，提高工作效率，实现组织目标的管理活动。

企业人力资源管理的结果从两个方面来衡量：一是员工绩效，二是组织绩效。员工绩效方面我们将侧重讨论工作满足感。组织绩效涉及组织生产率和效益的变化，人力资源管理活动的最终目的是提高员工和企业的工作绩效和效益，在实现企业目标的基础上，努力实现员工的个人目标，使企业与员工实现共同发展。

二、人力资源管理的任务与内容

（一）人力资源管理的目标和任务

1. 发挥人最大的主观能动性

美国学者通过调查发现：按时计酬的职工每天只需发挥自己20%～30%的能力，就足以保住个人的饭碗。若充分调动其积极性、创造性，其潜力可发挥出80%～90%。两相对比，差距如此悬殊，可见发挥人的主观能动性是人力资源管理的十分重要的目标和任务。

2. 取得最大的使用价值

人力资源管理，就是通过对人力资源合理的开发和管理，实现人力资源的精干和高效。具体说来即是：

人的使用价值达到最大＝人的有效技能最大地发挥

人的有效技能＝人的劳动技能×适用率×发挥率×有效率

其中：

适用率＝适用技能/拥有技能（即是否用其所长）

发挥率＝耗用技能/适用技能（即干劲如何）

有效率＝有效技能/耗用技能（即效果怎样）

努力方向是提高适用率、发挥率、有效率。

3. 培养全面发展的人

人类社会的发展，无论是经济的、政治的、军事的、文化的发展，最终的目的都要落实到人—— 一切为了人本身的发展。为了不断地提高人的工作、生活质量，使人变得更富裕、更文明、更有教养、更趋完美。

随着市场经济的发展，国家民族间的竞争、企业间的竞争，透过产品的质量、价格和服务竞争的层层迷雾，我们看到的是不同国家、不同民族、不同企业之间人力资源的竞争。因此，现代人力资源管理的一个重要目标，就是培养高素质的、全面发展的人。

（二）人力资源管理的基本内容

人力资源管理活动包括以下内容：

1. 人力资源规划

人力资源规划是指根据企业的发展战略，经营目标和企业内外部环境和条件的变化，运用科学的方法对企业人力资源需求和供给进行预测，制定相应的政策和措施，从而使企业人力资源供给和需求达到平衡的过程。它包括预测组织未来的人力资源供求状况、制订行动计划及控制和评估计划等过程。

人力资源规划的目标和主要任务是：

（1）确保企业在适当的岗位上获得适当的人选（包括数量、质量、层次和结构），并使组织和个人得到长期的益处。

（2）在组织目标和个人目标达到最大一致的情况下使人力资源的供给和需求达到平衡；实现人力资源的最佳配备，最大限度地开发人力资源潜力。

（3）分析组织在环境变化中的人力资源需求，并制定必要的政策和措施以满足这些要求。通过制订这一规划，一方面保证人力资源管理活动与企业的战略方向和目标相一致；另一方面，保证人力资源管理活动的各个环节互相协调。

2. 工作分析

工作分析是指对企业各个职务的设置目的、性质、任务、职责、权力和隶属关系、工作内容、工作条件和环境以及职工为承担该职务任务所需的资格条件等进行系统分析和研究，并制定出工作说明书与岗位（职务）规范等人事文件的过程。工作分析的结果是形成工作说明书与岗位（职务）规范。

3. 员工招聘

员工招聘是指组织通过采用一些方法寻找、吸引那些有能力、又有兴趣到本组织来任职的人员，并从中选出合适人员予以聘用的过程。招聘与录用的目标就是保证企业人力资源得到充足的供应，使人力资源得到高效率的配置，从而提高人力资源的效率和产出。

4. 员工培训与开发

员工培训与开发是指企业为了实现其组织目标、提高竞争力而有计划、有组织、多层次、多渠道地组织员工从事学习和训练，从而不断提高员工的知识和技能，改善员工的工作态度、激发员工的创新意识的管理活动。员工的培训与开发有两个层次的意义：第一层次是培训，它的主要目的是使员工较快地适应工作岗位要求或提高职业技能和绩效。其主要任务是使员工获得或改进与工作有关的知识、技能、动机、态度和行为。第二层次是开发，它的主要目的是将企业的战略目标与员工个人的职业生涯发展相结合，不断地使员工的潜能发挥出来。员工的开发具有时间长、内涵大、阶段性模糊的特点。

5. 员工使用

员工使用是指将招聘的员工分配到企业的具体岗位，赋予他们职责、权利，使他们进入工作角色，为实现组织目标发挥作用。并根据需要对员工进行人事调整，即晋升、降职或横向调整。

6. 绩效考评

绩效考评是指针对企业中每个员工所承担的工作，应用各种科学方法，对员工行为的实际效果及其对企业的贡献或价值进行考核和评价。绩效考核是应用科学的方法对员工业绩进行客观的描述过程。绩效评价是应用考核结果的描述，来确定业绩的高低，做出评价。

7. 薪酬管理

薪酬管理就是为了能够发挥员工的积极性并促进其发展，将员工的薪酬与组织的目标有机地结合起来的一系列管理活动。薪酬是企业因使用员工的劳动而付给员工的钱或实物。工资是薪酬的主要组成部分。制定合理的工资制度是企业人力资源管理中的一项重大决策与基本建设。一项合理的工资制度必须达到两项目标和满足两个要求：一是其内在公平性。这是指该制度应保证各职位的工资按照统一的、一致的客观原则制定。二是该制度的外在公平性。这是指员工们将本企业的工资与其他同类企业中类似职位的工资作比较时，能感到满意。

8. 员工激励

所谓激励，就是激发鼓励的意思。激励的理论与方法要点是：对工作人员的各种需要予以不同程度的满足或限制，以此引起他们心理状况的变化，达到激发动机，引起行为的目的，再通过正反两方面的强化对行为加以控制和调节。（参阅激励章）

第二节 人员招聘与录用

一个企业的兴旺，在很大程度上取决于其员工的质量；因此，企业的人员招聘与录用工作非常重要。招聘是企业获取合格人才的渠道，是组织为了生存和发展的需要，根据组织人力资源规划和工作分析的数量与质量要求，通过信息的发布和科学甄选，获得本企业所需合格人才，并安排他们到企业所需岗位工作的过程。

一、招聘原则

员工招聘，是一项经济活动，也是一项社会性、政策性较强的活动，只有努力掌握客观经济规律，充分体现我国经济发展的要求和趋势，才具有一定的科学性，并易于贯彻实施，为此，必须遵循下述原则：

（一）双向选择原则

双向选择，是指企业根据自己的要求自主地选择自己所需要的员工，同时劳动者又可根据自己的条件自主地选择企业。双向选择原则是劳动力

市场上劳动力资源配置的基本原则，这一原则既可以促使企业不断提高效益，改善自身形象，增加自身的吸引力；也能使劳动者为了获取理想的职业，在招聘竞争中取胜、而努力提高自己的素质和能力。

（二）效率优先原则

这一原则指尽可能以最低的招聘费用，录用到高素质、适合企业需要的员工。在招聘工作中，要根据不同的招聘要求，灵活地选用不同的招聘形式，在保证所聘员工质量的前提下尽可能降低成本。例如：某公司部门经理职位空缺，而公司内部又无合适人选，经熟人推荐，并通过人力资源部的考核，觅到了合适人选。在这种情况下，企业就无须去组织耗费一定人力和财力的招聘活动，从而节省了招聘费用。

（三）遵守国家法律的原则

企业招用员工，要按照国务院的规定，贯彻先培训后就业的原则，面向社会，公开招收，全面考核，择优录用。在招聘过程中，企业应严格遵守《劳动法》及相关的法规。坚持平等就业，反对种族歧视、性别歧视、年龄歧视、信仰歧视。严格控制未成年人就业。

（四）能职匹配原则

招聘时，应坚持所录用的人的素质、能力与职位的要求相匹配。从专业、能力、特长、个性特征等方面衡量应聘者与职位之间是否匹配。招聘工作，不一定要最优秀的，而应量才录用，做到人尽其才，用其所长，职得其人，这样才能持久、高效地发挥人力资源的作用。

（五）内外平等原则

在招聘前，企业首先明确是以“内部调整”为主还是以“外部选择”为主的策略；然后，依次确定招聘条件、招聘信息发布范围。对所有应聘者平等对待，公开、公平、公正地筛选、录用，使得整个招聘过程有组织、有计划，筛选录用程序严格统一，录用决策科学合理。

（六）协调互补原则

有效的招聘工作，除达到“人适其职”目的外，还应注意群体心理的协调。一方面，考察群体成员的理想、信念、价值观是否不一致；另一方面，注意群体成员之间的专业、素质、年龄、个性等方面能否优势互补，相辅相成。

二、招聘渠道

招聘的来源可以划分为两类：一类是企业内部来源；二是企业外部来源。企业通过内部和外部两个渠道来招聘员工。

（一）内部招募

大部分企业，外部招募主要仅限于入门水平工作，高于入门水平的工作通常通过晋升的方法用内部的员工来补充。晋升的可能性的存在经常会增强士气和激发动机，因为企业给了员工一个在企业中晋升的机会。研究发现，晋升机会能导致流动率的下降、高涨的工作满意度及更好的工作绩效。

内部招募相对于外部招募，其优势如下：雇主已经很熟悉内部候选人的资格。内部招募花费较少。内部招募能更快地填补工作空缺。内部候选人更熟悉组织的政策和实践，因此需要较少的培训。

然而内部招募也会产生一些问题。在一个职位空缺时，许多雇员都会被考虑补充那个职位，当然大部分会被否决，一些被否决的候选人可能会产生怨恨。研究发现，被否决晋升的雇员会表露出更强的愤愤不平的情绪和出现更高的旷工率。当工人们被提升到他们正在工作的单位中的主管职位时，另一个和内部招聘相联系的潜在问题也会发生；这些人必须在他们过去的同事面前扮演一个新角色，并且在过去的朋友成为下级后，扮演角色的困难更大。尽管内部招聘有潜在的危险，然而大部分工作是用这种方法补缺的。

企业可利用各种手段优先向企业中现有员工传递有关职位的招募信息，吸引其中具有相应资格且对有关职位感兴趣的人提出申请。若申请者通过选拔关，则以调任或提升的方式，安置到有关职位。在组织内部进行员工招募可以采取以下两种手段：

第一，直接调动或提升。即根据工作绩效评价记录，基层管理人员、同事及有关领导意见或群众评议的结论，决定直接将某人调到或提升到需要招聘人才的职位。

第二，工作职位招标投标。即在企业内以空缺的工作职位为标准进行招标，以吸引企业中现有员工去向招募工作人员提出申请，参加竞标。使用这一手段时应注意：一是招标时间应先于对外招聘时间，一般至少应在开始对外招聘前一周告示；二是所告示内容应详细说明职位对员工的资格

要求等；三是应公开说明做出任用决定所遵循的规则和标准，例如，根据工作绩效记录来决定任用；四是一旦做出任用决定应立即通知求职者本人。

（二）外部招募

外部招募是企业面向全社会的招募活动。高于入门水平的工作的外部招募通常仅限于以下这些情形：需要外部人员给企业带来新的理念和创新；没有合格的内部候选人申请。这种招募活动一般采取以下方法：

第一，通过广告招募人才。这是目前最常用的且信息传播最广泛的招募手段。利用广告进行员工招募的一个关键问题是广告本体的制作。员工招募广告本身具有粗筛求职者的功能。为此，广告中应清楚的说明工作任务、工作职责、工作风险、任职者应具备的学历、经验、能力等要求，从而自然减少一些不够资格或不想承担这种工作职责、义务和风险的人来求职。其次，员工招募广告是向人才“推销”本企业及有关职位的工具，其措辞可以带有一定的感情色彩甚至鼓动性，但不应过分夸大其辞，更不能说假话。

通过广告招募人才的另一个重要问题是对刊登广告媒体的选择。报纸是刊登各类人才招聘广告首选媒体，因为报纸不仅能及时、广泛地传递信息，而且其所传递的信息便于保存。网络、专业期刊是人才招聘理想媒介。企业利用广告招聘人才，还需注意申报、审批、登记工作。

第二，有目标的个别联系。即当人力资源开发人员通过各种渠道得知某些人才的情况大致符合要招聘人才的职位要求时，便可登门拜访，或电话联系，或主动寄送求职申请表，争取这些人才向本企业求职。

第三，通过人才交流中心、职业介绍所或猎头公司等职业介绍机构进行员工招募 。这类机构专门从事人员流动中介工作，联系面较广，掌握的人才信息较多，虽然委托其进行人员招募需要支付一定的费用，但与由本组织自己进行员工招聘其效果更好。

第四，校园招募。大中专院校应届毕业生是企业的一个主要人才源。企业的人力资源部门可以与一些大中专院校保持长期密切关系，及时掌握这些院校的专业设置及毕业生情况，并根据本企业的工作需要定期到校园进行人才招募活动。选择去哪些学校招募，完全取决于企业的人才需求及人才供给情况。

外部招募的优点是能带来新思想和新方法；有利于招聘一流人才；有

利于本单位树立形象。其缺点是筛选难度大，时间长；进入角色慢；招募成本大；决策风险大；影响内部员工的积极性。

对储备干部的学历要求，大部分企业都会要求本科生，但是对于是否一定要名牌大学的学生，各企业则有不同看法。名牌大学的学生普遍喜欢在大城市工作，不愿意到偏远地区上班。其他普通大学的学生，到都市以外的地区工作的意愿率就比较高。因此，有许多企业宁愿直接到名牌大学以外求才。

对企业来说，求才是要寻求最适当的人才，而非顶尖的人才，因此，企业在招募时，还是应该根据企业类型及所需职务，做最好的估量。比如说，传统制造业的企业，由于多有固定的生产流程，对于员工创造力的要求不是太高，员工只要按照生产流程，把该做的事做好便可。因此，雇用名牌学校的毕业生不一定合适。反而在讲求创意空间、个人主张的广告业，正好可以提供满足名牌大学毕业生要求的环境。无经验的应届毕业生，在许多企业心目中则有如一块璞玉。在塑造及管理上，远比有经验者来得容易，可以训练成储备干部。

由于内外、外部招募各有优缺点，所以大多数企业都实行内、外部招募并举。如果一个企业的外部环境和竞争情况变化非常迅速，它就既需要开发利用内部人力资源，又必须侧重利用外部人力资源。而对那些外部环境变化缓慢的企业来说，从内部进行提拔往往更为有利。内部选拔的重点是管理人才，外部招募的重点是技术人才。

三、选拔与录用

（一）员工选拔方法

1. 资格审查与初选

资格审查是对应聘者是否符合基本要求的一种审查，它是人力资源部门通过审阅应聘者的个人资料和应聘申请书进行的。然后，人力资源部与用人部门在基本符合职位要求的应聘人员中进一步挑选，进行初选。其主要任务是从应聘者中选出参加考试的人员。

2. 笔试

笔试又叫知识考试，指通过纸笔测验的形式对应聘者的知识广度、知识深度和知识结构加以了解的一种方法。笔试要根据工作分析得出的有关职位工作人员所需要的知识结构，设计出具体的测试内容、范围、题型、

题量等。

3．心理测验

心理测验是对人的智力、能力、气质、性格等心理特征进行测度的标准化测量工具。常见的心理测验包括：智力测验、特殊能力测验、一般能力倾向测验、个性测验等。

（1）智力测验。

智力包括人的观察力、记忆力、思考力、想像力。智力测验主要是对应聘者的思维能力、学习能力和适应环境能力进行测试。

（2）特殊能力测验。

主要针对特定职位所需要的技能而测试，又称技能测试。例如，对秘书进行打字、记录、公文起草能力测验，对技术人员进行计算机编程能力测试。

（3）一般能力倾向测验。

它是用于从事某项工作所具备的某种潜在能力的心理测试。如数理能力、空间判断、形状知觉、手腕灵巧度较强的人适合于从事设计、制图作业。因此，一般能力倾向测验常用于测定职业倾向，进行职业指导。

（4）个性测验。

员工甄选中的一项重要任务就是将应聘者个性与空缺职位人员所需具备的三个个性标准相比较，挑选与之相符的应聘者，如会计、秘书需要具备沉稳特征；而营销人员则一定要有强烈的开拓意识和过硬的心理素质。

4．面试

（1）面试的含义。面试是员工甄选中传统的也是最重要的一种方法。面试就是面谈的意思，指通过主考官对应聘者的观察、直接交谈等双向沟通方式，了解应聘者的素质、能力与求职动机的一种选拔技术。

（2）面试类型。

1）非结构化面试。在非结构化面试中，主考官可以问随机想起的问题。谈话可以向各个方向展开。可以根据应聘者陈述提问，并在一些关键点上可以进行追踪提问。

2）结构化面试。结构化面试，指对某职位的所有应聘者提出一致性的、事先确定好答案的一系列问题。

面试问题根据工作职责制定，工作职责重要，则面试问题就多。面试问题大致应包括：工作兴趣、现有工作状况、工作经历、教育背景、业余爱好和活动、工作职位安排、应聘者的自我评价。

（3）面试步骤。面试包括六个步骤：面试准备、建立和谐气氛、应聘者自我介绍、提问、结束面试以及面试评价。

1）面试准备。面试前要成立面试小组，面试小组应包括3～6个成员，成员最好是参与工作分析并撰写面试问题和答案的人。一般包括招募职位的主管，同事和人力资源部代表。在面试前，必须将招募职位的工作职责、考题、基准面试答案发给小组成员审阅。审查应聘者申请表和履历表，并注明模糊之处或表明应聘者优点或缺点的地方。还要准备合适的面试地点。理想的面试地点应是僻静的房间，电话不能打进来。

2）建立和谐气氛。小组指派一位小组成员专门在面试中向其他小组成员介绍应聘者，欢迎应聘者并采取措施使他们不感到拘束。可以通过问一些没有争议的问题，如天气或交通状况来开始整个面试。花几分钟问这种问题可极大地降低应聘者的紧张情绪。这使得应聘者能够全面和明智地回答提问。

3）应聘者自我介绍。应聘者用简短语言概括介绍自己，包括个人家庭背景、受教育情况、工作情况。

4）提问。提问时必须注意几件事情：避免能以"是"或"否"进行回答的问题；要提那些需要被试者更详尽地做出回答的问题；一定要问开放性问题，并倾听应聘者的回答，鼓励他们充分表达自己的想法；不要传递所期望的答案的信息，例如当候选人回答正确时点头或微笑；不要让漫谈垄断整个面试；不要让应聘者支配面试。

5）结束面试。在面试结束之际，应留有时间回答应聘者的问题。努力以积极的调子结束面试。拒绝应聘者时要讲策略，例如采用以下说法："虽然你的背景给人印象深刻，但某些候选人的经历更接近我们的要求。"如果正在考虑应聘者，不能马上做出决策，就应当告诉应聘者，公司将尽快以书面形式通知面试结果。主考官要稍作总结，表示面试结束，起身握手告别，示意应聘者可以走了。

6）面试评价。应聘者离开后，面试考官应当检查面试记录，填写面试评分表，根据面试提纲及评分标准对应聘者进行评价。

摩托罗拉公司在招聘时，通常进行三轮面试：第一轮是人力资源部的初步筛选；第二轮由业务部门进行相关业务的考察和测试，此时提问均集中在相关的业务知识上；第三轮由招聘职位的最高层经理和人事招聘专员

参加的面试，每轮均有被淘汰者。员工招聘一定要经过一个层次，一个层次的甄选，程序的科学性要求步骤不能颠倒，只是每个企业根据自己企业的实际情况的不同，招聘的程序也可以有所差别。

（4）面试误区。在面试中经常存在以下误区，应注意规避。

1）轻易判断，过早地做出录用决策。面试考官常在见面后几分钟，凭印象已有录用决策的意向。

2）强调负面信息。过分强调面试表中的不利内容，以致不能全面了解个人。

3）不熟悉工作。面试考官本人对缺职岗位的任用条件不了解，无法掌握正确的标准去衡量应聘者。

4）缺乏经验。面试考官本人缺乏面试经验。面试中本人讲得太多，未让应聘者多讲，失去了招聘面试的意义。

5）雇用压力。由于招聘任务时间紧迫，为完成招聘任务，不得不加快速度，急于求成。

6）先入为主的印象干扰。面试者易受前一位应聘者的影响，并以此作为标准去衡量后一位应聘者。

7）个人偏见等常见心理偏差，均会影响面试效果。

（二）员工录用

应聘者经过几轮的选拔之后，最后就是录用。这一阶段包括录用决策、签订劳动合同、员工的试用、正式录用等环节。

1. 录用决策

录用决策，是指对甄选评价过程中产生的信息进行综合评价与分析，确定每一个候选人的素质、能力和特点，根据预先设计的员工录用标准进行挑选，选择出最合适的员工予以录用的过程。

2. 签订劳动合同

劳动合同是劳动者与用人单位确立劳动关系、明确双方权利和义务的协议。按国家劳动法规定，用人单位与劳动者建立劳动关系，必须订立劳动合同。劳动合同依法订立即具有法律约束力，当事人必须履行劳动合同规定的义务。

3. 员工的试用

试用是对新员工的能力和素质的进一步考核。在试用期要做好以下工作。首先，要让新员工熟悉整个企业、工作部门和工作岗位的基本情况，如企业的经营目标、发展史、经营计划等，促进新员工从外来者向内部员工转换，使他们了解企业的规章制度。安排新员工参观车间、办公室，如企业的环境。成功的试用，一方面可以进一步获取新员工的各种信息，使员工的录用更正确；另一方面，会加快新员工从外来人转换成内部人，避免出现新员工在工作的头一两个星期甚至一两天就提出辞职的现象。

4. 正式录用

当新员工试用期满后，如果其工作表现和能力符合正式录用的条件，那么企业就可以将其转为正式员工。用人部门与人力资源部门应完成以下主要工作：员工试用期的考核鉴定；根据考核情况进行正式录用决策；与员工签订正式的雇用合同；给员工提供相应的待遇，等等。

第三节 培训与考评

一、员工培训与培养

（一）员工培训的意义

人是生产力诸因素中最重要的因素，一个国家、一个企业的命运，归根结底取决于其工作人员素质的高低。人的素质的提高，一方面需要个人在工作中不断钻研和探索，更重要的是需要有计划、有组织的培训。培训是企业有计划地实施有助于员工学习与工作相关的能力的活动。发达国家优秀的企业毫无例外地高度重视人员培训。美国企业在1998年的培训投入总计超过了600亿美元，近些年来还一直保持着增长趋势。员工培训的意义主要表现在以下几方面：

1. 提高员工能力

对员工进行培训是一个学习、提高的过程，在这一过程中，员工获得有助于促进实现各种目标的技术和知识。所以，培训首要的意义就是可以提高能力。对于企业新招募的员工来说，通过企业提供的各种引导培训，可以使他们迅速地了解工作环境、组织文化以及新岗位所需的知识和技能。对于企业的现有员工，培训能使他们跟上企业发展变化的途径，是提

高他们的技能、帮助他们适应变化的一种必要方法。

2. 实现人事和谐

从20世纪末开始，人类社会进入了高速发展的时代，随着科学技术的发展和社会的进步，各种职位对工作人员的智力素质和非智力素质的要求都在迅速提高，造成人与职位要求不协调的现象。要解决这一矛盾，一要靠人员流动，二要靠人员培训。人员流动是用“因事选人”的方法实现人事和谐，而人员培训是用“使人适事”的方法实现人事和谐。即通过必要的培训，使其更新观念、增长知识和能力，重新适应职位要求。显然，这是实现人事和谐的更为根本的手段。

3. 快出人才

在我国，教育经费有限，办学条件远远满足不了社会需要。而且专门人才培养周期很长：大学专科一般需3年，本科需要4~5年。因此，各类人才的新生力量不可能全部由大专毕业生补充；另一方面，现有工作人员也不可能全部送到高等学校去深造。他们中的绝大部分人员只有依靠本地区、本系统、本部门和本单位广泛开展培训，走在实践中培训成才之路。即使大专毕业生进入到工作岗位后，也不可能立即成才，除了经过实际工作的锻炼外，也应接受必要的培训，才能成为名副其实的专门人才。

4. 调动员工积极性

组织中人员虽然所处的岗位不同，层次不同。但就其大多数而言，都渴求不断充实自己，使自己的潜力充分发掘出来。企业如能满足员工的这种自尊、自我实现需要，将激发出员工持久的工作动力。国内外大量事实证明，安排员工参加培训、去国外子公司任职、到先进公司跟班学习以及脱产去高等学校深造、到先进国家进修，都是满足员工这种需求的途径。经过培训的人员，不仅提高了素质和能力，也改善了工作动机和工作态度，提高了工作积极性。

5. 建立优秀组织文化

人类社会进入21世纪，管理科学正经历从科学管理到文化管理的第二次飞跃。在激烈的市场竞争中，有越来越多的企业家发现企业文化的重要性。韩国著名企业家郑周永说：“一个人，一个团体，或一个企业，它克服内外困难的力量来自哪里？来自它自身，也就是说来自它的精神力量，来自它的信念。没有这种精神力量和信念，就会被社会淘汰，这是资本主义社会最朴素的法则。”在有着悠久文化传统的社会主义中国，企业更需要重视文化建设。

（二）员工培训的种类

一般来说培训的种类从方式上可分为新员工培训与在职培训。新员工培训又分为一般性培训和专业性培训；在职培训分为管理人员培训与专业性知识、技能的培训。员工培训的内容必须与企业目标、员工的职位要求相适应。任何培训都是为了提供员工在知识、技能和态度三方面学习和进步的机会。

1. 新进干部的培训和教育

新进干部培训是指给企业新招聘的大中专毕业生提供有关企业的基本背景情况，使新进干部了解所从事的工作的基本内容和方法，使他们明确自己工作的职责、程度、标准，并向他们灌输企业所期望的态度、规范、价值观和行为模式等，让他们熟悉企业文化和工作技术，从而帮助他们顺利地适应企业环境和新的工作岗位，使他们尽快进入角色。

2. 基层管理干部的培训和教育

基层管理干部是在企业的生产、销售等经营活动第一线执行管理职能的直接管理层，包括在生产和服务一线中起监督、指导作用的监工领班等。他们与操作接近，其管理水平将直接影响工人的劳动积极性和对企业的忠诚度。对其培训的内容应侧重于提供与实际工作相配合的基本管理方法，提供有效处理第一线日常工作的各种问题的技巧。通过培训使他们懂得如何进行生产组织和人员调配；如何进行革新和发明；如何督导、指引下属员工；如何发挥团队精神，发挥员工的潜能，调动员工的积极性。

3. 中层管理干部的培训和教育

中层管理干部主要指企业各职能部门的主管经理，他们承担着企业日常经营中包括生产、销售、财务、人事等各种职能的计划、组织、领导和控制工作，是企业的“中坚力量”。对中层管理人员的培训主要应侧重进行业务上的培训，为其提供胜任未来工作所必需的知识和技能；向他们传递经济管理新知识和理念，使他们了解国际经济新动向，更好地理解和执行企业高层的决策方针，使企业的宗旨、使命、信念、价值观和管理文化得到顺利传达。

（三）培养管理人员的基本方法

1. 有计划的晋升

有计划晋升是这样一种培养方法，让受训者清楚了解他的发展道路，

让他知道他目前所处的位置，也让他明白将来可以达到的目标。受训者就知道为了晋升，需要具备什么知识，为了获得所需知识要采取什么措施。这实际上是一种循序渐进的方法，要求受训者在每一个管理岗位上都要很好地完成任务。

2. 职务轮换

职务轮换的基本目的是扩大管理人员的知识领域。受训者轮换到不同岗位上，可以学到企业各种不同的管理知识。职务轮换的形式包括：①担任非管理工作；②进行考察；③在管理人员的各种培训职位之间轮换；④担任中层副职；⑤不固定地轮换到各种不同的管理职位上。

3. 设置助理职位

助理职位的设置是要让受训者和有经验的管理人员一起工作，后者对前者的发展需要给予特别关注。这种办法可以扩大受训者的眼界。管理人员从许多工作中挑选一些分派给受训者去做，以测试他们的判断能力。与职务轮换一样，采用这种方法要求担任指导工作的管理人员必须是合格的教员，能够指导与培养受训者，直到他们可以担当管理人员的全部职责。

4. 临时提升

临时提升是指在现职管理人员休假、生病、出差，或者在某个职位出现空缺时，由受训者代理其职务，等到现职管理人员回到岗位，或者在空缺职位找到了合适人选后，再将职务交回给对方。如果受训者在代理期间能够做出决策和承担全部职责，那他就能取得非常宝贵的经验。相反，如果他只不过是挂个名，不做决策，不真正进行管理，他能得到的经验是很有限的。临时提升不仅是一种培训方法，也是企业在遇到临时性职位空缺时的一种“应急措施”。

5. 参加委员会

委员会也可以作为培养管理人员的工具。让受训者加入委员会，可以使受训者有机会和有经验的管理人员接触，从中学到一些知识和经验。

6. 辅导

辅导下级工作应该是每一位上级的职责。要使辅导有成效，上下级之间必须建立互信。在辅导过程中上级要有耐心，要明智，能够向下授权，在下级工作表现出色时要给予肯定和表扬。有效的辅导能够发挥下级的长处和潜力，并帮助下级克服缺点与不足。确实，辅导需要花费时间，但是如果做好了，它也能节约时间和金钱，减少因下级犯错而付出的高昂代价。从长远来看，这对上级、下级和企业都有利。

二、员工的考评

（一）绩效考评的含义和原则

1. 绩效考评的含义

考评是考核和评价的总称。考核是为评价提供事实依据，只有基于客观的考核基础上的评价才是公平合理的。

绩效考核是应用科学的方法对员工业绩进行客观的描述过程。绩效评价是应用考核结果的描述，并根据描述来确定业绩的高低，做出评价。绩效考评是指针对企业中每个职工所承担的工作，应用各种科学的定性和定量的方法，对职工行为的实际效果及其对企业的贡献或价值进行考核和评价。

2. 绩效考评的意义

（1）绩效考评有助于企业内部的沟通。在企业中，许多员工遭受挫折和失败，经常是由于他们搞不清楚上级希望他们怎么做，他们花费很多精力做他们认为“该做的”，而不是“真正”该做的事。而员工绩效考评工作架起了沟通的桥梁，通过上下级之间深入讨论有关工作问题，增进双方沟通。排除了许多不必要的误解，使上下级之间建立起相互信赖的关系，从而可以及时发现工作中的问题，并加以改进。

（2）绩效考评有助于企业管理的改进。管理者通过对下属的工作绩效评估，可以正确了解本部门的人力资源的状况，可以发现管理中的合理与不足之处。

（3）绩效考评有利于推进企业目标的实现。在企业中，通过对个人或部门业绩的绩效考评，了解他们对更高层次目标的贡献程度经过对目标和实际成绩间的差异的分析，找出存在问题，查找影响达到目标的内外部因素，便可以通过管理的各种职能作用，以及人员的共同努力，推进企业目标的实现。

（4）绩效考评有助于形成奋发向上的良好风气。绩效考评结果的反馈可使员工得到激励和鞭策，并使工作成绩突出的员工得到激励和奖赏，促进绩效差的员工学习提高工作技能，改进劳动态度，减少员工偷懒现象，从而普遍调动起员工的工作积极性，形成奋发向上的良好风气。

此外，在当今社会，经济的运行处处需要法律来调整。由于绩效考评的结果运用可能是对员工进行调职、降薪甚至辞退，这些管理活动有可能引起劳动争议，绩效考评结果则是一种公平合理的依据。

3. 绩效考评的原则

在进行绩效考评的时候，应该遵守以下六项原则：

（1）公开化的原则。考评的内容标准要公开，使员工认识到所有的考评对大家都是一样的，这样才能使员工对绩效考评工作产生信任感，各部门和各员工之间就不会造成人为矛盾。

（2）客观性的原则。要做到绩效考评标准客观、组织评价客观、自我评价客观，不能带有考评人的个人观点，尽量避免掺入主观性和感情色彩。必须用公认的标准，进行客观的评价。唯有客观性，才会保证其公正性。

（3）同一性和差别性的原则。在绩效考评相同类别的员工时要用同一标准、同一尺度去衡量，同样的工作内容、工作职位不能用不同标准去考评。如企业中不同部门的秘书工作，工作内容大致是相同的，可以用同一种绩效考评标准来进行绩效考评。在考评不同类别的员工时，要注意用不同的标准和尺度去衡量。如生产部门可以用产品的产量、合格率、物耗等指标，而销售部门则用销售额、销售费用、回款率等指标来进行衡量。不同层次的员工，绩效考评的标准和绩效考评的内容是不同的。比如说对一般员工的绩效考评，主要考评其完成工作的数量、质量、效益以及工作态度等。而对于主管人员来说，则不仅要考评其完成工作任务的数量质量以及效益，还要考评其企业及各部门目标的实现程度。

（4）全面的原则。员工绩效表现在许多方面，具有多维性。所以考评时既要考评员工产量指标、质量指标及原材料、成本的节约情况，还要考评员工平时的工作状况、人生观和价值观。这就要求绩效考评标准的指标应全面化，既有定性指标又要有定量指标。考核方式应多层次多角度、多元化，既有上级考核又要有下级考核、同级考核、自我考核，只有这样才能防止主观片面性，使考核结果尽可能做到客观和全面。

（5）反馈的原则。在业绩考评之后，要把考评结果反馈给员工，使员工能明白自己工作的成绩和不足，同时要向其提供今后努力方向的参考意见。还应及时地将绩效考评的结果反馈给公司培训部门，以便有针对性地加强员工培训工作。

（6）制度化的原则。企业的绩效考评要作为企业的一项制度固定下来，同时绩效考评的标准、程序、责任等都要有明确的制度规定，并在操作中严格地按照制度的规定进行。

（二）360 度考核法

360 度考核法也叫立体考核法、全方位考核法，又称“360 度绩效考核制度”。它是一种从多个角度对组织成员的工作绩效、工作能力和工作态度进行考评的方法。员工的考核人不仅是直接上司，还包括同事、直接下属、自己，甚至客户与供应商等，从全方位的各个角度来了解个人的绩效和能力，由于其信息来源的多样性，从而保证了反馈的准确性、客观性、全面性。通过这种方法的绩效考核，被考核者不仅可以从自己的上司、部属、同事甚至顾客处获得多种角度的反馈，也可从这些不同的反馈清楚地知道自己的不足、长处与发展需求，使以后的职业发展更为顺畅。

对 360 度考核法涉及的每一个方面的评价进行细致的分析，有助于我们更好地了解其优缺点，以及认识其在实际运用应该注意的事项。

1. 自我评价

所谓的自我评价是指让被考核人对自己在考核期间的绩效表现进行自我评价，评估自己的能力，并以此设定未来的目标。由于员工直接参与考核，增加了员工对考核的投入程度；而不是被动地接受上级的评价，所以降低了员工的抗拒心理，从而了解自己，进而愿意加强自己的不足之处。

自我评价法所存在的问题是，员工们对他们自己的工作绩效所做出的评价，一般总是比他们的主管人员或同事对他们所得出的绩效等级要高。比如，一项研究显示，当员工被要求对自己的工作绩效进行判断时，所有各种类型员工有 40% 的人们把他们自己放到绩效最好的 10% 之中；剩下的人要么是将自己列入前 50% 之列。通常情况下只有 1% 或 2% 的人将自己列入低绩效等级范围之中，而那些总是将自己列入高绩效等级的员工，很多时候往往是低于一般绩效水平的。因此，使用自我评估应该特别小心。而上级在要求部属自我评估时，应知道其评估和员工的自我评价可能会有差异，而且可能形成双方立场的僵化，这也是使用自评时应特别注意的事项。

目前，企业在考评方法中，在述职基础上引入自我考评机制，通过其自我评价，可以总结经验，发现问题。同时，直接上级可依据下属的自我评价进行指导和教育，从而把考核有目的地引向提高、改进被考核者的业绩和能力上。

2. 同事评价

同事的评价，是指由同事互评绩效的方式，来达到绩效考核的目的。同事彼此间工作在一起的时间很长，所以他们相互间的了解一般会比上级与部属更多。员工总是会在主管人员面前尽量地避免暴露自己的缺点，而将自己最好的一面展示出来，但在同事之间一般来说表现的都是比较真实的一面。同时，同事评估可以观察到某人的人际交往能力和领导能力，其评估结果可以有效地预测该人将来是否会在管理方面获得成功。从一项关于部队军官的研究中我们可以看出，同事之间的相互评价在预测谁能够得到提升方面也具有类似的功能。他们之间的互评，反而能比较客观。而且同事之间的互评，可以让彼此知道自己在人际沟通这方面的能力。

同事评估也可能存在以下问题，比如同事可能会依据在现实生活中关系的亲密远疏来进行评估；而且在员工之间处于相互竞争状态的时候，用同事评估的方法会与实际的绩效情况有很大的出入；在同事评价中还经常发生这样的情况，那就是所有的同事串通起来，互相将对方的工作绩效评价为较高的等级；同时使用同事评估还可能会使员工之间产生戒备心理和敌意的情绪，伤害员工之间的感情。

3. 下属评价

在评估经理人员时，员工是非常有资格发言的，因为他们经常与其上司接触，并站在一个独特的角度观察许多与工作有关的行为。因此，下属非常适合去评价其上司在工作方面的业绩，比如领导能力、口头表达能力、授权、团队协调能力、对下属的关注程度等。随着知识经济的发展，有越来越多的企业让员工评价其上级主管的绩效。管理者可以通过下属的反馈，清楚地知道自己的管理能力有什么地方需要加强。这会对其管理才能的发展有很大的裨益。同时，从下属的评价角度也能反映出上级廉洁性、公正性等人品、职业道德方面，这是其他的考核方法所没有的优势。下属参与对上级的评定，则上级会在工作中更加注意下属的意见，而不会对下属的要求和抱怨置之不理。下属评估应该采用匿名提交的形式，并将多人的评估结果综合考虑。

4. 客户评价

客户的评价对从事服务业、销售业的人员特别重要。因为唯有客户最清楚员工在客户服务关系、行销技巧等方面的表现与态度如何。他们能提供非常有用的信息，这样的信息可用于人事决策或人事研究。国内很多公司（例如：金融业、餐饮业等服务业）在绩效考核的制度上常常将客户的评价列入考核系统之中，如评选最佳服务人员。因为服务人员的服务品质、服务态度唯有顾客最清楚。客户服务部门可以用定期抽样的方式，请顾客评估该公司的客户服务成绩。

5. 上级评价

通常都是由员工的直接主管来实行考核评价，直接主管的评估是绩效考核中最常见的，也是最传统的方法。它是大多数情况下，主管都是执行该项任务的最佳人选，他对员工工作的内容最为熟悉。同时，在获取其下属员工的工作情况时也较其他的评估人员容易。因此，上级评估在绩效考核中占有较为明显的优势，很多企业都会采取这种办法。

在上司独立地对员工进行评估之后，企业通常规定由上司的上司对评估做出复核。这有助于减少肤浅的或有偏见的评估结果，因为，间接上司在进行复核时，通常比直接上司更客观，并且能够对员工的工作做出更全面的了解。

本章要点

(1) 人力资源管理，是指对人力资源的取得、开发、利用和保持等方面进行计划、组织、领导和控制，使人力、物力保持最佳比例，以充分发挥人的潜能，调动人的积极性，提高工作效率，实现组织目标的管理活动。

(2) 人力资源管理活动的内容包括：人力资源规划、工作分析、员工招聘、培训与开发、员工使用、绩效考评、薪酬管理、员工激励等。

(3) 招聘的来源分为企业内部来源和企业外部来源。两个渠道各有利弊，企业通过内部和外部两个渠道来招聘员工。

(4) 员工选拔的方法有：资格审查与初选、笔试、心理测验、面试等。

(5) 培养管理人员的方法有：有计划的晋升、职务轮换、设置助理职位、临时提升、参加委员会、辅导等。

(6) 绩效考评是指针对企业中每个职工所承担的工作，应用各种科学的定性和定量方法，对职工行为的实际效果及其对企业的贡献或价值进行考核和评价。

(7) 360 度考核法是一种从多个角度对组织成员的工作绩效、工作能

力和工作态度进行考评的方法。员工的考核人不仅是直接上司，还包括同事、下属、自己，甚至客户与供应商。

思考题

1. 人力资源有哪些特点？
2. 人力资源管理的目标和任务是什么？
3. 人员招聘应遵循哪些原则？
4. 员工选拔的方法有哪些？
5. 对新进干部如何进行培训和教育？
6. 培养管理人员的基本方法有哪些？
7. 什么是360度考核法？

实践练习

请你为某企业设计8道招聘人力资源部经理的面试考题。该企业的性质由你个人模拟确定。

案例应用

案例9-1　　三瑞制造公司培训方案

王鹏是企业管理专业的硕士研究生，毕业以后，他就进入了三瑞制造公司，这是一家大型国有企业。除了总公司以外，下属八个分厂，分别从事各类制造和装配业务。王鹏进入三瑞公司以后，就在人力资源部担任培训师，一年以后，王鹏被调往公司最大的一个机械分厂担任专门负责员工培训和开发的人事经理助理。两年后，王鹏被提升为人事经理，在这一职位上，他干了整整4年。这个任期结束，王鹏将被调往公司总部，在那里他会担任总公司的员工培训与开发经理助理。现在的经理再过25个月，即将退休，王鹏希望能够在两年后接替他的位置。而王鹏深知，这个希望实现与否的关键在于他在目前这个职位上的工作表现。

三瑞制造公司计划在16个月以内开设一家新的分厂。新厂大约在3年内要雇佣4 000名员工。在新分厂开业的时候，大约只能雇佣到1/8的员工，也就是说，还有7/8的员工只能在开业后的3年内招募，由于这个分厂的规模与王鹏原来工作过的分厂不相上下，因此，总公司要求他提交一份新分厂员工培训方案。他有4个月的时间去做这件事。

根据总公司高层管理者的决策，新分厂所有中层和高层的管理人员，将从其他8个分厂的员工中选拔，对这些人来说，这将是一次提升。而且这些管理人员都要由总公司进行培训。在新厂开业的时候，这些管理人员都必需到位。这些管理人员的培训也必需由王鹏负责。

此时王鹏有点不知所措，因为，这么大规模的公司内部培训，以前他从来没有负责过，从公司的历史看，这也是第一次用这种方法来建立新的分厂，并且用这种方法来配备员工。因此，王鹏没有任何先例可以遵循。他决定首先要明确他究竟应该解决的主要问题有哪些。

问题

1. 王鹏应该如何制定新员工的培训方案?
2. 王鹏如何制定针对管理人员的培训方案?
3. 两份培训方案各自的侧重点在哪里? 有哪些异同?

（资料来源：董临萍，康青，陆军．人力资源管理本土案例集．北京：立信会计出版社，2002：55－56）

案例9－2　对下属人员的绩效考评

张某是某公司生产部门主管，该部门有25名员工，其中既有生产人员又有管理人员。该部门采用的考评方法是排队法。每年对员工考评一次。具体做法是：根据员工的实际表现给其打分，每个员工最高分为100分，上级打分占35%，同事打分占65%。在考评时，25个人互相打分，以此确定员工的位置。张某平时很少与员工就工作中的问题进行交流，只是到了年度奖金分配时，才对所属员工进行打分排序。

问题

1. 该部门在考评中存在哪些问题?
2. 产生问题的原因是什么?

第十章

组织文化

学习目的

学习本章，你应能够：

(1) 理解组织文化的概念、特征。

(2) 掌握组织文化的结构、功能。

(3) 掌握组织文化建设的内容、途径。

(4) 了解关于文化管理的概念、特征。

20 世纪 80 年代以后，西方一些杰出企业家的管理实践引起了学者专家对组织文化的高度关注和深入探讨，并取得了显著的成果。今天，现代竞争已经超越产品、技术、品牌，逐渐深入到文化的层面。加强组织文化建设已经逐步被众多有远见的企业家视为组织发展战略和现代管理的重要内容。通过建设特有的组织文化，使组织成员对组织的哲学信仰、价值观念形成共识，在组织内营造一致的文化氛围，从而规范员工行为、凝聚员工心志、激励员工士气，成为实现组织目标的“文化力”。

在本章里，我们首先界定组织文化的概念，接着讨论组织文化的特征、结构、功能以及组织文化建设等问题，最后我们还将就与之相关的文化管理问题作些探讨。

第一节 组织文化的概念及特征

一、组织文化的概念

我们先来看一个案例。美国的西南航空公司（以下简称美西南航）已经连续几年被《财富》杂志评选为美国最受尊重的公司。即使许多航空公司试图模仿美西南航的很多做法，但他们无法模仿的是该公司最重要的成功因素——员工队伍。美西南航与别的公司不同，强调“员工第一”的价值观，公司所拥有的最大财富就是公司的员工和他们所创造的文化。公司努力让员工享受快乐，成为热爱和关心工作的“真正”的雇员，同时注重培养一种合作、信任和富有团队精神的工作氛围。而正是员工们的热情服务，对乘客的关心照料，以及永不停歇的足智多谋，比如他们所具有的标志性的幽默感让乘客拥有一段令人愉悦和令人回想的旅行经历，也帮助美西南航成为全球最成功的航空公司之一。该公司董事长、首席执行官赫布·凯莱赫说：文化是你最优先考虑的问题。

对于文化和组织文化的概念，国内外学者提出过许多的看法。其中，《辞海》对“文化”这样解释：它“指人类社会历史实践过程中所创造的物质财富和精神财富的总和”。

组织文化的定义有多种。以下介绍几种，以资借鉴：

（1）组织文化是组织物质文化和精神文化的总和，是组织管理硬件和软件的结合。其中硬件是指组织的“外显文化”，如组织的建筑设施、活动成果、教育培训等；软件是指组织的“内隐文化”，指组织内部的价值标准、道德规范、行为取向以及由此融合而成的整体风貌。

（2）组织文化是指组织以物质为载体乘载的各种精神现象，是一个组织长期以来形成的，稳定的，以价值体系为主要内容的组织精神、思维方式、行为风格。

（3）将组织看成是一个能量交换系统，从组织的外部输入信息和资源，经过资源整合，输出服务或产品，使组织得以生存发展。组织文化是影响组织运作的那些因素，包括领导风格、规范标准、规章制度、态度和原则、伦理和价值观等。

（4）“一个组织的文化是指该组织信仰、价值观和已掌握的管理方式的集合，它反映在组织的结构、系统和公司的战略制定方法中。公司文化的形成不仅来自公司的过去、现在以及公司的员工、技术、物质资源，也源于在组织中工作的员工的价值观、目的和目标。”这是李查德在《公司战略》中对组织文化下的定义。

基于众多组织的实践和各位学者的见解，我们定义：组织文化是指组织在长期的实践活动中所形成的，并且为组织成员普遍认可和遵循的价值

观念、思维模式、行为规范及具有相应特色的行为方式、物质表现的总和。组织文化使组织独具特色，区别于其他组织。

二、组织文化的特征

（一）客观性与可塑性

组织文化是组织长期社会实践的积淀，它的产生和存在是不以人们的意志为转移的。只要是一个组织，都必然会形成自己的组织文化，不管人们意识到与否，不管它发挥或正或负、或大或小的作用。成功的组织有优秀的组织文化，不重视文化建设的组织有其消极漠然的组织文化。“雄心勃勃、唯利是图”是一种功利性文化；只把文化当作口号宣传或“作秀”的风气其实也是他们的组织文化。

当然，在组织文化形成的过程中，组织创始人往往起到了关键性作用。当一个领导者创造了一个组织或群体的同时就创造了文化。这个组织的文化反映了组织创始人的使命和价值观念。创始人通过对组织应该是怎么样的规划或设想导致了早期组织文化的形成。组织文化来源于组织创始人的志向、设想与组织第一批员工从其自身经验中所学到的东西的相互作用。老托马斯·沃森在 1914 年创办 IBM 公司时设立了“必须尊重个人、必须尽可能给予顾客最好的服务、必须追求优异的工作表现”的行为准则。这些信条在小托马斯·沃森在 1956 年任 IBM 公司的总裁以后更加发扬光大。“沃森哲学”对公司的成功所贡献的力量，比技术革新、市场销售技巧，或庞大财力所贡献的力量更大。

组织文化是客观存在的，也是可以通过创始人的影响以及组织的努力塑造而成的。

（二）民族性与各异性

从空间上讲，每一个组织都处在一定的区域内，有其特定的民族背景，因此它的文化必然可以追溯到所在地区民族文化的根源，即打上区域和民族的烙印。譬如美国的企业是“契约式”的“利益共同体”，强调能力主义、个人奋斗，不断进取。美国通用电气公司的价值观表述是：“坚持诚信、注重业绩、渴望变革”，带有明显的西方特征；又如日本企业倡导“家庭式”的“命运共同体”，强调团队合作、家族精神，京都陶瓷的价值观“为全体员工谋幸福，为社会发展贡献力量”恰恰体现了这个特点。

由于每个组织的使命不同、历史不同，所拥有的资源和所处的环境不同，甚至领导者的信仰风格不同，相应地，其组织文化也会不同，即任何组织的组织文化都有其鲜明的个性。如诺基亚的“科技以人为本”，广州本田的价值观“以人为本和三个喜悦：购买的喜悦、销售的喜悦、创造的喜悦”；沃尔玛的“尊重每位员工、服务每位顾客、每天追求卓越”；TCL 的“为顾客创造价值、为员工创造机会、为社会创造效益”；雅戈尔的“装点人生、服务社会”，等等。

（三）稳定性与时代性

从时间上看，“文”是慢慢积累的意思。组织文化需要经过长时间才能逐渐形成，但一旦形成，就具有稳定性，会长期延续，不会由于个别领导人的更替或个别事件的出现而发生大的变化。这就像人的个性较难随时间改变一样。美国通用电气公司在 20 世纪 30 年代就被认为是一个没有人情味、正规、保守的公司，到 80 年代它基本上还是这样。而美国英特尔公司的领导人历经数次变动，但其经过多年培育出来的开拓创新精神仍然存在，成为公司不断进取的精神支柱和追求卓越的公司信条。

另一方面，组织总是存续于一定的时代环境中，组织成员是该时代的人群，组织文化也必然有时代的烙印。当时代和社会环境发生变革的时候，组织文化也会适时调整、充实、甚至更新，反映该时代的精神风貌特点。这样的文化才是有生命力的。杰克·韦尔奇论到价值观时讲：“确保每一个（员工）都知道公司的价值观”；“每隔几年就要对价值观进行修订以反映变化及知识上的进步。”2003 年，联想集团将其品牌英文标识由 Legend 改为 Lenovo（其中，novo 为拉丁词根，含义是“新意、创新”），目的是体现公司文化的进步。

第二节 组织文化的结构与内容

一、组织文化的结构

一般认为，组织文化结构有三个层次，即核心层、中介层和显现层，可直观地看成是一个有三层次的同心圆（如图 10－1 所示）。最外层是组织的显现层物质文化，中间层是组织的中介层制度文化，最内层是组织的核心层精神文化。

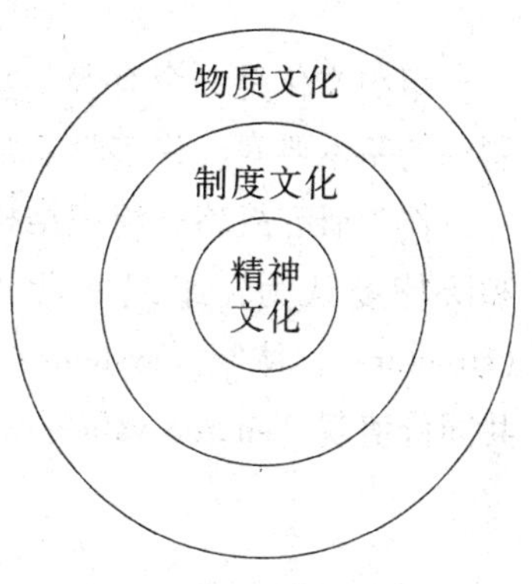

图 10－1 组织文化结构

（一）显现层的物质文化

这是组织文化结构的表层部分，是组织文化有形的物质载体。包括组织进行活动所需的和创造的基本物质基础。如公司商号标识、企业面貌、机器设备、员工服装、产品品牌、外观包装、质量服务，等等。这些，是组织精神文化的物质体现和外在表现。

（二）中介层的制度文化

介于组织潜在精神文化和表层物质文化中间的层次，是体现组织价值理念的各种规章制度、道德规范、行为准则的总和。它包括成文的规定，也应包括那些不成文但为组织成员普遍遵行的行为习惯、领导风格，包括形成组织分工协作关系的组织结构等。

（三）核心层的精神文化

是组织文化结构的核心层，指组织在长期活动中逐步形成的，并为全体员工所认同的共有意识和观念。包括组织的价值观念，即组织所推崇的基本信念和奉行的行为准则；组织精神，即以组织价值观为思想基础的组织群体意识；组织道德，即组织所形成的道德风气和习俗。精神文化层是组织文化的最深层结构，是组织文化的核心和灵魂。

三个层次的关系。物质文化层、制度文化层、精神文化层由外到内形成了组织文化的有序结构。其中，精神文化起核心作用，决定了组织制度文化和物质文化；组织制度文化是组织精神文化与物质文化的中介，精神文化直接影响到制度文化，并通过制度文化而影响物质文化；制度文化、物质文化是精神文化的载体和表现。三者密不可分，相互影响、相互作用，共同构成组织文化的完整体系。

二、组织文化的内容

组织文化是一个有着丰富内涵的系统，其中包括许多相互联系、相互制约的基本要素。许多学者从不同视角提出了新的文化理论。

作为研究战略、组织结构与管理效益的关系的结论，美国学者彼得斯和沃特曼认为，组织文化涉及七个要素：战略（strategy）、组织结构（structure）、体制（systems）、人员（staff）、作风（style）、技能（skills）、共同价值观（shared values）。以图 10－2 所示，被称为“7S 框架”。

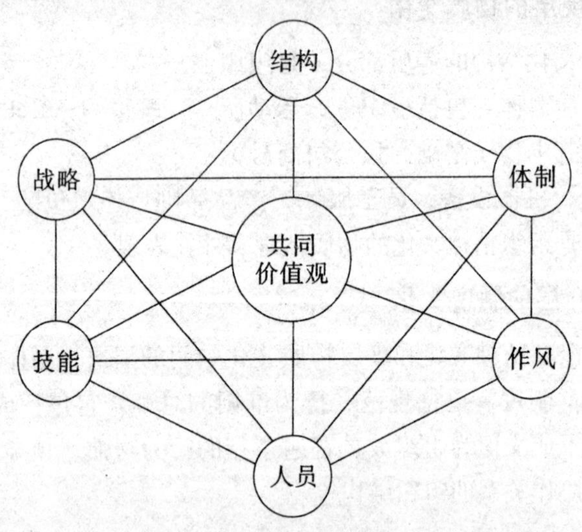

图 10－2　7S 框架

有的学者认为，组织文化的主要构成要素是组织精神、组织理念、组织价值观、组织道德、组织素质、组织行为、组织制度、组织形象等，由此构成一个有着内在联系的复合网络图，如图 10－3 所示。

美国学者特雷斯·迪尔和阿伦·肯尼迪把组织文化整个理论系统概括

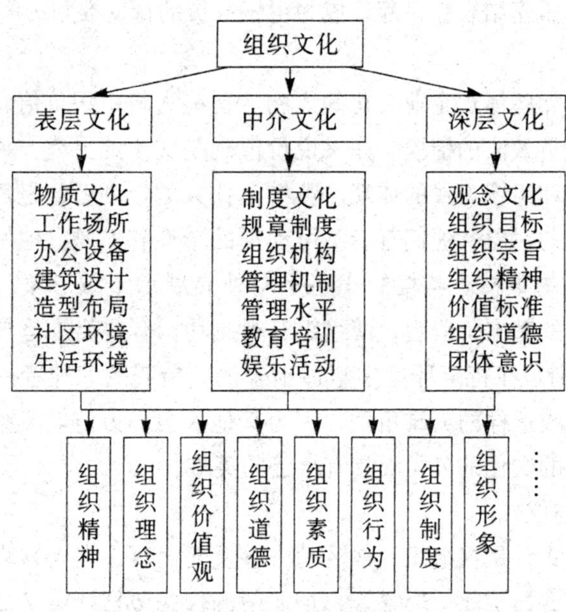

图 10－3 复合网络图

为企业环境、价值观、英雄、习俗与仪式、文化网络等五项要素：

1. 企业环境

企业环境是形成企业文化的最重要的因素。每个企业都面临着不同的市场、顾客、竞争者、政府、技术等社会和业务环境，它往往决定企业的行为。

2. 价值观

价值观是一个组织的基本观念及信念，它们构成组织文化的核心。具有强有力文化的组织都有由其成员共享的、丰富而又鲜明的价值观体系。塑造和增强共有价值观应该是管理者最关心的事和最重要的职责，因为价值观能够强有力地影响组织成员的行为。

在成功的企业中，共有价值观常以类似广告语言的形式来表达，如杜邦公司的“通过化学使美好的生活变得更美好”，美国电话电报公司的“全民服务”。对拥有共有价值观的企业来说，这些词句并非空洞的口号，而是体现组织哲学的实质内容，因此能够凝聚、激励人心。

由核心价值观可以发展出许多具体信息。例如，某公司的核心价值观是“为顾客服务”，从这个基本观念出发可以发展出诸如“应该用心地倾听顾客的抱怨”、“务必使顾客的问题得到解决”等信念。这些信念和组织

的核心价值观紧密结合在一起，成为组织成员的行动准则。

3．英雄

英雄是指那些体现企业文化的人物。这些人将组织价值观人格化，因而成为组织成员效法的楷模。如果说价值观是文化的灵魂，那么英雄就是价值观的化身和组织力量的体现。英雄是伟大的带动者，是每个遇到困难的人都想依靠的对象，他们有着不可动摇的个性和作风，他们敢做凡人想做而又不敢做的事情。英雄的作用是向外界展示组织形象，建立行为标准，增强组织的基本价值观，使组织获得成功。有些英雄是与组织“共生的”，而有些则是在特定环境中塑造出来的。精明的管理者往往从员工中挑选人员造就成这样的英雄角色，因为其他人会竭力仿效英雄的行为。每个具有强有力的文化的公司都具有自己的英雄。

4．习俗与仪式

习俗与仪式，是在组织日常活动中会反复出现、人人知晓却无明文规定的东西。习俗如游戏、聚餐等，企业中的仪式包括社会交往仪式、工作仪式、管理仪式、庆典仪式等。这些也都是企业价值观的体现。企业常通过某些仪式和典礼进行表彰、奖励，通过仪式规范员工日常行为和交往的礼仪，通过不同手段引导习俗。总之，不断使员工领会和强化组织的积极价值观。

5．文化网络

这是对企业价值观和有关英雄神话、传说的非正式的信息传递渠道。每个人在本企业的文化网络中，自发形成地扮演如“讲故事者”、“间谍”、“牧师”、“耳语者”等角色，传播企业文化信息。强文化企业成功地通过开发文化网络，加强了管理者与员工的联系，形象地灌输了企业的价值观，提高了英雄的象征性价值，扩大了人际交流，增强了友谊和内部凝聚力。

第三节 组织文化的功能

组织文化作为一种文化系统，具有许多独特的功能。其中最主要的功能有以下几点：

一、导向功能

导向功能组织文化能对组织整体和组织每个成员的价值取向及行为取向起引导作用，使之符合组织所确定的目标。

组织文化是组织共同的价值取向，本身包含着一定的愿景、方向和目标。组织文化的建设过程有助于把组织成员的思想、行为引导到组织所确定的目标上来。传统管理在促使组织成员完成组织目标时，一是靠带有强制特点的行政权力的作用，二是靠物质利益的刺激，两者都使员工在完成任务时处于与管理者相对的被动地位。而组织文化则不同，它通过对组织价值观的塑造和向员工思想的不断渗透、内化，从精神上引导员工的心理和行为，使员工在潜移默化中接受认同，将这种群体共有的价值观念引导到组织的目标上，则实现组织目标就会成为员工的自觉行动。

沃尔玛是全球增长最快的公司之一。它有三项基本信仰："尊重个人、服务顾客、追求卓越"。沃尔玛的企业文化体系内容繁杂，其原则中包括"提供比满意更满意的原则"。这虽然对员工很苛刻，但顾客对公司"超出期望"的服务赞不绝口，这给公司带来了大量的感谢信和回头客。结果是在约翰·科特所做的企业文化与企业业绩关系的研究中，沃尔玛在企业文化方面平均得分值排名第一，同期企业经营业绩增长指数排名第二。

二、整合功能

组织文化通过其独特的作用方式，培育组织成员的认同感和归属感，通过将共有价值观逐渐习俗化的过程，约束和规范成员的行为习惯，使不同个体的观念、感情、习惯、沟通方式逐渐趋向一致，融合凝聚成为一种无形的合力。正如美国联合信号公司董事长博西迪所说："在一家像我们这样富有多样性的公司里，你必须用共同理念、共同的目标或共同的价值观将他们团结起来。"

一些成功企业的优秀文化已经成为企业的核心竞争力，并在企业的并购、重组，组织的扩张、变革中发挥重要作用。如张瑞敏说：海尔集团的核心竞争力就是海尔文化。大家都知道海尔文化激活休克鱼的故事：海尔在兼并面临破产的红星公司时，首先带领企业文化中心等人员到该公司，贯彻实施文化先行路线，向红星植入海尔精神，用海尔的无形资产盘活了红星的有形资产，获得了国内外的高度评价。

三、适应功能

组织是在一定环境中生存的。组织文化能从根本上改变员工的旧有价值观念，建立起新的价值观念，改变员工旧有的思维与行为习惯，使之适应组织外部环境的变化要求。反之，只有那些能够使组织适应环境变化，并在这一适应过程中领先于其他组织的文化才会被认可为优秀的文化，即可以把对外界环境的适应度作为检验文化优劣的标志。

通用电气前任总裁杰克·韦尔奇在 1981 年上任时，GE 是一个动作迟缓的庞然大物，其生产增长与企业竞争力远远落后于日本同类企业。韦尔奇开始了长达 5 年的大刀阔斧的全面变革。韦尔奇在注重“硬件”方面变革的同时，认为，管理的关键并非找出更好的控制员工的方法，而是营造可以快速适应市场动态和团队合作的文化机制。“如果你想让列车时速加快 10 公里，只需一马力。若想使车速增加一倍，你必须更换铁轨了。若没有文化上的改变，就无法维持高生产力的发展!”变革的结果是，通用电气成为了企业界的奇迹。

第四节 组织文化建设

组织文化具有上述功能，因而被视为组织的重要资源，或是无形资产。然而，组织文化建设是一个长期的动态过程，不能急于求成，也不能照搬别人的模式。必须有目标、有步骤、分阶段地进行。

一、组织文化建设的内容

根据组织文化的结构及其构成要素，组织文化建设的主要内容包括三大方面：

（一）物质文化建设

物质文化建设是组织文化的表层建设，目的在于树立良好的组织形象，传达组织精神。以企业为例，物质文化建设的内容主要包括：

（1）产品文化价值的创造。在良好的产品品质基础上，要运用各种文化艺术和技术美学手段，作用于产品的设计和促销活动，使产品的物质功能与精神功能达到统一。

（2）厂容厂貌的美化、优化。应当重视体现企业个性的视觉元素：有创意而传神的名称及其标识，合理的企业空间布局，与人的劳动心理相适应的工作环境，与其职务岗位相适宜的员工着装，等等。

（3）企业物质技术基础的优化。要注重智力投资和对企业物质技术基础的改造。

（二）制度文化建设

制度文化建设在精神文化和物质文化间起中介作用使得许多卓越的组织家都非常重视制度层的建设，使它成为本组织的重要特色，成为组织文化建设的保障。其内容主要包括：

（1）确立合理的领导体制，包括合理的领导制度、领导结构、领导方式，理顺组织中党、政、工、团等各类组织的关系，以做到领导体制的统一、协调和通畅。

（2）建立和健全合理的适宜的组织结构。要明确作为一个正式组织，其内部各组成部分及其相互关系，以及组织内部人与人之间的相互协调和配合关系。

（3）建立和健全开展组织活动所必需的规章制度。要以明确合理的规章制度，规范员工的行为，使员工的个人行动服从于组织目标的要求，以提高组织系统运行的协调性和管理的有效性。

（4）认可、鼓励、支持员工中那些符合与组织文化协调一致但不成文的行为规范、传统习惯，以促进有益的组织文化氛围的形成。

（三）精神文化建设

精神文化建设是组织文化核心层的建设。

（1）明确组织的价值体系，包括价值排序及最高价值选择，使之成为组织生存的思想基础和组织发展的精神指南。

（2）塑造组织精神。组织精神是组织中成员共有的态度、意志状态、思想境界和理想追求，是组织文化的核心。组织应在借鉴中外古今的文化成果，总结历史、展望愿景的基础上，精炼地概括出组织精神；并利用各种手段，使之渗透于组织的各个方面，成为组织生存和发展的主体意识和支撑力量。

（3）促进组织伦理道德的形成和优化。形成良好的舆论氛围、道德风气和习俗，以使组织及其成员自觉地加强道德修养，规范自身行为。

二、组织文化的塑造途径

（一）选择价值标准

由于组织价值观是整个组织文化的核心和灵魂，因此选择正确的组织价值观是塑造组织文化的首要战略问题。选择组织价值观有两个前提：

（1）立足于本组织的具体特点。各个组织都有不同的环境、资源、目的和组成方式，由此构成千差万别的组织类型。必须选择适合自身发展的组织文化模式，否则难以得到广大员工和社会公众的认同和接受。

（2）要把握住组织价值观与组织文化各要素之间的相互协调，因为各要素只有经过可行的组合与匹配才能实现系统整体优化。

在此基础上，选择正确的组织价值观要注意以下几点：

1）组织价值标准要正确、明晰、科学。

2）对于组织有价值的对象（政策、理念等），应做好分析总结、取舍、排序，明确组织最高价值追求，优化价值体系。

3）组织价值观和组织文化要体现组织的宗旨、管理战略和发展方向。

4）要切实调查本组织员工的认可程度和接纳程度，使之与本组织员工的基本素质相和谐，过高或过低的标准都很难奏效。

5）要尊重员工的实践经验，发挥员工的创造精神，认真听取员工的各种意见，并经过自上而下和自下而上的多次反复，审慎地筛选出既符合本组织特点又反映员工心态的组织价值观和组织文化模式。

（二）强化员工的认同感

在选择并确立了组织价值观和组织文化模式之后，就应把基本认可的方案通过一定的强化灌输方法使其深入人心。具体做法可以是：

（1）充分利用一切宣传工具和手段，宣传组织文化的内容和精要，使之家喻户晓，以创造浓厚的环境氛围。

（2）树立英雄。典型榜样和英雄人物是组织精神和组织文化的人格化身与形象缩影，能够以其特有的感召力与影响力为组织员工提供可以仿效的具体样板。

（3）培训教育。有目的的培训与教育，能够使组织成员系统接受和强

化认同组织所倡导的组织精神和组织文化。培训教育的形式可以多种多样，各种演讲讨论、互动式的培训游戏、健康有益的娱乐活动，往往是很有效的方法。

（4）充分重视、肯定员工在实际工作中符合组织价值观的各种实践体验、积极建议，尤其是创新性的尝试，这是吸纳员工主动参与，融合组织文化的极好机会。

（三）实践与宣传同步

宣传灌输的同时，必须在以下方面将组织价值观落到实处，否则宣传也会流于形式：

（1）领导的率先垂范。组织领导者在塑造组织文化的过程中起着决定性的作用，他本人的模范行为就是一种无声的号召和导向，对广大员工会产生强大的示范效应，能够使共享价值观逐渐变成员工的自觉行动，进而习俗化。

（2）必要的制度保障。制度是组织文化的组成部分，是组织价值观对于成员行为引导、约束的体现和反映。有什么样的价值观，就有什么样的制度，员工可以从制度的内容来体会理解组织价值观。另一方面，制度又是组织文化规范员工行为的保障。尤其在组织文化演变为组织全体员工的习惯行为之前，建立并执行奖优罚劣的规章制度是完全必要的，在宣传内化组织价值观的过程中，对于鼓励员工的积极实践，也是必要的。

（3）物质文化建设。组织物质文化建设也应尽量与以上各方面保持同步，协调一致。

（四）提炼定格

组织价值观的形成不是一蹴而就的，必须在实践的基础上，经过分析、归纳和提炼方能定格。

（1）精心分析。在经过群众性的初步认同实践之后，应当将反馈回来的意见加以剖析和评价，详细分析和比较实践结果与规划方案的差距，必要时可吸收有关专家和员工的回来意见。

（2）全面归纳。在系统分析的基础上，进行综合化的整理、归纳、总结和反思，去除那些落后的、不为员工所认可的内容与形式，保留那些进步的、卓有成效的、为广大员工所接受的内容与形式。

（3）精炼定格。把经过科学论证的和实践检验的组织精神、组织价值观、组织文化，予以条理化、完善化、格式化，再加以必要的理论加工和文字处理，用精炼的语言表述出来。

建构完善的组织文化需要经过一定的时间过程。如我国的东风汽车公司经过将近30年的时间才形成“拼搏、创新、竞争、主人翁”的企业精神。因此，充分的时间、广泛的发动、认真的提炼 、严肃的定格是创建优秀的组织文化所不可缺少的。

（五）丰富发展

任何一种组织文化都是特定历史的产物。当组织的内外条件发生变化时，不失时机地调整、更新、丰富和发展组织文化的内容和形式总会被摆上议事日程。这既是一个不断淘汰旧文化和不断生成新文化的过程，也是员工认识与实践不断深化的过程。组织文化由此经过不断的循环往复，达到更高的层次。

第五节 文化管理

一、作为管理新形态的文化管理

这里讲的文化管理，不是指对文化艺术、娱乐事业的管理，而是指一种新的管理思想或管理模式。以往的经验管理阶段，凭借经验进行管理；科学管理阶段，依靠科学手段进行管理；而文化管理则是借助组织文化建设进行管理，是管理的新兴形态。

管理是生产力水平以及经济模式的产物。工业发展初期的经验管理阶段，资本家亲自管理工厂生产，难免有管理混乱、劳资尖锐对立的局限性。

机械化、自动化的大工业生产出大量的商品和社会财富的同时，也产生出科学管理理论和管理方法。生产过程标准化、系列化、规范化带来高效化。同时，也给作为管理对象的劳动者，特别是体力劳动者带来更多的制约、管辖，作为管理对象的工人仍然摆脱不了“工具人”的地位。

20世纪90年代以来，科学技术的重大进步，特别是信息技术的飞速发展，加速了经济全球化的进程，知识经济时代扑面而来，产业结构、生产方式发生根本的变化，由此促进社会结构、劳动结构甚至人们的生活方式也随之发生了深刻变化，在产品的生产过程，员工工作的科技含量大大增加，脑力劳动、智慧创新对企业提高效益、竞争取胜的贡献日益体现，知识、智力甚至成为无形资产可用于投资入股。由于经济和社会在转型，必然带来管理的转型。工业时代，管理的主要问题是如何调动体力劳动者的积极性，而21世纪的管理，难点在于如何调动知识工作者的积极性。管理的重点由关注“物”的管理转变为更加关注“人”的管理；由仅仅注重研究工作组织、生产过程、工作效率转变为同时关心组织中人的需求。重视人力资源，人被视为可开发的资源，经培训、激励、引导，可以发掘出其潜在能量，成为企业盈利的新源泉。20世纪后期出现的Z理论、7S框架、学习型组织、企业再造、企业文化思潮等理论成果，都向我们传递了一个变化的信息：组织文化在管理中的作用日益明显，“文化管理”，将成为继经验管理、科学管理之后的第三个阶段，即第三种管理模式。

所谓文化管理是组织有意识地通过以价值观为核心的组织文化建设来引领、推动、实施组织的经营管理工作。

在组织发展更趋成熟的过程中，组织哲学、价值观、精神等方面的思考，使企业具有更多的使命感、社会责任感；使员工不仅是企业效率、效益的源泉，他们作为社会成员，也成为组织的目的所在。组织在生存发展的同时，将更多地兼顾到员工个人的成长与前途。同时，在员工对组织价值观的认同、对管理的主动参与以及自我管理的过程中，满足他们“快乐和有意义”的追求，使员工在工作付出的同时，得以享受工作。这种管理模式应是更高层次的管理。

二、文化管理的特征

文化管理作为一种新兴的管理理论和模式，与以前的科学管理相比，具有以下特征：

（1）从管理的中心看：以往的资源经济时代，企业管理的中心是资本、物质等物的要素；科学管理对人性的假设则是经济人；文化管理假设人是观念人，该模式把管理对象视为以人为中心的资源。

（2）从管理的性质看：科学管理是理性的管理；文化管理是科学性与艺术性的适度统一，是理性与非理性的对立统一。

（3）从管理的手段看：科学管理是通过建立科学的结构、规章制度等科学手段，规范人的行为，被认为是“硬管理”、“刚性管理”。相对而言，文化管理主要是通过建立共同价值观，通过影响人的思想、精神、理念来进行管理，是精神的标准化，因而被认为是“软管理”、“柔性管理”、“弹性管理”。其实，组织文化的结构包括制度文化、行为文化，组织价值观也是通过制度、行为表现出来的。因此，应该说，文化管理是软管理与硬管理的巧妙结合。

（4）从管理的职能看：管理的职能有计划、组织、领导、控制。而文化管理的职能有自己的特殊性：

1）战略管理必须以企业哲学为指导，与科学管理所指的计划概念有所不同，因而成为文化管理模式，计划职能的主要特色。

2）文化管理模式下的组织不像以往的组织主要建立在权势服从的基础上，而是组织内所有员工都应理解、遵循组织使命，据此作出判断，而不单单是服从于行政权力。这就要求组织是学习型组织，从组织的高层领导到基层员工以至组织整体，都应保持不断学习、变革的态势。

3）文化管理的领导模式是“育才型”的，而传统管理的是“师傅型”、“指挥型”的。

4）科学管理的控制是依据计划、定额、标准、制度进行的，是一种外部控制，而文化管理的控制是通过精神和制度的多重作用，且以精神作用为主，因而是以自我控制为主的控制。

5）科学管理的激励多是组织外在的激励，而文化管理对人的激励多是发自员工对共有价值观的认可和赞同，这样产生的激励作用更多的是精神性的内在激励，有更强的激励力。

（5）从管理的效果看：与传统管理仅注重工作效率不同，文化管理模式是高士气与高效率的高度统一。

三、文化管理趋势展望

我们所处的21世纪是知识经济的时代，是网络经济的时代，也是文化经济的时代。这个时代的社会结构、劳动结构已经并且正在发生着深刻的变化。正如经济学研究各种有形资源的利用、配置以提高经济效益一样，文化作为一种资源，作为组织的无形资产，也必然引起充分重视。文化管理作为一种新兴的管理理论与管理模式，正在被更多地接受和认同，并会

有十分广阔的发展空间。这是因为：

第一，即使是体力劳动者，其生产效率也受到士气、人际关系等因素的影响。在温饱问题解决以后，人的需要将会有社交、尊重甚至是自我实现等精神需要。文化管理当更能适应实现人的全面发展的要求。

第二，尤其是在知识经济时代，与知识相关的脑力劳动在人类劳动中所占的比重越来越大，创新正在成为经济增长的主要因素。显然，对创造性的脑力劳动而言，管理的重点不再是在遵守制度下标准化地完成定额。而文化管理以其精神影响、自主约束、内在激励的特点已经并继续会证明它的独特优越性。正如宏碁前任董事长兼首席执行官施振荣所言："宏碁的管理是以人为中心的模式，未来经济的发展，借助人的比重会越来越多。自然资源有限，而脑力资源开发无限，找到开发脑力的有效机制就拥有了发展的最好办法。"

第三，随着第三产业的兴起、现代社会人际交往的频繁和对服务要求的日益提高，与此相关的情绪劳动，作为一种特殊的劳动方式，也日益受到关注。情绪劳动是指员工要在工作中表现出令组织满意的情绪状态，达到顾客更加满意的工作效果，空乘、酒店、教师、医护等职业人员的工作均有这样的要求。伪装情绪、压抑情绪都是有害的。只有文化管理能通过劳动者对组织、对工作的高度责任感和健康情感，使服务对象得到真心的满意，为社会创造更大的价值，同时使劳动者个人产生享受工作的满足感，享受身心的健康。

第四，从企业战略管理、企业规模扩张、企业结构的扁平化和分权趋势、虚拟企业的控制等各方面的考虑，文化管理都是必然趋势。

总之，正如中国著名管理学家成思危所说："如果说20世纪是由经验管理进化为科学管理的世纪，则可以说21世纪是由科学管理进化为文化管理的世纪。"

本章要点

（1）组织文化是指组织在长期的实践活动中所形成的并且为组织成员普遍认可和遵循的价值观念、思维模式、行为规范及具有相应特色的行为方式、物质表现的总和。组织文化具有客观性、可塑性、民族性、各异性、稳定性与时代性等特征。

（2）组织文化结构有三个层次：最外层是组织的显现层物质文化；中

间层是组织的中介层制度文化；最内层是组织的核心层精神文化。

(3) 组织文化是一个有着丰富内涵的系统，其中包括许多相互联系、相互制约的基本要素。美国有学者认为，组织文化的整个系统应包括企业环境、价值观、英雄、习俗与仪式、文化网络等五项要素。

(4) 组织文化的功能包括导向功能、整合功能、适应功能等。

(5) 组织文化建设的主要内容包括物质文化建设、制度文化建设和精神文化建设三大方面。组织文化的塑造途径为：选择价值标准，强化员工的认同感，实践与宣传，提炼定格，丰富发展。

(6) 文化管理，将成为21世纪的管理新形态，具有与传统管理许多不同的新特点。

思考题

1. 如何理解组织文化的概念和特性？
2. 简述组织文化的结构和内容。
3. 组织文化的主要功能有哪些？
4. 组织如何塑造自己的文化？
5. 组织应如何搞好组织文化建设？
6. 什么是文化管理？为什么说文化管理是管理发展的更高阶段？

实践练习

针对一个组织（企业、班级、宿舍、社团组织等），调查分析它的文化状况。之后，运用所学知识，为该组织做出组织文化建设的方案设计。

案例应用

案例 10-1　低调文化，张扬战略

1968年，何享健先生带领23位居民创办了北滘公社塑料加工组，主要生产塑料瓶盖、汽车挂车安全阀、橡胶配件等，从此踏上了“美的”征程；20世纪80年代抓住改革开放的时机，开始生产电风扇、空调器，进入家电行业；90年代完成由乡镇企业向股份制企业的改造，在深交所成功挂牌上市，并推行事业部制改造；2000年实现历史性的跨越，成为顺德市首家销售收入超百亿元的企业。随着新世纪的到来，中国加入WTO，美的集团站在国际化竞争的高起点，对未来五年的发展作了全方位的战略规

划，建立海外基地，在2010年实现销售收入1000亿元，成为多元化大型国际知名企业集团。

2005年，“美的”三年战略滚动发展规划出台时，一位专家曾撰文评价美的集团：“低调文化，张扬的战略”，提出了以下问题：

“美的”从没有像现在这样张扬地提出自己的战略，带着浓厚广府商业文化色彩的美的集团，如何走出广东，以强势企业文化支撑张扬的战略规划，从而成就家电伟业。

埋头实干，低调文化，“实干闯未来”，是广东商人的真实而传统心态。商业功利意识过浓，文化底蕴不足是广东民企普遍的现象。何享健所带领的美的集团同样如此，比起其他国内大型企业来说，甚为低调，较少媒体大规模的曝光或造势宣传。低调所带来的好处是稳健，少浮躁，多现实。“美的”一直保持着稳定的增长。20世纪80年代平均增长速度为60%，90年代平均增长速度为50%。2003年美的集团实现销售收入175亿元，同比增长30%；其中出口创汇5亿美元，同比增长60%。但低调面临的问题在于可能缺乏第二次创业的激情、强势的霸主态势、必要的全球化视野以及过于微观的操作。低调文化的潜台词可能是战略愿景的模糊、可能是放缓速度的疲态或小富即安的务实。正如前文所述，广东企业家应当重塑自己，不仅要敏于行，还要勤于思；不仅要重视微观，更要解脱出来把握宏观；不仅要关注战略，更要提升管理哲学，站在更高的高度上看待问题。

“美的”发展史上贯穿着何享健“唯一不变的就是变”的创新变革思维。从产权制度持续变革到事业部制组织结构的不断重组，我们能够感受到企业家在不平衡中追求平衡的勇气，也能为“美的”在变化中塑就的机能抱有信心。但“美的”似乎不很擅于运用文化的力量整合管理资源，我们不是说“美的”没有企业文化，而是说“美的”没有将作为企业灵魂的企业文化提升到战略的高度来看待，这是因为我们始终看不到“美的”系统化的企业哲学系统，哪怕是企业家精神也是单一的体制创新思维。

笔者认为，“美的”企业文化在大规模扩张战略实施之初必须解决五大问题：

第一，企业哲学系统提炼升华、企业文化战略运行体系搭建。纯粹为了扩张而进行文化包装对于“美的”而言有害无益，解决不了什么问题。在企业家哲学系统整理的导向下，更为客观全面地提炼“美的”关键成功理念系统是大势所趋；与此同时，制度化的核心价值观制度是美的这样的大型家电企业凝聚人心、鼓舞士气、处理好各利益相关方的关键所在。

第二，战略与文化之间的协同。张扬的扩张战略对于早已习惯低调务实的“美的”人来说，不啻面临着诸多的理念冲击。强势企业文化特征的强化是“美的”战略实施的最大核心动力，既得利益群体能否放弃惯性思维而激发第二次创业式的如狼似虎的野心与激情，是我们对于“美的”最大的担心。

第三，内部高层人力资源支撑及接班人问题。进攻性战略没有充足而从容的人力资源作后备，将直接影响“美的”的扩张；同时，足够优秀的人才并不一定就能支撑战略，因为价值观的碰撞与磨合还有一个过程，如果“美的”在大规模增加人才引进之前没有搭建及明晰自身的价值观系统，那么将会在战略需求与文化差异中直接增加不少人力资源的投资成本。

第四，文化输出问题。文化先行是多元化战略的必要前提。这一点从“美的”发展轨迹来看，似乎并没有高度认识到这一问题。在“美的”高层对于企业文化的潜意识中，可能仍然将思考定位在“美的”建设企业文化对于“美的”销售业务增长是否有好处。但这个问题实质上是处于企业哲学指导下的企业文化，企业文化指导下的品牌文化两大层面框架下的问题，这说明对于文化的价值定位，“美的”高层尚未有清晰的足够高度的认识。更谈不到文化先行的扩张假设了。

第五，主流文化与亚文化管理问题。在“美的”企业文化实施中，需要高度注意的问题还在于“美的”总部的主流文化与“美的”下属各控股公司的亚文化的冲突协调。对于一个基于我们初步的判断缺乏强势企业文化模式的大型集团而言，这是不能不三思要把好的重要关口。

以上是“低调文化，张扬战略”一文在2005年提出的问题。

2008年的美的集团，是一家以家电业为主，涉足房产、物流等领域的大型综合性现代化企业集团，旗下拥有两家上市公司、四大产业集团，是中国最具规模的白色家电生产基地和出口基地。正在实现其战略目标：2010年销售收入1000亿，出口50亿美元，利润50亿元，成为综合实力居于亚洲前两位、全球前五位的具备国际竞争力的白色家电企业集团。

“美的”推出的未来战略是“全球化视野，国际化运营”；

“美的”将积极推动市场国际化、人才国际化、管理国际化、品牌国

际化、资本国际化。在全球范围内运用资源，提升参与全球竞争的能力。

"美的"提出，提升五种能力，增强全球竞争力。

2006年，"美的"推动了"科技力、产品力、营销力、服务力和品牌力"的提升；

2007年，"美的"提出并推动了新"五种能力"提升工程：系统创新能力、经营管理能力、资源整合能力、资本运营能力、文化融合能力；

"美的（20世纪）60年代用北滘人，70年代用顺德人，80年代用广东人，90年代用中国人，21世纪用全世界的人才！"

美的文化——企业精神是开放、和谐、务实、创新；

企业使命是为人类创造美好生活；

企业目标是做世界的美的。

问题

1. 战略与文化应该是什么样的关系？
2. 你认为美的集团的文化建设工作做得如何？
3. 有关组织文化，从"美的"案例你可以得到哪些启示？

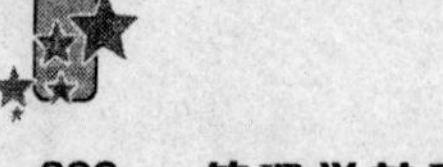

第十一章

领　导

学习目的

学习本章，你应能够：

(1) 准确理解领导概念的内涵。

(2) 了解领导特质论的内容和现代领导应具备的素质。

(3) 了解人性假设理论及其相应的领导方式。

(4) 掌握领导行为理论及其应用。

(5) 掌握领导的情境理论的基本观点及其应用。

(6) 理解决策的概念、决策的原则和分类。

(7) 掌握常用的决策方法。

(8) 掌握领导权力的来源和领导授权的原则。

领导是管理的一项重要职能。领导工作存在于组织内部的上下级之间，在领导工作中，组织内外部的环境、被领导者的情况是影响领导效果的重要因素，但起决定作用的是领导者的素质、领导方式和领导方法。本章，首先弄清领导的内涵和作用，接着介绍有关领导研究的素质论、行为论和情境论的主要观点；然后，探讨领导的决策问题，包括决策的原则、过程和方法；最后，我们还将讨论领导的权力来源和授权问题。

第一节

领导的性质和作用

一、领导的内涵

“领导”一词，有两种词性含义。作为名词，即“领导者”的简称；

作为动词，是指“领导者”所从事的活动。在管理学中，领导通常指管理的一种职能、一种活动过程，具有丰富的内涵。那么，我们应怎样理解领导的丰富内涵呢?

（一）领导的含义

何谓领导？不同的学者和企业管理者有不同的理解和表述。R. M. 斯托格狄认为：“领导是对组织内群体或个人施加影响的活动过程。”G. R. 泰瑞认为：“领导是影响人们自动为达到群体目标而努力的一种行为。”J. L. 罗伯特认为：“领导是在某种条件下，经由意见交流的过程所实行出来的一种为了达到某种目标的影响力。”H. 孔茨认为：“领导是一种影响力，它是影响人们心甘情愿地和满怀热情地为实现群体的目标而努力的艺术或过程。”他又认为：“领导是一种影响过程，即领导者和被领导者个人作用和与特定环境的相互作用的动态过程。”韦伯认为：“有效的领导有一种魅力，即某种精神力量和个人特征，能够对许多人施加个人影响。”通用电气公司前首席执行官韦尔奇认为：“领导是一种能将其想做的事或其发展设想形成一种远见，并能使其他人理解、采纳这种远见，以推动这种远见成为现实的人。”

我们认为：所谓领导就是具有影响力的个人或集体率领、引导或鼓励被领导者，实现组织目标的过程。其基本含义包括以下几方面：

第一，领导包含领导者和被领导者两个方面。领导者是指能够影响他人并拥有管理的制度权力、承担领导职责、实施领导过程的人。领导是领导者与被领导者的一种关系，如果没有被领导者，领导者将变成光杆司令，其领导关系也就不复存在。在领导过程中，下属都甘愿或屈从于领导者而接受领导者的指导。

第二，领导是一种活动，也是一种艺术。领导是引导人们行为的活动，是领导者带领、引导和鼓舞下属去完成工作、实现目标的过程。在这一过程中，领导者需要运用技巧去引导和鼓励下属，因而领导也是一种艺术。

第三，领导的基础是领导者的影响力。领导者拥有影响被领导者的能力或力量，它们既包括由组织赋予的职位权力，也包括领导者个人所具有的影响力。一个领导者如果一味地行使职权而忽视社会和情绪因素的作用力，就会使被领导者产生逃避和反抗行为。当一个领导者的职位权威不足以说服下属从事适当的活动时，领导是无效的。

第四，领导的目的是为了实现组织的目标。领导的目的在于使组织更有效地运作，以更好地实现组织的目标。因而不能为了领导而领导，更不能为了体现领导的权威而领导。

（二）领导与管理

领导与管理联系极为密切，领导对于管理也非常重要，但这两个概念不尽相同，两者之间既有联系又有区别。同样，领导者和管理者之间也既有相似之处，也有不同之处。

1. 领导与管理的联系

(1) 领导行为包含于管理行为之中。管理活动包括计划、组织、领导和控制等许多活动，而领导是从管理中分化出来的，领导活动只是组织中诸多管理活动中的一种。

(2) 领导活动和管理活动的开展都是以组织为基础的。领导活动需要有领导者与被领导者的参与，而管理活动也需要有管理者和被管理者的参与。如果没有组织，而只是单独的一个人，则不存在所谓的领导活动或管理活动。

(3) 领导者和管理者在开展职能活动时，都要有一定的权力。管理者在履行管理职能时，需要有组织赋予的权力为基础。同样，领导者在实施领导职能时也要有一定的权力，这种权力可能来自于组织，也可能来源于领导者个人，如个人魅力等。

(4) 领导活动和管理活动在现实生活中，具有较强的复合性和相容性。领导和管理的界限并不总是很清晰的。在现实生活中，一个人可能既是领导者，又是管理者；他在从事管理工作的时候，也在担负着领导工作。

2. 领导与管理的区别

(1) 领导与管理的权力来源不完全一样。管理者是上级任命的，他们拥有合法的权力进行奖励和处罚，其影响力来自于他们所在职位所赋予的正式权力。领导者可以是任命的，也可以是从一个群体选举中产生出来的，领导者可以不运用正式权力来影响他人的活动。比如非正式组织中最具影响力的人就是典型的例子：组织并没有赋予他们正式的管理职位和职权，他们也没有义务去负责组织的计划和组织工作，但他们却能引导、激励甚至命令自己的追随者。

(2) 领导者与管理者在组织中的角色不一样。领导者是与权力及在组

织中的地位联系在一起的，领导者与被领导者之间是上级与下级之间的关系。于是，领导者在组织中主要扮演指导下级的角色，并以个人的能力和素质为基础从事领导活动。而管理者却是与组织中的分工不同联系在一起。管理与被管理者之间是组织中分工不同的协作劳动关系。管理者在组织中主要扮演协调工作的角色。

（3）领导者与管理者的素质要求不尽相同。从本质上说，管理是建立在合法的职务权力基础上对下属的行为进行指挥的过程，这就要求管理者通过周密的计划、严密的组织、正确的指导、严格的控制，来取得工作中的成效。而领导是一种影响力或者说是对下属施加影响力的过程。领导者可能更多的是通过其个人的魅力与专长来影响追随者的行为，并使下属自觉地为实现组织的目标而努力。因此领导者的一个重要素质就是个人要具有一定的影响力。

二、领导者的作用

（一）指挥作用

在人们的集体活动中，需要有头脑清晰、胸怀全局、能高瞻远瞩、运筹帷幄的领导者帮助人们认清所处的环境和形势，指明活动的目标和达到目标的途径。正如孔茨和奥唐纳尔所说：领导是指引途径、进行指挥、督导处理和起带头作用。指挥是领导的一项最基本的功能。

（二）协调作用

在许多人协同工作的集体活动中，即使有了明确的目标，但因各人的才能、理解能力、工作态度、进取精神、性格、价值观、信念等的不同以及外部各种因素的干扰，人们在思想上发生各种分歧、行动上偏离目标的情况是不可避免的。因此，就需要领导者来协调人们之间的关系和活动，把大家团结起来，朝着共同的目标前进。

（三）激励作用

在现阶段，劳动仍是人们谋生的手段，人们需求的满足还受到种种限制。当人们学习、工作和生活中遇到困难、挫折或不幸时，或某种物质的、精神的需要得不到满足时，就必然会影响工作的热情。怎样才能使每一个职工都保持旺盛的工作热情，最大限度地调动他们的工作积极性呢？这就需要有通情达理、关心员工的领导者来为他们排忧解难，激发和鼓舞他们的斗志，发掘、充实和加强他们积极进取的动力。

可见，引导员工努力朝向同一个目标，协调他们的矛盾，激发职工的工作热情，使他们在组织活动中保持高昂的斗志，这便是领导者在组织和率领员工为实现群体目标而努力工作的过程中必须发挥的具体作用。

第二节 领导者的素质

领导是否具有与生俱来的特质？这些特质是天生的？还是可以在后天的培养和实践锻炼后获得？何种素质的领导者可以成为成功的领导者？这是本节探讨的主要内容。

一、领导特质论

领导特质理论，又称为领导品质理论或特性理论等，是西方研究领导者素质的成果。它主要通过研究领导者的各种个性特征，来预测具有怎样的品质、素质、修养的人才能成为有效的领导者。

早期的特质理论认为领导者所具有的特质都是天生的，与后天无关，并且只要是领袖就一定具备超人的素质。后来的领导特质理论则认为领导者的品质和特性是在实践中逐步形成的，是可以通过教育训练培养的。

对于领导者应当具备的特质，不同的研究者有不同的说法。

（一）斯托格迪尔的领导个人因素论

R. M. 斯托格迪尔在查阅整理有关论述领导者素质的 50 000 多种有关书籍和文章后，归纳了领导者的个人因素包括：

五项身体特征：即精力、外貌、身高、年龄、体重。

四种智力特征：即判断分析能力、运用语言能力、果断性、知识渊博。

十六项个性特征：即适应性、进取心、热情、自信、独立性、外向、机警、支配力、有主见、急性、慢性、见解独到、情绪稳定、作风民主、不随波逐流、智慧。

六项工作特征：即责任感、事业心、毅力、首创性、坚持、对人的关心。

九项社交特征：即能力、合作、声誉、人际关系、老练程度、正直、诚实、权力的需要、与人共事的技巧。

两项社会性特征：即社会经济地位、学历。

（二）吉赛利的领导品质论

E. 吉赛利在对美国90个企业的300多名管理人员进行调查研究的基础上，根据个人性格与管理成功的关系，按重要性进行了分类，提出了包括五种个性特征、五种激励特征和三种能力特征共十三种个人素质特征，并测算出每个特征在管理中的相对重要性和在领导才能中体现的价值。其研究结果如表11－1所示。在十三种特征中，六种属于很重要的特征，六种属于次重要特征，一种与管理的成功与否没有关系。E. 吉赛利的研究结果表明，一个有效的领导者监察能力和决断能力十分重要，而对事业成功的追求以及个人才智、自我实现等个性特质是能否取得事业成功的关键。

表11－1　个人特性价值表

重要程度	重要性价值	个人特征
非常重要	100	监察能力（A）
	76	事业心，成就欲（M）
	64	才智（A）
	63	自我实现欲（M）
	62	自信（P）
	61	决断能力（P）
中等重要	54	对安全保障的需要少（M）
	47	与下属关系亲近（P）
	34	首创精神（A）
	20	不要高额金钱报酬（M）
	10	权力需求高（M）
	5	成熟程度（P）
最不重要	0	性别（男性或女性）（P）

注：1. 重要性价值：100 ＝“最重要”，0 ＝“没有作用”。

2. 括号中的A表示能力特征，P表示个性特征，M表示激励特征。

（三）鲍莫尔的个人条件论

美国普林斯顿大学 W. J. 鲍莫尔从满足实际工作需要和胜任领导工作的要求方面研究领导者应具有的能力、才智和个性，提出了作为一个企业领导应具备的10个条件：①合作精神；②决策能力；③组织能力；④精于授权；⑤善于应变；⑥敢于求新；⑦勇于负责；⑧敢担风险；⑨尊重他人；⑩品德高尚。

领导特质论的研究基础是：认为领导和非领导的区别在于领导者具备了一些特殊的基本特征和素质。因而只要找出成功领导人应具备的特点，再考察某个组织中的领导者是否具备这些特点，就能断定他是不是一个优秀的领导人。然而在这方面的理论研究，不同的研究者说法不一，甚至互相矛盾，缺乏说服力。

但是这些理论并非一无用处，一些研究表明，某些个人品质与领导有效性之间确实存在着相互联系。例如，一些研究发现领导者确实具有高度的才智、广泛的社会兴趣、取得成功的强烈欲望，以及对待职工的极端关心和尊重。另一些研究则发现个人的才智、管理能力、首创性、自信以及个性等，与领导的有效性有重要的关系。另外这个理论系统地分析了领导者所应具有的能力、品德和为人处事的方式，向领导提出了要求和希望。这对组织选择、培养和考核领导者是有帮助的。

二、现代领导者应具备的素质

尽管特质论未能为领导者的素质提出一个公认的标准，尽管无法用一个标准去划分领导者和非领导者。但一个领导者，为更好地履行领导职责，实现有效领导，在个人素质上仍有其共性要求。总的来说，对领导者的素质要求包括知识素质、能力素质、心理素质和身体素质等四个方面。

（一）知识素质

领导者的知识素质，可以有多种结构。但一般来看，应具备两类知识：一是自然科学、社会科学的基础知识；二是本行业的专业知识和管理知识。如果领导者的知识面太窄，就难以适应工作的需要；若领导者缺乏本行业的专业知识和管理知识，就无法实施具体的领导。因此，领导者的知识素质应具有“T”型知识结构。领导者在纵向上要具备比较精深的专业知识和管理知识，在横向上应具有较为广博的相关学科知识，即在

“专”的基础上向“博”的方向扩展，由“I”型向“T”型转变。领导者只有对相关专业知识有一定的了解，才会与下属有共同语言，避免乱指挥；同时，广泛吸取相关学科知识，才能更好地发挥影响力，进行有效的领导。

（二）能力素质

工作能力是领导者在工作中各种能力的综合表现。领导工作是否有效，很大程度上取决于领导者的工作能力素质的高低。领导的工作能力素质体现在许多方面：如逻辑思维能力、预测决策能力、组织和协调能力、具体业务管理能力、社会交际能力、语言表达能力、管理自己时间的能力等。但处于组织的不同层次的领导，其能力素质的要求有很大的差别，上层领导要求具备很强的决策能力和组织管理能力；中层领导要求具备很强的组织管理能力和一定的决策能力；基层领导则要求具备很强的业务管理能力。而不管处于组织中的哪一层次的领导，都要求具备一定的社会交际能力、语言表达能力和管理自己时间的能力。

（三）心理素质

心理素质是形成独特领导风格的决定性因素，也是选择领导者的主要标准。具有坚定的信念、积极向上的价值观和强烈的事业心是作为领导者的一个基本要求。在困难面前能迎难而上，具有克服困难的坚强意志，是领导工作对领导者的另一个基本要求。而领导者是否具有积极的情感，如热爱工作，待人热情、善意、公道，则在一定程度上决定了组织的工作气氛、人际关系和群体风气。领导者还应具有宽容大度的胸怀，善于与不同个性的人共事的素质；临危不乱，善于处理危机的素质；机敏亲切，善于应变的素质。

（四）身体素质

中国有一句古话：“德智皆寄于体，无体是无德智也。”这里的所谓“体”即身体素质，作为道德和智慧的载体，是领导者成功的基本物质条件。所谓“身体是革命的本钱”，良好的体魄是所有事业的基础。领导者的工作特点，决定了领导者要比一般的员工面对更多的危机，面对更大的压力，也意味着要付出更多的精力和时间。因此，较好的身体素质是对领导者的基本素质要求。

第三节 领导方式及其理论

任何一个具体的领导者都会有这样或那样的不足，难以全面具备特质论所提到的那么多的特质，所谓人无完人，但实际工作中客观上又要求领导工作尽量完美，这个矛盾如何解决呢？那就要选择恰当的领导方式，以弥补个人素质的缺陷。许多管理学家从事领导方式的研究，并形成了若干有价值的理论。

一、领导方式与人性假设理论

在一个组织里，如果管理者不知道怎样去领导别人，不了解如何去调动人的积极性以达到预期的结果，则所有的管理职能，都将收效甚微。显然，不同的组织有不同的目标，而在同一个组织中，不同的人也有不同的需求和目标，管理者都要通过领导职能，帮助员工看到：在他们为组织目标做出贡献的同时，也能够满足他们自己的需要并施展他们的潜能。因此，管理者必需了解人、知道人性的本质是什么，这就是“人性假设”。有关人性假设的理论很多，但主要可归纳为以下四种：

（一）经济人假设

“经济人”假设又称X理论。美国工业心理学家麦格雷戈在他的《企业人性方面》（1960）一书中，提出了两种对立的管理理论：X理论和Y理论。其中X理论就是对“经济人”假设的概括。

它的主要内容是：

（1）多数人天生是懒惰的，他们尽可能地逃避工作。

（2）多数人都没有什么雄心壮志，也不喜欢负什么责任，而宁可让别人领导。

（3）多数人的个人目标与组织目标都是相矛盾的，为了达到组织目标必须靠外力严加管制。

（4）多数人都缺乏理智，不能克制自己，很容易受别人影响。

（5）多数人都是为了满足基本生理需要和安全需要而工作的，所以他

们将选择那些在经济上获利最大的事去做。

基于“经济人”的假设，相应的管理方式应当是：以提高劳动生产率和完成任务为中心，强调命令和权威；强调严密的组织和严格的规章制度；以物质激励作为主要激励手段，将严厉的惩罚作为有效的管理方式。

（二）社会人假设

“社会人”假设又称为“社交人”假设。它是由霍桑试验的主持人梅奥提出的。梅奥认为，人是有思想、有感情、有人格的活生生的“社会人”。人在工作时将金钱等物质利益看成次要因素，而最重视的是和周围人的友好相处，即工作中发展起来的人际关系，以满足社会和归属的需要。

“社会人”假设的基本内容是：

（1）交往的需要是人们行为的主要动机，也是人与人的关系形成整体感的主要因素。

（2）工业革命所带来的专业分工和机械化的结果，使劳动本身失去了许多内在的含义，传送带、流水线以及简单机械的动作使人失去了工作的动力，因此只能从工作的社会意义上寻求安慰。

（3）工人与工人之间的关系所形成的影响力，比管理部门所采取的管理措施和奖励具有更大的影响。

（4）管理人员应当满足职工归属、交往和友谊的需要，工人的效率随着管理人员满足他们社会需要的程度的增加而提高。

基于“社会人”的假设，相应的管理方式应是：以关心人、满足人的需要为中心，管理人员应成为在职工与上级之间的中间人，经常了解职工的思想感情，听取职工的意见和呼声，重视培养和形成职工的归属感和集体感，提倡集体的奖励制度，而不单纯采用个人奖励制度。

（三）自我实现人假设

“自我实现人”假设，又称Y理论，是由麦格雷戈提出来的。该理论认为，人需要发挥自己的潜力，表现自己的才能，只有人的潜力和才能充分地发挥出来，人才会感到满足。麦格雷戈总结了马斯洛及其他心理学家的观点，从管理学的角度，提出了与X理论相对应的Y理论。

Y理论的基本内容是：

（1）一般人都是勤奋的，如果环境有利，工作如同游戏或休息一样自然。

(2) 控制和惩罚不是实现组织目标的唯一办法。人们在执行任务中能够自我指导和自我控制。

(3) 在正常情况下，一般人不仅会接受责任，而且会主动寻求责任。

(4) 在人群中广泛存在着高度的想象力，以及谋求解决组织中问题的创造性。

(5) 在现代工业条件下，一般人的潜力只利用了一部分。

基于“自我实现人”的假设，相应的管理方式应是：强调自我管理，管理人员的管理重点是创造了一种适宜的工作环境和工作条件，使员工能在这种条件下充分挖掘自己的潜力，充分发挥自己的才能。

（四）复杂人假设

“复杂人”假设是20世纪70年代初提出来的。长期的实践证明，无论是“经济人”、“社会人”，还是“自我实现人”的假设，虽然各有其合理的一面，但并不适用于一切人。因为人是复杂的，不仅因人而异，而且一个人本身在不同的年龄、不同的时间和不同的地点会有不同的表现。人会随着年龄、知识、地位、生活以及人与人关系的变化而出现不同的需要。因此研究者认为人是复杂的，并提出了“复杂人”假设。

其内容主要是：

(1) 人的需要是多种多样的，而且这种需要随着人类社会的发展和社会条件的变化而改变。

(2) 人在同一个时间内会有多种的需要和动机，它们会发生相互作用并结合为统一的整体，形成错综复杂的动机模型。

(3) 人在组织中的工作和生活条件是不断变化的，因而会产生新的需要和动机。

(4) 一个人在不同单位或同一单位的不同部门、不同岗位工作，会产生不同的需求和动机。

(5) 一个人是否感到满足或是否表现出献身精神，决定于自己本身的动机构造及其与组织之间的相互关系。

(6) 由于人的需要不同，对于不同的管理方式会有不同的反应。因此，没有一套适合任何时代、任何组织和任何个人的普遍有效的管理方法。

“复杂人”假设没有要求采取和上列假设完全不同的管理方法，而只

是要求了解每个人的个别差异，对不同的人，在不同的情况下采取不同的措施。即一切随时间、条件、地点和对象变化而变化，不能一刀切。

从上述介绍可见，西方研究学者从“经济人”的假设，提出了 X 理论；从“社会人”的假设，提出了“人际关系”理论；从“自我实现人”的假设，提出了 Y 理论；而从“复杂人”的假设，提出了权变理论。不同的人性假设与一定的管理理论的形成是相关联的。

二、领导行为论

领导行为论主要研究领导者的行为及其对下属的影响，以期寻求最佳的领导行为。它要回答的问题是：一个领导人是怎样领导他的群体的。研究领导行为的理论很多，这里主要介绍较有影响的管理系统理论、领导行为四分图、管理方格理论等。

（一）管理系统理论

美国行为科学家 R. 李克特通过对数百个组织机构的研究，把领导方式归纳为以下四种模式：

1. 专制—命令式

这种领导形态中，管理层对下级缺乏信心，权力集中在最高一级，很少让下属参与决策。决策都由管理层做出，然后以命令的形式宣布，必要时以强制方法执行。采取自上而下的沟通，上下级之间互不信任。在这种方式下，最容易形成与正式组织目标相对立的非正式组织。

2. 温和—命令式

在这种领导形态中，管理阶层对下层职工有一种谦和的态度，但下属仍小心翼翼。决策权仍控制在最高层，下属能在一定的限度内参与，但仍受高层制约。允许一定程度的自下而上的沟通，激励方法是奖赏与惩罚并用。在这种方式下，通常也会形成非正式组织，但其目标不一定与正式组织的目标相对立。

3. 协商式

上级对下级有相当程度的信任，但不完全信任。主要决策权掌握在高层，下级可参与具体问题的决策。双向沟通在相当信任的情况下进行，激励基本采用奖励方法，偶尔也实行惩罚。机构中的非正式组织一般会支持组织的目标，持反对态度的占少数。

4. 群体参与式

领导者完全信任部属，决策采取高度的分权化。组织群体参与确定组织目标和评价实现目标的决策，鼓励各级组织做出决策。更多的双向沟通，信息交流在互相信赖和友好的气氛中进行。非正式组织和正式组织融为一体，所有的力量都为实现组织目标而努力。

R. 李克特在研究中发现，那些用群体参与式的民主领导方式去进行管理活动的领导者，大都是很有成就的领导者。他们所领导的组织在制定目标和实现目标方面是最有效率的，一般来说也是最富有成果的。

（二）领导行为四分图

领导行为的四分图是1945年美国俄亥俄州立大学的学者们提出的。他们将领导行为的内容归纳为两个方面，即建立制度（定规）与关心下属（关怀）。所谓建立制度，是指领导者明确界定下属的职责和工作目标，建立明确的组织模式、意见交流渠道和工作程序的行为。所谓关心下属，是建立领导者与被领导者之间的友谊、尊重、信任关系方面的行为。

以建立制度与关心下属作为两个坐标轴建立平面坐标系，如图11－1所示，用四个象限来表示四种类型的领导行为：高关怀与高定规，低关怀与低定规，低关怀与高定规，高关怀与低定规。

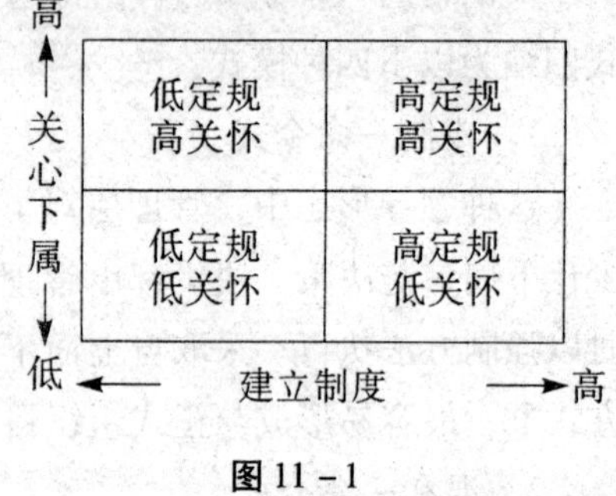

图11－1

哪种领导行为更有效并未有一致的结论。一般来说，高关怀与高定规更能使下属达到高绩效和高满意度。但高—高型风格也并不总是产生积极效果，如在生产部门内，通常工作绩效与定规程度呈正相关，与关怀程度则呈负相关；而在非生产部门，则相反。

（三）管理方格理论

美国著名行为科学家R. 布莱克和S. 穆顿在1964年出版的《管理方格》一书中，提出了管理方格理论，又称管理坐标理论。纵轴表示对人的关心度，也就是领导者对组织员工的关心程度，包括对工作环境状况、人际关系状况以及信息沟通状况的关心等；横轴表示对生产的关心度，即领导者对组织目标决策关心的程度、对组织经济效益的关心程度和对组织规章制度执行状况的关心程度等。将纵、横轴划分为九等分，形成81个方

格，作为衡量关心度的标准。评价一位领导者的领导方式，只要在“9，9图”中按照两种行为寻找交叉点就行，交叉点便是其领导行为的类型。当领导者纵轴的积分越高，表示他越重视人的因素。当领导者的横轴的积分越高，表示他越重视生产。如图 11－2 所示。

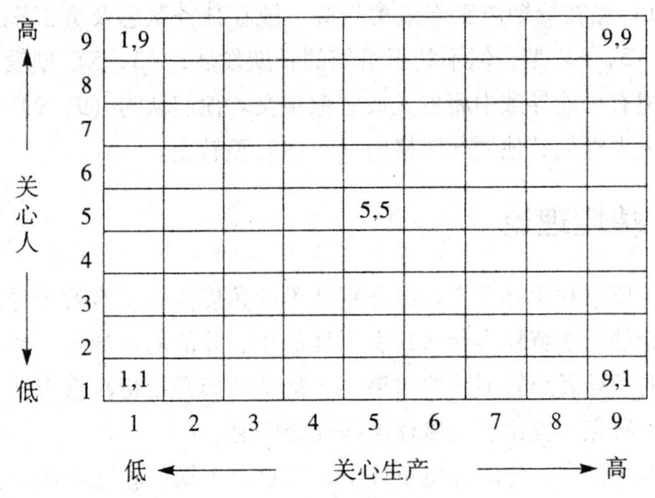

图 11－2　管理方格图

R. 布莱克和 S. 穆顿在管理方格图列出了 5 种典型的领导行为，并对其进行了分析：

（9，1）任务型　领导注重任务的完成，而不重视人的因素。这种领导集中精力抓生产，关注生产任务的完成，但不关心人的因素，以使人的干扰因素降至最小来谋求工作效率。

（1，9）俱乐部型　领导非常关注职工的情况。这种领导方式的领导者认为，只要职工精神愉快，生产自然会好，不管生产情况如何，都要重视职工的情绪。

（5，5）中间型　这种领导方式既不过于重视人的因素，也不过于重视生产因素，努力保持和谐平衡，兼顾工作和士气两个方面来使适当的组织绩效成为可能。追求平衡，但不追求卓越。

（1，1）贫乏型　这种领导方式中，领导者既不关心人，也不关心生产，表现为领导者只作最低限度的努力来完成任务和维持士气。

（9，9）团队型　这种领导方式对生产任务和人的关心都达到最高点。在此种领导方式下，职工在工作上能得到支持和关怀，相互协作，共同努力实现企业的目标。领导者处处关心职工，努力使职工在完成组织目标的

同时，满足个人需要。应用这种方式的结果，可以使职工充分发挥自己的智慧，创造性地完成任务。

R. 布莱克和S. 穆顿认为，在5种典型领导风格中，（1，1）型效果最差，（1，9）型次差，（5，5）型和（9，1）型在不同情境下的效果不同，（9，1）型在短期内工作效率较高，或在任务紧急及员工素质较低时可能优于（5，5）型，但不利于组织的长期发展；（5，5）型没有太明显的缺陷，但有可能导致中庸主义或官僚主义。他们认为（9，9）型的效果最佳，故大力提倡其他领导风格向（9，9）型转变。

三、情境理论

领导特质论和领导行为理论分别从不同角度探讨了有效领导问题，但这两种理论都无法解释为什么具有同样品质、才能的领导者，或采用相同领导方式的领导者会有不同的结果。于是学者们开始将注意力转向对领导所处情境的研究，提出了情境理论即权变理论。

领导者总是在一定的环境条件下，通过与下属的相互作用，去实现某个特定目标的，领导工作是否有效，不仅取决于领导特质和领导行为，也取决于下属的情况和所处的具体环境。情境理论认为没有一种领导方式对所有的情况都有效；没有一成不变、普遍适用的“最好的”管理理论和方法；领导工作强烈地受到领导者所处的客观环境的影响。因而，一定要因时、因地制宜，因人而异，在不同的处境下需要不同特征的领导者、采用不同的行为，才能达到有效的管理。

情境理论是在领导特质论和领导行为论的基础上发展起来的。该理论是近年来国外管理学界重点研究的领导理论。比较重要的领导情境理论有以下几种。

（一）F. E. 费德勒权变理论

第一个真正完整的领导权变模式是由 F. E. 费德勒提出来的。Fielder模式又可称为“最不受欢迎之同僚”理论（LPC Theory）。费德勒的权变模式认为，领导效能取决于领导风格与情境类型的配合。

1. 两种领导风格

F. E. 费德勒确认了两种领导风格：任务导向型和关系导向型。他认为领导风格是一个人的人格特性的反映，基本上不会改变。因而，一个领导人的领导风格是任务导向型还是关系导向型是可以确定的。

F. E. 费德勒使用 LPC 量表，来衡量一个人的领导风格。即每个管理人员用 LPC 量表（见表 11－2）中的 16 组词描述他经历过的最不喜欢的同事。如果是以较正面的语气（也就是高的 LPC 分数）来描述他最不喜欢共事的同事，则可判定该受访样本倾向喜欢和其共事的同事维持良好的人际关系，因此 F. E. 费德勒便将此类管理人员归为人际关系导向。相反，如果是以较为负面的语气（低的 LPC 分数）来描述其最不喜欢共事的同事，则将其归为任务导向型。

表 11－2　LPC 量表

快乐	←－8 7 6 5 4 3 2 1－→	不快乐
友善	←－8 7 6 5 4 3 2 1－→	不友善
接纳	←－8 7 6 5 4 3 2 1－→	拒绝
有益	←－8 7 6 5 4 3 2 1－→	无益
热情	←－8 7 6 5 4 3 2 1－→	不热情
轻松	←－8 7 6 5 4 3 2 1－→	紧张
亲密	←－8 7 6 5 4 3 2 1－→	疏远
热心	←－8 7 6 5 4 3 2 1－→	冷漠
合作	←－8 7 6 5 4 3 2 1－→	不合作
助人	←－8 7 6 5 4 3 2 1－→	敌意
有趣	←－8 7 6 5 4 3 2 1－→	无聊
融洽	←－8 7 6 5 4 3 2 1－→	好争
自信	←－8 7 6 5 4 3 2 1－→	犹豫
高效	←－8 7 6 5 4 3 2 1－→	低效
开朗	←－8 7 6 5 4 3 2 1－→	郁闷
开放	←－8 7 6 5 4 3 2 1－→	防备

2. 三种主要情境

个人的基本领导风格确立后，则有必要对领导者所面对的情境加以评估。F. E. 费德勒认为主要的权变变数是领导者所面对情境的有利与否，而情境的有利与否，可以用三种主要情境因素来加以界定。这些因素分别是上下级关系、任务结构以及职位权力。

上下级关系是指部属对领导者的信心、信任与尊重的程度。如果领导者和部属之间有高度的互信、互尊与信心，则关系会愈好，而情境也对领导者愈有利。

任务结构则是指群体的任务是否加以清楚界定。当工作的例行性程度愈高、愈容易了解及愈清楚，则任务结构的明确度愈高，而情境也对领导者愈有利。

职位权力是指领导者的职位所拥有的权力，例如，雇用、解雇、训练、升迁及加薪等方面的权力。当职位权力愈大，则情境也对领导者愈有利。

3. 理论模型

F. E. 费德勒根据上下级关系的好坏、任务结构的高低程度，以及职位权力的强弱，这些情境变数来评估情境的有利性。三项情境变数的组合，存在着 8 种可能的情境类型。见图 11－3。

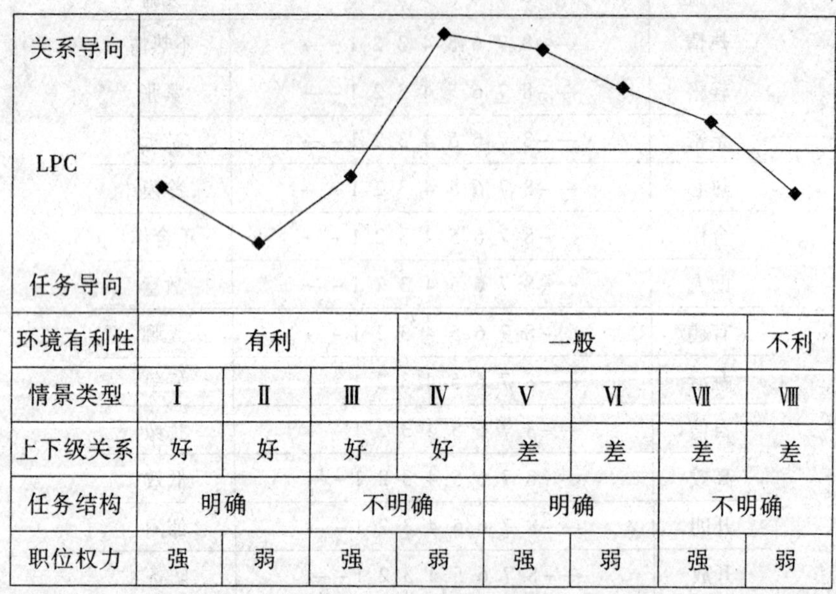

图 11－3 费德勒权变模型

F. E. 费德勒通过对 1200 个企业和团体的调查研究，分别就 8 种情境来比较人际关系导向与任务导向的领导效能。他所得到的结论是：任务导向领导风格在非常有利于他与非常不利于他的情况下，会有较好的执行成效（见图 11－3）。即当面临类别Ⅰ、类别Ⅱ、类别Ⅲ及类别Ⅷ的情境下，任务导向的领导者将会有较佳绩效；而人际关系导向的领导风格则在中度有利的情境，也就是在类别Ⅳ至类别Ⅶ的情境下，会有较佳的成效。

根据 F. E. 费德勒的观点，个人的领导风格因为是反映个人的人格特性的，因此是固定不变的。所以，实际上组织只有两种方法可以提升领导效能。第一种方法为调换领导者以适合情境。例如，某个群体情况处于极为不利的状态，但是目前由人际关系导向的领导者所领导，则群体的绩效可通过将其更换为任务导向的领导者而获得提升。第二种可用的方法是改变情境以适合于领导者。做法是通过任务的重整，或是增加（减少）领导者所能够控制的因素，诸如加薪、晋升及训练等行为权力，改变情境。

4. 评价

虽然有大量的证据来支持费德勒模式的有效性，然而，费德勒模式也受到一些批评。例如，LPC 的效果及费德勒对领导风格不变性的假设就备受质疑。此外，情境变数过于复杂而难以评估，没考虑到部属本身的特性，也都是费德勒模式的不足之处。但不可否认，费德勒模式作为第一个完整的领导权变模式，对于我们在了解领导效能上有相当大的贡献。该理论促使领导者必须面对这些重要的权变因素，并且成为后续领导权变理论继续发展的重要依据。

（二）领导生命周期理论

领导生命周期理论是由美国管理学家 P. 赫西和 K. 布兰查德提出的，这个理论指出了有效的领导者所采取的领导形态和被领导者的成熟度有关。其基本观点是：如果将领导方式分为以工作为中心和以人际关系为中心这两种领导类型，则有效的领导方式应随着下属的逐渐成熟，而不断调整工作型和人际关系型这两种领导方式的比例。该理论核心的内容是领导风格必须与下属成熟过程相匹配。

P. 赫西和 K. 布兰查德借用人在生理上的自然成长过程来形容下属在工作中的成长过程。他们将人的成长过程分为四个阶段。当人处在学龄前时，一切都需由父母照顾与安排，例如衣食住行等，此时父母的行为基本上是一种任务导向的行为，是高工作、低关系。当孩子长大进入小学和初中时，父母除安排照顾孩子外，必须给孩子以信任和尊重，增加关系行为的份量，即采取高工作、高关系。当孩子进入高中和大学时，他们逐步要求自立，开始对自己的行为负责了，此时父母已不必对他们过多地安排照顾干预，应开始采取低工作、高关系。当孩子参加了工作，与同事形成持久的关系，他们变得不再依赖家长，这时，父母对他们采取的则是低工作、低关系。正如孩子的成长过程，需要父母采取不同类型的行为一样，下属在工作中的成长过程，也需要领导者采取不同类型的领导方式。例如对刚进厂的徒工应采用低关系、高工作的方式，对训练有素而感情成熟的专家，应采取低工作、低关系。

如图 11－4 所示，P. 赫西和 K. 布兰查德设计的一种领导生命周期理论模型图，横坐标表示以任务为主的工作型领导行为，纵坐标代表以关心人为主的关系型领导行为，下方加上了第三个因素，即被管理者的成熟度。所谓成熟或不成熟，这里所指的成熟不是指年龄和生理上的成熟。成熟度在这里被定义为：个体对自己的直接行为负责的能力和意愿。或者说是成就动机和承担责任的意愿、能力以及与工作有关的学识、经验。工作的成熟度与个人拥有的知识、能力和经验有关；心理成熟度指一个人做某事的意愿和动机。根据这两个方面，领导生命周期理论把领导者的领导风格分为四种：

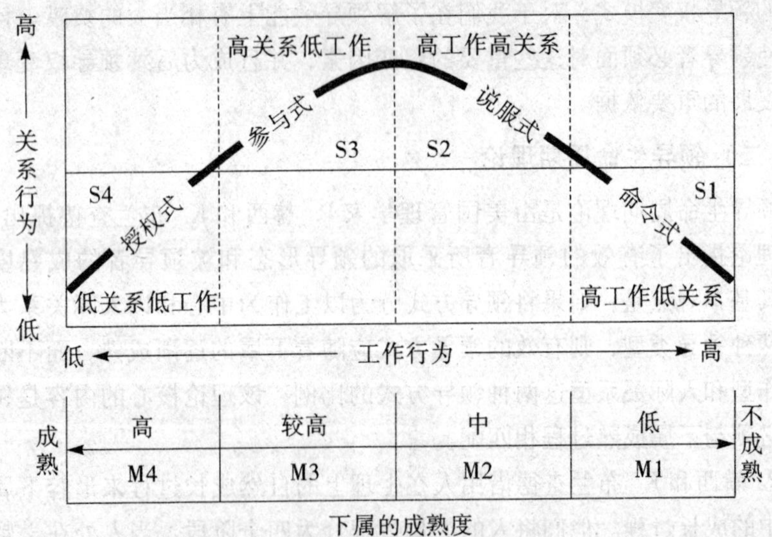

图 11－4　领导生命周期理论模型图

（1）命令式（S1），适用于做事无能力、也不愿意负责的下属。由于他们不成熟，领导人应当指教他们做什么，如何去做。

（2）说服式（S2），适用于那些无能力却愿意做领导人吩咐的工作的下属。领导人对他们的工作提供帮助和指导，加强下属的意愿及工作热情。

(3) 参与式 (S3)，适用于那些有能力做领导人交给的工作，但又不愿意服从其指令的下属。领导人应采取鼓励下属参与管理的态度，才能使下属信任领导人。

(4) 授权式 (S4)，适用于那些既愿意负责又有能力的下属。他们不需要领导人的指导就可以独立地、成功地完成任务。

随着下属由不成熟向逐渐成熟过渡，领导行为应当按着高工作低关系→高工作高关系→高关系低工作→低工作低关系逐步推移。

（三）路径—目标理论

路径—目标理论是 R. 豪斯发现的一种权变理论。该理论认为：有效领导者的工作在于帮助部属达到他们的目标，并提供必要的指导与支持，以确保下属的目标与群体或组织总体目标一致。

R. 豪斯认为，领导者的效率是以能激励下属达成组织目标并在其工作中使下属得到满足的能力来衡量的。当组织根据成员的需要，设置某些报酬以激励组织成员时，组织成员就对获得这些报酬寄予期望，并做出努力。但是，这种期望的实现必须有赖于工作做出成绩，因此只有当他们确切知道怎样达成组织目标时才能起到激励作用。

1. 四种领导风格类型

R. 豪斯路径—目标理论首先界定了四种领导风格：指导型、支持型、参与型及成就导向型。

指导型：领导人让下属了解他对他们的期望，并清楚指示他们如何去完成任务，以及他们做工作的时间安排。这种类型的领导人偏重组织、任务，且管得较严较细。

支持型：领导者是友善的、容易亲近的，并且关心部属的需要和内心感受，解决下属急于解决的问题，注意处理人际关系。

参与型：制定决策前，领导者会咨询部属的意见，充分考虑他们的建议，注意与下属共同磋商作决策。

成就导向型：领导人给下属设置富有挑战性的目标，鼓励和引导职工最大限度地发挥自己的才能，以取得最佳的绩效。对下属表现出极大的信任感。

这四种领导方式并不像费德勒所设想的那样是由领导者的个性所决定的。豪斯认为领导者是灵活的，同一领导者可以根据不同的情境表现出不同的领导风格。

2. 两组情境变数

豪斯通过进一步研究，找出了两个有助于确定最有效领导方式的变量：任务环境与部属特性。

任务环境影响职工对领导风格的偏好。任务环境主要是指任务结构、正式职权系统与工作群体。通常，指导型领导风格在任务结构不明确时，会比任务结构明确时较为有效；职权系统的正式化程度较高时，部属愈难接受指导型领导风格；工作群体凝聚力不强时，支持型的领导风格会对改进绩效有利。一般而言，支持型领导风格及参与型领导风格在例行性程度高的工作上，会增加员工的满意程度。而当工作是复杂且非例行性时，指导型领导风格与成就导向型领导风格比较适合。不过，在任务情境中如果同时包括很多的工作，则应该采取多种领导行为的混合型态。

部属喜欢和接受何种领导风格与其个性有一定联系。部属特性包括内控外控、经验与认知能力。通常，认为自已能力不佳的部属，会喜欢指导型领导风格；反之，自信心较强的下属，喜欢参与式领导风格。外控的部属会将自己的成败归诸于命运、机缘，这样的部属会较喜欢指导型领导风格；相反，内控的部属会将自己的成败归诸于自身的努力及表现，这样的部属会喜欢参与型领导风格。在经验方面，经验丰富的部属会较喜欢参与型领导风格；反之，经验不足的部属会较偏向喜欢指导型领导风格。一般而言，部属对于领导者行为的接受，要视该领导行为是否能提供满足，或者是否能达成未来满足的一项手段而定。例如，对自尊与归属有高度需要的部属，会比较接受支持型领导风格。而对自主、责任与成就感有高度需要的部属，会偏向喜爱成就导向型领导风格。

3. 理论模型

领导行为能否有效在于是否能使部属的需要满足和工作绩效产生关联，以及对达成良好绩效可否提供有关的指导、支持与奖酬。（如图 11 - 5）综合来说，路径—目标理论认为如果要使部属达到绩效与获得满足，则要考虑任务环境和部属特性，以决定和该两项权变因素所互补的领导风格类型。如果领导风格无法配合任务环境和部属特性，领导者的行为将会变得无效率。因而路径—目标理论主张领导风格应具有弹性（不像 Fielder 模式认为领导风格是固定的），即同样一位领导者可能因情境之不同，而显现出前面所述领导风格的全部类型或其中任何一种类型。

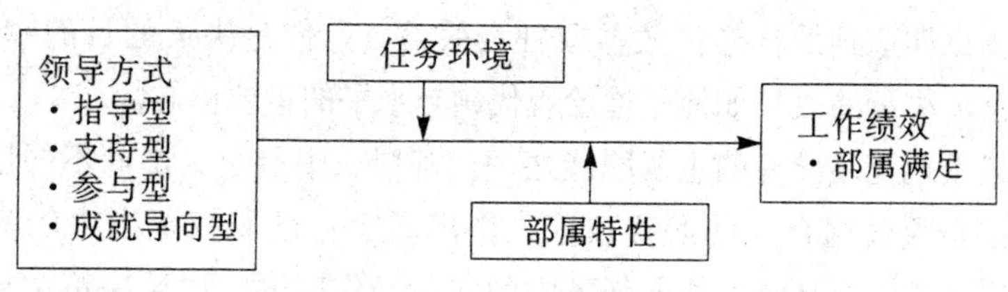

图 11－5 路径—目标理论

路径—目标理论分析法虽然复杂，但大部分实证研究都对其理论的效度表现出高度的支持。虽然使用这一模式来精确分析领导风格并预测员工行为是很难的，但与其他领导权变理论相比，仍有其独到之处：不但说明领导风格如何适应领导具体情境的问题，而且把领导风格的选择与对下属的激励结合起来。这无论是对领导风格的研究还是对激励理论的研究，都提供了一个新的思路。

第四节 领导的决策

西蒙在《管理行为》中指出："决策是管理的核心，管理就是决策，管理的各层次，无论是高层，还是中层或下层，都要进行决策。"的确，决策在管理中发挥着重要的作用，决策也是领导职能中的一项重要工作。

一、决策是领导的主要职能

决策，就是为了达到预定目标，在几个可供选择的行动方案中选择一个合理方案的过程，即多方案择优。通常讲的领导"拍板"，指的就是决策，但绝不能把决策仅仅理解为一瞬间的"拍板"，它包括决策前的提出问题、搜集资料、预测未来、确定目标、拟订方案、分析估计、优选以及实施中的控制与反馈、必要的追踪等全过程。

领导的职责及功能发挥到最高点就是作出决策。领导在制定方针政策或决定组织发展方向等重大活动中，必须遵循一定的科学程序，依靠管理和技术专家，运用现代科学方法和先进科技手段，在科学预测的前提下，切实把握决策对象的变化规律和条件。为实现某一特定目标，从多种方案中择优，以期达到最佳经济效益或社会效益，这便是决策的目的和原则。如何决策、决策的效果如何是检验现代领导水平的重要标志。

决策是现代领导者的主要职能之一，基层、中层及高层等不同层次的领导者都必须根据自己的职责权限，作出属于自己职权范围内的有关决策。基层决策主要是解决作业任务中的实际操作问题。中层决策主要是关于一定时期的任务安排，或解决生产工作中的某方面问题。高层决策解决的则是关系全局的重大问题。不同层次的领导者，应该只做属于本层次职责范围的决策。

对于某一特定层次的领导者而言，决策决不是一个人的事情。决策是一个过程，分为决策研究和决策行动两个环节。决策研究是参谋的职责，集中体现在"谋"上；决策行动是领导者的职责，集中体现在"断"上。谋与断要分工明确、各尽其责。当然，这并不是说领导者不应该参加决策研究。事实上，任何成功的领导者都必须对决策研究提出自己独到的见解。这里只是想借"谋"与"断"的区分，说明领导者的工作重点应该放在决策过程中的"拍板"部分。

无论哪一层次的领导，要提高决策的质量，除处理好"谋"与"断"的关系以外，另一方面应对本层次的决策进行分类，对那些经常反复出现的例行性决策应将其程序化，然后授权，而自己应着重解决组织中较少遇到甚至从未出现过的非程序化决策。

二、决策的原则

（一）信息准全原则

信息是决策的重要基础，它在决策中具有十分重要的作用。制定决策，不但要注重信息，而且还必须遵循信息准全原则。因为，决策的科学性与信息的准全性成正比，所以在制定决策时，决策系统只有真实、准确和全面地掌握有关信息，才可能作出正确的决策。

（二）整体优化原则

整体优化原则是指决策的结果从整个系统看相对较优，而非从某一部分或某一指标看相对较优。整体优化原则要求决策者在动态中去调整整体与部分的关系，使部分的功能和目标服从于系统的总体最佳目标，使系统达到总体最佳。

（三）科学可行原则

科学可行原则是指在决策过程中要按照管理决策的一般规律办事，尊重客观实际，运用科学的程序、方法和技术对决策方案进行可行性推断，预测出其可靠性和可行性。要保证一项决策的实现和效果，既要考虑其科学性，也需考虑可行性，从需要与可能、现实与未来、有利因素与不利因素、成功的机会与失败的风险等方面比较分析，权衡利弊得失，使决策建立在科学、可行的基础上。

（四）满意决策原则

满意决策原则是指在现实条件可行的前提下，寻求一个相对优化的方案。人们在现实的决策中，往往难以达到最优决策的标准，而只能选择相对满意的决策。因为，现实中可供选择的方案相当多，由于主客观条件的限制，实际上很难找出最优的方案；同时，即使选择的是最优方案，往往由于未来实施过程可能面临的不确定性因素而不一定导致最优的结果。

（五）适应性原则

决策的适应性原则是指决策应具有一定的灵活性或者弹性，能应对所预料到的各种可能出现的情况，甚至未预料到的突如其来的变化。在当今社会，技术、市场等各种因素变化多端，不可控因素及始料未及的情况常有发生，因此，在决策中必须尽可能地作出各种应变的准备，考虑多种应变方案，以增强决策对组织外部环境和内部条件变化的适应能力。

（六）民主性原则

一项决策要减少失误，获得成功，重要的一条是在决策之前要听取多方面的意见。决策的民主性原则也就是决策的群众性，是指对于重大的问题进行决策，必须发挥集体的力量，重视发挥专家和专业管理人员的作用，广泛收集有关决策的建议和意见，允许各抒己见，畅所欲言，以提高决策的质量，使决策方案更加合理，令人满意。

三、决策的分类

决策根据其解决问题的性质和内容，可以分为许多不同的种类。管理者需要从不同层次和侧重点上把握各类决策的特质，以便根据决策问题的特征，按不同的决策类型，采取相应的方法，做出正确的决策。

（一）按决策问题的重要性程度划分，有战略决策、战术决策和业务决策

战略决策是指事关组织未来发展方向和远景的全局性、长远性的大政方针方面的决策。对于一个企业来说，企业的目标和方针、企业的产品开发和市场开发、企业的投资、企业主要领导人选、企业组织结构的调整等方面的决策，都属于战略决策。战略决策主要由组织内最高管理层负责进行。

战术决策又称管理决策，是指确定达到组织目标所采取的程序、途径、手段和措施的决策。它是战略决策的具体化，如企业生产任务的日常分配、库存决策等。战术决策一般由组织的中间管理层负责进行。

业务决策又称执行性决策，是指日常工作中为提高生产效率和工作效率，合理组织业务活动进程等而进行的决策。一般由初级管理层负责进行。

（二）按决策发生的重复性划分，有程序化决策和非程序化决策

程序性决策也称规范性决策，是在日常管理工作中以相同或基本相同的形式重复出现的决策。这类决策通常能按原已规定的程序、处理方法和标准进行决策，多属于日常的业务决策和可以规范化的技术决策。

非程序性决策也称一次性决策或非例行的决策，具有极大的偶然性和随机性，很少重复发生，其程序无章可循，因而其目标实现的风险性较大，如企业新产品开发决策、重要的人事任免、重大投资决策等。这类决策多属于战略决策和一些新的战术决策。

（三）按环境因素的可控程度划分，有确定型决策、风险型决策和不确定型决策

确定型决策，指决策问题的条件是已知的，每个方案都只有一种确定的结果，从中选择一个最优方案，付诸实施后就能取得预期效果的决策，如库存决策、设备更新决策。

风险型决策，指决策所面临的自然状态不能完全确定，各种可行方案所需的条件存在不可控因素，一个方案在不同的自然状态下会出现不同的结果，决策者只能根据几种不同的自然状态可能发生的概率进行的决策。

不确定型决策是指决策者在客观自然状态完全不能确定的情况下进行的决策。这种决策很大程度上取决于决策者的主观判断和实际经验，取决于决策者对待风险的态度。

（四）按决策主体划分，有个人决策和集体决策

个人决策是指决策者个人使用自己已掌握的信息或从其他途径获得的信息，凭着自己的实践经验和智慧，对某些问题作出决策。

集体决策指组织通过各种委员会或领导机构并吸收所属机构有关人员参加的形式，按一定程序和方法，对某些重要问题所作出的决策。

四、决策过程

（一）发现问题

决策目的是为了解决组织管理中已经发生或将要发生的问题，决策者应善于发现问题。发现问题是决策过程的起点，管理者要密切关注与其责任范围有关的各类信息，包括外部的信息和组织内的信息，不断地调查、分析、研究组织与环境的适应情况，准确地找到问题的关键。发现问题后，应对问题进行分析，并找出产生问题的内在原因，为决策的下一步程序做好准备。

（二）确定目标

目标体现的是组织想要获得的结果。能否正确地确定目标是决策成败的关键。目标是由上一阶段明确的有待解决的问题决定的。在确定目标时，必须把要解决问题的性质、结构及其原因分析清楚，才能有针对性地确定出合理的决策目标。确定目标应符合以下要求：首先，目标要有根据，要明确了解决策所需解决的问题的性质、范围、特点和原因；其次，目标必须具体明确；再次，目标应分清主次；最后，要规定目标的约束条件。

（三）拟定备选方案

组织的目标确定以后，决策者就要提出达到目标和解决问题的各种方案。任何一个问题都不只有一种解决方案的，选用何种方案，应视其在各相关限制因素的优劣地位及成本效益而定。所以，决策者在提出备选方案时，应把所有可能达到目标的各种方案罗列出来，以便清楚地加以分析、评估。决策者往往借助其个人经验、经历和对有关情况的把握来提出方案。

（四）评估、选择决策方案

拟订出各种备选方案后，就要根据决策目标的要求，对各种方案的科学性和合理性加以论证和评估，在权衡各方案利弊的基础上，将各种备选方案进行排序，经反复比较，选出相对满意的方案。在选择方案时，除了选择一个满意方案外，还可以确定一个次选方案备用。

（五）方案的执行与反馈

方案的实施是决策中至关重要的一步，没有执行，就不能达到决策的目的。在方案选定之后，决策者就要及时制定实施方案的具体措施和步骤。由于组织内部条件和外部环境的不断变化，决策者还要建立信息反馈制度，根据各职能部门反馈的信息，及时追踪方案实施情况，对于偏离既定目标的方案，要采取有效措施加以修订和补充，以确保既定目标的顺利实现。

五、决策的基本方法

（一）定性决策法

定性决策法即决策的“软技术”，也称主观决策法，是建立在心理学、社会学和经济学等基础上的“专家法”，是在决策过程中利用已知的、现有的资料，充分发挥专家集体的智慧、能力和经验，在系统调查研究分析的基础上进行决策的方法。主要有：头脑风暴法、名义小组法、德尔菲法等。

1. 头脑风暴法

头脑风暴法也叫畅谈法，是比较常用的集体决策方法，便于发表创造性意见，因此主要用于收集新设想。通常是邀请一些业内人士和专家学者，在完全不受约束的条件下，畅所欲言地发表自己的看法，通过相互启发、集思广益，使各人的看法趋向一致，作出决策。头脑风暴法的创始人奥斯本为该决策方法的实施提出了四项原则：①对别人的建议不作任何评价；②建议越多越好，参与者不需考虑自己建议的质量，想到什么就说什么；③鼓励独立思考，想法越新颖奇异越好；④可以补充和完善已有的建议。

头脑风暴法的目的在于创造一种畅所欲言、自由思考的环境，诱发创造性思维的共振和连锁反应，产生更多的创造性思维。这种方法的运用需要安排 1 ~2 小时，参与者 5 ~6 人为宜。

2. 名义小组法

在集体决策中，如对问题的性质不完全了解且意见分歧严重，则可采用名义小组法。名义小组法也称列名小组法，是把被征询意见的人列入一定的小组，彼此之间不知道是谁，开始时不见面谈问题，从而小组只是名义上的。这种名义上的小组可以有效地激发个人的创造力和想象力。在这种不因接触而产生相互影响的条件下，让他们分别用书面方式提问题、提建议，或回答所提问题。接着由小组组织者把个人的书面材料合成一份小组汇编材料，然后公布。公布时只公布汇编结果，不公布这些问题、建议或方案是由谁提出来的。这样在讨论时每个人既可以没有顾虑地充分发表意见，有时甚至同意了别人的意见、反对自己所提的方案。

这种方法可以使参加讨论人员毫无顾虑地各抒己见，同时又能把好意见逐步集中起来。也可以由小组成员对提出的全部备选方案进行投票，根据投票结果选择所要的方案。

3．德尔菲法

德尔菲法也称为专家意见函询调查法。是为避免集体讨论存在的屈从于权威或盲目服从多数的缺陷而提出的，被用来听取专家关于处理某一问题的意见的一种专家决策法。德尔菲法是指采用背对背的通信函询方式征询专家小组成员的决策意见，经过几轮征询，使专家小组意见趋于集中，最后做出结论的一种定性决策方法。它运用匿名方式，采用背靠背的交流，专家之间互不往来，彼此之间都不知道对方是谁。有利于消除成员间的相互影响，充分发挥专家们的智慧、知识和经验，真正体现各位专家自己的意见。其过程如下：

（1）邀请一些专家，把要解决的关键问题分别告诉专家们，请他们单独无记名地发表自己的意见。

（2）在此基础上，管理者收集并综合各位专家的意见。

（3）再把综合后的意见反馈给各位专家，让他们再次进行分析并发表意见。

（4）如此反复多次，用逐次逼近法最终形成代表专家组一致意见的方案。

运用该技术的关键是：

（1）选择好专家，主要取决于决策所涉及的问题或机会的性质。

（2）决定适当的专家人数，一般 10 ~50 人较好。

（3）拟定好意见征询表，它的质量直接关系到决策的有效性。

德尔菲法的缺点是耗费时间较长，组织工作繁琐，不利于紧迫性较强的决策问题的解决。

（二）定量决策法

定量决策法，是指建立在数学模型的基础上，运用统计学、运筹学和电子计算机技术来对决策对象进行量化研究以解决决策问题的方法。主要分确定型决策方法、风险型决策方法和不确定型决策方法三种。

1. 确定型决策方法

决策条件已经明确，一个方案只有一个结果的决策属于确定型决策。确定型决策常用的方法有：量本利分析法和线性规划法等。

（1）量本利分析法。根据产量、成本、利润三者之间的相互关系进行综合分析，对产品投入的可行性进行论证的一种数学分析方法。可用作企业产品定价决策的依据，也可用作控制成本的依据，也可通过对其经营安全性的评价作为投产决策的依据。利用量本利分析法可以计算出组织的盈亏平衡点，又称保本点、盈亏临界点、损益分歧点等。

量本利分析法由美国沃尔特·劳漆斯特劳赫在20世纪30年代首创。其基本原理是：当产量增加时，销售收入成正比增加；但固定成本不增加，只是变动成本随产量的增加而增加，因此，企业的总成本的增长速度低于销售收入的增长速度，当销售收入和总成本相等时（销售收入线与总成本线的交点），企业不盈也不亏，这时的产量称为“盈亏平衡点”产量（如图11-6）。

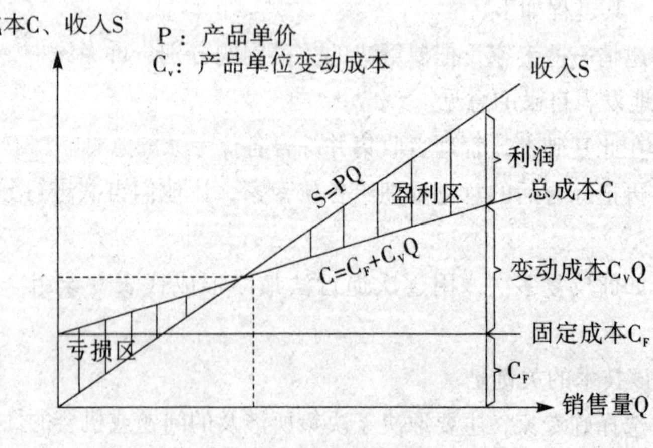

图11-6 量本利分析图

量本利分析法的实质就是盈亏平衡点的分析，即企业的产量或销售量达到什么样的程度才能保证企业不亏损，即利润等于零，以此为界限，销售收入高于此点，企业盈利，反之则亏损。企业必须最大限度地缩小盈亏平衡点的销售量，以实现利润的最大化。

（2）线性规划法。线性规划法于 1939 年由苏联经济数学家首先提出，主要用于解决两类问题：一类是最大化问题，即在有限的资源条件下，如何使效果最好，或完成的工作最多；另一类是最小化问题，即在工作任务确定的情况下，怎样使各种消耗减至最小。简而言之，所谓线性规划就是解决某个问题使整体效益最优的问题。

【例 11－1】某企业生产 A、B 两种产品，已知生产一个 A 产品需要用煤 9 吨，电力 300 千瓦小时，可获毛利 7 万元；生产一个 B 产品需要用煤 5 吨，电力 1 000 千瓦小时，可获毛利 10 万元。该企业每月有煤 450 吨，电力 30 000 千瓦小时，怎样计划 A、B 两种产品的产量才能使企业所获毛利最大？

对于这样的问题用线性规划方法进行计划效果甚佳。设 x 为 A 产品产量，y 为 B 产品产量，则由已知条件可得下列约束条件：

$$9x + 5y \leqq 450$$

$$300x + 1000y \leqq 30000$$

$$x、y \geqq 0$$

在满足上列约束条件的情况下，希望获毛利最大，即

目标函数 $Z = 7x + 10y \rightarrow max$

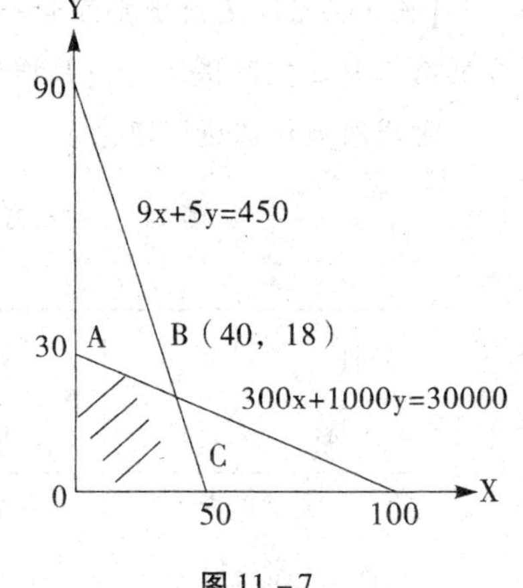

图 11－7

满足以上约束条件的可行域为图 11－7 所示的 OABC 区域，可行域的各顶点坐标分别为 O（0，0）、A（0，30）、B（40，18）、C（50，0）。将其代入目标函数得：

$Z_O = 0$；　　$Z_A = 300$ 万元；　　$Z_B = 460$ 万元；　　$Z_C = 350$ 万元。

可见，当生产 40 个 A 产品、18 个 B 产品时，企业获得的毛利最大，可达 460 万元。

利用线性规划方法可以求解具有许多约束条件和未知变量的优化问题。目前，从科学研究到工业、农业、商业、交通以及军事等方面，都有大量的问题可以利用线性规划方法使之优化。

2. 风险型决策方法

风险型决策是指每个备选方案都会遇到几种不同的可能情况，而且已知出现每一种情况的可能性有多大，即发生的概率有多大，因此在依据不同概率所拟定的多个决策方案中，不论选择哪一个方案，都要承担一定的风险。这里主要介绍常用的决策树法。

决策树法是根据逻辑关系将决策问题绘制成一个树型图，按照从树梢到树根的顺序，逐步计算各结点的期望值，然后根据期望值准则进行决策的方法。决策树由决策点、方案分枝、自然状态点、概率分枝和结果节点组成。决策点是进行方案选择的点，在图中用□表示；方案分枝是从决策点引出的若干直线，每条线代表一个方案；自然状态点是方案实施时可能出现的自然状态，在图中用○表示；概率分枝是从自然状态点引出的若干条直线，每条直线表示一种可能性。结果节点是表示不同方案在各种自然状态下所取得的结果，在图中用△表示。如图 11－8。

【例 11－2】某商场要经营一种全新商品，拟与生产商签订 3 年合同，分别有三种方案可供选择，数据如表 11－3：

请用决策树法进行决策。

表 11－3　三方案在不同状态下的收益表

单位：万元

收益 状态 概率 / 方案	销路好	销路一般	销路差
	0.2	0.5	0.3
大批进货	40	30	－10
中批进货	30	20	8
小批进货	20	18	14

首先，根据以上资料绘制决策树，如图 11－8。

其次，计算方案点的期望收益值：

大批量进货期望值

E_1 = 〔40 ×0.2 +30 ×0.5 + （－10） ×0.3〕 ×3 =60（万元）

中批量进货期望值

E_2 = 〔30 ×0.2 +20 ×0.5 +8 ×0.3〕 ×3

=55.2（万元）

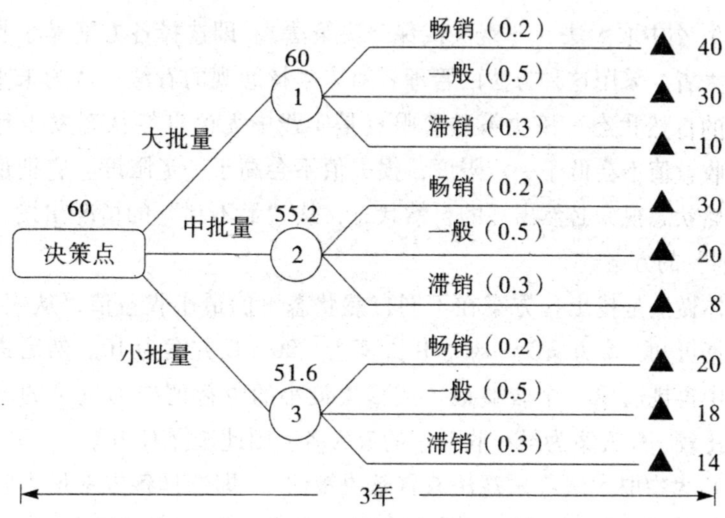

图 11－8 决策树图

小批量进货期望值

E_3 =〔20×0.2+18×0.5+14×0.3〕×3

=51.6（万元）

比较 E_1，E_2，E_3，选择大批进货为最好。

3. 不确定型决策方法

不确定型决策是在客观自然状态完全不能确定的情况下进行的，因此，很大程度上取决于决策者的主观判断、实际经验及对待风险的态度。常用的方法有：小中取大法、大中取大法和大中取小法等。

【例 11－3】：某企业计划生产某种新产品，根据市场预测，产品销路有三种情况：销路好、销路一般和销路差。生产该产品有三种方案：新建生产线、改进生产线和与其他单位合作。根据估计，各方案在不同情况下的收益见表 11－4。企业应选择哪种方案？

表 11－4 各方案在不同状态下的收益表

单位：万元

状态 / 方案	销路好	销路一般	销路差
A. 新建生产线	300	140	－80
B. 改进生产线	220	160	－30
C. 与其他单位合作	120	80	10

(1) 小中取大法（悲观法或保守决策法）。即选择各方案最小收益值中的最大者。采用这种方法的管理者对未来持悲观的看法，认为未来会出现最差的自然状态。该决策法着眼点是实践中无论自然状态发生什么变化，其收益值不会低于一定限度，损失值不会高于一定限度。它把最小收益的自然状态视为必然出现的自然状态，从“最不利”的情况出发，寻找“最有利”的方案。

具体做法是找出各方案在不同自然状态下的最小收益值，从表11－4收益数据可知：A方案为－80，B方案为－30，C方案为10。然后进行比较，从中再挑选出一个收益最大或损失最小的收益值作为决策的最优方案：经比较，C方案为最小收益中的最大者，因此选择C方案。

(2) 大中取大法（乐观法或冒险决策法）。即选择各方案最大收益值中的最大者，采用这种方法的管理者对未来持乐观的看法，认为未来会出现最好的自然状态。这种决策方法的主要特点是依据“乐观”原则，不放弃任何一个获得最好结果的机会，争取好中之好。

具体做法是找出各方案在不同自然状态下的最大收益值，从表11－4收益数据可知：A方案为300，B方案为220，C方案为120。再从这些最大的收益值中再挑选出一个最大的收益值作为决策的最优方案。经比较，A方案的最大收益最大，因此选择A方案。

(3) 大中取小法（后悔值法）。这种方法的基本思想是如何使选定决策方案后可能出现的后悔值（机会损失）达到最小，蒙受的损失也较小。因为当某一自然状态出现时，与该状态对应的收益值最大的方案为最优方案。如果决策者当时没有选择这个方案，而是选择了其他方案，就会感到后悔。这种与自然状态对应的最优方案的最大收益值与实际采取方案的收益值之间的差额，叫做后悔值。大中取小法是以后悔值作为评价方案的标准的，依据的是“遗憾”原则。它既不过于保守，又不过于冒险，是一种比较稳妥的决策方法。

具体程序是先从各种自然状态下找出最大收益值或最小损失值（如表11－4中销路好时是300，销路一般时是160，销路差时是10），再将每种自然状态下各种方案的收益值与最大收益值相比较，求得后悔值（如表11－5），然后从各个方案的后悔值中找出最大后悔值，最后从最大后悔值中选择最小者，作为决策方案。

表 11－5 各方案在不同状态下的后悔值

单位：万元

方案 \ 状态	销路好	销路一般	销路差	各方案最大后悔值
A. 新建生产线	0	20	90	90
B. 改进生产线	80	0	40	80
C. 与其他单位合作	180	80	0	180

从表 11－5 中计算的结果可以看出，A 方案的最大后悔值为 90，B 方案的最大后悔值为 80，C 方案的最大后悔值为 180。经比较，B 方案的最大后悔值最小，因此选择 B 方案。

第五节 领导的权力

任何一个有明确目标，由全力以赴工作的人们所组成的群体，都有一个善于领导的人作为群体的首领。这个人在群体或组织中、能够把其他成员吸引到自己的周围，是别人所追随的人，能够得到别人的信任。领导的权力在这里发挥重要作用。

一、领导权力的来源与构成

何谓领导权力，学者们从不同的角度，依不同的需要和目的对其作出不同的解释和定义。

“参与论”把领导权力定义为一种参与，其代表人物哈罗德·拉斯韦尔认为：“决策是涉及严厉制裁（剥夺）的政策，领导权力就是参与决策，正是制裁的威胁把权力同一般意义上的影响力区分开来”；

“能力论”把领导权力定义为一种领导能力，认为领导能力是领导权力的中心。如，德国社会学家、政治学家马克斯·韦伯把领导权力看作是：“把一个人的意志强加在其他人的行为之上的能力”；

“关系论”把领导权力定义为领导过程中的关系，简明不列颠百科全书中将权力（主要是指领导权力）定义为“一个人或许多人的行为使另一个人或其他许多人的行为发生改变的一种关系”；

“控制论”把领导权力定义为领导过程中的控制行为，美国学者彼德·布苦曾指出：“领导权力是通过否定性制裁而施加的控制”；

“支配论”把领导权力定义为一种起控制作用或强制作用的支配力量，认为支配的主体可以通过领导权力去强迫被支配的客体。

我们认为：领导权力是指领导者在管理活动中，利用其合法地位以不同的激励和制约方式，引导下属同心协力达成组织目标的影响力。权力是领导影响力的来源与基础。

领导的权力主要来自两个方面：

（一）职位权力

职位权力是由于领导者在组织中所处的职位，由上级和组织赋予而获得的权力，这样的权力随职务变动而变动。在职就有权，不在职就无权。因此，可以说，职权与职位有关，与个人无关。领导者拥有职位权力是其进行领导工作的基础。职位权力主要由以下三方面构成：

合法权，组织中等级制度所规定的正式权力，被组织、法律、传统习惯甚至常识所认可。它通常与合法的职位紧密联系在一起。合法权源于被影响者内在化的价值观，部属认为领导者有合法的权力影响他，他必须接受领导的影响。

奖赏权，就是决定是否提供奖励、报酬的权力。因为领导者具有职位赋予控制组织的资源的合法权力，可以对依赖这些资源的人施加影响，包括加薪、提供晋升机会、安排理想的工作职位、表扬、改变福利分配等。奖赏权源于被影响者期望奖励的心理，部属因感到领导者能奖赏他，满足他的某些需要而按领导的愿望行动。

强制性，指领导者对其下属具有的强制其服从的力量。通过负面处罚或剥夺其权利等方式对他人行为进行潜在的影响，如降职、训斥、停薪、解雇等。强制权源于被影响者的恐惧，部属因感到领导者有能力将自己不愿意接受的事实强加于自己，使自己的某些需要得不到满足，而不得不按领导的要求行动。这种带有惩罚性的权力与奖赏性权力是一对相对的概念。

（二）非职位权力

非职位权力是来自于领导者个人的非职位影响力。这种影响力不是由于领导者在组织中的位置，而是由于其自身的某些特殊条件才具有的。例如，领导者具有高尚的品德，丰富的经验，卓越的工作能力，良好的人际关系等。这种权力没有强制性的约束力，但不随职位的消失而消失，对人的影响是发自内心的、长远的。只有拥有非职位性的影响力才能使领导工作更有效。因此，领导者的非职位权力是不可缺少的，从一定意义上说，它比职位权力显得更重要。非职位权力主要由以下两方面的因素构成：

专长权，指领导者由个人的特殊技能或某些专业知识而形成的权力。某种程度上讲，知识也是权力。谁掌握了知识，具有了专长，就是有了影响别人的专长权。部属行动可能因为他们相信领导者具有特殊知识和专业技能，一个具有专家的权威性，知道应该做什么的人，往往最容易获得其他人的服从。这种源于专业特长的权力影响范围较窄。

榜样力量，也称为崇拜权力。指领导者由个人的品质、魅力、资历、背景等带来的影响力。常常与领导所拥有的令人敬佩的特征有关，它建立在超然感人的个人素质之上。部属的行动可能因为他们尊敬领导，希望能够像领导那样，并得到领导的认同。榜样力量主要取决于领导者的吸引力，如果领导的做法让别人感到信任和尊重，部属就会愿意追随你，与你共同努力完成组织目标。

二、领导授权

授权是领导职责的一个重要内容，也是一种领导艺术。所谓授权是领导为了使下属更好地完成所委派的工作任务，将本由上级执掌的部分权力委托给下级。授权包括任务委派、权力授予和责任建立三个要素，授权有助于锻炼下属的工作能力、增强工作挑战性、提升工作成就感。有效的授权能促进组织中的团队建设，开发关键人才的潜能。

随着现代社会大生产的发展，领导者面临的各种事务纷繁复杂、千头万绪。任何领导者，即使精力、智力超群，也不可能独揽一切。因此，授权是大势所趋。不会授权或不愿授权的领导者，将给自己积聚愈来愈多的工作决策事务，使自己在日常琐碎的工作细节中越陷越深，甚至成为碌碌无为的“事务主义”者，而许多需要领导者处理的大事却被搁置在一边。另外，下级的积极性也受到压抑，工作失去了兴趣和主动性。所以，作为领导者，应学会科学地授权。通过合理授权，使领导者重在管理，而非从事具体事务；重在战略，而非战术；重在统帅，而非用兵。通过授权，有利于领导者议大事、抓大事，居高临下，把握全局。

如何正确授权，应把握以下四个原则：

（一）适度授权

所谓适度授权，就是指领导者授予下属的决策权力的大小、多少与被授权者的能力、所要处理的事务相适应。授权不能过宽或过窄。如果授权过宽、过度，超出了被授权者的智能所能承担的限度，会出现小材大用的情况，导致下属权力泛化，使领导者被“架空”。授权过窄、不足，则不能充分调动下级的积极性，不能充分发挥其才能，并且下级事事都要请示汇报，领导者仍不能从繁杂的事务中解放出来，达不到授权的目的。一般来说，领导者在授权时，只明确作为被授权者所要完成的任务和组织目标，而不规定下属实现任务、目标的途径和方法，并赋予被授权者在任务、目标发生变化之后，有自主调整任务和目标的权力。

（二）逐级授权

按授权者与被授权者之间的关系划分，授权可分为逐级授权与越级授权。逐级授权是指直接上级对直接下级所进行的授权；越级授权是间接上级对间接下级所进行的授权。在领导工作中，授权应该是自上而下逐级进行的，越级授权一般来说是应该避免的。因为越级授权往往引起被授权者直接上级的不满，也容易使被授权者产生顾虑，影响其放手开展工作。然而，事情总是相对的，越级授权并非绝对不好。相反，在某些紧急情况或非常情况下，越级授权往往是不可缺少的，有利于迅速解决某些紧迫的非常的问题。

（三）权责明确

领导授权有授权授责和授权不授责两种形式。这两种形式各有利弊，授权授责，增强了被授权者运用权力的责任感，防止滥用所授予的权力，但也可能由于对被授权者造成巨大压力和精神负担，影响其工作效能；授权不授责，可以使被授权者增强对领导者的信赖感，没有思想包袱，充分行使其被授权力，发挥其工作能力，但同时也容易出现滥用被授权力。一般而言，基于为了培养锻炼干部、接班人，为了处理突发的、危机事件时的授权，宜采取授权不授责的形式，其他情况下的授权以授权授责为宜。但不论采用何种形式，授权活动在性质上都是领导行为，出现任何责任后果，领导者都有不可推卸的责任，应该是责任的主要承担者。

（四）可控授权

首先，授权不是把领导者的所有权力都下放，重大方针政策的决策权、监督检查权、例外事项的决策权不应下放，否则，授权就成了放弃领导。其次，授权不是把权力无条件地下放，授权者必须确定员工完成一项工作到底需要多大的权力，与完成任务无关的权力不应该下放。再次，在授权过程中，适当的管理与监控还是必不可少的，在进行任务分派时就应当明确监控机制，就任务完成的具体要求说明清楚，而后确定进度日期，在这段时间里下属要汇报工作的进展情况和遇到的困难。控制机制还可以通过定期抽查得以补充，以确保下属没有滥用权力。总之，领导者的授权应掌握在能及时了解全面信息、控制局面的前提下，通过授权发挥各级人员的积极性。

本章要点

（1）领导是管理的一项重要职能。领导包括领导者和被领导者两个方面；领导是一种活动，也是一种艺术；领导的基础是领导者的影响力；领导的目的是为了实现组织的目标。领导的构成要素包括：权力、对人的本质和需要的理解、杰出的鼓舞力和领导者所营造的组织氛围。领导在组织中主要发挥指挥、协调和激励的作用。

（2）领导特质理论主要研究领导者与非领导者以及有效的领导者与无效的领导者之间的素质或特质差别。一个有效的领导者应具备一定的知识素质、能力素质、心理素质和身体素质。

（3）典型的领导理论和领导模式，是建立在人性假设理论基础之上的。对人性的不同认识决定着领导者采取不同的领导方式。领导行为理论将研究重点从领导者可能具有哪些特质转向了领导者应采用具有何种行为方面，并对领导方式或风格作了各种角度的区分。情境理论认为，有效的领导方式是因情境不同而不同的，即权变，只有与特定情境相适合的领导方式才可以成为有效的；而与特定情境不适合的领导方式则往往是无效的。

（4）领导的一项重要职能是决策。为使领导决策有效，决策过程应遵循六大原则，并依程序进行。决策方法有定性与定量之分，定性决策方法主要有头脑风暴法、名义小组法、德尔菲法等；定量决策方法主要有：解决确定型决策的量本利分析法和线性规划法，解决风险型决策的决策树法，解决不确定型决策的大中取大法、小中取大法、大中取小法等。

(5) 使一个组织有效运作，领导的权力是不可或缺的，领导的权力来源于职位和非职位的影响力。授权是领导职责的一个重要内容，也是一种领导艺术，有效授权使下属满意度更高、工作更有效。正确授权要把握好一些原则。

思考题

1. 如何理解领导的含义和领导的构成要素。

2. 领导的特质理论对当今的管理是否有指导意义？现代领导应该具备哪些基本素质？

3. 领导的特质理论、领导的行为理论、领导的情境理论对领导有效性的研究方法有何不同？

4. 何谓管理方格理论？有何应用价值？

5. 费德勒的权变模式的基本假设是什么？什么是LPC衡量尺度？工作情境中哪些基本因素决定了哪一种领导风格最有效？

6. 何谓领导生命周期理论？如何应用？

7. 何谓目标—途径理论？根据这个理论，哪些情境因素有助于确定最有效的领导风格？

8. 何谓决策？决策程序包括哪几个阶段？试结合某一决策实例说明之。

9. 常用的定性决策方法有哪些？谈谈采用这些方法的理由及其适用性。

10. 常用的定量决策方法有哪些？如何应用？

11. 何谓授权？领导授权应把握哪些要点？

实践练习

找出若干位你熟悉的领导者，分析他（她）的领导风格，并用具体事例说明你划分的依据。

案例应用

蒋科斯的领导风格

蓝天技术开发公司由于在一开始就瞄准成长的国际市场，在国内率先开发出某高技术含量的产品，其销售额得到了超常规的增长，公司的发展速度十分惊人。然而，在竞争对手如林的今天，该公司和许多高科技公司一样，也面临着来自国内外大公司的激烈竞争。当公司经济上出现了困境时，公司董事会聘请了一位新的常务经理蒋科斯负责公司的全面工作。蒋科斯来自一家办事古板的老牌企业，他照章办事，十分古板，与蓝天技术开发公司原先的自由风格相去甚远。公司管理人员对他的态度是：看看这家伙能呆多久！看来，一场潜在的“危机”迟早会爆发。

第一次“危机”发生在常务经理蒋科斯首次召开的高层管理会议上。会议定于上午9点开始，可有一个人姗姗来迟，直到9点半才进来。蒋科斯厉声道：“我再重申一次，本公司所有的日常例会要准时开始，谁做不到，我就请他走人。从现在开始一切事情由我负责。你们应该忘掉老一套，从今以后，就是我和你们一起干了。”到下午4点，竟然有两名高层主管提出辞职。

然而，此后蓝天公司发生了一系列重大变化。由于公司各部门没有明确的工作职责、目标和工作程序，蒋科斯首先颁布了几项指令性规定，使已有的工作有章可循。他还三番五次地告诫公司副经理徐钢，公司一切重大事务向下传达之前必须先由他审批，他抱怨下面的研究、设计、生产和销售等部门之间互相扯皮，踢皮球，结果使蓝天公司一直没能形成统一的战略。

蒋科斯在详细审查了公司人员工资制度后，决定将全体高层主管的工资削减10%，这引起公司一些高层主管向他辞职。

研究部主任这样认为：“我不喜欢这里的一切，但我不想马上走，因为这里的工作对我来说太有挑战性了。”

生产部经理也是个不大满意蒋科斯做法的人，可他的一番话颇令人惊讶：“我不能说我喜欢蒋科斯，不过至少他给我那个部门设立的目标我能够达到。当我们圆满完成任务时，蒋科斯是第一个感谢我们干得棒的人。”

采购部经理满腹牢骚，他说：“蒋科斯要我把原料成本削减20%，他一方面拿着一根胡萝卜来引诱我，说假如我能做到的话就给我油水丰厚的奖励。另一方面则威胁说如果我做不到，他将另请高明。但干这个活简直就不可能，蒋科斯这种‘大棒加胡萝卜’的做法是没有市场的。从现在起，我另谋出路。”

蒋科斯对被人称为“爱哭的孩子”的销售部胡经理的态度则让人刮目

相看。以前，销售部胡经理每天都到蒋科斯的办公室去抱怨和指责其他部门。蒋科斯对付他很有一套，让他在门外静等半小时，见了他对其抱怨也充耳不闻，而是一针见血地谈公司在销售上存在的问题。过不了多久，大家惊奇地发现胡经理开始更多地跑基层而不是蒋科斯的办公室了。

随着时间的流逝，蓝天公司在蒋科斯的领导下恢复了元气。蒋科斯也渐渐地放松控制，开始让设计和研究部门更放手地去干事。然而，对生产和采购部门，他仍然勒紧缰绳。蓝天公司内再也听不到关于蒋科斯去留的流言蜚语了。大家这样评价他：蒋科斯不是那种对这里情况很了解的人，但他对各项业务的决策无懈可击，而且确实使我们走出了低谷，公司也开始走向辉煌。

问题

1. 蒋科斯进入蓝天公司时采取了何种领导方式？当蓝天公司各项工作走向正轨后，其领导方式作了怎样的改变？为什么？

2. 蒋科斯对研究部门和生产部门各采取的领导方式有何不同？为什么？

3. 蒋科斯的做法有哪些值得借鉴之处？

第十二章

激 励

学习目的

学习本章，你应能够：

（1）理解激励的含义，激励的心理过程。

（2）掌握主要的激励理论。

（3）掌握主要的激励方法及其应用。

组织中的经营活动都要依赖人来完成。几乎在所有的组织中，我们都能发现一些人比其他人工作更为努力，也能发现有些才能卓越的员工，其绩效却低于才能明显不如他的人，其原因便是不同的人受到的激励不同。激励是现代企业管理中必不可少的重要手段。科学适用的激励可以激发企业员工的积极性，使企业员工在满足个人目标的同时满足企业的整体目标，发挥出人的最大效能。

本章首先讨论激励的含义及激励的心理过程，然后介绍主要的激励理论，最后归纳总结出一些常用的激励方法。

第一节 激励原理

一、激励的概念

“激励”一词是心理学上的术语，不同的学者对激励有不同的定义，常见的有：

弗洛姆（Vroom）：激励是对个人及底层组织就其自愿行为所作的选择进行控制的过程。

佐德克（Zedeck）：激励是朝某一特定目标行动的倾向。

爱金森（Atchinson）：激励是对方向、活力和行为持久性的直接影响。

盖勒曼（Gellerman）：激励引导人们朝着某些目标行动，并花费一些精力去实现这些目标。

沙托（Shartle）：激励是被人们所感知的从而导致人们朝着某个特定的方向或者为完成某个目标而采取行动的驱动力和紧张状态。

以上说法包含了一些共同的要素：

(1) 人的行为是由什么激发并赋予活力？那是人们自身的内在因素及外在的环境性因素。

(2) 行为是怎样被引导到一定方向上去的？人的行为总是指向一定的目标而发动的。

(3) 行为如何保持与延续？驱动力的强度决定了行为以何种强度进行下去。

基于此，本书采用著名管理学家斯蒂芬·P. 罗宾斯的定义①：激励是通过高水平的努力实现组织目标的意愿，而这种努力以能够满足个体的某种需要为前提。这个定义中的三个关键因素是：努力、组织目标和需要。努力要素是强度指标。个体的需要是行为产生的内驱力，当一个人被激励时，他会努力工作，但是高水平的努力不一定能带来高的工作绩效，除非努力指向有利于组织的方向。因此，激励的定义中隐含着个体具有必须和组织目标相一致的要求，而且，指向组织目标并与组织目标保持一致的努力才是管理者追求的。在管理实践中，一个好的管理者，应该做到通过各种有效的激励手段，激发员工的需要、动机、欲望，形成某一特定目标，并在追求这一目标的过程中保持高昂的情绪和持续的积极状态，发挥潜力，达到预期的目标。

二、激励的心理过程

有效的激励必然符合人的心理和行为活动的客观规律，不符合人的心理活动规律模式的激励就不可能满足人的期望，也达不到调动人的积极性的目的。激励的心理过程模式可以表示为：个体由需要而产生一种紧张状

---

① 资料来源：斯蒂芬·P. 罗宾斯著. 组织行为学. 北京：中国人民大学出版社，2002：166。

态，形成动机，激发或驱动个体的行为以满足需要，消除紧张，从而恢复机体平衡状态。具体如图 12 - 1 所示：

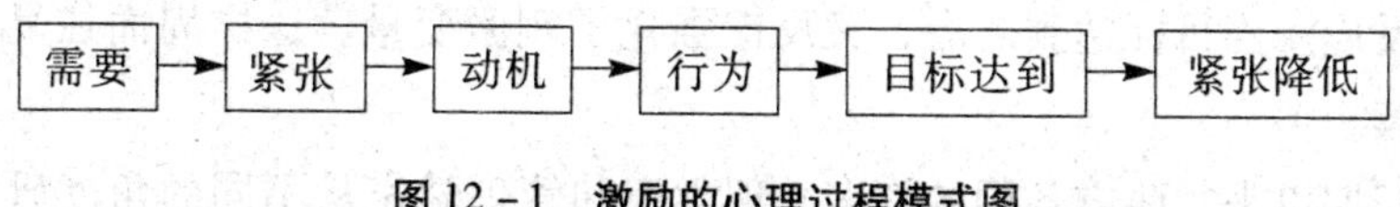

图 12 - 1 激励的心理过程模式图

（1）需要是任何行为受到激励的前提，必须被对它有欲望的人们所感知或认识到才能起作用。人的需要有多种，既可以是生理或物质上的（如对食物、水分、空气等的需要），也可以是心理或精神上的（如追求事业成就等），既可以是个体内在产生的，也可以是由于外界环境诱发产生的，这些需要常会多种同时共存。人们感知到需要，产生求满足的期望，这种需要的被满足构成要达到的目标。

（2）当需要出现时，引起个人内心的不平衡，出现紧张的心理状态。

（3）为了缓和这种心理紧张状态，需要转化为意向和愿望，即动机。动机是推动人从事某种活动，并朝一个方向前进的内部动力，是为实现一定目的而行动的原因。动机是一种内部心理过程，不能直接观察，但是可以通过任务选择、努力程度、活动的坚持性和言语表示等行为进行推断。心理学的研究表明，人的动机是由他所体验的某种求满足的需要或未达到的目标所引起的。

（4）行动是在动机的直接推动下，进行满足需要以求实现目标的活动。行为虽是由动机决定的，但并不是绝对的一对一的关系，首先，有某种动机并不一定导致某种行为，行为的发生受到多种因素的影响；其次，类似的动机可能表现为不同的行为，类似的行为也可能源于不同的动机；再次，一种行为的背后可能同时隐藏着不同的动机。

（5）当目标达到后，在需要不断得到满足的过程中，动机逐渐减弱，满足需要的行为就告结束，人们的紧张心理得到消除。然后又有新的需要发生，并转化为新的动机，引起新的行为。这样周而复始，循环往复，使人不断向新的目标前进。

从心理学角度来分析，激励过程要处理好三类变量的关系：一是刺激变量，即对人的反应发生影响的刺激条件，包括可变与可控的自然与社会的环境刺激。从管理的角度说，主要指管理者设置的目标、各种管理手段和措施。二是主体内在变量，即对人的反应有影响的内在心理特征，如需要、动机、兴趣、性格等。三是主体反应变量，即刺激变量和主体内在变量在主体行为上的变化。对人的行为的激励，实质上就是用刺激变量使主体内在变量（需要、动机等）产生持续不断的兴奋，从而引起主体积极的行为反应。当目标达到之后，又反馈强化了刺激变量。这样周而往复，不断延续。

长期以来，西方各国的许多心理学家和管理学家从不同的角度研究人的激励问题，提出了各种各样的激励理论。根据这些理论的不同特征，可以把它们分为内容型激励理论、过程型激励理论、状态型激励理论和综合型激励理论。内容型激励理论着重对引发动机的因素进行研究；过程型激励理论着重对行为目标的选择，及动机的形成过程进行研究；状态型理论着重从需要满足与否的心理状态来研究激励问题；综合型激励理论则是将几种激励理论综合起来进行研究。这些理论将在本章第二至第五节介绍。

三、激励的功能

激励，作为调动员工积极性的一种手段，其功能主要有：

（一）发掘人的潜能

人的潜能是蕴藏于人体内的潜在能力，不仅在人的行为活动中尚未显露出来，甚至是潜能的拥有者本人也未必能意识到的。但这种潜能的确是存在的，而且一经发掘便释放出巨大的能量。平常所说的“超越自我”、“挑战极限”，也就是发掘人的潜能的问题。美国哈佛大学教授威廉·詹姆士研究发现，在缺乏激励的环境中，人员的潜力只发挥出一小部分，即20%～30%。如果受到充分的激励，他们的能力可以发挥80%～90%。这就是说，一个人平常的工作能力水平与激发后可达到的工作能力水平之间存在着约60%的差距。可见，人的潜能是一个储量巨大的“人力资源库”。挖掘人的潜力，在生产过程和管理过程中具有极为重要的作用。而激励正是发掘人的潜力的重要途径。

（二）提高工作效率

工作效率的高低和工作绩效的大小，通常取决于两个基本因素：一是能不能，二是为不为，也即干不干。前者指胜任还是不胜任某项工作，是否具有承担某项工作的能力和资格；后者指从事某项工作的意愿、干劲，即工作积极性的问题。“挟太山以超北海”，这是不能，但“为长者折枝”也办不到，这是不为也，非不能也。员工管理不仅要培养和发掘“挟太山

以超北海”的能力，更要解决“为长者折枝”的工作意愿和工作积极性问题。

根据管理的基本原理，人的工作效率和工作绩效是其能力和积极性的函数。用公式表示为：

$$绩效 = f（能力 \times 积极性）$$

在给定的工作环境和工作条件下，两个能力相仿的人，他们工作绩效的高低取决于积极性的高低，而积极性的高低又取决于激励手段运用的好坏。诚然，我们并不认为，人对胜任工作的能力问题已经解决了，但是，我们应该承认，在当前条件下，一个较为突出的问题是，往往不是不会做，而是不愿做，或不积极做，对工作不负责的问题。所以，强化激励手段，充分调动人的积极性，发挥人的主动性和创造性，对企业管理具有非常迫切的意义。

（三）提高人力资源的质量

提高人力资源质量的途径主要是教育和培训。而保证教育和培训取得积极效果的一个关键条件和重要前提就是提高教育和培训对象的学习积极性和刻苦钻研精神。激励水平的提高和激励手段的巧妙运用，不仅会激励受奖者以更大的积极性继续努力，使自身的才能提高到新的高峰，而且会产生巨大的示范效应，形成勤奋学习的社会风气，这样，其他社会成员受到榜样的鼓舞，也激发起受教育和培训的积极性，努力学习和刻苦钻研科学文化知识和技能。许多经验证明，这种激励方式是提高人力资源质量的有效途径。

第二节 内容型激励理论

内容型激励理论是从激发行为动机的因素这个角度来研究激励问题的，主要回答影响人的行为的因素，以及这些因素的特征和性质等问题。这类理论认为，人的积极性和受激励的程度主要取决于需要的满足程度，主要有需要层次理论、成就需要理论和双因素理论等。

一、需要层次理论

需要层次理论是美国心理学家马斯洛（A. H. Maslow）1943 年在其《人类动机理论》一文中提出的，是提出最早、影响最大的一种激励理论。他认为，人有五个层次的需要，即生理需要、安全需要、归属与爱的需要、尊重需要和自我实现需要。这五种需要呈阶梯形分布，如图 12－2 所示：

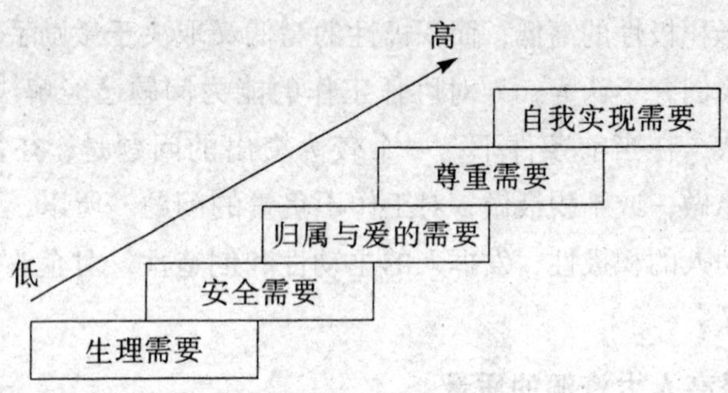

图 12－2　马斯洛提出的五种需要层次

1. 生理需要

这是人类生存所必需的、最基本的需要。它包括对食物、水分、空气、睡眠、休息和性等方面的需要。这些直接与生存相关的需要，是推动人们行为的最初动力。一般来说，除非生理需要多少得到了满足，否则人的绝大部分活动便只能停留在这个水平上，而其他的需要并不未给人以任何激励。

2. 安全需要

这是指人们寻求保护自己免受生理与心理上侵害的一类需要。如：人们都希望自己身体健康，喜欢安全的、有秩序的、可以预测和有组织的环境，偏爱长期有保障的工作，渴望银行有存款，以及有各种保险，愿做较习惯或熟悉的事，等等。安全需要是自我生存的需要。安全需要的满足可使人安心工作，生产、生活愉快。

3. 归属与爱的需要

又称为交往或社交的需要，包括对人际交往、对集体或家庭的依赖、对同志的友谊和异性的爱情等方面的需要。人们渴望在自己所处的群体中占有一席之地，而且会努力争取以实现这一目标。这种需要是一种比生理需要和安全需要更细致、更难捉摸。这种需要的满足，可以消除人们的疏

远感、孤独感、陌生感和寂寞感。

4．尊重需要

在我们的社会里，所有人都渴望别人对自己有一种坚定的、基础稳固的和高度的评价的需要，都需要自尊、自重以及赢得他人的尊重。尊重的需要既包括对名誉、声望、认可、注意、重视、赞赏的欲望，也包括对实力、成就、胜任、自信、独立、自由等的愿望。尊重需要的满足，能使人在自信、自我价值、实力、能力和富足等方面充满信心，感觉自己对世界有用且必不可少，体会到自己生存的价值。但这种需要得不到满足则会产生自卑、软弱和无助的感觉，这些感觉又会引起挫折感等负面情绪。

5．自我实现需要

这是一种要求发挥自身的潜能、渴望越来越真实地体现自己的愿望、尽可能完成与自己能力相称的一切事情、实现自己的理想和抱负的需要。这种需要采取的具体形式因人而异：有的人渴望成为企业家，有的人则渴望成为明星，也有的人渴望成为贤妻良母。

马斯洛认为，五种需要之间存在着如下的关系：

第一，五个层次需要的层级顺序由低到高依次是生理需要、安全需要、归属与爱的需要、尊重需要和自我实现需要。需要满足的顺序是由低级到高级。

第二，同一时期内，可能同时存在几种需要，但总有一种需要占主导的、支配的地位，这种需要称为优势需要。人的行为主要受优势需要的支配。当优势需要得到满足时，新的需要才会产生。

第三，任何一种满足了的低层次需要并不因为高层次需要的发展而消失，只是对行为的影响比重减轻，不再是行为的主要激励力量而已。而且，不管人的需要层次发展到多高，一旦低层次的需要在很长时期中受到挫折，他将会倒退到相应于这一需要的层次上，直到这种需要获得满足为止。

第四，在所有需要中，只有未满足的需要才有激励作用，需要一旦得到满足，它就不再起积极的决定作用。

马斯洛指出：五类需要并不是逐级形成的，相互间并不是全同或皆异的关系。对社会中的大多数普通人，他们的基本需要只有部分得到满足，同时也有部分得不到满足，随着优势需要等级上升，满意程度逐渐递减。例如，一个平常人在生理需要方面可能满足了85%，安全需要方面满足了

70%，归属与爱的需要方面满足了 50%，自尊的需要方面满足了 40%，而自我实现需要方面只满足了 10%。新需要的产生并不是一个突然的、跳跃的现象，而是以缓慢的速度从无到有，逐渐产生的。例如：如果优势需要 A 仅满足了 10%，那么可能根本不会产生需要 B。但当需要 A 满足了 25% 时，需要 B 会产生 5%；当需要 A 满足了 75% 时，需要 B 会产生 90%……

需要层次理论的贡献：马斯洛的需要层次理论把人类的需要归纳为五大类，概括了人类需要的基本内容及其相互关系，具有相当的普遍性；从人的需要着手研究人的行为和激励问题，是符合心理规律的，它抓住了管理人的关键；把人的需要分为不同层次，并由低级向高级发展，也是符合客观生活实际的。该理论简单明了和易于理解，在国内外管理实践中均得到广泛的应用。

需要层次理论的局限性主要表现在：

第一，这一理论把人的需要层次看成是固定的由低级向高级发展的程序，是一种机械的运动，这被许多人认为是形而上学的。而事实上，低水平需要未满足时，高级水平的需要也可以发展，如有的人宁愿挨饿也要追求自尊。高级需要作为一种战略性需要，是行为的调节中心，在一定条件下直接决定人的行为的情况是完全可能的。

第二，一切从个人的需要角度去解释人的行为有失偏颇。马斯洛本人既未提供足够的科学证据，也不能解释现实生活中的许多现象，如绝食、舍己救人等行为。

第三，需要究竟是先天产生还是后天形成的，个人的一切需要是否都是合理的、都是应该满足的并且能够完全满足的等问题，在理论界至今仍在争论之中。

二、双因素理论

这一理论是美国心理学家赫兹伯格（Herzberg）在 20 世纪 50 年代后期提出来的。他在大量调查研究的基础上，发现在员工激励的问题上，使人产生工作满意和激励的因素与产生工作不满意的因素是彼此独立、各不相同的，因而提出了“保健因素—激励因素理论”，又叫双因素理论。

与人们通常的认识不同，双因素理论指出：工作满意的对立面不是不满意，而是没有工作满意；同样，工作不满意的对立面不是工作满意，而是没有工作满意。这一理论把激发动机的因素分为两类：一类为保健因

素，另一类为激励因素。保健因素是指工作环境和条件因素，如企业组织的政策和管理方式、上级监督方式、与主管人员的关系、工作的环境与条件、薪金、与同级的关系、个人生活、与下级的关系和安全等10个方面。这一类因素如果缺少，就会引起不满和消极情绪，如果改进则能预防和消除员工的不满，但不能使人满意，不能直接起激励作用。就像卫生保健对身体健康所起的作用一样，因而称这些因素为保健因素。激励因素则往往与工作本身的特点和工作内容有关，如工作成就、工作成绩得到承认、工作本身具有挑战性、责任感、个人得到成长、发展和提升等6个方面。这类因素对员工能起到直接的激励效果。它们的改善，或者说这类需要的满足，往往能给员工以很大程度的激励，产生工作的满意感，有助于充分、有效、持久地调动他们的积极性。因此，赫兹伯格认为，作为管理者，首先要保证员工在保健因素方面的满足。要给员工提供适当的工资和安全，改善他们的工作环境与条件，对他们的监督要能为他们所接受，否则，就会引起他们的不满。但即使满足了保健因素，也不能产生直接激励的效果。因此，管理者必须充分重视利用激励方面的因素，为员工提供具有挑战性的工作，通过工作内容丰富化，为其出成绩、作贡献提供机会和条件，不断地激励他们进步和发展。

双因素理论对管理实践有重要的借鉴意义。首先，管理者在管理过程中，要对两类因素区别对待。要注意具备必要的保健因素才能使员工不致产生不满情绪。但是，不能只顾及保健因素，而应该在保健因素的基础上，运用激励因素去激发员工的工作热情，努力工作。其次，这一理论提出了调动员工积极性的新途径——工作本身产生的激励因素。在这类因素基础上激发出的积极性对工作的推动会起着更本质、更自觉、更持久的作用，这给管理者调动员工的积极性以新的启示。最后，这一理论可用来指导奖金的发放。管理学家强调，要使属于保健因素的奖金成为激励因素，必须使奖金与部门、个人的工作成绩挂钩，使其具有“激励因素”的特质。否则，若不论工作绩效如何，平均发放奖金，奖金就是“保健因素”，花再多的钱也起不到激励的作用。而一旦奖金减少或停发，就会造成职工的不满。

双因素理论与需要层次理论一样，只论及人类需要和激励方面的因素，但都未涉及如何进行激励的过程，人类的需要并不是那么绝对的，有时会存在着两个同等重要的需要，保健因素也会产生有效的激励作用。该

理论未能把个人的需要与组织目标的完成紧密联系起来。

三、成就需要理论

1950 年代初，美国心理学家戴维·麦克利兰（David McClelland）从另一角度提出了他的工作激励理论——成就需要理论。他认为，人在生存需要得到基本满足的前提下，最主要的需要有三种，即权力需要、合群需要和成就需要。

1. 权力需要

它是指影响和控制别人的一种欲望或驱动力。权力需要较强的人喜欢支配、影响他人，喜欢竞争，注重取得较高社会地位的工作，追求影响和控制别人。他们常常表现出健谈、善辩、喜欢提出建议甚至教训人等。他们喜欢具有竞争性和能体现较高地位的场合和情境，他们也会追求出色的成绩，从而获得地位和权力，或与自己已具有的权力和地位相称。麦克利兰认为，相对于其他两类需要（即合群需要和成就需要），权力需要是决定管理者取得成功的最重要因素。有许多研究表明，在一定的组织环境中，尤其在规模较大的企业或组织机构中，领导人的权力欲是有效管理的必要条件。

2. 合群需要

它是指人们寻求他人的接纳和友谊的需要。合群需要强烈的人一般渴望获得他人的赞同，高度服从群体规范、忠实可靠。员工的合群需要对生产效率会产生间接的影响。在一个要求与人协作甚至密切配合的工作岗位上安排一位具有高度合群需要的人，将会大大提高工作效率；而在一个相对独立的工作岗位上安排一位合群需要较低的人，则可能更加合适。

3. 成就需要

成就需要是一个人追求卓越、争取成功的内驱力。成就需要强烈的人会经常考虑个人事业的前途及发展问题，经常揣摩如何把事情做好并超过他人，想干一些与众不同、独特的事。他们希望得到有关工作绩效的及时明确的反馈信息，从而了解自己是否有所进步；他们喜欢设立具有适度挑战性的目标，不喜欢凭运气获得成功，不喜欢接受那些在他们看来特别容易或特别困难的工作任务。他们追求的是在争取成功的过程中克服困难、解决难题、努力奋斗的乐趣，以及成功之后的个人成就感。成就需要强烈的人往往具有高度的内在工作动机，事业心特别强，把个人成就看得比金

钱更重要，从成就中得到的鼓励超过物质鼓励的作用。麦克利兰认为，一个人成就需要的高低，直接影响着他的进步和发展。一个组织或国家拥有成就需要的人的多少，直接决定着其繁荣和兴旺。

麦克利兰在大量的研究基础上，对不同需要与工作绩效的关系进行了推断。首先，在小企业的经理人员和在企业中独立负责一个部门的管理者中，高成就需要者往往会取得成功。其次，在大型企业或其他组织中，高成就需要者并不一定就是一个优秀的管理者，原因是高成就需要者往往只对自己的工作绩效感兴趣，并不关心如何影响别人去做好工作。再次，合群需要、权力需要和管理的成功密切相关。麦克利兰发现，最为有效的管理者通常是那些有高度权力需要、适度成就需要和低度合群需要的人。如果一个大企业的经理的权力需要与责任感和自我控制相结合，那么他很有可能成功。最后，成就需要不是先天的，而是后天的，可以通过教育和培训造就出具有高成就需要的人才。如果某项工作要求高成就需要者，那么，管理者可以通过直接选拔的方式找到一名高成就需要者，或者通过培训的方式培养自己原有的下属。

麦克利兰的成就需要理论在企业管理中很有应用价值。首先在人员的选拔和安置上，通过测量和评价一个人动机体系的特征，对于如何分派工作和安排职位有重要的意义。其次由于具有不同需要的人需要不同的激励方式，了解员工的需要与动机有利于合理建立激励机制。再次，麦克利兰认为动机是可以训练和激发的，因此，作为管理者，固然要尊重员工的需要，并设法予以满足，但更重要的是要按照组织目标重塑职工需要。注重成就教育，强化成就动机，培养更多具有高成就需要的人，是管理者的一项重要任务。

第三节 过程型激励理论

过程型激励理论主要研究对人们行为起决定作用的某些关键因素，弄清它们之间的相互关系，并在此基础上预测或控制人的行为。这类理论主要有期望理论、目标设置理论和强化理论。

一、期望理论

期望理论是美国心理学家弗鲁姆（V. H. Vroom）在1964年出版的《工作与激励》一书中提出的。它主要研究需要与目标之间的规律，着重分析使“激励因素”起到更大作用所必需的条件。

对组织行为原因的四种假设构成了期望理论的基础：

（1）个人和环境的组合力量决定一个人的行为，仅有个人或仅有环境是不可能决定一个人的行为的，人们带着各种各样的期望加入组织，如对事业、需要、激励和过去历史的期望，所有这些期望将影响他们对组织的回报。

（2）人们决定他们自己在组织中的行为，有许多东西限制人们的行为（规章、制度、规范等），尽管如此，人们还是做出两条清醒的决定：①决定是否来工作，是留在原公司还是跳槽到新公司（成员决定）；② 决定他们在完成工作时付出的努力程度（效率、努力程度、同事关系等）。

（3）不同的人有着不同类型的需要和目标，人们希望从他们的工作中得到不同的成果。

（4）人们根据他们对一个假设的行为将导致的希望获得成果的程度，在变化的情况中来做出他们的决定，人们倾向做那些他们认为将导致所希望的回报的事情，而避免做那些他们认为将导致所不希望的后果的事情。

期望理论基于个体是“理性的人”假设，认为人之所以能够积极地从事某项工作并达成组织目标，是因为这项工作或组织目标会帮助他们达成自己的目标，满足自己某方面的需要。人们只有在预期其行为能够达到某种目标，并且实现目标就能够满足需要的情况下，其积极性才能被调动起来。用公式表示为：

动机水平 = 期望值 × 效价（用公式表示为：$M = \sum V \times E$）

其中，所谓动机水平，即激励程度，是指一个人工作积极性的高低和持久程度，它决定着人们在工作中会付出多大的努力。所谓期望值，也称期望概率，是指人们根据过去经验与能力，判断自己能够达到目标并实现相应奖酬的概率，它与个人能力、经验以及愿意付出的努力程度有直接关系。所谓效价，是指达到目标对于满足个人需要的价值，同一事件或同一目标对不同人的效价不一样，对同一个人在不同时期效价也不一样。效价

受个人价值取向、主观态度、优势需要及个性特征的影响。效价与平均期望概率相互影响。平均概率小，效价相对增大；平均概率大，效价相对减小。

为了更好地激发员工的工作动机，弗鲁姆提出了人的期望模式，如图12－3所示：

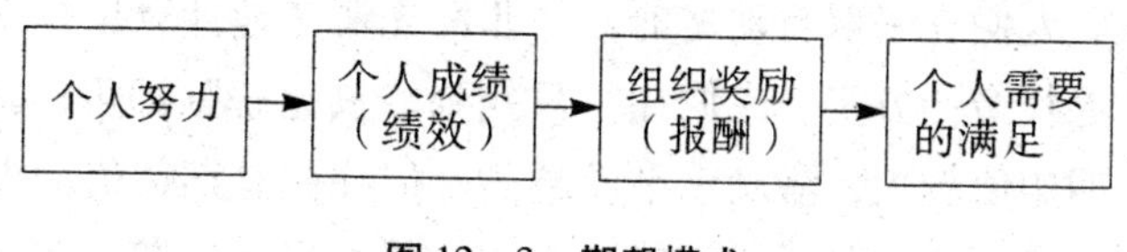

图12－3 期望模式

从这一期望模式出发，需要兼顾到三个方面的关系：

第一，主观努力与工作成绩之间的关系。努力与成绩的关系，主要取决于个人对目标的期望值，而期望值的大小又直接影响个人积极性的发挥。如果一个人认为通过努力有可能达到目标，他就会有信心，有干劲，就会激发出强大的力量。如果他认为目标高不可攀，或者目标太低，轻易可以达到，便会失去内在动力，鼓不起干劲。因此，管理者应注意：一是要保证员工有能力完成某项工作任务，为此要根据人的能力特长来分配安排工作，通过指导和培训来提高员工的能力；二是制定的工作目标必须切实可行，并尽量排除那些可能干扰员工完成任务的不利因素；三是适当控制期望概率与实际概率。期望概率要适度，实际概率在很大程度上是由组织或管理者决定的，它最好大于平均的个人期望概率，这样能收到较好的效果。

第二，工作成绩与奖酬的关系。员工总是期望在取得预期的成绩后，能得到适当的、合理的激励或报酬，以此强化其行为。所以，奖励必须随个人的工作绩效而定。如果只要求员工贡献而没有相应的物质和精神奖励进行强化，即员工干得再出色也得不到他想要的东西，时间一长，员工被激发起来的积极性就会降低甚至消失。

第三，奖酬与满足需要的关系。员工总是希望通过努力所得到的奖酬能满足自己的需要。如果所得到的奖酬并不是他们最需要的甚至是他们不需要的，那就起不到激励的作用。因此，奖励要因人而异，内容丰富，形式多样，奖人之需。同时，管理者设置激励目标时应尽可能加大其效价的综合值，抓多数成员认为效价最大的激励措施。

期望理论在国外得到许多心理学家的高度重视和很高的评价，是应用非常广泛的一个理论。但它仍然受到许多学者的批评。首先，弗鲁姆的期望理论有一基本前提，即任何人都是理性的，在做出决定时总是想达到最大的利益，决不会做不利于自己的决策。这明显带有个人主义的色彩。它不能解释一些崇高的献身行为，如舍己救人、志愿工作等。事实上，人的行为并非总是理性的，在许多情况下，人的行为会受一时的冲动支配，受情感的支配。人们在采取行动之前，并非都先清楚地计算出行动的效价和期望值，才寻找最佳方案。人们往往只找到"满意解"即可。其次，根据期望理论，期望值越大，激励水平就越高。但往往是期望值太大意味着那是唾手可得的事，这会降低成就感，影响效价。当一种期望值是通过某种宣传人为拔高而脱离现实时，虽然会带来短期的意外效果，但当现实不能满足需要时，则会带来很大的反作用。所以，从长远和发展的观点看，不应该脱离实际地提高人们的期望值。最后，期望理论还忽视了负效价（如惩罚）的作用。

二、目标设置理论

目标设置理论，最早是由美国马里兰大学心理学教授洛克（E. A. Locke）于1968年提出来。他和他的同事通过大量的实验研究和现场试验，发现大多数激励因素，如奖励、工作评价与反馈、期望、压力等，都是通过目标来影响工作动机的，重视并尽可能设置合适的目标是激励动机的重要过程。

目标设置理论主要探讨目标的具体性、挑战性和绩效反馈对人的激励作用。该理论充分肯定个人发展过程中目标设置的价值与重要性。在多年研究的基础上，2002年洛克和莱瑟姆（G. P. Latham）等提出目标设置理论的基本元素和高绩效循环模式，如图12-4所示：

从图中可以看出：

（1）目标的特性（明确度、困难度）直接影响成绩。从激励的效果或工作行为的结果来看，有目标的任务比没有目标的任务要好；有具体目标的任务要比空泛的、抽象的目标的任务要好；能被执行者接受而又有较高难度的目标比唾手可得的目标更好。

（2）成绩影响个体的满意度。个体达到目标，体验到的成功越大，满意感程度则越高。如果未达到目标或失败了，则会体验到不满意。

（3）对成绩和奖励的满意度又会促使个体对新的挑战勇于承诺。

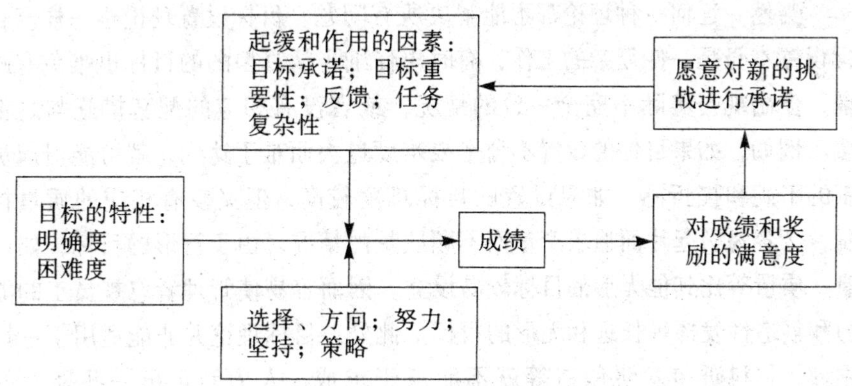

图 12－4　目标设置理论的基本元素与高绩效循环模式

（资料来源：Latham，G. P.，Locke，E. A. & Fassina，N. E.. The high performance cycle：Standing the test of time. In：Sonnentag，S. Psychological management of individual performance. Chichester，England：Wiley，2002。）

（4）目标和成绩之间的关系会受到目标承诺、目标重要性、反馈、人物复杂性、努力、策略等的影响。员工个人的能力、目标认同、反馈、任务的严密性在目标和绩效之间起协调作用。个人努力的方向、努力的程度，以及努力的持续性三维度决定了个人工作绩效与目标之间的相关程度。

目标设置理论告诉我们，由于目标是人类行为最直接的调节或决定因素，管理者就要善于利用目标来调整和控制人的行为。

在利用目标进行管理的时候，应该注意：

第一，要让全体员工了解组织目标和个人的具体目标。在设置整个组织的目标时，要对目标进行层层分解。每个部门根据总目标制定部门目标，每个人又根据部门目标和个人实际情况形成个人目标。目标设置要有广大员工的参与；目标要具有挑战性、适当的困难度；还要考虑目标的现实性以及员工的接受程度。

第二，要有一套方法控制目标的实施。主要是激励员工发挥各自的积极性去实现个人目标；注意目标过程的反馈，不断地修订和完善目标。

第三，目标效果要与奖惩相联系。要对照目标定期评定已获得的结果，分析未达到目标的原因，为下一个目标管理周期创造更好的条件；根据对达到目标效果的评价，采取奖惩手段，激发员工完成目标，增大工作力度，提高责任感和义务感。

当然，任何一种理论都不能解决所有问题。目标设置理论也一样。目标设置本身是一件复杂的工作，有时再仔细再认真斟酌的目标也难免有疏漏，会出现与实际不完全一致的情况，或者没有相应的配套措施与之衔接。例如，如果目标的设置不公平或难度过大而难于达到，就可能引起员工的不满和挫折感。如果设置的目标难度较高，但又没有相应的质量控制，会容易引起片面追求产量而不顾质量的情况。由于有形的目标，如产量、质量等比其他无形的目标较易设立，因而容易使管理者忽视员工的能力和创造性发挥等长远和无形的目标。此外，目标理论并非能适用于一切领域，如科研和发明创造等就不能急于求成，人为制定出一些硬性的目标。

三、强化理论

强化理论是美国哈佛大学教授斯金纳（B. F. Skinner）提出的。1938年，斯金纳发表了《有机体的行为》一书，在巴甫洛夫条件反射理论的基础上，提出了一种新的激励理论，即强化理论。它特别重视环境对行为的影响作用，认为人的行为只是对外部环境刺激所做的反应，是受外部环境刺激所调节和控制的，改变刺激就能改变行为。强化对于人的行为来说，就是通过一种有效的刺激，起到对行为的加强作用。按照强化理论，只要控制行为的后果（奖惩），就可以达到控制和预测人的行为的目的。所以，管理者通过各种强化手段，就能有效地激发员工的积极性。

根据斯金纳的理论，在管理实践中，常用的强化手段有三种，即正强化、负强化、消退。这些方法，可以单独运用，也可以结合运用。

1. 正强化

是指对人的某种行为给予肯定和奖赏，以使其重复出现。在管理过程中，凡是直接或间接对组织的发展做出贡献和成绩的人和事，都必须给予肯定和奖励；否则，就等于良好行为未被组织和社会的承认而得不到强化，人的积极性就会消退，良好行为无法持续下去。正强化的形式多种多样，如表扬、赞赏、晋升、提级、授予名誉、授予责任和权力、增加工资、奖金和奖品等。

2. 负强化

是指对人的某种行为给予否定或惩罚，使之减弱或消失，以防止类似的行为再度发生。在管理中，对不符合组织和社会期望的行为进行批评或

惩罚，促使不良行为受到削弱或抑制，也间接地加强了良好行为的形成和巩固。负强化的措施有批评和惩罚两种。批评又可分为公开批评、直接批评、间接批评。惩罚有警告、记过、降职、减薪、罚款、开除等。

3. 消退

消退有两种方式：一种是管理者对员工的不良行为不予理睬，采取视而不见的态度，让行为者感到自己的行为受到轻视或某种程度的否定，从而慢慢终止该行为。另一种是对已经建立起正强化的行动，由于疏忽或情况改变，不再给予正强化，该行动也会自然消退。

强化理论对提高管理水平有着重要的意义。如果说引起行为靠的是对动机的诱发和激励，那么，保持和巩固某种行为或者改造和取消某种行为就要靠强化。对人的某种行为，适时给予正强化，使行为者感到自己的行为为组织和社会所承认，从而受到鼓舞，产生或增强兴趣，自觉愉快地进入下一个阶段。而对某种行为，适时给予负强化，使行为者反省该行为，自觉调整、改造该行为，朝着组织和社会所期望的方向去行动。

在运用强化理论的时候，应注意以下几点：

第一，针对强化对象的具体情况，实事求是、形式多样地使用强化措施。管理者对员工的要求或制定的目标及奖励的标准要具体、客观、适宜。当目标较大时，应采取分步到位的方法，把复杂的目标行为过程分解为许多小的阶段目标来完成，每完成一步及时给予表彰、奖励，使员工的行为不断受到强化而逐渐增强。

第二，强化力度要适当，要让接受者感觉到影响力。力度太小，起不到激励作用；力度太大，又会增加企业成本或带来负面效果。此外，强化物要投其所好，满足不同人的不同需要。

第三，坚持奖惩结合，以奖为主，以惩为辅。

第四，要做到及时强化，让人们尽快知道其行为结果或进展情况，并及时予以相应的奖惩。

第四节

状态型激励理论

状态型激励理论是从需要的满足状态来探讨激励问题的。需要的满足方式有公平、不公平之分，需要的不满足将给人带来挫折。而不公平和挫折都会降低人的激励水平。状态型激励理论研究的重点就是要探讨公平或不公平和挫折对人的行为的影响，以找到有效的手段和措施消除它们对人的行为造成的消极影响，最大限度地发挥人的积极性。状态型激励理论主要有公平理论和挫折理论。

一、公平理论

公平理论是美国心理学家亚当斯（Adams）于19世纪60年代提出的。它主要研究利益分配（特别是工资报酬分配）的合理性、公平性对员工积极性的影响。

公平理论认为，人的工作态度和积极性不仅受其所得绝对报酬的影响，而且还受其所得相对报酬的影响。也就是说，人们不仅关心个人努力所得报酬量的绝对值，而且还关心自己的报酬量与别人报酬量之间的关系，即报酬的相对值。人们一方面把自己现在付出的劳动和所得的报酬进行历史的比较（纵向比较），另一方面还把自己付出劳动和所得的报酬与他人付出的劳动和所得的报酬进行社会比较（横向比较）。可用图12－5表示。

感知到的比率比较	员工评价
$\frac{\text{A 所得}}{\text{A 所付}} < \frac{\text{B 所得}}{\text{B 所付}}$	不公平（报酬过低）
$\frac{\text{A 所得}}{\text{A 所付}} = \frac{\text{B 所得}}{\text{B 所付}}$	公平
$\frac{\text{A 所得}}{\text{A 所付}} > \frac{\text{B 所得}}{\text{B 所付}}$	不公平（报酬过高）

图12－5　公平理论图示

公平理论表明，公平是平衡稳定状态，报酬过高或过低都会引起心理上的紧张、不安，从而采取行动来消除和减少心理上的紧张和不安。人们一般会采取下列方式来消除不公平感：

（1）改变对自己或对别人的看法，重新认识自我或他人。

（2）采取一定行动，努力改变自己的收支状况。如缩小自己的投入或扩大自己的产出。

（3）选择另一个比较对象，获得主观上的公平感。

（4）用发牢骚、泄私愤、造谣中伤、制造人际矛盾，甚至放弃工作。

公平理论提出了社会生活和管理实践中的一个重要现象，即人们总是要把自己的努力与所得的报酬同别人进行比较，以求综合平衡。如果经过比较后认为不公平，自己付出的比他人多，而得到的报酬比他人少，内心就会产生不平衡、受委屈，自尊心会受到挫伤，从而产生不满情绪，进而影响积极性的发挥。造成不公平感的原因主要有两类：一是客观分配的不公平，如奖励制度和其他人事制度的不完善、领导者的管理素质不高和不正之风等；二是个人主观认知的不正确，如感知的片面性、感情偏向、思想品德以及传统的公平观念等。所以作为管理者，就要重视研究公平问题，针对不同的原因，要采取不同的方法和措施加以解决。

第一，完善奖励制度，打破平均主义、大锅饭的体制和思想框框；

第二，提高领导者、管理者自身的管理水平，加强和完善各项人事管理制度；

第三，领导者应该对全体员工一视同仁，公平合理地运用奖惩制度；

第四，要进行细致的思想工作，帮助员工树立正确的公平观，引导他们客观地进行比较平衡。

二、挫折理论

挫折，是指个体从事有目的的活动，由于受到干扰或障碍而使其需要和动机得不到满足时的情绪状态。挫折是社会生活和工作中普遍存在的现象，但挫折后的心理和行为反应却有很大的不同。挫折理论就是研究挫折后的心理、行为反应的理论。

造成挫折的原因有客观和主观两类。客观方面的原因，有自然环境的因素，如天灾人祸、衰老病死、意外事故等；也有社会环境的因素，如家庭环境、工作中的人际关系和社会文化背景等；还有个人条件的限制，如知识、智力、容貌、身材、健康和生理缺陷等。主观方面的原因，如个人目标的适宜性、对工作环境的了解和适应程度，个人价值观念等。

人们在遭受挫折之后，不管这种挫折是客观因素还是主观因素造成的，都会对个体产生重大影响。一般来说，挫折心理与行为表现可以分为建设性心理自卫和破坏性心理自卫。

建设性心理自卫表现为：

(1) 增强努力。指当个体在追求某一目标受挫时，不放弃原有目标，而是加倍作出努力，尝试其他方法和途径，最终达成目标。

(2) 重新解释。当个体达不成既定目标时，则延长完成时限、修订或重新调换目标。

(3) 补偿。当个体追求实现某一目标受挫时，则改为追求其他目标，以补偿和取代原来未能实现的目标。

(4) 升华。当遭受挫折时，把敌对、干扰等消极因素转化为积极进取的动力，从而取得更有意义的成就。

破坏性心理自卫表现为：

(1) 推诿。个体受到挫折后想出各种理由原谅自己或者为自己的过失辩解。

(2) 逃避。个体受挫折后不敢面对挫折情况，而是逃避到较安全的地方或幻想。

(3) 忧虑。指一个人连续遭到挫折，便慢慢失去了自尊和信心，不知所措，终于形成一种由紧张、不安、焦急、恐惧感交织而成的复杂情绪状态。

(4) 攻击。是一种无理智的、消极的、带有破坏性的公开对抗行为。

(5) 冷漠。当一个人受到挫折后压力过大，无法攻击或攻击无效，或因攻击而招致更大的痛苦，于是便将他愤怒的情绪压抑下来，采取冷漠行为。

在管理实践中，可采用以下几种方法，帮助遭受挫折者战胜挫折，克服因挫折而带来的消极后果：

第一，提高员工个体的挫折容忍力。管理者要倾听他们的意见，深入了解他们的情绪和需要，消除人际间的隔阂。同时要适当分配给他们一定的工作任务，信任和鼓励他们，并帮助他们克服困难，完成任务。

第二，帮助受挫折者分析挫折的原因。为此，要善于深入群众，了解

员工个人、人际关系和工作环境等方面的情况。找到挫折的原因后，应采取针对性的措施，尽快消除消极影响。

第三，采取宽容态度，理解和关心受挫折的员工。一个人受挫折后，如果对其冷嘲热讽，采取冷淡和歧视的态度，就会激化矛盾，使他们丧失前进的勇气。受到挫折的人，最需要别人的宽容、关怀和帮助。让他们感到集体的温暖，无形中给了他们力量，有利于其克服挫折感，尽快重新振作起来，投身到新的工作和任务中去。

第四，采取心理咨询和心理疗法。对于受挫折的员工，可以请心理学家进行心理咨询和心理治疗。这种方法应让受挫者把长期积郁于心中的烦恼倾诉出来，要帮助他们树立正确的挫折观，更加全面地认识自己，修订不切实际的目标。

第五节 综合型激励理论

综合型激励理论试图克服各个激励理论的片面性，从系统的角度解释人的行为激励过程。综合型激励理论主要有勒温（K. Lewin）的场动力论、豪斯（R. House）的综合激励模型、波特和劳勒（L. Poter & E. Lawler）的综合激励模型。本书主要介绍波特和劳勒的综合激励理论。

美国学者波特和劳勒 1968 年以期望理论为基础，提出了一个激励模式。该理论认为激励是外部刺激、个体内部条件、行为表现、行为结果相互作用的过程。他们将激励分为内外两个部分。内激励包括劳动报酬、工作条件、组织政策等。外激励包括社会、心理等因素，如认可、人际关系等。它们之间的关系如图 12－6 所示。

1．努力程度

是指员工所受到的激励强度和所发挥出来的力量，取决于员工个人对某项奖酬（如工资、奖金、晋升、荣誉等）的价值的主观看法和对努力能导致奖酬的可能性（概率）的主观估计。奖酬价值的大小与它对员工个人的吸引力之间是正比例的关系，即奖酬价值大，对员工个人的吸引力就大，反之则小。而员工个人每次行为最终得到的满足，又会通过反馈强化员工个人对这种奖酬的估价（如图中满足感与绩效和奖酬之间的虚线所

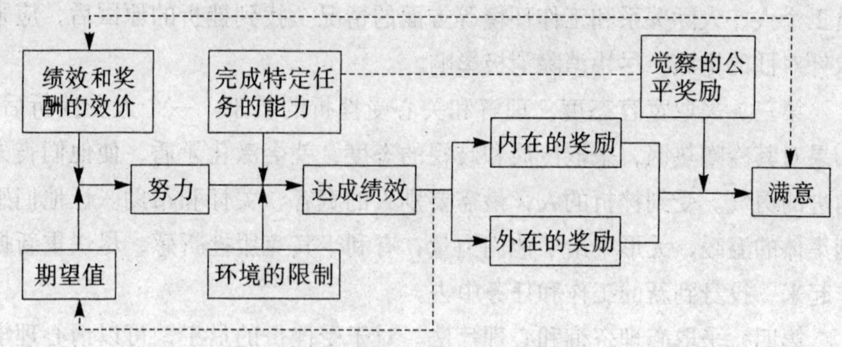

图 12－6　波特和劳勒的综合激励模型

示)。同时，员工个人对努力可能导致奖酬之概率的主观估计与员工个人的经历或经验密切相关。每一次的工作绩效也会通过反馈强化员工个人对成功可能性的估计（如图中绩效与期望值之间的虚线所示)。

2. 工作绩效

工作绩效不仅取决于个人的努力程度，而且有赖于个人的能力和素质以及对自己所承担角色的理解程度和客观条件。所谓对角色的理解程度，就是他对自己所承担的责任、所努力的方向和目标的明确程度。责任明确，努力就会有正确的方向和目标，也就能取得较大的绩效；相反，绩效就较差。

3. 奖酬

奖酬包括内在奖酬和外在奖酬两种。它们和主观上感受的公平感一起影响着个人的满足感。一般而言，内在奖酬更能带来真正的满足，并与工作绩效密切相关。此外，公平感也受到个人对工作绩效自我评价的影响。

4. 满足感

满足感是个人实现某项预期目标或完成某项预定任务时所体验到的愉悦。它依赖于所获得奖酬同所期望获得结果的一致性。期望小于结果，会产生失望；期望等于结果，会获得满足。

这一激励模式表明，要使员工在工作中取得较好的成绩，首先管理者要对他们的工作动机进行激励，即让员工感受到经过努力会获得足够的效价和高的期望值，以此激发他们高度的工作热情和积极性，努力工作。然后，管理者根据员工的工作绩效实施奖惩。奖惩是否公平合理，会反过来影响员工的满足程度。而员工的满足程度又可以变成新的刺激，促使他们去努力工作获得新的绩效。如此循环往复，以至无穷。由此可见，员工的

工作行为是受各种因素综合激励的结果。这一理论有利于管理者从总体上把握员工工作动机以及员工行为产生和变化的原因，对管理实践很有启发作用。

第六节 员工激励的方法及应用

依据激励理论，结合我国企业管理的实践经验，我们可以总结出几种常用的激励方法。

一、奖惩激励

奖惩是见于古今、行之中外的激励手段。中国古代不仅早已从“国家大事”的高度来认识赏与罚的重要性，而且深刻了解“赏以兴功，罚以禁奸”的功能和效应。西方管理学家对奖惩问题的研究倾注了很大的心血。上面所讲到的需要层次理论、双因素理论、期望理论、强化理论、公平理论、挫折理论等，无不与奖惩问题有关，因此，也大大丰富和完善了奖惩的理论体系。

从管理的整体看，奖（正激励）惩（负激励）必须兼用，不可偏废。只奖不惩，就降低了奖励的价值，影响奖励的效果；只惩不奖，动辄得咎，就会使人不知所措，既不知道该做什么，也不知道不该做什么，甚至还可能由于人们的逆反心理而产生反作用。所以，必须坚持奖惩结合，以奖励为主。

如何进行奖惩呢?

1. 坚持公平合理原则

奖惩必须做到公平合理，不能因人的地位、家庭背景以及同领导的关系的亲疏等不同而有所不同。如果是公平合理的，无论受奖惩的还是未受奖惩的员工，都会有一种公平感。对有功的员工不奖，不能调动广大员工的积极性；对绩效低下的员工不惩罚，意味着惩罚优秀员工。

2. 根据不同的人和人的优势需要进行奖励

如果不了解人的需要差别，采取统一的奖励物，即使花费了资金和心血，也收不到好的效果。对于低收入的员工，可以充分利用奖金的效用；

对于收入水平较高的员工，特别是对知识分子和管理人员，则要注重精神奖励，如晋升职称和职务、尊重人格、放手让其大胆工作等。

3. 适当拉开实际效价的档次，控制奖励的效价差

效价差过小，搞成平均主义，干与不干差不多；效价差过大，超过了贡献的差距。两者均会使员工感到不公平，减弱或失去激励作用。

4. 注意期望概率的控制和心理疏导

在劳动竞赛的初期，应提高员工的期望概率；在工作中遇到困难和挫折时，应及时加以鼓励，使下降的期望概率重新升高；在评比发奖阶段，要使大家冷静、客观，使其期望概率接近实际。心理疏导是指对那些没有受到奖励或受到惩罚的员工做好思想工作，引导他们着眼未来，防止挫折感和失落感；同时，要引导员工树立积极正确的公平观，客观地看待每次的奖惩结果。

5. 注意掌握奖惩的时机和频率

奖惩时机直接影响到激励效果。而奖惩时机又与奖惩频率密切相关，频率过高或过低都会削弱激励效果。因此，要根据实际情况选择奖惩时机和频率。一般来说，对于复杂、难度大的任务，奖惩频率宜低；对于简单、容易的任务，奖惩频率宜高。任务周期长的，奖惩频率宜低；任务周期短的，奖惩频率宜高。

6. 尽量用量奖而不是评奖

即要用数据说话，准确反映员工工作成绩的实际情况，让员工们心服口服。而评奖则较易失真，难免有个人的情感因素，客观性不如量奖高。

7. 实施惩罚时注意

惩罚要合理，使受罚者心服；惩罚要与教育相结合，达到惩前毖后、治病救人的目的；掌握惩罚时机，及时处理；惩罚时要考虑原因与动机；对一般性错误，惩罚宜轻不宜重。

二、工作激励

员工从工作中得到的收益和报酬既有外在的也有内在的。外在报酬指工资、福利、晋升、表扬和舒适的工作条件等具体的报酬形式。内在报酬指自我成就感、工作的自由度和工作的挑战性等不容易被观测到的报酬形式。优秀的企业不仅给员工发工资，还给员工的工作增添意义，促使他们对工作产生强烈的乐趣，通过工作而感到自己是某种最美好最优秀事物的

一部分，他们的价值得到普遍承认和赞赏，使他们觉得他们的工作在社会上很高尚，他们担负着某种崇高的使命，在这种情形之下，这样的员工能够最大限度地发挥聪明才智、干劲和热情。工作激励主要包括以下方法：

1. 工作任务具挑战性

所谓工作任务具挑战性，是指工作任务不仅具有探索性和非常规性，而且具有一定的难度。前者可激发人们的探索兴趣、冒险精神和显示个性的非从众性；后者能使人产生自信心和完成任务后的一种满足感。为此，给定的任务要尽可能丰富和有探索价值，切忌单调枯燥，缺乏新意；同时又适当高于员工现有的知识、经验和能力，有完成的可能。如果工作没有这样的挑战性，无需花费多大的努力就可轻易完成，这对于简单劳动可能奏效，但对于以创造性为本质特征的脑力劳动就鼓不起人们的工作劲头，失去内部动力，从而减弱甚至失去激励的作用。

2. 工作轮换

工作轮换是指按照事先安排好的计划在不同的职位上交换员工工作的做法。在企业中，多数职位都是为提高效率而设，工作的内容往往专业面窄、易学、重复性强。这常常导致了很多工作无聊乏味。通过工作轮换，可以让员工尝试不同的工作，使员工的生产操作从单调枯燥趋于丰富多彩，给员工带来工作的新鲜感和挑战性，使员工的能力和技能得到多方面的锻炼和发展，从而满足员工成长的需要，有利于其职业生涯的发展。

3. 工作扩大化

工作扩大化，顾名思义就是指扩大工作范围，为员工提供更多的工作种类。它的做法是扩展一项工作包含的任务和职责，这些工作与员工以前承担的工作内容比较相像，现在是工作范围、技术水平得以扩展。通常员工比较容易掌握和接受。工作扩大化最重要的作用就是能够使员工负担多样性的工作，从而减少对长时间单一工作所产生的反感情绪，使员工保持高昂的工作热情。

4. 工作丰富化

与工作扩大化不同，工作丰富化是充实工作内容，即对工作责任的垂直深化，使员工在完成工作的过程中，有机会获得一种成就感、认同感、责任感和自身发展。这些都属于赫兹伯格激励理论中的激励因素，如果管理者能在工作中尽量多地加入激励因素，从事该工作的人就会在他们的最大能力范围内应用自己的技巧和潜能，从而提高生产效率。

赫兹伯格提出可以从以下几方面进行工作丰富化：①在保留员工工作责任的前提下减少控制；②增加每个人对自己工作的责任；③给每个人分派一项完全自然的工作单位（如模块、分部、地区等）；④授予员工更多支配个人行为的权力；⑤将定期报告直接提供给员工而不是他的上司（内部认可）；⑥赋予员工从未处理过的新的更难的任务；⑦给员工分配一定范围内特定的任务，将他培养为某个领域内的专家。

三、精神激励

精神激励，就是通过满足员工精神方面的需要，如情感、尊重、成就感、自我实现的需要等，在较高的层次上调动员工的积极性。精神激励的方法很多，下面介绍主要的几种：

1. 目标激励

企业目标是企业凝聚力的核心，它体现了员工工作的意义，能够在理想和信念的层次上激励全体职工。实施目标激励，首先企业应将自己的长远目标、中期目标和近期目标进行宣传，使员工更加了解企业，了解自己在目标的实现过程中应起到的作用。其次，在某些情况下，组织虽为个人目标的实现提供便利的条件，但在通常情况下，个人目标必须服从组织目标，只有组织目标的实现才为个人目标的实现创造有利的条件。所以，合理设置个人目标和组织目标，坚持个人目标和组织目标的一致，自我价值和社会价值的统一，才是保证激励产生预期作用的关键。

2. 尊重激励

尊重之所以能够激励人的积极性，根本原因是人的价值得到承认。因为自身的价值得到承认，人才产生自信，才有满足感和奋进心。从这一意义说，尊重是人际关系的一个普遍原则，也是尊重之所以成为一种有效激励手段的客观依据。尊重激励首先要尊重员工的劳动成果。劳动者对自身劳动成果最为关注，让员工及时获得劳动成果的评价信息，是管理者的重要职责。管理者应采取各种办法、通过各种途径、必要时还要建立信息反馈制度，让员工及早知道自己的工作结果，以增强他们的成就感和享受到成功的喜悦。而对工作结果欠佳的员工，则要耐心地、热情地帮助其分析原因，找到改进工作的方法，防止消极情绪的产生。其次，要尊重员工的兴趣和工作、生活方式。这包括鼓励员工内部流动，帮助员工找到最好的发展机会；营造宽松舒适的工作环境，激发员工的创造力；信任员工对工

作的态度，采用弹性管理；关心员工的生活及心理，尽最大努力消除员工的后顾之忧；提供各种培训和发展机会，等等。

3. 参与激励

现代企业管理的实践经验和研究表明，员工参与程度越深，其积极性越高。在我们的企业管理中，让员工自己做出承诺并兑现承诺的机会太少，这种管理现状的直接后果是，员工对组织提出的目标没有亲和力、向心力，往往管理者满怀雄心壮志，而员工则置若罔闻。参与激励，是要让员工参与管理和决策，对工作中的重大问题发表见解，上下级平等地商讨企业管理中的问题。当其建议受到重视或被采纳后，可以满足员工被人承认的心理需要，产生成就感以及对企业的归属感，并进一步满足尊重和自我实现的需要，从而激发出更大的工作热情。企业管理中要建立、畅通便于各方面交流的渠道，如通过热线交谈、征询意见、座谈会、答疑会等形式，倾听员工呼声，采纳员工建议，了解员工需求，解决员工困惑。在制定与员工相关的制度或进行有关决策时，与员工进行坦诚交流和双向信息共享，让员工感到自己是参与管理的一分子，是企业中必不可少的一分子。

本章要点

(1) 激励是通过高水平的努力实现组织目标的意愿，而这种努力以能够满足个体的某种需要为前提。在管理实践中，管理者应该通过各种有效的激励手段，激发员工的需要、动机、欲望，形成某一特定目标并在追求这一目标的过程中保持高昂的情绪和持续的积极状态，发挥潜力，达到预期的目标。

(2) 需要引起动机，动机支配行为，行为又指向一定的目标。了解激励的心理过程模式有助于掌握人的心理行为规律，探讨激励员工的方法。

(3) 激励是管理的重要职能，它可以挖掘人的潜能、提高工作效率、提高人力资源的质量、弥补物质管理资源的不足。

(4) 激励理论可以分为内容型、过程型、状态型和综合型。主要包括：需要层次理论、双因素理论、成就需要理论、期望理论、目标设置理论、强化理论、公平理论、挫折理论、波特和劳勒的综合激励模型等。这些激励理论分别从不同的角度、侧面研究了激励问题，具有理论意义和实践意义。

(5) 根据激励理的研究成果，论结合管理实践的经验，可以将激励方法大体上归纳为奖惩激励、工作激励、精神激励等三大类，管理者可结合现实情况和具体对象，灵活运用，优化激励效果。

思考题

1. 试述激励的过程和功能。
2. 需要层次理论的内容是什么？谈谈对实际工作的启发。
3. 简述赫兹伯格的双因素理论的内容及其意义。
4. 简述强化理论的内容及其意义。
5. 简述期望理论的内容及其意义。
6. 简述公平理论的内容及其意义。
7. 如何运用综合激励理论提高人的积极性？
8. 如何实施员工激励？

实践练习

人们想从实践中获得什么？①

根据对你的重要程度给下面的工作因素打分，在1到5之间选择一个数字填在每个因素前。

	很重要		有些重要		不重要
	5	4	3	2	1
1. 一件有趣的工作					
2. 一位好上司					
3. 对我的工作的认可和赏识					
4. 发展机会					
5. 满意的个人生活					
6. 一项有声望或地位的工作					
7. 工作责任					
8. 良好的工作条件					

① 资料来源：斯蒂芬·P. 罗宾斯. 组织行为学. 中国人民大学出版社，2002.（稍作修改）

续上表

	很重要		有些重要		不重要
9. 合理的公司规章制度和政策					
10. 通过学习新东西得到发展的机会					
11. 一项我可以做好并获得成功的工作					
12. 工作稳定性					
13. 有足够的休息时间					
14. 有各种相关的保险					

这个问卷扩展了赫兹伯格的双因素理论的两个维度。为了确定保健因素或激励因素对你是否重要，请把你选择的分数填在下面的题号后。

保健因素：2 ______ 5 ______ 8 ______ 9 ______ 12 ______ 13 ______ 14 ______

激励因素：1 ______ 3 ______ 4 ______ 6 ______ 7 ______ 10 ______ 11 ______

把每一列的得分相加，你选择的因素中，对你最重要的是激励因素还是保健因素？

现在请分成5个人或6个人的小组，比较你们解答问卷的结果。

（1）你们的得分是否相近？

（2）你们组的结果和赫兹伯格的发现是否接近？

（3）在分析的基础上，你们得出的结论对激励有什么意义？

案例应用

案例12-1　　某销售公司的难题

某销售型公司，销售人员主要是拿销售提成作报酬的。在公司成立之初，销售提成的方式确实非常有效，公司业务很快打开，但是，随着公司本身的力量增强，公司品牌、资源在销售中占的比重越来越大，单纯销售提成的弊端逐渐显露出来，主要表现在：

1. 部分业务员坐吃老本，斗志低迷，使公司丧失很多潜在客户。这些业务员手中有几个比较好的客户资源，所以就不再费力开发新客户。本来，这些业务员经验比较丰富，能力也相对较高，如果他们去开发新客户，比新业务员的成功率要高。但是，在公司里，开发新客户的大多是新业务员，无形之中，公司就失去了许多潜在客户，失去了扩大市场占有率的机会。

2. 业务员推广新产品的积极性不高，新产品推广非常困难。新产品是公司发展的新的增长点，对公司至关重要，但由于新产品的知名度不高，客户不容易接受，业务员不愿意花费精力去推广新产品。

3. 部门、业务员之间相互“争单”，损害公司整体利益。由于奖金是根据最后的销售业绩来提成的，所以，部门之间、业务员之间往往互相隐瞒客户资料，以更多的折扣争夺客户，甚至将获利点让给其他竞争对手，以保证自己的提成不会被同事分掉。

4. 技术上很难实现的“公平”，挫伤了业务员的积极性，造成人才流失。为了“公平”，部门、业务员协同作战签的单，要在部门之间、业务人员之间根据贡献大小分割提成，而贡献大小又往往不能完全准确地衡量，让双方都无可挑剔，总是会有一方不满，甚至双方都不满意，挫伤了很多人的积极性，这也是造成上面“争单”的原因之一。

业务部门主管兼有两种角色，奖金不易确定。业务部门的主管同时又是公司的骨干员工，他们既有销售任务，又要进行部门管理，在单纯的销售提成的奖金方案之下，没有人想去做主管，没有人想在销售以外投入更多的精力。

问题

1. 该公司存在的问题可以用哪些激励理论来解释？

2. 你认为可以采取哪些激励方法以改变现存的问题？

第十三章

沟　通

学习目的

学习本章，你应能够：

（1）理解沟通的含义、过程及作用。

（2）掌握和正确选择人际沟通的各种方式。

（3）了解组织中正式沟通和非正式沟通渠道各自的优缺点；

（4）掌握有效沟通实现的条件。

松下幸之助有句名言："企业管理过去是沟通，现在是沟通，未来还是沟通。"管理者的真正工作就是沟通。沟通是一种复杂的社会现象，也是管理过程中不可或缺的管理活动。管理要有效地达到目的，就必须进行有效的沟通。良好的沟通是组织生活的润滑剂。组织必须建立有效的沟通机制以防止因沟通不足而可能引发的组织成员在认知、态度、行为上的差异。本章学习的主要内容包括沟通及其作用、人际沟通的方式、组织沟通的渠道以及如何实现有效的沟通。

第一节　沟通及其作用

一、沟通的含义

沟通的含义比较丰富，人们从不同角度给沟通下的定义不下百种，但它们都揭示了沟通的三个基本条件：

（1）沟通必须发生在两个人或者多个人之间。

（2）沟通过程中一定要有信息的存在，传递信息要有方法、工具和渠道。

(3) 沟通要成功，信息不仅需要传递，还需要接收者理解并影响行为。

因此沟通可以表述为：沟通即信息交流，甚至将可理解的信息、思想、情感传递给对方，并为对方所接收和理解的过程。

为了全面理解沟通的含义，我们不能忽视对沟通实质的认识，这有助于我们实现有效沟通。

第一，沟通是符号象征的过程。任何形式的沟通都需要借助某种符号。因为信息靠符号传递。文字就是一种符号。用某种符号来代替某种事物，就是一个象征化的过程。沟通双方正是在这个象征过程中接受并理解了信息。

第二，任何符号都是用来代表或指称某种事物的。同样的事物可以用不同的符号来代表，而同样的符号也可能代表不同的意思。可见，对符号的认知是有效沟通的前提。

第三，有效沟通要求沟通双方使用同一种符号系统。可见没有共同的语言，沟通就会出现障碍。

第四，任何符号的意义都是特定的，同时符号的意义也会因时空的转换而发生变化。对变化的符号意义的理解在于个人的知识和经验。沟通双方知识和经验的差异，会导致对符号特定意义的理解的不同，导致沟通的无效。

认识沟通的目的对于理解沟通的含义也很必要。简言之沟通的目的是分享信息。个人和群体间通过信息分享来使认知和行为相互适应。组织中沟通的目的更直接即通过分享信息，使组织每一个成员的思想和行动同组织的目标保持一致。在知识经济时代，企业参与国际化经营，企业在重视内部信息沟通的同时，更偏重企业间的沟通。因为通过这样的沟通，就有可能共享相关的信息，从而降低其交易成本。

二、沟通的过程

当人们之间有进行沟通的需要时，沟通的过程就开始了。信息的发送者即为沟通的主动者，组织内的各个层次的管理者理应是沟通的主动者。

完整的沟通过程包括七个环节或称为要素。

(1) 信息源，即信息的发出者或来源。

（2）信息或称为编码，指主体采取某种形式来源传递信息的内容。

（3）通道或称为沟通媒体。

（4）信息接收者，即沟通的客体。客体对接收到的信息能做出的解释、理解称为译码。

（5）障碍或噪音。

（6）背景，指沟通发生的情境。

（7）反馈，反馈的作用是使沟通成为一个交互过程。

完整的沟通过程的诸多环节是相互联系的。如图 13－1 所示。

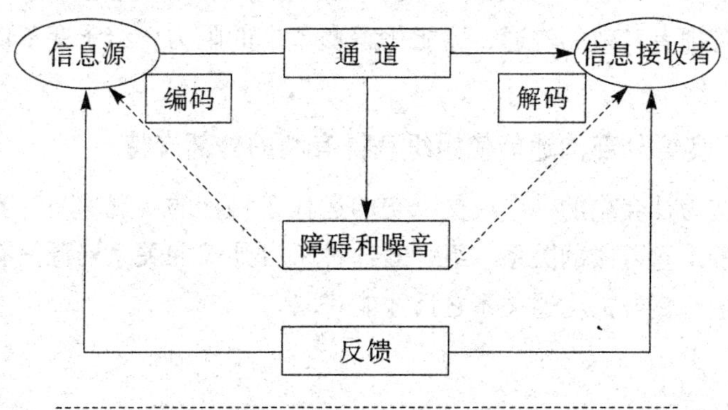

图 13－1　沟通过程七个环节

三、沟通的重要作用

一般意义上讲沟通的作用在于传递信息，交流情感。多角度地认识、理解、把握沟通的作用，对于提升管理者沟通管理的自觉性十分必要。

（一）沟通是个体生存和成长的基本需要

人类的生存与繁衍需要群体或成员间的协作，这种协作需要沟通。沟通成为个体生存的基本技能。行为科学揭示了人们一切行为的动力主要来自于人的社会需要，个体要真正成为一个健康成长的社会人就必须不断和外界沟通和交流，当个体成长为组织一员时，都需要靠沟通来掌握和传播信息、交流思想，从而使组织内部成员互动地把握自己和他人、组织的动态联系，推动组织的发展。

（二）沟通是领导者激励下属，实现领导职能的基本途径

领导环境理论认为，领导者就是了解下属的愿望，并为满足这些愿望

拟定和选择行动方案的人；而下属则是从领导身上看到如何达成自己愿望和目的的人。因此，无论是多么高明的管理者，都需要通过沟通把自己的思想和信息传递给下属，让下属从中得到明确的信息和有效的激励，从而实现领导基本职能。

（三）沟通是组织健康运行的润滑剂

在管理活动中，沟通无处不在。管理者每天所做的大部分决策事物都是围绕沟通这一核心问题展开的。在一定意义上讲，没有成功的沟通，管理者不可能有效地履行领导的职能。组织变革时期，沟通的作用更为彰显。只有管理者有效的沟通，才能化解变革中的阻力，给予变革以强大的支持。

（四）良好外部沟通能使组织获得有利的外部支持

组织作为社会中的一个成员，它的运作、目标的实现均与外界诸多复杂方面有着千丝万缕的关系。组织的这种来自外部的关系资源只有组织在与外部环境有良好的沟通关系之后才能获取。

第二节 人际沟通方式

人际沟通即人—人的沟通。人际沟通又称为人与人之间感情、思想、信息的交流、联系等。组织内人际沟通的目的在于通过成员之间的相互交往，增进互相了解，有效判断并调整自己的行为活动状况，形成合力，实现组织既定的目标。

人际沟通的方式很多，这里重点分析和研究语言沟通和非语言沟通的两大类沟通方式的内容和特点。

一、语言沟通

语言沟通即以语言为载体的沟通。语言沟通时使用正式的语言符号。语言沟通又分为口头语言与书面语言沟通。

（一）口头沟通

口头语言沟通在组织内有面对面访谈、各种会议、教育培训中的授

课、演讲、电话联系等，对外有街头宣传、推销访问、口头调查、组织间的洽谈等。口头沟通的优点是有亲切感，生动活泼，可利用表情、语调等非语言技巧增强沟通的效果，并有即时效应，是较典型的双向沟通。方式灵活，随机应变。其缺点是如果传递者口头沟通能力差，则无法使接受者了解信息真意，再如接收者不专心不注意且口头信息一过即逝，不利于记忆和保存。

（二）书面语言沟通

书面沟通在组织内有文件、布告、通知、备忘录、公报、刊物、职工手册、学生手册、教师手册、建议书、调查问卷等，对外有市场调查问卷、广告、招聘信息、新闻发布等。书面沟通的信息白纸黑字具有权威性、正确性、准确性。之所以书面沟通是一种准确性较高的沟通方式，是因为书面沟通可以修正内容，而且不容易在传递过程中被歪曲，可永久性保存，接收者可以按照自己的节奏和阅读习惯了解和理解信息。其缺点是反馈速度慢，甚至不反馈，接收者对信息的接收意愿不主动等。由于书面沟通缺乏信息源背景信息的支持，致使信息接收者感受不到信息源自身人格和情感等因素的影响，因而对信息接收者的影响力有限。

二、非语言沟通

借助非正式语言等符号进行的沟通称为非语言沟通。在沟通过程中，非语言沟通传递了大约55%的信息。尽管非语言沟通效能较强，但人们因为思维惯性所致常常忽视其重要性。因此使其沟通效果大打折扣。非语言沟通包括身体语言沟通、副语言沟通和物体操纵。

（一）身体语言沟通

身体语言包括动态的身体语言和静态的身体语言。动态的身体语言是通过动态无声性的目光、表情动作、手势语言和身体运动等实现沟通。静态身体语言是通过无声性的身体姿势，空间距离及衣着打扮等实现沟通。比如必要时，坐着或站立时挺直腰板给人以威严之感；耷拉着双肩或翘着二郎腿可能会使某个正式场合的庄严气氛荡然无存，但也可能使非正式场合更加轻松友善。

（二）副语言沟通

副语言沟通是通过非语词的声音：如音高、语速、语调、重音、哭笑、停顿等来实现的。心理学家称非语言的声音信号为副语言。一句话的含义常常不是决定于其字面的意义，而是决定于它的弦外之音。俗话说："听话听声，锣鼓听音。"就形象揭示了副语言的内涵。

（三）物体操纵

物体操纵包括环境布置、辅助仪器与设备的使用等。物体操纵这种非语言沟通方式有时其沟通的效应也比较大。刚闻世的手机"大哥大"，在当时是老板级人物身份的象征。这种沟通方式传递的信息是客观实在的。在正式公关场景，座次的安排，合乎身份的衣着等都能体现处物体操纵这种副语言沟通方式的魅力。

综上所述，非语言沟通的特点可以用广泛性、连续性、简捷性、实用性来加以概括，非语言往往比普通语言更能有效地影响着人们内心情感和外部行为。

第三节 组织沟通渠道

组织沟通渠道愈适宜，愈畅通，说明组织的沟通机制健康、完善，信息得以充分共享，组织成员间关系和谐，行动协调一致，组织内充满生机和活力。各层面的管理者在促进良好的组织沟通中扮演着十分重要的角色，承担重要的责任，理应做好组织沟通渠道的开拓、疏浚。完善健全等方面的工作，不断提高自己组织沟通的能力。

一、正式沟通

所谓正式沟通是在组织系统内部，根据组织原则与组织管理制度及明文规定的相关原则进行的信息传递与交流。包括许多的具体类型和方式，常见的有组织与组织间的信函来往，组织内部的文件传达，各种会议，上下级之间定期情报交换等。

（一）正式沟通的主要特征

正确认识和把握正式沟通的特征对于弘扬正式沟通的长处，克服其"短板"，主动自觉地利用这一渠道，有助于提升组织的沟通管理水平。其

主要特征有：

(1) 组织体系的内部结构决定了正式沟通渠道的框架。

(2) 组织中的正式沟通一般体现了信息交流的功能。

(3) 管理者比较看重以书面沟通为主的这一正式沟通的传统方式。

(4) 出于管理成本和管理效率的考虑，管理者多希望采用正式沟通的方式以求责任分明。

(5) 正式沟通使用的具体频率和效能受组织内人际关系协调程度的影响。

(二) 正式沟通的优缺点

正式沟通的优点是：正式沟通权威性强，少受干扰，沟通效果好；约束力较强，易于保密，沟通质量高；沟通双方易于信息反馈等。

正式沟通的缺点是：容易“官僚”化，缺乏灵活性，有时也存在信息失真和扭曲的可能。

(三) 正式沟通的方式

按照信息的流向，正式沟通可分为上行沟通、下行沟通和平行沟通。

1. 上行沟通

上行沟通是一种由下而上的沟通，是由下级向上级报告工作情况、提出自己的意见和建议时采用的沟通方式。上行沟通有助于管理者了解下层的需要，获取对自己下达的指示和命令是否正确以及是否得到如实贯彻的反馈信息。这种反馈信息对于管理者履行领导职能达成管理目的是十分宝贵的。但在有的组织，自下而上的沟通在很大程度上被忽视了，致使“下情不达”，上下沟通的渠道“梗阻”。尽管许多组织采取诸如开门政策、建议系统、问卷表、特别会议、申诉委屈程序、调查职工申诉的人、倡导职工参与民主管理等措施，企图改善这种状况，但从本质上讲，上行沟通仍然是薄弱环节。究其根源在于传统组织的“痼疾”作怪。值得注意的是有时信息由下向上流动的过程中，随组织层次的提高而受到过滤作用的影响，大量有用的信息被过滤掉，使正式沟通的质量大打折扣。

2. 下行沟通

下行沟通是一种由上而下的沟通，由上级直接向下级发布命令和指示。下行沟通是传统的组织内部最主要的沟通流向。通常以命令、指示方式传达上级组织或其上司所决定的政策、计划、规划之类的信息，包括命令链、海报和布告、公司简讯、报纸、信件、员工手册、年终报告表等。总之，组织自上而下的沟通渠道很多，而且主管们也乐用其道，拥有较多的说话机会。这种下行沟通不仅给组织的下层成员以行为的指导和控制，还可以协调组织各层次之间的行为活动，增进互相了解，从而实现有效合作。下行沟通相对于上行沟通而言，客观上有“水往低处流”的自然优势，但这种沟通过于强调自上而下的等级差别，容易影响士气，下级参与意识减少，再加上下级对信息误解、曲解等原因，也会使信息失真。这种现象在一些传统的组织，特别在沟通文化并不成熟的组织中更为严重，值得我们注重。

3. 平行沟通

平行沟通是组织内部同一层次不同部门之间的沟通，又称横向沟通。这种平行沟通基本功能在于加速信息的流动，促进对信息的接收和理解。另外，平行沟通可以打破部门间各自为政的无效率局面。在正式沟通系统内，平行沟通的机会并不多，若采用委员会和举行会议的方式开展平行沟通，容易加大沟通成本，达到的沟通效果并不显著。因此，管理者常常依赖非正式沟通的渠道辅助平行沟通的不足。从沟通的具体功能之一协调行为这一角度看，适度健康的平行沟通，有利于组织内部各部门之间的协调，减少资源的浪费，提高组织的合力。但是平行沟通的头绪较多，信息量大，容易成为小道消息和谣言的发源地。

二、非正式沟通

所谓非正式沟通是相对正式沟通而言的，是指通过正式组织途径以外的信息沟通方式，通常有“小道消息”和谣言两种形式。区别于正式沟通，非正式的沟通对象、时间、内容、效果等都是未经计划和难以辨别、难以控制的。另外，人们之所以对非正式沟通“情有独钟”，还在于非正式沟通有正式沟通无法比拟的三个方面的魅力：第一，非正式沟通不受社会层级、组织层级、位差的制约；第二，出于传统思维定势，很多人相信通过非正式沟通获得的信息更可靠；第三，非正式沟通在很大程度上与人们的切身利益休戚相关，更能诱发人们参与这种形式沟通的动力。

（一）非正式沟通的目的

1. 缓解情绪，建构个体的安全感。这种安全感是组织成员的基本需要之一。实质上信息不对称或者说信息不透明，个体成员有“知情”的权

利。客观有事实，主观有要求，“小道消息”便有了市场。当人们处于不确定的信息环境时，往往会通过传播和获取“小道消息”而保持心态平衡。

2. 通过非正式沟通活动，将为了共享一种信息资源的群体成员整合在一起，企图实现一种共同的诉求。

3. 在严格的组织层级中人利用非正式沟通传播非正式信息能满足信息垄断者地位和权利的需要，或者能达成其某一种管理目的。

（二）非正式沟通的作用

1. 非正式沟通带来的信息交流，为组织决策提供支持

由于非正式沟通渠道较正式沟通途径有更多的弹性，可以横向交流，也可斜向交流、交叉交流，所以沟通交流速度快。信息量也较大，质量也较高，因此常获得决策者的重视并把它们作为决策的依据。历史上有“一言兴邦”的例子，当代组织领导决策过程中，来自智者和民意的“点子”，促成拍板决策的例子也不鲜见。

2. 可以减轻管理者的沟通压力

由于非正式沟通能够拓宽沟通信息的通道，补充了正式沟通的局限，就会大大改善组织的沟通环境，使管理者沟通的压力得以缓解。管理者的沟通压力表现在，因正式沟通渠道短缺和不畅而带来了困惑，因信息量不足或信息质量不高带来决策依据的犹豫，沟通成本的制约，下情不达等诸多方面。为了减轻这些压力，管理者只能选择非正式沟通这一方式，使自己更自由地把握组织系统的沟通活动，真正做到“兼听则明”或“于无声处听惊雷”。

3. 可以提升组织成员参与意识

由于非正式沟通可以满足职工情感方面的需要，使组织内的沟通更具情感性、更人性化，从而更能激发组织成员的参与意识，培育员工喜闻乐见的沟通文化。进一步讲，沟通文化愈浓郁，就愈能促进非正式沟通活动健康开展。

4. 可以防止管理者滥用正式通道，有效防止正式沟通中信息“过滤”现象

管理者充分有效地利用非正式沟通积极效能，就会使组织的沟通环境更透明，两种渠道优势互补、相得益彰。对管理者而言，正因为有非正式沟通这第二通道，才更珍惜正式渠道的沟通；也正因为非正式沟通在正式

沟通渠道“失灵”的时候，能够辅以组织的沟通活动，才有可能防止管理者的主观随意，避免“过滤”现象的发生，使事关组织大局的信息资源真正充分地得以分享。

（三）非正式沟通的优缺点

非正式沟通的优点是沟通方便，内容广泛，方式灵活，速度快，沟通成本小。

非正式沟通的缺点主要表现是：信息的真实性和可靠性欠缺，有时甚至歪曲事实，出现以讹传讹的现象，易衍生导致小集体、小圈子，削弱组织的凝聚力和人心稳定。

（四）对非正式沟通应采取的立场和对策

1. 从非正式沟通产生的原因角度看，管理者如果使组织内沟通系统较为开放和透明，就会削弱非正式沟通的负面效应。

2. 为克服非正确沟通的缺点，管理者明智的做法是不断培养组织成员对管理者的信任，构建信息传播和接收者的诚信关系，引导下属和员工愿意接收组织提供的信息。

3. 管理者应加强对各层级主管沟通观念、沟通技巧的培训，提升他们的沟通技能，从而能理性从容地面对来自非正式沟通可能产生的“棘手”问题。

4. 管理者要采取适当的措施，关注非正式沟通活动的状况，针对已经产生的消极信息，应及时提供正式沟通的正式信息，达到正视听，明是非，统一认识，统一行动的目的。

第四节 有效沟通的实现

沟通的主要目的是通过沟通获得与组织活动相关的各种信息。达到这目的沟通是有效的，否则，沟通则是无效的。所谓有效沟通可以理解为无障碍沟通，或者说相对比较一种沟通传递和交流的信息可靠性和准确性高，且能够有效抵抗组织内外的噪音，那么这种沟通可谓有效沟通。

一、有效沟通的障碍

如果说有效沟通是一个系统工程的活，那么具体沟通条件的具备，标志着实现有效沟通的可能有了基本的保证。但是在沟通过程中，由于客观上存在着外界干扰和其他种种原因，信息往往被丢失或曲解、使得信息的传递不能发挥正常的作用。

1. 沟通障碍的具体表现

（1）常见的属于沟通主体自身障碍有：

个人性格、知识、经验、价值观的差异决定了个人主观心理因素的取向，受心理因素的制约，对某一种信息的传递，就会形成障碍。

沟通双方在认知水平方面的差距过大，比较容易产生沟通障碍。

在同一层次传递同一信息时，个人的认知、思辨能力不同，也会降低沟通的效率。

个人偏好和利益的驱动，使一些组织成员不关心组织的目标等信息。只重视和关心与自己利益相关的信息，使沟通产生障碍。

沟通双方有过信任危机的伤害，直接影响沟通的顺利进行。

在管理压力相对较大的环境下，下级人员处于被动的沟通地位，对强势的信息传递不感兴趣甚至拒绝。

（2）沟通中客观上存在的障碍突出表现在以下两个方面：

沟通空间距离太远，沟通双方少有接触，就会形成沟通障碍。

组织机构所造成的障碍，主要表现在信息传递层次太多，信息容易失真，而且浪费时间，影响及时性。

（3）沟通方式不当造成的障碍也很多见。主要表现是：

语言使用不当会出现误解、歪曲信息的现象，特别是信息表达方式不同，直接影响接受者的情绪，造成不必要的心理负担，影响沟通的效果。

如果不能根据组织的目标及实现策略来选择沟通渠道、原则和方法，也不考虑各种沟通形态的优、缺点，误用不当的沟通方式，直接造成沟通的障碍，同时也使组织的沟通能力和技巧受到质疑。

2. 沟通障碍的影响因素

沟通障碍的表现多种多样，产生的原因各异，为了有的放矢地摒除诸多的沟通障碍，从更深的层面上理清影响沟通障碍的因素十分必要。

（1）个体的心理因素。

深刻理解沟通的涵义就会发现，沟通的真正意义存在于心理层面。有效的沟通是沟通双方的思维参照系共同作用的结果。心理因素比个人的知识和经验更能影响思维参照系的作用，可见，心理因素的表现比沟通技术的表现更能影响沟通的成败。心理因素表现不好，势必产生沟通的心理障碍即个体认知偏差、位差效应、信任缺失、态度和情绪等。

（2）个体的沟通能力。

个体的沟通能力制约沟通的质量。除了人们接受和传递能力的差异之外，每个人沟通和技巧也不同，沟通能力和技巧相对较高的个体，克服沟通障碍的能力也较强，反之，因能力不足或技巧选择的差异就会妨碍进行有效的沟通。

（3）信息来源的可靠性。

信息来源的可靠性由诚实、能力、热情、客观四个要素构成。信息源这四个要素的状态都可能影响沟通的效果。

（4）技术因素。

技术因素主要包括语言、非语言暗示，媒介的有效性和信息过量。

（5）结构因素。

信息传递者在组织中的地位、信息传递链、团体规模等结构因素也都影响了有效的沟通。许多研究表明，地位的高低对沟通的方向和频率有很大的影响。信息传递层次越多，它到达目的地的时间也越长，信息失真率则越大，越不利于沟通。另外，组织机构庞大，层次太多，也影响信息沟通的及时性和真实性。

（6）环境因素。

能够影响沟通的环境因素主要包括政治、法律、信仰、文化背景等社会环境。组织内的文化氛围、管理方式、人际关系等组织内部环境因素会直接影响沟通活动。组织内外沟通环境好，有利于有效沟通的实现，反之就会影响有效沟通的实现。

二、克服沟通障碍，实现有效沟通

了解并把握了有效沟通障碍的总体表现及影响沟通障碍的因素，就会使管理者更加理性地正视沟通的障碍，采取适当的方式将障碍消除，实现有效沟通。具体讲克服障碍的一些原则和方法包括：

（一）信息发送者应加强沟通的计划性

信息发送者必须对于沟通能要达到的目标有清晰明确的认识，并在此基础上制定实现目的计划，切实把沟通活动纳入计划的轨道并逐步使沟通活动程序化和科学化，同时也可通过计划加强对沟通活动的有效控制。

（二）要充分考虑信息接受者的需要和接受能力

这一原则核心的要求是信息的内容对于接受者必须是有价值的。否则就失去了沟通的本来意义。为了相对地满足接受者的需要，信息发送者应对接受者的价值观、行为习惯、受教育水平、理解能力有个客观的评估，同时对信息进行必要的加工整理，使之易于接受。

（三）信息沟通的内容与方式应保持和谐一致

这样可以有利于接受者作出正确的反应，舒服顺畅地接受信息。每一种沟通活动根据其内容都有最适当的方式。选择为接受者喜闻乐见的方式是沟通艺术的总体表现。在管理实践中，常见的上级对下级发布指令，宜采用比较正规、严肃的方式，而在私下场合就可用一些比较人性化的灵活沟通方式。

（四）重视反馈作用

信息只有被接受者真正理解，有效沟通才得以完成其目的，因此应当建立有效的信息反馈渠道和相关的规章制度并切实保持反馈机制的正常运作。在一定程度上讲，能否获得期望的反馈效果，是衡量有效沟通的重要标志。

（五）信息沟通同时也是感情沟通

沟通参与者在沟通过程中互相交流思想，联络感情，会增进互相的理解和信任，构建和谐的人际关系，而这种理解和信任又改善了沟通环境，使沟通更顺畅。沟通双方在理解、信任的基础上形成的默契，自然会化解沟通各个环节中可能出现的障碍。

（六）接受者也应提高沟通能力，学会有效倾听

接受者能够这样做，就有可能转变消极的被动的单一接受的立场，端正了积极的建设性的态度，也能避免先入为主的看法，对信息理解的影响，心态平和地与发送者协调配合，共同消除沟通障碍。

（七）缩短信息传递链，拓宽沟通渠道

信息传递链过长，会减慢流通速度并造成信息失真，因此，要减少组织机构重叠，拓宽信息渠道，激发团队成员自下而上地沟通。在利用正式沟通渠道的同时，开辟高层管理者至基层管理者的非正式的沟通渠道，以便于信息的传递。

（八）更新沟通方式

进入知识经济时代，新兴电子技术的普及应用，极大地变革了组织中的沟通方式，诸多新的沟通方式更有利于克服沟通的障碍，提升沟通的水平。管理者应顺应时代的进步，紧密联系组织的实际情况，有计划、有步骤地更新传统的沟通方式，以取得更好的沟通效果。

综上所述，沟通中的主观障碍、客观障碍及技术障碍，依据科学实用的沟通原则，采取有针对性的总体措施，就能不断克服沟通的各种障碍，实现有效沟通。此外，诸如倡导各层级管理认真履行沟通管理的职责，建立特别委员会，组成非管理工作组，加强平行沟通，避免过早评价，消除下级人员的顾虑等原则和方法，大都是来自沟通管理实践的经验之谈和切实可行的总体措施和方法，对克服沟通障碍，实现有效沟通大有益处。综合运用上述原则和方法而不是单一运用某一原则和方法，才能取得沟通的整体效应。

本章要点.

（1）沟通即信息交流，是指将可理解的信息、思想、情感传递给对方，并为对方所接收和理解的过程。沟通的作用在于传递信息，交流情感。

（2）完整的沟通包括信息源，信息（编码），通道。信息接收者，障碍或噪音，背景，反馈等七个环节或要素。

（3）人际沟通的方式主要分为语言沟通和非语言沟通两大类，语言沟通又分为口头语言与书面语言沟通。非语言沟通包括身体语言沟通、副语言沟通和物体操纵等。在沟通过程中，非语言沟通传递了大约55%的信息。

（4）组织沟通的渠道分为正式沟通的和非正式沟通。按照信息的流向，正式沟通可分为上行沟通、下行沟通和平行沟通；非正式沟通通常有“小道消息”和谣言两种形式。两种渠道个有其优缺点，它们的作用相补。

（5）沟通时由于个体的心理因素、沟通能力、信息来源的可靠性、技

术因素、结构因素等影响，通常出现沟通障碍，管理者必须通过科学的原则和方法，客服障碍，实现有效沟通。

思考题

1. 怎样全面理解沟通的含义？
2. 怎样理解人际沟通的特殊性？
3. 管理者怎样看待非正式沟通的作用？
4. 分析沟通障碍的影响因素的实践意义是什么？
5. 在实现有效沟通中，管理者应树立什么理念？

实践练习

谁之过？

邀请8位同学上台表演，其中6位同学分别扮演6个信使，一名同学扮演东北大兴安岭一个村庄的猎手，一名女同学扮演其妻子。

故事梗概：在林海雪原深处游戈几天后的清晨，猎手击中一头野猪，伤在猪的前腰，但伤势不重，仍然能够慢慢行走。猎手用绳系住野猪的一只前腿，牵着它往前走。在山林边缘地带，因为山里没有电话，猎人央求靠山居住的朋友甘田往家捎个口信：麻烦你告诉我家里的，我打了一头野猪，足有200多斤，要她请亲戚朋友们来吃肉喝酒。他的这位朋友有点为难，又不好意思推脱，只答应替猎手传一段。猎手无奈，只好又列出在沿途居住的5个朋友的名字，嘱咐甘田，干脆你就说是我求他们，一个传一个直到把口信传到我家，这样他们就不会耽搁过多的时间了。我慢慢地牵着这头猪走，也就不着急了。

故事情节轨迹：

猎手告诉甘田—朋友甲—朋友乙—朋友丙—朋友丁—朋友戍—猎手妻子。

故事结果：

猎手妻子骂道：老不死的！他有病呀！打了一只老鼠就请客！

导演要求：

1. 除了甘田，其余五人都戴了耳塞。

2. 在口信传递中，传递者不能用肢体语言，而且传递时间仅限于5秒。

思考讨论题

1. 为什么野猪变成了老鼠?
2. 应追究谁的责任?

案例应用

案例 13－1 王岚应该如何选择

王岚是一个典型的北方姑娘，在她身上可以明显地感受到北方人的热情和直率，她喜欢坦诚，有什么说什么，总是愿意把自己的想法说出来和大家一起讨论，正是因为这个特点她在上学期间很受老师和同学的欢迎。今年，王岚从西安某大学的人力资源管理专业毕业，她认为，经过四年的学习自己不但掌握了扎实的人力资源管理专业知识而且具备了较强的人际沟通技能，因此她对自己的未来期望很高。为了实现自己的梦想，她毅然只身去广州求职。

经过将近一个月的反复投简历和面试，在权衡了多种因素的情况下，王岚最终选定了东莞市的一家研究生产食品添加剂的公司。他之所以选择这家公司是因为该公司规模适中、发展速度很快，最重要的是该公司的人力资源管理工作还处于尝试阶段，如果王岚加入她将是人力资源部的第一个人，因此她认为自己施展能力的空间很大。

但是到公司实习一个星期后，王岚就陷入了困境中。

原来该公司是一个典型的小型家族企业，企业中的关键职位基本上都由老板的亲属担任，其中充满了各种裙带关系。尤其是老板给王岚安排了他的大儿子做王岚的临时上级，而这个人主要负责公司研发工作，根本没有管理理念更不用说人力资源管理理念，在他的眼里，只有技术。最重要，公司只要能赚钱其他的一切都无所谓。但是王岚认为越是这样就越有自己发挥能力的空间，因此在到公司的第五天王岚拿着自己的建议书走向了直接上级的办公室。

“王经理，我到公司已经快一个星期了，我有一些想法想和您谈谈，您有时间吗?”王岚走到经理办公桌前说。

“来来来，小杨，本来早就应该和你谈谈了，只是最近一直扎在实验室里就把这件事忘了。”

“王经理，对于一个企业尤其是处于上升阶段的企业来说，要持续企业的发展必须在管理上狠下功夫。我来公司已经快一个星期了，据我目前对公司的了解，我认为公司主要的问题在于职责界定不清；雇员的自主权力太小致使员工觉得公司对他们缺乏信任；员工薪酬结构和水平的制定随意性较强，缺乏科学合理的基础，因此薪酬的公平性和激励性都较低。”王岚按照自己事先所列的提纲开始逐条向王经理叙述。

王经理微微皱了一下眉头说：“你说的这些问题我们公司也确实存在，但是你必须承认一个事实——我们公司在赢利这就说明我们公司目前实行的体制有它的合理性。”

“可是，眼前的发展并不等于将来也可以发展，许多家族企业都是败在管理上。”

“好了，那你有具体方案吗?”

“目前还没有，这些还只是我的一点想法而已，但是如果得到了您的支持，我想方案只是时间问题。”

“那你先回去做方案，把你的材料放这儿，我先看看然后给你答复。”说完王经理的注意力又回到了研究报告上。

王岚此时真切地感受到了不被认可的失落，她似乎已经预测到了自己第一次提建议的结局。果然，王岚的建议书石沉大海，王经理好像完全不记得建议书的事。王岚陷入了困惑之中，她不知道自己是应该继续和上级沟通还是干脆放弃这份工作，另找一个发展空间。

（案例来源：http://gotoman. niwota. com）

问题

1. 如果你是王岚，你将会如何选择?
2. 你能运用学到有关的沟通的基本知识，讲解其中存在的问题吗?

第十四章

控　制

学习目的

学习本章，你应能够：

(1) 理解控制概念的内涵和实质。

(2) 明确控制的作用。

(3) 掌握控制的基本过程和控制的类型。

(4) 了解预算控制的作用与缺陷。

(5) 了解生产控制、质量控制、成本控制和经营审计的基本内容。

(6) 理解管理信息系统的基本概念及其作用。

(7) 了解信息管理的基本内容及管理信息化的发展趋势。

控制作为一项管理职能，是其他管理活动能够按照计划进行的根本保证。通过控制可以确保组织顺利地实现其目标，并有效地利用组织资源。因此，在组织各个层次的管理中，控制的地位都是非常重要的。本章我们将讨论控制的内涵、作用和控制的步骤、类型以及控制的几种方法。最后，我们还将对管理信息系统作大概的了解。

第一节 控制的内涵和作用

一、控制的内涵

控制的内涵主要可以从四个方面理解，即控制的概念、控制的作用、控制的对象和有效控制的基本要求。

（一）控制的概念

控制是监视各项活动以保证它们按计划进行并纠正各种重要偏差的过程。通过控制，按照既定的标准，监督检查计划的执行情况，发现偏差，找出原因，采取措施进行纠正；或者根据已经变化的实际情况调整原计划某些方面，以确保组织目标的实现。为了更好地理解控制的基本含义，应该把握三个要点：

（1）控制是有目的的活动。控制的目的是为了保证组织的实际活动和计划的要求保持一致。

（2）控制的手段是“监督”和“纠偏”。通过深入现场了解情况，发现问题，然后根据控制标准加以纠正。

（3）控制是一个过程。控制由一系列的活动组成，要经历一定的时间和耗费一定的资源。

（二）控制的对象

在控制过程中，只有明确控制的对象，才能够使控制活动更有针对性。一般认为，控制的对象主要包括以下几个方面：

1. 组织里的人员

要使员工按照计划的要求去开展工作，就必须对有关人员进行控制。对人员控制最常用的方法是直接巡视，发现问题马上进行纠正。另一种有效的方法是对员工进行系统化的评估。通过评估，对工作效果好的予以表彰和奖励，使其维持良好的表现或者更上一层楼，而对表现差的就应该帮助其发现问题的症结，及时纠正偏差。

2. 组织的财务

良好的财务状况是一个企业生存和发展的重要条件，因此，为了维持企业正常的运作，必须进行财务控制。财务状况的控制主要包括审核各期的财务报表，以保证一定的现金存量，确保企业的偿债能力，提高企业的资金利用水平。

3. 组织里的作业

所谓作业，就是从劳动力、原材料等资源到最终产品和服务的转换过程。组织中的作业质量很大程度上决定了组织提供的产品或者服务的质量，而作业控制就是通过对作业过程的控制，来评价并提高作业的效率和效果，从而提高组织提供的产品或服务的数量和质量。

4. 信息

现代社会是一个信息社会，信息在组织中的作用越来越重要。但是数量庞大的信息中，只有部分的信息才是对组织有用的，并且一些不完整、不准确的信息反而会降低组织的效率，所以，对信息的控制是非常重要的。为此，组织应该建立起一个管理信息系统，使之能够为管理者提供及时、可靠的信息。

5. 组织的绩效

组织绩效是一个综合的指标体系。一般来说，对组织很难用一个指标来全面衡量。对企业来说，生产率、产量、市场占有率、员工福利、组织的成长性都可能成为衡量指标，关键要看组织的目标取向，也就是说，要根据组织完成目标的实际情况并按照目标所设置的标准来衡量组织绩效。

（三）控制和计划的关系

由于所有的控制都是以计划作为基本前提的，所以控制和计划之间存在诸多的联系：

1. 计划为控制提供了评价标准

没有计划设定的目标，控制也会失去方向和基本前提；同样，没有控制作保障，最完美的计划也只能是纸上谈兵。

2. 计划和控制的效果分别依赖于对方

计划越明确、全面和完整，控制工作就越好进行，效果也就越好；而控制越准确、全面和深入，就越能保证计划的顺利进行，并能更多地反馈信息以提高计划的质量。

3. 一切有效的控制方法首先是计划方法

如预算、政策、程序和规则等。选择控制方法和设计控制系统时必须要考虑到计划本身的特点。

4. 计划工作本身也必须要有一定的控制

如对计划的程序、计划的质量等实施控制；控制本身也必须要有一定的计划，如对控制的程序、控制的内容等，都必须进行一定的计划。

（四）有效控制的基本要求[①]

要使控制工作发挥作用，取得预期的成效，无论是哪种控制模式，都

① 芮明杰. 管理学——现代的观点. 上海：上海人民出版社，1999：295.

应该力求满足下列几项要求：

1. 要有明确的目的性

针对不同组织、不同层次、不同性质的工作、不同对象，控制的目的都不一样，但良好的控制必须具有明确的目的。

2. 要易于理解

无论哪种控制，必须易于应用并被管理者和员工所理解，只有这样才能使控制取得好的效果。

3. 要精确和客观

控制系统应力求精确，避免模棱两可；控制系统还应力求客观，尽量避免主观因素的影响。

4. 要及时

控制系统应能及时发现偏差，并及时纠正偏差，尽量减少发现偏差与纠正偏差之间的时滞。

5. 要有灵活性

控制系统应具有适应变化的灵活性，即使面临计划的变动，出现了未预见的情况或者计划全盘错误的情况，也能发挥它的作用。

6. 要有指示性

控制系统不仅应能发现偏差，还应该指出偏差的确切原因及其发生的位置，从而便于纠正偏差。

7. 要有经济性

是否进行控制，控制到什么程度，都应该考虑到费用问题，费用要同控制结果所产生的经济效益比较，比较结果有利时才实行控制。

8. 要具备全局观念

进行控制时，要从组织的整体利益出发，但同时要考虑到各部门或个别局部的利益，把整体利益与各个局部利益协调一致，这样才能使控制得以顺利进行。

二、控制的作用

控制作为管理职能中最后的一环，对于管理目标的实现，具有非常重要的作用，具体表现为：

（一）提高组织工作成果的质量

组织特别是生产型组织大力推行全面质量管理，使控制过程得到了极大的改善。通过控制，可及时发现组织运行中的失误，并加以改正。在控制过程中，向员工授权，让他们自我监督，自觉纠正错误，改进工作绩效。全面质量管理改变了人们对控制的态度，认识到控制在组织中不是可有可无的东西，而是一项具有良好效果的工作。同时，全面质量管理也为控制工作提供了一套行之有效的方法和途径。

（二）正视组织环境因素的变化

变化是任何组织环境不可回避的一个方面。市场在不断转型；竞争对手（通常是世界范围内的）不断推出新的产品和服务，以求紧紧抓住顾客的想象力；新的材料和新的科学技术在不断涌现；政府规章制度在不断被修订，新的法规不断出现，如此等等。控制有助于管理者对这些变化带来的威胁或机遇及时做出反应，因为控制职能能够帮助管理者找出哪些变化对本公司的产品和服务的影响最大。

（三）加快组织产品和服务的更新

认识到顾客对于不断改进的设计、质量和送货时间的需求是一回事，而加快操作过程，包括创造出这些新的产品和服务，然后及时把它们送到顾客手中，则是另一回事。事实上，斯泰因格拉伯曾指出，速度，特别是完成订单的速度，在90年代应该是一个判断企业竞争力的标准。今天的顾客不但要求迅捷，而且要求以客户为本的产品和服务。《财富》杂志的阿列克斯·泰勒三世预言说，竞争中的优胜者将是那些最成功地瞄准了细分的市场需求并成功地开发出满足其需求模式的公司。

（四）提升产品和服务的价值

加快周转过程是取得竞争优势的一个方法，而日本的一位管理专家肯尼奇·奥默（Kenichi Ohmae）则认为增加价值是另一种方法。这位专家警告说，试图跟上竞争对手的每一次行动不仅是昂贵的，而且不利于提高生产力，所以，公司的主要目标应该放在增加其产品或服务的价值上，这样顾客就更愿意买这种产品，而不是竞争对手的产品。在绝大多数情形下，增加的价值表现为高于平均水平的优异质量，并可以通过精确的控制过程得到。克莱斯勒集团的前总裁李·亚柯卡曾对这一点表示沮丧：在同一生产线上生产出来的同一台汽车加上了三菱的商标，人们就认为比加上克莱斯勒的商标的车子的质量更可靠。所以，克莱斯勒公司也已通过提高质量和提供额外安全特性来增加价值。德利公司则通过技术进步增大了产品的

价值。

（五）推动授权和团队工作

向参与式管理发展是当代管理发展的一个重要的趋势，而这种管理模式增加了授权的需要，并鼓励员工采用团队的工作形式。当然，这并没有降低管理者的最终责任，但改变了控制过程的性质。在传统的集权体制下，绩效的衡量标准和达到标准的方法都由管理者规定。而在新的、参与式体制下，管理者与员工就这些标准进行沟通，并允许员工或以个人身份或以工作团队为单位，运用他们的创造力来决定如何解决某些特定问题。在控制过程中，管理者监督员工的工作进程，却不遏制他们的创造力或介入他们的工作。

第二节　控制过程

虽然不同的控制有各自的特点，但基本程序是一致的。概括起来，所有控制的过程一般包括：制定标准、衡量绩效、纠正偏差。

一、确定控制标准

所谓控制标准，就是评定成效的尺度。根据标准，管理者不需要经历工作的全过程就可以了解整个工作的进展情况。控制标准是控制过程中对业绩进行考评和确定是否存在偏差的客观依据，建立一套全面而合理的考核标准，是实现控制目标的基础。

（一）控制标准的类型

标准的类型很多，可分为定量和定性两种。为了保证控制的准确性和减少控制的随意性，最好尽量多地使用定量化的标准。一般来说，控制标准可以分为以下几类：

1．实物标准

这是不用价值衡量、主要适用于考察产品生产过程中的一些标准，比如单位产品工时数、货运吨里数、轴承的硬度、纤维的强度等等。

2．费用标准

这是用货币衡量的标准，像实物标准一样，也适用于操作层。这些标准以货币价值形式来表示经营费用。如每小时的人工成本，每百元销售额的销售费用等等。

3．资本标准

资本标准是用货币计量实物的项目，但他们只与企业投入的资本有关，而与经营费用无关。对于一笔新的投资和总体控制而言，使用最为广泛的标准就是投资报酬率。

4．收益标准

收益标准就是以货币衡量的销售额，如企业每售一件产品的收入，在一定市场范围内的人均销售额等。

5．计划标准

计划标准是以管理者编制的计划质量作为衡量标准，如计划的完成时间、可行性程度以及实际执行情况的吻合程度等。

6．无形标准

这是一种既不能以质量又不能以货币来衡量的标准，如员工潜力的发挥、员工的真诚度以及一项公关活动受欢迎的程度等。

7．指标标准

这是以可以考核的数量或质量目标作为标准。企业控制中这种标准操作性最强，效果也最好。一般有时间标准、生产率标准、消耗标准、质量标准、行为标准等。

（二）制定标准的方法

因为控制标准不同，在制定标准的过程中运用的方法也有很多种，在实际工作中常见的制定标准的方法主要有以下三种：

1．统计方法

运用统计方法制定标准，就是在收集和分析历史数据的基础上，用统计指标来表示度量出组织在多个领域的总体表现情况，并以此作为标准，来考核未来相关领域的成果。在运用历史数据的过程中，必须注意的是，既要考虑本组织的情况，也要综合同类组织的情况，即纵向和横向两个方面都要权衡，这样制定的指标才有价值。

2．经验估算法

在实际工作中，并非所有的工作质量和成果都能用统计数据来表示，

因此，有时候要根据管理人员的经验判断和评估来为之建立标准。在这种情况下，特别要注意评估队伍人员的组成，要吸收各方面的人员才能在考虑问题时比较周到，标准也才会更切实际。

3. 工程方法

工程方法是通过对客观工作的实际情况的定量分析，以准确的技术参数和实测的数据为基础制定的标准。这种方法主要用于生产定额标准的制定。比如机器的产出标准是其设计者计算在正常情况下被使用的最大产出量；工人操作标准是劳动研究人员在对构成作业的各项动作和要素的客观描述与分析的基础上，经过消除改进和合并而确定的标准作业方法；劳动时间定额是利用秒表测定的受过训练的普通工人以正常速度按照标准操作方法对产品或零部件进行某些工序加工所需的平均必要时间。

二、衡量绩效

衡量绩效是指按照标准衡量实际工作绩效达到标准的程度。管理者在记录和评估实际工作绩效时，常通过四种途径获得相关信息，它们分别是：个人观察、统计报告、口头汇报和书面报告。如果能够将它们结合起来，则可以增加信息的来源并提高信息的价值。

（一）个人观察

个人观察提供了关于实际工作的最直接和最深入的第一手资料。这种观察可以得到非常广泛的信息。尤其是在现场走动管理中，可以获得面部表情、语调以及工作情绪等这些常被忽略的信息。但是要注意，个人观察也有一些缺陷：一是这种方法费时费力；二是不能考察到深层次的工作内容；三是观察到的可能是一种假象，因为被观察者已经做了准备。

（二）统计报告

现在的统计报告，大多是根据统计原理，借助计算机技术，经过计算得出的各种数据之间的关系。统计报告能够提供的信息也是有限的。因为有些问题单纯靠数字很难反映实际情况。

（三）口头报告

信息也可以通过口头汇报的方式获得，如各种会议一对一的谈话或电话交谈等。虽然这种信息也是经过过滤的，但它也是一种快捷而有反馈的方式，这种方式可以通过语言语调和词汇本身来传达信息。过去，口头方式收集信息的一个主要缺点是不便于存档和以后重复使用，但随着现代技术的发展，这个问题已得到了有效的解决。

(四) 书面报告

实际工作情况也可以通过书面报告来衡量。与统计报告相比，书面报告产生要慢一些；与口头报告相比，书面报告要正式一些。但是这种形式常常比口头报告的形式更精确和全面。此外，书面报告更容易储存。

通过比较可以发现工作绩效和标准之间的偏差。在某些活动中，偏差是在所难免的，因此，要确定一个可以接受的偏差范围（range of variation）是非常重要的。如果偏差超出这个范围太多，就应该引起管理者的注意。同时，管理者还应该特别注意偏差的大小和方向。偏差可能有两种情况，一种是正偏差，即工作结果超过了标准的要求；另一种叫负偏差，即工作结果没有达到标准的要求。对于正偏差一般都会认为是好事，但如果控制要求比较高，还应该进一步分析导致这个结果的根本原因是什么，是员工的努力工作还是标准定得太低？如果出现的是负偏差，更有进一步分析的必要了。

三、纠正偏差

纠正偏差主要有两种措施：一是改进工作绩效；二是修订标准。

(一) 改进工作绩效

如果偏差是由于绩效不足产生的，管理者就应该采取纠正行动，这种纠正行动主要有：调整企业的管理战略，改变组织的结构，增加一些补救措施或者进行人事方面的调整等。

管理者在采取行动的过程中，先要确定立即纠正行动还是彻底纠正行动。所谓立即纠正行动就是指将出现的问题立即纠正到正确的轨道上去；而彻底纠正行动则首先要了解工作中偏差是如何产生的，为什么会产生，然后再从产生偏差的地方开始进行纠正行动。所以说，立即纠正行动注重于对行为结果的纠正，而彻底纠正行动并不满足于不断进行的“救火式”的立即纠正行动。事实证明，作为一个有效的管理者，通过对偏差的认真分析，永久性地纠正实际工作和标准之间的偏差，可以收到一劳永逸的效果。

（二）修订标准

工作中的偏差也有可能来自不现实的标准，也就是说指标定得太高或太低。在这种情况下，制订标准值得注意，而不是工作绩效。在体育运动中经常发生这样的事情，当运动员们在赛季的较早时候就达到他们的目标时，他们就会提高他们的目标水准。

当把标准降低时，可能会引起许多麻烦。如果某个员工或某个部门的实际工作与目标之间的差距非常大时，对偏差的抱怨自然就会转到标准上。比如，学生常常抱怨是扣分过严才导致他们的低分，因此他们不愿承认是他们不够努力而是争辩说是打分标准太不合理。与此相似，销售人员将没有完成月度销售额归究于不现实的定额标准。也许确实是因为定额太高才导致了工作中的显著偏差，并促使员工反对这个标准。但是应该记住，不论是雇员还是经理，当他们没有达到标准时，首先想到的是责备标准本身。如果你认为标准是现实的，你就应该坚持，向雇员或经理解释你的观点，并保证将来的工作是会得到改进的，然后采取一些必要的行动使期望变为现实。

第三节 控制类型

在组织中，由于控制的性质、内容、范围不同，控制可以分为许多不同的类型。了解控制的各种类型，根据实际情况选择合适的控制类型，对于进行有效的控制是十分重要的。

一、事前控制、事中控制、事后控制

事前控制是指一个组织在一项活动正式开始之前所进行的管理上的努力。事前控制主要是对活动最终产出的确定和对资源投入的控制，其重点是防止组织所使用的资源在质和量上产生偏差。因此事前控制的基本目的是：保证某项活动有明确的绩效目标，保证各种资源要素的合理投放。可以说，计划是典型的事前控制。市场调查和可行性分析、入学考试、对投入要素的检测等，均属于此类。与事前控制类似的还有预防控制、前馈控制等。

事中控制是指在某项活动或工作过程中进行的控制，即管理者在现场对正在进行的活动给予指导与监督，以保证活动按规定的政策、程序和方法进行。它是一种面对面的控制，目的是及时纠正工作中发生的偏差。由于一般在现场进行，管理者的工作作风和领导方式对控制效果有很大的影响。生产过程中的进度控制和生产报表，学生的家庭作业和期中考试等均属此类控制。

事后控制是指在行动或任务终了之后的控制。这是历史最悠久的控制类型，传统的控制方法几乎都属于此类。例如，传统的质量控制往往局限于成品的检查，把次品和废品挑出来，以保证出厂的产品都符合质量标准。事后控制是根据事先确定的控制标准对实际工作绩效进行比较、分析和评价。事后控制的最终目的是根据对实际工作绩效的评价，为未来的事前控制和过程控制打下基础。

二、集中控制、分散控制和分层控制

集中控制就是在组织中建立一个控制中心，由它来对所有的信息进行集中统一的加工、处理，并由这一控制中心发出指令，操纵所有的管理活动。如果组织的规模和信息量不大，且控制中心对信息的取得、存贮、加工效率及可靠性都很高时，采取集中控制的方式有利于实现整体的最优控制。企业中的生产指挥部、中央调度室都是集中控制的例子。

但当组织规模十分庞大，地点分散且距离较远时，集中控制会拉长信息传递时间，造成反馈时滞，使组织反应迟钝，延误决策时机。同时一旦中央控制发生故障或失误，整个组织就会陷于瘫痪，由于无其他替代系统，风险很大，此时就宜采用分散控制方式。分散控制的优点是：对信息存贮和处理能力的要求相对较低，易于实现；由于反馈环节少，故反应快、控制效率高、应变能力强；采用分散方式，即使个别控制环节出现了失误或故障，也不会引起整个系统的瘫痪。其缺点是：难以使各分散系统相互协调，难以保证各分散系统的目标与总体目标一致，从而危及整体的优化，严重的甚至会导致失控。

分层控制是一种把集中控制和分散控制结合起来的控制方式。它有两个特点：一是各子系统都具有各自独立的控制能力和控制条件，从而有可能对子系统的管理实施独自的处理；二是整个管理系统分为若干层次，上

一层次的控制机构对下一层次各子系统的活动，进行指导性、导向性的间接控制。在分层控制中，要特别注意防止自觉不自觉地滥用直接控制，并多层次地向下重叠地实施直接控制的弊病。

作为管理者，不仅应当正确认识每种控制类型的特点和作用，而且应当懂得结合组织的特点，对各种控制类型加以有效的运用并协调它们之间的关系。

第四节　控制方法

管理人员在控制过程中，其控制的对象主要集中在人员、财务、作业、信息等方面，相应的控制方法和技术就是由于控制对象不同而产生的。这里我们主要介绍针对财务目标而产生的预算控制和针对作业目标而产生的生产控制。

一、预算控制

管理控制中运用最广泛的方法就是预算。预算是一种以货币和数量表示的计划，是一项关于完成组织目标和计划所需资金的来源和用途的书面说明。预算控制就是根据预算规定的收入与支出标准来检查和监督各个部门的生产经营活动，以保证各种活动或各个部门在完成既定目标、实现利润的过程中对经营资源的利用，从而使费用支出受到严格有效的约束。

（一）预算的种类

预算的种类很多，不同的组织，其预算也会各有特点。一般预算可分为以下几种基本类型。

1. 收益预算

即预算在某个计划期内的有关收益及其来源。如企业的收益来源有销售收入、租金、专利费及提供其他劳务的收益，应该根据具体情况作相应的预算。当然，企业收入的主要来源一般是销售收入，可单独进行预算。

2. 经营费用预算

这是对计划期内各种费用的预算。各个组织费用的支出项目往往比组织的收入项目多且杂。典型企业的经营费用预算类目可像其他会计科目表中的费用分类一样多，如材料费、管理费、水电费、人工费、差旅费、招待费。在支出预算时，各种可能产生的费用开支均应尽可能地予以考虑，并应在支出预算中安排一笔适当的不可预见费，以应付一些额外的开支。

3. 投资费用预算

一般包括新建厂、买房产、买机器设备方面的费用。这些费用一般投资支出数额大、回收时间长，因此在进行预算时要慎重考虑，并作详细的预算，同时要和长期计划工作紧密地结合起来考虑。

4. 现金预算

现金是指现实的、可立即使用的资金。组织中有些用货币量表示的资金，实际上处于实物形态，并不能自由使用；也有些资金只是挂在账上，而在实际上并没有到手，这些资金均非现金，它们虽然也是组织的资产，但不能像现金那样自由使用。拥有一定的现金以偿付到期的债务是组织生存的首要条件。现金预算就是对现金收支进行预测，并据此衡量实际现金的使用情况。通过现金预算，估算计划期内可能提供的现金和所需支付的现金，可求得现金收支平衡，并为管理人员利用现金余量（盈余）制定营利性投资计划提供所需的信息。

5. 资产负债预算表

这是一种综合预算，主要考虑计划期的资产和负债的具体数据，从而可反映企业的经营状况，其数据来源于个别的单项预算，包括资产负债表和资产损益表。资产负债表预测资产、债务和权益，表达了企业财产的具体情况；资产损益表预计收入、支出及利润，表达了企业的经营状况和成果。总预算中还附有编制预算所必需的有关数据和资料，以及可能出现的情况分析。

（二）预算的特点

预算的特点可归结为以下几点：

1. 预算是有时间期限的

预算期的长短视具体活动的不同性质而定。现金预算期可能是一个星期或一个月，生产的预算期则可能是一个月或一年，固定资产的投资预算则可能长达几年。总的来说，预算期越长，就越需要经常加以审查和修正。

2．预算是数字化的计划

预算的关键在于定量化，不对一项活动的主要因素进行定量化，就难以对此项活动加以评价和控制。预算不仅要明确最终的考核指标，而且要说明资金投入的数量和时间。

3．预算的编制通常是由预算委员会（由高层管理人员和部分专家组成）负责编制

尽管不同组织的预算编制过程和方式可能差异很大，但一般情况下预算是由专门的预算委员会来负责进行的。预算委员会概括组织目标和组织的计划，对各项收支进行预测和综合平衡，提交组织首脑或董事会审批。预算一旦确定，就要保持严肃性，除非发生特殊情况，否则对预算一般不轻易更改。

4．预算执行情况通常由财务部门负责收集反馈

财务部门在预算控制中占有重要地位，它应按预算控制资金的运用，并按时报告预算执行情况。

（三）预算的作用及其缺点

由于预算的实质是用统一的货币单位为企业各部门的各项活动编制计划，因此它使得企业在不同时期的活动效果和不同部门的经营绩效具有可比性，可以使管理者了解企业经营状况的变化方向和组织中的优势部门与问题部门，从而为协调企业活动指明了方向；通过为不同的职能部门和职能活动编制预算，也为协调企业活动提供了依据，更重要的是，预算的编制与执行始终是与控制过程联系在一起的，编制预算是为企业的各项活动确立财务标准，用数量形式的预算标准来对照企业活动的实际效果大大方便了控制过程中的绩效衡量工作，也使之更加客观可靠；在此基础上，很容易测量出实际活动对预期效果的偏离程度，从而为采取纠正措施奠定了基础。

由于这些积极作用，预算在组织管理中得到了广泛的运用。但在预算的编制和执行中，也暴露了一些缺点，主要表现在：

（1）它只能帮助企业控制那些可以计量的，特别是可以用货币单位计量的业务活动，而不能促使企业对那些不能计量的企业文化、企业形象、企业活力的改善予以足够的重视。

（2）编制预算时通常参照上期的预算项目和标准，从而会忽视本期活动的实际需要，因此会导致这样的错误：上期有的而本期不需的项目仍然

沿用，本期必需而上期没有的项目会因缺乏先例而不能增设。

(3) 企业活动的外部环境是不断变化的，这些变化会改变企业获取资源的支出或销售产品实现的收入，从而使预算变得不合时宜。因此，缺乏弹性、非常具体、特别是涉及较长时期的预算可能会过度束缚决策者的行动，使企业经营缺乏灵活性和适应性。

(4) 预算，特别是项目预算或部门预算，不仅对有关负责人提出了希望他们实现的结果，而且也为他们得到这些成果而能够开支的费用规定了限度，这种规定可能使得主管在活动中精打细算，小心翼翼地遵守不得超过支出预算的准则，而忽视了部门活动的本来目的。

(5) 在编制费用预算时通常会参照上期已经发生过的本项目费用，同时，主管人员也知道，在预算获得最后批准的过程中，预算申请多半是要被削减的。因此他们的费用预算申报数要多于其实际需要数，特别是对于那些难以观察、难以量化的费用项目，更是如此。所以，费用预算总是具有按先例递增的习惯，如果在预算编制的过程中，没有仔细地复查相应的标准和程序，预算可能成为低效的管理部门的保护伞。

只有充分认识了上述局限性，才能有效地利用预算这种控制手段，并辅之以其他工具。

(四) 零基预算①

编制预算的另一种方法就是“零基预算”。这种预算同运行良好的可变预算制度有着许多共同的效用。这种预算方法的设想是，把企业的计划划分为由目标、业务活动以及所需资源等组成的几个“一揽子计划”，然后以零为基数开始计算每个“一揽子计划”的费用。由于每个“一揽子计划”都是以零为基数开始的，因此，对每个预算期间的费用都应重新计算，这样可以避免预算编制中只注意前期变化的这种普遍倾向。

零基预算的基本程序如下：

1. 建立预算目标体系

审查预算前，主持这一工作的主管人员首先应明确组织的目标，并将长期目标、中期目标、近期目标划分清楚，将可量化的目标量化，建立起一套完整且明确的目标体系。

---

① (美) 哈罗德·孔茨，海因茨·韦里克. 管理学：第10版. 北京：经济科学出版社，1998：399；韩岫岚，王绪君. 管理学基础. 北京：经济科学出版社，1999：325－326.

2. 逐项审查预算

以一切活动都是从零开始的思想为指导来审查每一个预算项目。凡是在下一年度继续进行的活动或续建的项目，负责人都要提交详细的计划执行情况报告；凡是新增加的项目都要提交可行性分析报告；所有要继续进行的活动都必须向专门的审查机构证明其活动确有继续开展的必要；所有申请预算的项目和部门都必须提交下一年度的计划，说明各项开支要达到的目标和能够取得的效益。

3. 排定各项目、各部门的优先顺序

在确定了需要开展的项目的范围之后，由预算部门对所有的项目按照重要程度进行排序，列出重点优先项目和非重点一般项目。如果资金有限，要优先保证重点优先项目的预算。

4. 编制预算

由预算编制人员根据审查的最终结果对预算资金进行分配，形成具体的预算。

零基预算通常适用于所谓的辅助性业务领域，而不适用于实际的生产领域，其根据是，在诸如市场营销、研究与发展、人事工作、计划与财务等领域的大多数计划，对各项费用都拥有一定的自主权。先计算认为是合乎需要的计划费用，按它们对企业的效益加以审议，然后按效益的大小进行排列，再选择能提供合乎所需效益的“一揽子计划”。

零基预算的主要优点在于迫使主管人员重新编制每个“一揽子计划”。这样做的结果就是管理人员可以全面审查连同新计划及其费用在内的现有的计划及其费用。

二、生产控制

所谓生产控制，就是按生产计划的要求，组织生产作业计划的实施，全面地掌握企业的生产情况，了解计划与实际之间发生的差异及其原因，及时调整生产进度，调配劳动力，合理利用生产设备，控制物料供应和储存，以及厂内外物料的运输工作，并统一组织力量，做好生产服务工作。生产控制的任务不仅要保证生产过程中物质流的畅通，同时还要保证信息流的畅通。因为只有保证生产信息的有效传递和反馈，才能及时发现问题，分析原因，采取措施，有效地解决问题，保证生产活动的正常进行。

生产控制的主要由生产进度管理、库存管理、余力管理、信息管理和质量管理等部分组成。

（一）进度管理

生产控制的核心是进度管理。所谓进度管理，就是严格地按照生产进度计划要求，掌握作业标准（通常包括劳动定额、质量标准、材料消耗定额等等）与工序能力（通常是指一台设备或一个工作地）的平衡。也就是从作业准备开始到作业结束为止的产品生产全过程。根据生产进度计划规定，掌握作业速度，调整速度，调整进度上的延迟和冒进，以保证交货期和生产进度计划的实现。

（二）余力管理

所谓余力，是指计划期内一定生产工序的生产能力同该期已经承担的负荷的差数。余力有正负区别，能力大于负荷为正余力，表示能力有余；能力小于负荷为负余力，表示能力不足。余力管理的目的，一是要保证实现计划规定的进度；二是要经常掌握车间、机械设备和作业人员的实际生产能力和实际生产数量，通过作业分配和调整，谋求生产能力和负荷之间的平衡，做到既不出现工作量过多，也不发生窝工的现象。

（三）库存管理

库存包括原材料、在制品、产成品中以及其他备品备件。库存控制的总原则是养活库存成本，同时将库存维持在最理想的水平上。为达到此目的，可采用的库存控制方法有：

1. 准时（Just-in-Time）库存

或叫看板管理。即努力达到使生产量等于运送量的理想状况，使库存水平接近于零。为此，原材料必须经常地、小批量地运进，准时地利用掉；制成品准时地产出以及准时地被运送和销售掉。

2. 经济订货批量

它规定着什么时候订货以及每次订多少最经济合理。一般说来，保管费用随着订购批量增大而增大，而订购费用则是随着订购批量的增大而减少，将两者加起来所形成的总费用曲线之最低点，即为最经济的订货批量。

最佳订货批量的计算公式为：

$$EOQ = \sqrt{2AQ/E}$$

式中：

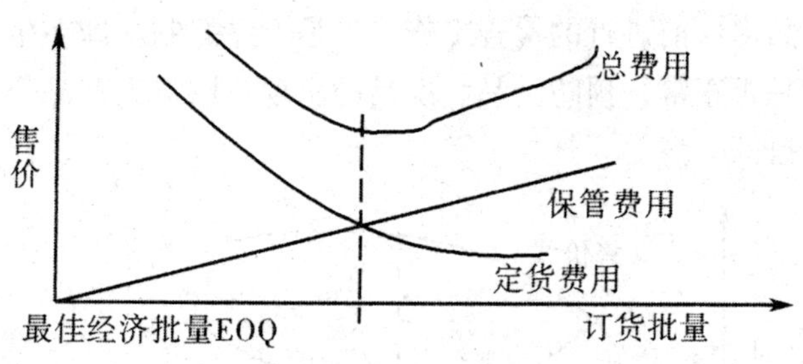

图 14－1　经济批量

EOQ——经济订购批量；

A——每次订购费用（元/次）；

Q——年订购总量（件或吨）；

E——单位物资的年保管费用（元/件·年或元/吨·年）。

三、其他控制方法

除了以上几种控制方法之外，还有质量管理、成本控制、经营审计等控制方法。

（一）质量管理

质量管理是企业为了保持某一产品、过程或服务的质量而采取的作业技术和有关活动。质量管理一般涉及两类总的决策：一类是战略性质的质量决策；另一类是战术性质的质量决策。前者主要涉及制订质量水平以及为改进质量保持竞争地位所采取的步骤，它影响着产品设计、人员培训、设备选择以及维修计划等。后者是对质量管理的日常决策，涉及什么时候检查产品，应检查多少，采用什么标准否决产品，以及对生产过程采取什么样的矫正措施等。

在确定产品质量水平的战略决策时，首先要考虑用户的需要，同时还要考虑随着产品质量水平的提高，企业能降低产品成本，增加收益。就是说，在确定一个合适的质量水平时，同时要考虑在质量的提高与价格、成本、收益之间的关系。从图 14－2 可以看出，随着产品质量设计水平的提高，售价及成本亦随之提高。但在达到 Q 后，继续提高质量水平，产品成本增加很快，而售价却不按比例增加。这 Q 点的质量水平即是最佳设计质量水平。

日常的质量控制内容主要有两类：一是成品验收。这是在产品生产出来之后，产品出厂前进行的检查工作。二是工序控制。即在生产过程中及时检查生产是否正常，预防废品、次品的出现，以提高产品合格率，达到控制质量的目的。

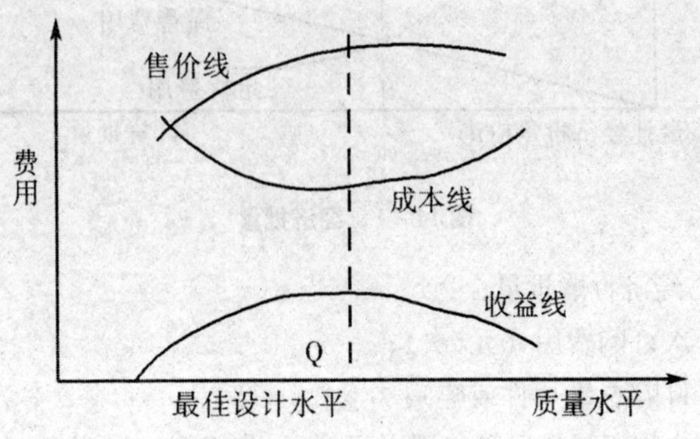

图 14－2 质量曲线

（二）成本控制[①]

成本控制是指以成本作为控制手段，通过制定成本总水平指标值、可比产品成本降低率以及成本中心控制成本的责任等，达到对经济活动实施有效控制的目的的一系列管理活动与过程。成本控制本质上是指为了实现企业整体的效益，控制和降低目标成本，各个部门确定成本责任，以及为此采取的一系列提高管理者成本意识、制定部门成本目标、提高成本效率的管理工作。成本控制的关键仍然是管理中的“成本控制者”，即通过成本控制者履行自身的成本控制职责，使企业的成本计划得到严格执行。“成本控制者”能够担负起成本管理的重任，首先要具有较强的成本意识。成本意识，是指管理者具有的、自觉将生产经营与成本挂钩的习惯性思维。同时，必须明确成本控制者的成本责任，指各部门各个管理者必须承担的职务责任，是根据他们的职务和地位，授予他们在一定范围内选择和使用资源的权利，也就是为了酝酿效率而给予他们在选择成本水平上的权力，自然也是一种责任。

在组织战略实施的过程中，成本控制始终都是一项重要的工作。将成本控制在一定的范围内，或者不断降低成本水平，需要遵循必要的步骤，采取适当的方法。一般来说，成本控制的基本步骤如下：

---

① 韩岫岚，王绪君．管理学基础．北京：经济科学出版社，1999：329－330.

1．制定控制标准，确定成本的目标

确定目标成本的方法有：历史成本法，即以历史上本企业或者同行业的先进企业的成本水平作为目标成本；计划法，即在考虑企业的生产经营水平、企业外部环境的条件下，估算出可能达到的成本水平，并纳入到企业的计划之中；定额法，即以企业在长期的实践过程中确定的各项劳动定额、消耗定额等为基础制定的企业目标成本。

2．成本核算

成本核算所用的记录应当是反映核算期内人力、物力、财力等支出的全部原始记录，是可靠的企业成本核算和控制的依据。进行成本控制所要进行的成本核算主要有：总成本支出、可比产品总成本、可比产品单位成本、可比产品成本降低率、商品产品成本、主要产品单位成本等。通过成本核算，有关管理人员可以清楚地了解企业在控制期内的成本水平是否达到目标成本的要求，为分析改进提供数据资料。

3．成本差异分析

将实际成本与事先确定的目标成本相比较，发现差异，并对差异进行类别分析。差异分析主要是通过实际与目标的比较，找出实际成本与目标成本之间存在的正负差异，并进行成本差异的原因分析，在此基础上提出控制和降低成本的措施方案。企业成本差异分析的主要内容有：①直接材料费用分析；②直接人工费用分析；③车间管理费用分析；④企业职能部门费用分析；⑤财务费用分析；⑥销售费用分析。

4．采取措施，降低成本

在成本差异分析的基础上，科学比较不同的成本控制措施方案的优劣，在对比分析的基础上选择最优的成本控制方案，并全力组织实施。一般来说可采用的方法有：价值工程法、投入产出分析法等。

（三）经营审计

审计是对反映企业资金运动过程及其结果的会计记录及财务报表进行审核、鉴定，以判断其真实性和可靠性，从而为控制和决策提供依据。根据审查主体和内容的不同，可将审计划分为三种主要类型：

1．外部审计

外部审计是由外部机构（如会计师事务所）选派的审计人员对企业财务报表及其反映的财务状况进行独立的评估。为了检查财务报表及其反映的资产与负债的账面情况与企业真实情况是否相符，外部审计人员需要抽查企业的基本财务记录，以验证其真实性和准确性，并分析这些记录是否符合公认的会计准则和记账程序。

2. 内部审计

内部审计提供了检查现有控制程序和方法能否有效地保证达成既定目标和报告既定政策的手段。例如，制造质量完善、性能全面的产品是企业孜孜以求的目标，这不仅要求利用先进的生产工艺、工人提供高质量的工作，而且对构成产品的基础——原材料提出了相应的质量要求。这样，内部审计人员在检查物资采购进，就不仅限于分析采购部门的账目是否齐全、准确，而且试图测定材料质量是否达到要求。

3. 管理审计

外部审计主要核对企业财务记录的可靠性和真实性，内部审计在此基础上对企业政策、工作程序与计划的遵循程度进行测定，并提出必要的改进企业控制系统的对策建议，管理审计的对象和范围则更广，它是一种对企业所有管理工作及其绩效进行全面系统的评价和鉴定的方法。管理审计虽然也可组织内部的有关部门进行，但为了保证某些敏感领域得到客观的评价，企业通常聘请外部的专家来进行。

管理审计的方法是利用公开记录的信息，从反映企业管理绩效及其影响因素的若干方面将企业与同行业其他企业或其他行业的著名企业进行比较，以判断企业经营与管理的健康程度。

管理人员通过对过去的资料或未来的预测进行统计分析，从中发现规律，对比自己企业的经营实绩，实行有效的控制，这种控制方法被称为统计分析。该方法的优点是简单明了，例如用曲线、图表画出的趋势图或历史资料使人一目了然。但缺点是可比性较差，已经发生的未必一定会再发生，对未来的预测准确性并不高。

在所有的控制方法中，最简单常常也是最有成效的控制方法是亲自观察，即主管人员到车间或办公室进行实地观察。这种方法有利于主管人员获得大量的来自第一线的信息，这种信息的价值往往要比通过其他途径获得的信息的价值高，从而有利于提高控制的效率和效果。

第五节

信息化管理

当今世界，以信息技术为代表的高新技术突飞猛进，以信息化和信息产业发展水平为主要特征的综合国力竞争日趋激烈，信息技术和信息网络的结合和应用，催生了大量新兴产业，并为传统产业注入了新的活力，加快了经济全球化和信息网络化的进程，形成了当代最先进的生产力。管理活动中的信息运用水平也成为评价社会组织先进化程度的重要依据。

一、信息的含义与特征①

明确信息的含义，对各类信息进行分类，是有效运用信息的基础；了解信息的特征，有利于信息管理手段和方法的运用。

（一）信息的含义

1．信息的概念

信息，对应的英文单词是 information，对应的日文是“情报”，台港澳地区则把 information 翻译成“资讯”。有关信息的概念，不同的专家学者从不同的角度出发有许多不同的表述，但是迄今为止没有一个权威的定义。从信息概念的发展过程来看，信息从最早的通信领域中的概念向哲学领域中的概念演变，其定义越来越抽象。从完整性方面来讲，消息强调的是及时性和公开性，信息强调的是完整性和准确性。

数据与信息是不同的。从计算机技术角度来讲，数据是客观事物的属性、度量、位置以及相互关系等的量化表示，是计算机可以识别的符号形式，是信息的载体和表现形式。在管理信息系统中，信息只有通过计算机可以处理的数据形式采集、存储、加工、传输、检索、使用等。但是，不能把数据简单地等同于信息。那些错误、未经加工处理的、没有特定目的的数据只能是垃圾，而不是信息。

2．信息的分类

信息的来源非常广泛，信息分类的标准也很多，下面根据信息的传递

① 闪四清．管理信息系统．北京：清华大学出版社，2007：22－27.

范围、信息的加工处理程度、信息的作用层次、信息反映的事物状态、信息的稳定程度、信息的应用范围和传递信息的媒介形式对信息进行分类。

(1) 按照信息的传递范围可以把信息分为公开信息、内部信息和机密信息。公开信息是指传递和使用范围没有限制，可以在国内外公开发表的信息。内部信息是指不能公开传播，只供内部掌握和使用的信息。机密信息是指必须严格限定使用范围的信息。机密信息可以细分为秘密信息、机密信息和绝密信息。在管理信息系统中，这些类型的信息都将涉及，因此应该对不同类型的信息制定不同的管理机制。

(2) 按照信息的加工处理程度不同，可以把信息划分为原始信息和综合信息。原始信息主要指未经加工的原始信息。例如会议记录、销售记录、生产记录等。综合信息是指在原始信息的基础上加工整理后的信息，例如各种统计报表、分析报告等。这种分类方式一方面反映了信息在采集、处理、传输、使用过程中的状态，另一方面反映了信息的时间性和准确性。不同类型的信息有不同的利用价值。管理信息系统中涉及的信息既包括了原始信息，也包括了信息处理过程中产生的各种综合信息。

(3) 按照信息的作用层次，可以把信息划分为决策信息、常规管理信息、战略性信息、战术性信息等。这种分类方式用于区分信息的服务对象。

(4) 按照信息反映的事物状态，可以把信息分为常规性信息和偶然性信息。常规性信息是指反映正常条件下常规事件的信息。偶然性信息是指反映偶发的非常规事件的信息。

(5) 按照信息的稳定程度，可以把信息分为固定信息和变动信息。固定信息是指长期稳定不变的信息。变动信息是指反映不断变化的事物的某一时刻点的信息。

(6) 按照信息的应用范围，可以把信息划分为宏观信息和微观信息。宏观信息可以用于一个国家、一个地区或一个组织，而微观信息可以用于一个组织、一个部门或一个业务人员等。在管理信息系统中，宏观信息和微观信息都是不可或缺的。微观信息往往以原始信息的形式表现出来，宏观信息则通过综合信息的形式表现出来。

(7) 按照传递信息的媒介形式，可以把信息划分为文字信息、数字信息、音频信息、图片信息、视频信息等。

（二）信息的特征

信息的基本概念是信息本质属性的描述，信息的特征是由信息本质属性派生出来的特征。信息的特征可以从以下 14 个方面进行归纳。

1. 信息的普遍性

信息的普遍性描述了信息作为一种哲学范畴的基本特性。就像物质具有普遍性一样，信息的普遍性是指信息的存在是无处不在、无时不有的。这个特性表明了信息广泛存在于自然领域和社会领域中。

2. 信息的客观性

信息的客观性描述了信息作为一个哲学范畴具有的特征。信息描述了事物的存在方式和运动状态，事物的存在方式和运动状态是一种客观现象，人们可以对这种客观现象进行认识和描述，但是不能随意地夸大、缩小、扭曲这种现象。信息的客观性要求人们对信息的认识和描述一定要完整、准确。

3. 信息的可识别性

信息的可识别性则给出了信息可以被人们使用的基本特性。信息的可识别性是指人们不仅可以通过眼、鼻、耳等感觉器官去感知信息，而且可以通过各种仪表器械去检测、识别和处理。如果信息失去了可识别性，那么信息的所有价值都失去了意义。

4. 信息的共享性

信息的共享性是信息与物质、能量根本不同的一个特性，也是信息的一个独特的重要特性。共享性的表现是许多人都可以使用相同的信息，信息本身不会因为人们的使用而减少或丧失。但是，一般来说，信息的共享性是相对而言的，信息的共享范围往往是受限制的。

5. 信息的时效性

信息的时效性是指信息有生命周期，在信息的生命周期内，信息是有效的；超出了生命周期，信息将是无效的。信息的时效性要求尽快地获得所需的信息，这样才可以在该信息的生命周期内最有效地使用所获得的信息。

6. 信息的依附性

信息的依附性指信息的存储、传输、使用等活动必须依附在特定的载体上，这种载体可以是纸张、计算机、照片等形式。离开了相应的信息载体，信息也就不复存在了。从某种意义上说，信息是载体的内容，载体是信息的形式。当我们提到信息时，应该了解这种信息的载体是什么。在管理信息系统领域中，不同载体的信息往往起到不同的作用。

7. 信息的可存储性

信息的可存储性是指信息储存的可能程度。用于管理和决策的信息是多种多样的。从表现形式来看，可以是文字、数字、表格、图形、视频、声音等；从内容来看，有数据、知识、模型、算法等。信息的多种样式必然要求多种储存方式。信息的可存储性还表现在要求能够存储信息的真实内容、要求在较小的空间中存储更多的信息、要求存储是安全的、要求信息可以在不同形式和内容之间方便地转换、要求随时快速地检索出所需要的信息。

8. 信息的可处理性

信息的可处理性是指信息可以被分类、排列、汇总、计算等。无论是可量化的信息，或不可量化的信息，信息的可处理性表示信息可以按照人们的需要进行进一步的加工和处理，以便满足信息用户多样化的需求。信息的可处理性为使用计算机技术处理信息提供了理论基础。在管理信息系统中，对采集到的管理信息进行管理要求的处理是管理信息系统的基本功能之一。

9. 信息的可再生性

信息的可再生性是指一组有价值的信息经过一系列的统计、预测、优化、挖掘等技术的加工可以得到更加有价值的信息的可传输性是指信息可以通过一定的传输工具和载体进行传输。这是信息的基本特性之一。信息的可传输性是建立在信息的可存储性基础之上的。信息的可传输性为信息的快速传输和扩展提供了理论依据。

10. 信息的层次性

信息的层次性是指信息是分层次的，不同层次的信息具有不同的作用。从信息论的角度来看，信息的层次是由于对信息附加的约束条件形成的。在管理信息系统中，信息的层次性表现在不同的管理层次对管理信息的粒度要求是不同的。

11. 信息的相对性

信息的相对性是指由于信息是分层次的，不同层次的信息的作用范围是不同的。也就是说，信息的利用价值因人而异、因事而异、因地而异、因时而异。

12. 信息的有序性

信息的有序性是指一系列信息的产生在时间上是连贯的、相关的和动态的。信息的这种特性表明，信息之间不是紊乱的，而是有内在联系的，信息的变化是有规律可循的。实际上，信息的这种有序性为人们进一步处理和利用信息提供了理论基础。当信息是有序的，人们就可以利用这些过去的信息分析现在、预测未来。

13. 信息的知识性

信息的知识性可以通过3个方面来理解：第一，信息是知识的重要来源之一，是知识的原材料；第二，信息具有知识的特征，可以满足用户拥有和使用知识的客观需求；第三，信息像知识一样是有价值的，对于某些信息来说，应该向评估知识的价值一样评估信息。从信息的知识性角度出发来看，管理信息系统中的各种管理信息是企业知识的重要组成部分，具有非常重要的价值。

14. 信息的能动性

信息的能动性是指信息虽然依附于物质和能量，没有物质和能量就没有信息。但是，信息又有巨大的能动作用，可以控制物质或能量的变化。信息的能动性对于理解信息的作用有很大的积极意义。信息的能动性表明管理信息系统对于整个企业的经营管理来说，是极其重要的。管理信息系统提供的管理信息可以对企业高层领导的管理和决策提供强有力的支持，确保企业经营管理活动正常顺利地进行。

二、信息管理的内容①

信息管理是一个崭新的命题，无论是在理论上，还是在实践上，其内容在不断地发展变化着。这里以企业信息管理为例归纳信息管理的内容，其他社会组织信息管理的内容与此类似。从已有的研究成果来看，企业信息管理应该包括以下几个方面的内容：

（一）企业信息基础设施的建立

企业信息基础设施，指的是能够维持本企业信息管理需要的最起码的信息系统及其相关设施。主要包括：企业信息系统和信息网络的建立，信

---

① 司有和．企业信息管理学．北京：科学出版社，2003：15－16.

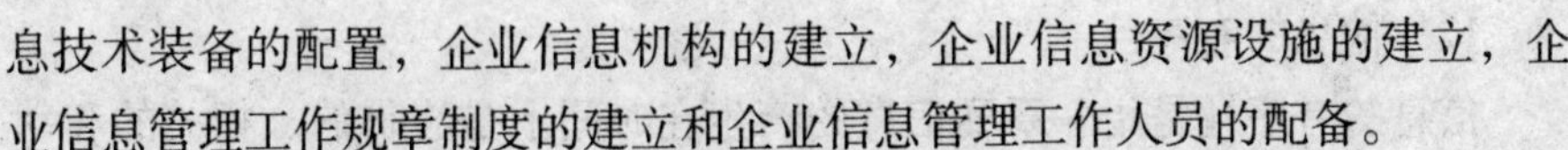

息技术装备的配置，企业信息机构的建立，企业信息资源设施的建立，企业信息管理工作规章制度的建立和企业信息管理工作人员的配备。

（二）企业信息系统的运行管理与开发

当我们将企业信息系统建立起来后，接下来的工作就是系统的日常运行管理，如果系统不尽如人意，还需要进行再开发，不断地加以改善，甚至重建。主要包括：企业在线信息系统（计算机信息系统）的日常运行与维护，企业非在线信息系统的运行管理和企业信息系统的开发、改善与重建。

（三）企业信息化建设项目的实施

企业信息化建设，是企业实现信息管理的必要条件。企业必须从思想观念、管理模式、技术设备、组织机构等许多方面，对自身进行一次全新的信息化改造。只有这样，才有可能全面实现信息管理，提升企业竞争力。主要包括：技术信息化，这是企业信息化的前提和基础；管理信息化，这是实现企业信息化的手段；人员信息化，这是企业信息化的核心。

（四）企业信息和信息活动的管理

这方面的管理工作主要包括：企业信息的创新，企业竞争情报管理，企业战略信息管理，企业 CIO 体制的实施，企业信息的公开和企业信息的保护。信息创新又可包括信息开发、信息利用、技术创新、流程再造、组织创新等。其中信息的开发和利用，是企业最重要的信息活动，必须予以重视。

（五）企业信息管理的定量分析

这里主要是指企业使用信息进行生产、经营和管理所获得的经济效益，即信息经济性分析，以及企业信息管理绩效的测评。

（六）企业信息管理者的配备和提高

企业配备高素质的信息工作人员，建立一支能够及时为管理者决策服务的信息管理队伍，是搞好企业信息管理工作的根本保证。这里所说的信息工作人员，不只是指计算机管理信息系统中的系统主管人员、程序员、录入员和操作人员，而且包括各级管理者和各级信息管理部门的工作人员。

三、管理信息系统

任何控制都是为了保证组织目标的实现，都是在衡量组织的阶段性成果的基础上对组织行为的调整或对组织目标的修正。为了对组织目前的工作状况进行及时的全面的估计，必须广泛收集来自组织各个层次和部门的信息；同时，组织高层的决策的传递也需要有一个畅通的渠道来保证。在组织开展活动的过程中，为了保持各个部门之间的协调运转，也需要相互之间不断的信息交流。这些工作都需要组织通过建立有效的管理信息系统来完成。

（一）什么是管理信息系统

管理信息系统一词最早出现在 1970 年，由瓦尔特・肯尼万（Walter T. Kennevan）提出，他认为，管理信息系统是“以书面或口头的形式，在合适的时间里向经理、职员以及外界人员提供过去的、现在的、预测未来的有关企业内部及其环境的信息，以帮助他们进进行决策”。1985 年，管理信息系统的创始人，美国明尼苏达大学的高登・戴维斯（Gordon B. Davis）给管理信息系统下了一个比较完整的定义：“（管理信息系统）它是一个利用计算机硬件和软件，手工作业，分析、计划、控制和决策模型，以及数据库的拥护——机器系统。它能提供信息，支持企业或组织的运行、管理和决策功能。”在 20 世纪 70 年代末 80 年代初，中国一些学者认为：“（管理信息系统是）一个由人、计算机等组成的能进行信息的收集、传递、储存、加工、维护和使用的系统。管理信息系统能实测企业的各种运行情况；利用过去的信息预测未来；从企业全局出发辅助企业进行决策；利用信息控制企业的行为；帮助企业实现其规划目标。”

综合以上观点，我们可以姑且将管理信息系统定义为能够经常地为管理层提供所需信息的系统。从理论上讲，这种系统可以是基于手工的，也可以是基于计算机的，但是目前所有谈论的包括我们这里讲到的，都集中在计算机支持的应用系统上。

（二）管理信息系统的设计与实施

管理信息系统要能够很好地发挥作用，关键是要在设计阶段把好关。一个完整的信息系统在设计过程中大体包括如下步骤：

1. 组织决策系统的分析

一个组织管理信息系统的设计是在该组织决策机构的指导之下进行

的，它应该反映组织中决策者的意图，即能够为决策者提供足够多和足够好的信息。当然，这里所谓的决策者，包括从最低层到最高层的所有管理者。此外，还应该考察每一项决策是否由适当的部门和适当的人员作出的。如果决策的制定对象不适合这样的问题不在信息系统实施之前有效解决，那么组织中还会继续产生错误的决策，而且信息系统越高效，错误产生的速度也将会越快。

2. 信息需求的分析

因为不同层次的管理者对信息需求的要求不同，所以，管理信息系统应该根据他们不同的职能要求为他们提供相应的信息。比如最高层的管理者需要关于环境方面的数据和总结报告，而最基层的管理者则只需要关于操作问题的报告，一个完善的管理信息系统如果要满足管理者的不同要求就应该充分考虑到需求的多样性。

3. 决策的综合

任何一个组织在接受信息的过程中，都不可避免地要接受大量的重叠信息，通过识别这种信息，管理层在设计时可以让系统只包含尽可能少的重复信息，相似的问题也可以由一个人来解决。

4. 信息处理设计

管理信息系统必须满足管理层的需要，即满足每一位高层管理者对信息的需求。当然，对组织整体来说该信息系统不可能提供最优数量或质量的信息，它只能满足大部分管理者的需求或管理者的大部分需求。

当管理信息系统设计完成以后，接下来的工作就是系统的安装问题了。在系统安装过程中尤其要注意如下问题：

（1）安装前的调试。

（2）用户的培训。

（3）积极应对来自组织的抵抗。

（4）安全性。

（5）系统的定期评审。

（三）管理信息系统对管理者工作的影响

管理信息系统对管理者工作的影响是多方面的，它不但对管理者提出了更高的要求，而且会影响管理者管理职能的运用。

1. 直接参与

如果管理者不能完全掌握系统或充分利用管理信息系统的优势，又想

与同事一样有效地工作，他们将会感到越来越困难。此外，直接参与将使管理者减少在接电话、旅行去参加会议等方面所花费的时间，从而可以更密切地关注组织的活动。

2. 决策能力

数据库管理程序可以使管理者很快弄清事实或查明真象，而且用不着去找其他人或查阅大量纸张文件。这样使得管理者不再依靠他人来提供数据，大大提高分析问题的效率。

3. 组织设计

由于管理信息系统的原因，对辅助人员的需求也更少。扩大范围和减少人员的双重力量使得组织结构变得更为扁平。

4. 权力

信息就是权力。接触机密和重要信息方式的任何改变，都会引起组织内权力关系的改变。管理信息系统改变了组织的管理层次结构。中层管理人员由于影响力的下降，在组织中的地位也下降了，他们不再是基层工作与高层领导之间的关键纽带。与此类似，普通办公人员的优越性也大大降低了，因为管理者不再依靠他们获得评价和忠告。

四、管理信息化趋势①

了解管理信息化趋势，在管理活动中充分利用信息管理手段，发挥信息管理的作用，有利于组织准确把握社会发展的脉络，紧跟时代发展的步伐，才能在日趋激烈的竞争中立于不败之地，并抓住组织发展的良好机遇，推动组织向跟高层次发展。

（一）信息化的基本方向

大致看来，未来信息化的方向应主要体现为如下三个方面。

1. 信息技术不断创新

实现信息化战略，要重视信息技术不断创新，推进信息技术不断发展。只有努力创新和掌握核心技术，才能有效地把握信息技术革命的机遇。同时，还要重视技术革命对现行体制、观念和行为方式的冲击力，重视生产力的发展对生产关系变革的影响，主动加快生产关系的变革和体制

---

① 游五洋，陶青. 信息化与未来中国. 北京：中国社会科学出版社，2003：596－601.

创新，为生产力的持续快速发展提供体制环境。

2. 信息产业迅速发展

信息产业已成为当今全球发展最快、产业关联度最广、科技含量最高、可持续发展能力最强的产业。加快信息产业的发展，特别是加快建立拥有自主知识产权技术、产品和服务基础上的发展，发展既有数量规模，还有技术含量和市场控制力，更有核心竞争力的信息产业，不断提高和完善信息增值服务的质量，构成“以信息化带动工业化”战略的产业基础。

3. 信息应用市场日益繁荣

信息化的本质就是对信息技术、产品和服务的应用。信息化要履行带动工业化、推进现代化的重任，工业化、现代化乃至信息化的主体是企业。企业信息化的本质就是应用信息技术实现企业管理的过程，包括实现管理流程的改造、管理效率的提高过程；实现企业体制创新、技术创新和管理创新的过程；实现改造传统产业、调整行业和产品结构、增强企业核心竞争力的过程。

（二）管理信息化的趋势

关于管理信息化的趋势，我国有许多学者作了深入的研究。我国的信息化专家杨学山先生描述了未来管理信息化的几个趋势。

1. 体制、机制、法制将取得突破性进展

信息化宏观管理和协调的层次将更高、更有贯彻力；各级政府机构和大部分大中型企业的内部信息化建设管理体制将逐渐完善；运行机制经过积极探索，逐步向国际化，市场化，规范化过渡；从人才的政策、激励机制到产业政策，各个方面都将取得重大进展，开始显现活力；信息化法制建设随着宏观管理体制的健全而步入正轨，与电子商务运行、因特网发展、信息资源开发利用相关的法律法规初步配套。

2. 信息技术应用继续快速推进并开始进入收获期

政府信息化、公共领域信息化、企业信息化、区域信息化、家庭信息化发展速度进一步加快，建设不断规范，实施途径及方法、运行模式、内外部环境走向成熟，成功的比例不断提高。在规模和周边环境的支持下，在节约成本、提高劳动生产率和市场竞争力、提高管理决策水平、提高社会发展质量和人民生活质量等方面取得明显进展，带动生产力跨越式发展得到实践的证实。

3．信息网络继续高速增长，全国的核心传输网、城域网、接入网的水平有质的提高，宽带接入变成主流

在加入 WTO、DWDM 快速发展、第三代移动通信市场化等因素的强力推动下，信息网络将出现几个显著特点：一是基础通信和增值服务领域的竞争从起步进入规范，深度和广度逐步扩展；二是第三代移动通信成为主要接入手段，移动通信显著超过固定通信；三是以因特网为代表的增值服务快速普及，带动宽带接入的巨大市场。

4．电子信息产业以国民生产总值 3 倍的速率增长，“十五”末达到 3 万亿人民币的规模

关键设备和产品的国产化率继续提高，国际竞争力明显增强。特别是集成电路、成套应用软件、系统集成、网络交换设备、数字化消费类产品的发展将有突出表现。在 IT 产业发展的同时，部分领域研究和开发的水平与国际先进水平的差距出现较大幅度缩小，产业化速度明显加快。

（三）信息化发展的具体策略

为了进一步推动信息化的发展，促进信息管理的水平的提高，应该采取一些具体策略，游五洋和陶青研究认为，信息化的具体策略应该包括如下几个方面：

1．统一思想，把国家的信息网络化建设提高到战略高度来认识

信息化并不仅仅是一场技术革命，更重要的是它所带来的组织制度、管理模式、运行机制等多方面的创新。任何一个组织要想在信息化方面获得成功，最高决策者必须要有全面创新的决心。

2．抓紧建设国家信息基础设施

继续建设宽带调整传输网络，大力发展调整互联网；高度重视信息资源的开发利用；推进电信网、广播电视网和计算机网的三网融合；普遍提高通信服务水平，加快西部信息化进程。

3．加速发展信息技术和信息产业

包括提高信息化装备能力；突破产业发展在集成电路、软件、信息平台等方面的技术瓶颈；积极引导和推动数字技术的应用；增强技术创新能力，加速产品更新换代，争取若干领域尽快取得技术上的群体性突破。要紧跟发达国家技术创新步伐，尽可能直接采用最先进的信息技术，对国民经济和社会发展的各个领域进行信息化改造；同时，瞄准一些关键性技术进行重点攻关，力求实现关键性突破。

4. 大力推进信息技术在国民经济各部门的实际应用

包括改造和提升传统产业；促进国民经济和社会服务信息化；推动企业信息化；加快电子商务的发展；统筹规划，实施信息化重大工程等。通过信息网络化的建设，使国民经济各部门在生产方式、经营手段等方面都有比较大的改变，提高整个国民经济的效率和素质。

5. 理顺管理体制并制定相关政策推动信息网络化及其技术的发展

从宏观层次上看，我国尚缺乏强有力的信息化总体协调和决策机构；从中观层次上看，政出多门的局面亟待改观；从微观层次上看，还没有形成有效的公平竞争环境。要使后发优势发挥作用，这方面的能动性最大，效果也最好，有赖于各级政府的强力推进。

6. 加快生产信息产品的大型国有企业建立现代企业制度的步伐

采取股权多元化、主板市场和二板市场上市、债转股等措施，使国有信息产品生产和运营企业加快转变经营机制，真正成为市场竞争的主体。

7. 加快信息技术领域的国际合作，为我国的信息网络化争取一个有利的国际环境

我国的信息网络化建设不是在封闭的环境中进行的，而是在积极参与国际竞争和合作中进行的。要通过对外开放，利用成熟的信息技术发展自己，力争实现跨越式发展。

8. 要尽快普及全民的信息网络化知识

某种程度上，信息网络化知识的拥有量和拥有程度不仅关系着个人在未来知识经济时代的发展前景，而且影响到一个国家与民族的未来。因此，政府和企业应该进一步加快普及全民的信息网络化的相关知识。

本章要点

(1) 控制是监视各项活动以保证它们按计划进行并纠正各种重要偏差的过程。控制与计划有着密切的关系。

(2) 控制的对象包括组织里的人员、组织的财务、组织里的作业、信息、组织的绩效等方面。

(3) 控制的作用体现在控制有助于提高组织工作成果的质量，正视组织环境因素的变化，提升产品和服务的价值和推动授权和团队工作。

(4) 控制的过程一般包括：制定标准、衡量绩效、纠正偏差。

(5) 根据控制的时间，可将控制划分为事前控制、事中控制、事后控

制；根据控制的分散和集中程度，分为集中控制、分散控制和分层控制。

(6) 预算是一种以货币和数量表示的计划。预算控制是保证完成既定目标而对费用支出的严格有效的约束。生产控制是按生产计划的要求，了解计划与实际之间发生的差异并分析其原因，从而保证生产活动的正常进行。

(7) 管理活动中信息运用水平是评价社会组织先进化程度的重要标志。随着社会的发展，信息管理的内容在不断地发展变化。

(8) 信息管理要通过建立有效的管理信息系统来完成。管理信息系统是指能够经常为管理层提供决策所需信息的系统。

(9) 管理信息系统的设计与实施包括组织决策系统的分析、信息需求的分析、决策的综合和信息处理设计等基本步骤。管理信息系统对管理者工作有着多方面的影响，它不但对管理者提出了更高的要求，而且会影响管理者管理职能的运用。

(10) 在管理活动中充分利用信息管理手段，有利于组织准确把握社会发展的脉络，紧跟时代发展的步伐，在日趋激烈的竞争中立于不败之地，并抓住组织发展的良好机遇，推动组织向更高层次发展。

思考题

1. 怎样评价控制职能在管理工作中的地位?
2. 控制与计划的关系怎样?
3. 发挥控制职能的关键是什么?
4. 如何认识控制与发挥职工主动性和积极性的关系?
5. 预算对管理活动有什么作用? 利用预算作为控制手段时，要注意克服它的什么缺点?
6. 在进行产品质量水平的战略决策时，应该综合考虑哪些方面的因素?
7. 为什么在企业的生产经营中，成本控制很重要?
8. 现代管理者应当怎样重视管理信息系统在管理工作中的作用?
9. 在当前管理信息化趋势的背景下，企业管理者应该怎样应对?

实践练习

回顾你们班的某项活动，是否存在计划不能实现的情况，请分析其原因，提出控制措施或方案。

案例应用

案例 14－1　　　　　　汤姆的目标与控制

汤姆担任这家工厂的厂长已经一年多了。他刚看了工厂有关今年实现目标情况的统计资料，厂里各方面工作的进展出乎意料，他为此气得说不出一句话来。他记得就任厂长后的第一件事情就是亲自制定了工厂一系列计划目标。具体地说，他要解决工厂的浪费问题，要解决职工超时工作的问题，要减少废料的运输问题。他具体规定：在一年内要把购买原材料的费用降低 10%～15%；把用于支付工人超时工作的费用从原来的 11 万美元减少到 6 万美元，要把废料运输费用降低 3%。他把这些具体目标告诉了下属有关方面的负责人。然而，他刚看过的年终统计资料却大大出乎他的意料。原材料的浪费比去年更为严重，原材料的浪费竟占总额的 16%；职工超时费用也只降低到 9 万美元，远没有达到原定的目标；运输费用也根本没有降低。他把这些情况告诉了负责生产的副厂长，并严肃批评了这位副厂长。但副厂长争辩说："我曾对工人强调过要注意减少浪费的问题，我原以为工人也会按我的要求去做的。"人事部门的负责人也附和着说："我已经为消减超时的费用作了最大的努力，只对那些必须支付的款项进行支付。"而负责运输方面的负责人则说："我对未能把运输费用减下来并不感到意外，我已经想尽了一切办法。我预测，明年的运输费用可能要上升 3%～4%。"

在分别和有关方面的负责人交谈之后，汤姆又把他们召集起来布置新的要求，他说："生产部门一定要把原材料的费用降低 10%，人事部门一定要把超时费用降到 7 万美元；即使是运输费用要提高，但也决不能超过今年的标准，这就是我们明年的目标。我到明年底再看你们的结果！"

问题

1. 汤姆就任后所制定的计划属于什么计划？
2. 你认为导致汤姆控制失败的原因是什么？
3. 汤姆的控制标准属于什么标准？
4. 汤姆所制定的明年的目标能完成吗？为什么？

结束语

21 世纪的管理：趋势与特点

读者可能已经注意到，前面各章在阐述管理有关理论时，我们尽可能做到经典性与时代性的结合，从不同侧面反映当代管理的新趋势和新特点。为使读者更好地把握这一变化，我们在这里对21 世纪的管理正在发生的变化及其趋势作进一步的梳理和归纳。了解这些变化，有助于我们真正掌握管理理论和与时俱进地运用这些理论。

管理活动作为人类活动特别是生产活动的合理组织方式，是由各个时代物质财富的获得方式，或者说经济活动的本质特征所决定的。创造物质财富的经济活动的每一次重大变革，必然引起管理活动的重大变革。纵观人类历史，随着农业取代狩猎和采集业成为社会经济的主角，围绕土地资源的配置和有效利用的农业管理方式是漫长农业社会的管理模式。工业经济取代农业经济成为社会经济的主角，产生了工业时代的管理思想和管理模式。当今，世界正进入一个新的技术革命周期及新的产业经济变革时代。在快速发展的信息技术和网络技术的推动下，人们的生活方式、交往方式、生产方式和组织结构形态等都在发生巨大的变化。以经济全球化、知识经济和可持续发展等为主要特征的当今人类社会经济活动，正在迅速改变着世界的面貌，引导着经济社会的全面转型。经济和社会的转型势必是管理的转型。

（一）管理转型的主要方向

1. 管理理念的转型：从效率中心到人文价值中心

所谓管理理念，是关于管理的本质、中心、任务、出发点和归宿等问题的基本假设和价值观点。管理理念支配管理活动，有什么样的管理理念将产生什么样的管理。

对什么是管理，古今中外和不同时期的理解不尽相同。中国古代重视人在管理中的中心位置，孔子认为管理中本质的东西是“修己安人”。近代西方管理思想则与工业文明密切相关。20 世纪初有基于“理性经济人”

假设的泰罗的所谓科学管理，认为管理的中心是提高效率，人的一切行动都得符合效率逻辑，每个人都是实现高效率的工具。管理就是要设立一套非人格化的管理机构，为他们设计标准的程序和行为规范，并通过严格的规章制度和经济刺激达到管理的目的。这种“见物不见人”、“讲理不讲情”的管理理念是西方管理思想的传统。虽然在20世纪30年代出现了基于“社会人”假设的梅奥等人的人际关系管理和50年代基于“自我实现人”假设的行为管理，把管理的重心由“物”转移到“人”，但人仍然是被作为实现提高效率这一管理目的的重要资源而加以重视和尽量开发而已。

在由工业经济向知识经济转型的新背景下，管理理念开始发生根本的变化：“手段人”、“工具人”向“目的人”、“创造人”和“文化人”转变，更加强调人的个性、人的本性和人的独立性。管理不再是“管理”人，而是“领导”人，一起实现共同的目标。有的学者将这种管理理念概括为“3P”管理，即 of the People（企业是由人组成的）；by the People（企业要依靠人进行管理）；for the People（办企业是为了满足人的需要）。这种管理将不再把人看成纯粹理性的经济人，人除了把工作作为谋生的手段以外，同时越来越多地把工作视为实现个人社会价值、提高生活质量的重要方式，因此管理就要更加重视满足人的多样化需求。这种管理是鼓励创新的，不是管理者强调让你怎干就怎干，而是讲学习、交流、创新，按自己的想法干。不是组织叫干啥就干啥，而是帮助员工制定自己的职业生涯计划，干最想干的，以实现自己的人生价值目标。总之，这种管理即所谓实现从重视“硬管理”到重视“软管理”的转变，从强调理性到重视情感的转变，从科学管理到文化管理的转变。

文化管理是人性化管理的升华。它通过企业文化培育、管理文化模式的推进，使员工形成共同的价值观和共同的行为规范。学习型组织，是实现文化管理的组织模式。这一人性化管理形式，是行为科学的发展和继续，但决不是行为科学的简单重复。正如德鲁克所说，20世纪管理学的最伟大贡献在于，它让体力劳动者的劳动生产率提高了50倍。21世纪最大的挑战在于，如何提高知识工人的劳动生产率。

2. 管理形态的转型：从工业经济的管理形态向知识经济的管理形态转变

工业经济的管理形态是工业文明的产物，传统工业的特点是专业化分工、大量资金的聚集、先进的技术和设备、大规模的生产和大规模销售，管理的重点是产品的生产，最重要的资源是资金和技术，竞争致胜的关键是产品的质量和生产的效率。在知识经济时代，知识取代资本成为最重要的资源，企业的成败在于是否掌握或者获得知识。随着人类社会由工业经济向知识经济的推进，管理形态也相应发生变化，企业管理即将进入知识管理阶段。知识管理，作为一种管理形态，其本质的含义就是把知识视为最重要的资源，通过最大限度掌握和运用知识提高企业的创造价值的能力。知识管理不同于信息管理，它强调"通过知识共享、运用集体的智慧提高应变和创新能力"。知识管理与学习型组织理论一脉相承，两者都把知识的生产、知识共享、知识的运用和全员参与组织创新作为新型管理头等重要的内容。知识管理与人本管理和文化管理也相通。人本管理强调人的中心地位和作用，人的独立性和创造性，由于人是知识的载体，知识管理必然十分重视人才。知识管理和文化管理的相通之处则在于，两者都是通过营造一个良好的软环境把组织成员的聪明才智和创新能力充分发挥出来。企业管理形态从工业社会的生产管理向今天及未来的知识管理转变，跟科学管理向人本管理和文化管理转变，权力型组织向学习型组织演变的方向是完全相吻合的。

3. 管理空间范围的转移：由企业内部向外部以至全球范围的延伸

关于管理的空间概念从某种侧面反映管理的不同类型。西方古典管理阶段管理的空间概念是本企业，而且是不问环境的封闭式管理。巴纳德在20世纪30年代末提出组织是协作系统的观点，在一定程度上打破这种封闭性。60年代初系统管理学派把组织看成是与环境相互作用的分系统，为管理突破组织的边界奠定了方法论基础，人们开始重视组织与环境的关系问题。但直到70年代战略研究提出对企业内部条件和外部环境进行系统分析的TOWS矩阵（即威胁、机会、弱处、强处）理论框架时，人们的战略分析的空间概念仍然停留在或主要是本国甚至是本行业。

自从20世纪80年代以来，由于科技、通讯、金融、运输与资讯的发展，使全球市场成为一个无国界的统一市场。在这个市场里，无论资金、人才、货品与信息的流通都畅行无阻。越来越多的国家和企业加入世界开放的市场中，将自己置身于这个市场之外的国家和企业变得越来越少。企业的竞争已不再局限于单一的区域内进行，而是以全球作为竞争的舞台。在这种环境下，要求企业经营管理的空间概念由内部扩展到外部，由本土

转向全球，由只重视局部优化（例如产品的生产）转向重视从物料的供应、加工到产品的运输、配送、仓储、销售、客户、消费者和售后服务等整个链条的紧密结合和整体优化。因此，企业要从全球的范围内统筹考虑资源的合理配置，即依据不同地区的不同利税和不同金融风险来配置资本，依据不同地区技术发展特点和优势来设置相应的技术研发中心，依据不同地区的经营需要合理利用和开发人力资源。为此，企业经营管理者必须扩大自己的视野，由只注重内部的管理转变到内外结合而以外部的管理为主。为了适应管理范围的扩大和重点转移，企业只有在更高水平上进行一场根本性的改革与创新，重新设计业务流程，建立起更灵活的、能对环境作出快速反应的组织及其运行机制，才能适应竞争的需要。

4. 管理组织的转型：从硬性组织向柔性组织和虚拟组织转变

自20世纪30年代以来，企业的组织模式先后经历了等级制、职能制、分权制等，但过去的组织，多是典型的正金字塔型组织。这种由上而下，重视等级的管理组织模式，已难以适应时代的要求。企业界和理论界提出或者正在试图对原有组织结构形态进行改革：一是组织的扁平化。减少组织层次，压缩职能机构，打破严格的分工和专业化，建立起一种柔性、经济、灵活、高效的团队组织，管理组织开始朝扁平化方向发展。二是组织的虚拟化。以各种方式与外部建立一种网络状的虚拟性联盟，进行虚拟式运作，利用外部资源（这些资源多为自己的弱项或别人的强项），以增强自身的核心竞争力。网络状的虚拟组织模糊了企业的边界，增强了组织的灵活性和应变能力，正在逐步成为重要的管理组织形式。

（二）转型管理思想的特点

转型管理尚未形成一个完整的“定型的”理论体系，但我们感到一种新的管理范式已具雏形。转型管理思想具有以下三个特点：

1. 创新性

这个时期出现的管理新理论都不是对传统理论的补充和完善，而是使用一些全新的概念和术语，例如：核心竞争力、企业流程再造、供应链管理、学习型组织、标杆管理、虚拟组织、知识管理、跨文化管理、全球化管理、顾客价值管理、连锁经营、绿色营销等等。在这些新理论中，我们已难以找到以往理论中所熟悉的话语和论题。这表明新经济时代的这场管理变革是管理范式的变化。

2．融合性

正像环境的各种因素相互依赖和相互更紧密的联系一样，各种管理思想不是日渐疏远、背离、对立，而是相互融合。传统的管理理论偏重从不同的角度和利用不同的学科工具进行研究，虽然今天多个学派仍然并存，但在初显轮廓的新的管理主流范式中，各理论学派显示出了明显的融合趋势，系统思维将提升到新的高度。在动态融合中，理性主义的科学管理与非理性主义的人本管理、硬的管理与软的管理的日渐融合是转型管理的主题。这两种管理思想的相互融合，不但反映了管理活动的内在规律和新的经济社会环境的客观要求，同时也是东西方管理思想的融合过程。西方传统管理以追求科学和理性为主流，东方传统管理重视人文和伦理，追求人际的和谐。管理向人性化和软化转移，反映了东方管理思想更加适合新的环境。在转型的和未来的管理中，科学的管理方法和管理技术仍然十分重要，但将作为管理的方法手段纳入新型的管理体系中，人文价值将提升到新的高度。人本管理和文化管理将成为 21 世纪管理思想发展的主流。

3．动态性

转型的管理面临的是快速变化的环境，管理实践和管理理论都不可能是一成不变的，而是动态地适应环境的变化，不断更新管理理念，产生新的管理理论和管理方法。因此，转型的管理思想和理论与环境在动态中保持其适应性。不断创新是新型管理思想的品格。

主要参考书目

1. (美) 海因茨·韦里克、哈罗德·孔茨. 管理学: 第11版. 马春光, 译. 北京: 经济科学出版社, 2004.

2. (美) 斯蒂芬·P. 罗宾斯. 管理学: 第10版. 北京: 中国人民大学出版社, 2006.

3. (美) P.F. 德鲁克. 管理: 任务、责任和实践. 北京: 中国社会科学出版社, 1994

4. (美) D.A. 雷恩. 管理思想的演变. 北京: 中国社会科学出版社, 1995.

5. (美) 威廉·大内. Z理论. 北京: 中国社会科学出版社, 1984.

5. (美) M.E. 波特. 竞争优势. 北京: 华夏出版社, 1997.

6. (美) H.A. 西蒙. 管理行为. 北京: 北京经济学院出版社, 1988.

7. (美) M. 哈默, J. 钱皮. 改革公司: 企业改革的宣言书. 上海: 上海译文出版社, 1998.

8. (美) 彼得. 圣吉. 第五项修炼. 上海: 上海三联书店, 1994.

9. (美) 汤姆·彼得斯. 管理的革命. 北京: 光明日报出版社, 2004.

10. 周三多. 管理学: 第2版. 北京: 高等教育出版社, 2005.

11. 杨文士, 张雁. 管理学原理. 北京: 中国人民大学出版社, 1994.

12. 徐国华, 张德, 赵平. 管理学. 北京: 清华大学出版社, 1998.

13. 邵冲. 管理学概论: 第3版. 广州: 中山大学出版社, 2010.

14. 王凤彬, 李冬. 管理学. 北京: 中国人民大学出版社, 2000.

15. 芮明杰. 管理学. 北京: 高等教育出版社, 2000.

16. 吴照云, 等. 管理学原理. 北京: 中国社会科学出版社, 2008.

17. 韩岫岚, 王绪君. 管理学基础. 北京: 经济科学出版社, 1999.

18. 郭朝阳. 管理学. 北京: 北京大学出版社, 2006.

19. 高金章. 管理学. 北京: 立信出版社, 2008.

20. 郭咸纲. 西方管理思想史. 北京: 经济管理出版社, 2002.

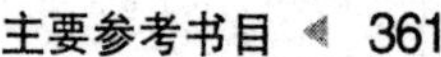

21. 陈国海，方华，刘春燕. 组织行为学. 北京：清华大学出版社，2003.

22. 孙健敏，徐世勇. 管理沟通. 北京：清华大学出版社，2006.

23. 司有和. 企业信息管理学. 北京：科学出版社，2003.

24. 闪四清. 管理信息系统. 北京：清华大学出版社，2007.

25. 游五洋，陶青. 信息化与未来中国. 北京：中国社会科学出版社，2003.